फ़ारसी में दास्तानों की पुरानी परम्परा रही है। फ़ारसी साहित्य और संस्कृति का प्रभाव हिन्दुस्तानी समाज़ और संस्कृति पर भी पड़ा है। आज उर्दू भाषा का राजनीतिकरण हो रहा है लेकिन भाषा-संस्कृति के विद्यार्थी जानते हैं कि उर्दू यहीं, हिन्दुस्तान की सरज़मीं पर पैदा हुई और पली-बढ़ी है। उर्दू ने फ़ारसी लिपि ग्रहण की लेकिन हिन्दुस्तान की क्षेत्रीय भाषाओं ब्रज, अवधी, भोजपुरी आदि को समाहित किया और आम हिन्दुस्तानियों के बीच बेरोकटोक प्रवाहित होती रही। राही हमेशा कहते थे कि भाषा केवल लिपि नहीं होती। हमारे भारतीय समाज में अनेक क्षेत्रीय भाषाएँ हैं, अलग बोली-बानी हैं जो देवनागरी लिपि में लिखी जाती हैं। राही इस बात की भी हिमायत करते थे कि अगर उर्दू को बनाये रखना है तो देवनागरी में लिखा जा सकता है। राही का पूरा लेखन हिन्दुस्तानी आदमी की धड़कन है और सदियों पुरानी हिन्दुस्तानी सभ्यता और संस्कृति का जीवन्त इतिहास समेटे है। 'तिलिस्म होशरुबा' की शोधपूर्ण विवेचना में भी यही तस्वीर उभर कर आती है जिसे राही ने प्रस्तुत किया है।

उर्दू में भी दास्तानें लिखी गयीं जिनमें दास्तान-ए-अमीर हमज़ा एक प्रमुख दास्तान है। क़िस्सागो शैली, कहानी के भीतर से कहानी का विस्तार, निरन्तर कौतूहल और उत्सुकता इन दास्तानों की विशेषता है। इस दास्तान का सबसे महत्त्वपूर्ण हिस्सा 'तिलिस्म होशरुबा' है, यानी ऐसा तिलिस्म, ऐसी ऐय्यारी जो होश उड़ा दे। राही ने दास्तान-ए-अमीर हमज़ा की तथ्यपरक ऐतिहासिकता की खोज की और उसके महत्त्वपूर्ण हिस्से 'तिलिस्म होशरुबा' को अपने विस्तृत अध्ययन का आधार बनाया। ये उर्दू दास्तान हिन्दुस्तानी वातावरण में लिखी गयी और अपने आसपास की भौगोलिक-सामाजिक परिस्थितियों और सांस्कृतिक परिवेश में रोचक क़िस्सागोई के रूप में प्रस्तुत हुई। राही शायद यही कहना चाहते हैं कि हिन्दुस्तान की धरती पर जन्मी, पली-बढ़ी उर्दू का सांस्कृतिक परिवेश विशुद्ध रूप से हिन्दुस्तानी है।

दरअसल हिन्दुस्तान का इस्लामिक परिवेश, रूपरंग भी अरब के इस्लाम जैसा नहीं है। यहाँ मुस्लिम समुदाय के रीति-रिवाज़, रहन-सहन और भाषा-बोली भारतीय समाज और संस्कृति साथ घुलेमिले हैं। मुहर्रम के ताजिये और जुलूस हों या इमामबाड़ों की उपस्थिति हो, ये विशुद्ध भारतीय उपमहाद्वीप में मुस्लिम समुदाय की पहचान हैं। संस्कृतियों के बीच परस्पर आदान-प्रदान की प्रक्रिया सहज स्वाभाविक रूप से चलती रही है जो सांस्कृतिक रूप रंग को समृद्ध कर उसे निरन्तर विस्तार देती है।

दास्तानों जैसी क़िस्सागोई प्राचीन संस्कृत साहित्य में भी मिलती है। कथा-सरित्सागर जैसे अनेक ग्रन्थ मौजूद हैं। 'तिलिस्म होशरुबा' का प्रभाव हिन्दी में देवकीनन्दन खत्री की उपन्यास शृंखला चन्द्रकान्ता और चन्द्रकान्ता सन्तति में स्पष्ट दिखाई देता है जिसका कथानक पाठक को राज-दरबारों से लेकर एय्यारों की जादूगरी तथा रहस्य की दुनिया में ले जाता है।

—नमिता सिंह

अरबी-फ़ारसी की क़िस्सागोई

भारतीयता की पहचान

दास्तान-ए-तिलिस्म होशरुबा

राही मासूम रज़ा

अनुवाद
सीमा सग़ीर

वाणी प्रकाशन

वाणी प्रकाशन

4695, 21-ए, दरियागंज, नयी दिल्ली 110 002

फ़ोन : +91 11 23273167 फ़ैक्स : +91 11 23275710

शाखाएँ

अशोक राजपथ, पटना 800 004, बिहार

कॉफ़ी हाउस कैम्पस, महात्मा गांधी मार्ग, इलाहाबाद 211 001, उत्तर प्रदेश

महात्मा गांधी अन्तरराष्ट्रीय हिन्दी विश्वविद्यालय, वर्धा 442 001, महाराष्ट्र

www.vaniprakashan.com
marketing@vaniprakashan.in
sales@vaniprakashan.in

Arbi-Farsi Ki Kissagoi
Bharatiyata Ke Pahchan : Dastan-E-Tilism Hoshruba
by Rahi Masoom Raza
Translated by Seema Saghir

ISBN : 978-93-5518-316-3
Criticism

पेपरबैक प्रथम संस्करण : 2022, प्रकाशित प्रतियाँ : 300

मूल्य : ₹ 399

आर. टेक ऑफ़सेट प्रिंटर्स, दिल्ली-110032 में मुद्रित

वाणी प्रकाशन का लोगो मक़बूल फ़िदा हुसेन की कूची से

राही मासूम रज़ा
के प्रिय मित्र

प्रो. कुँवरपाल सिंह
और उनकी धर्मपत्नी
डॉ. नमिता सिंह
को
सादर समर्पित

सीमा सग़ीर

पूर्व कथन

'तिलिस्म होशरुबा' जैसे ग्रन्थ का अध्ययन अपने में विशिष्ट है। यह अधिक महत्त्वपूर्ण हो जाता है जब यह राही मासूम रज़ा जैसी शख़्सियत द्वारा किया गया हो और वे हज़ारों पृष्ठ में फैली इस दास्तान में भारतीयता को तलाश रहे हों। यह काम राही के अलावा और कोई नहीं कर सकता था। वे जानते थे कि साहित्य और संस्कृति किसी समाज का अभिन्न अंग होते हैं, उसकी बोली-बानी में दिखते हैं और उसे मानव निर्मित विभाजनकारी सोच की दीवारें ख़त्म नहीं कर सकतीं।

फ़ारसी में दास्तानों की पुरानी परम्परा रही है। फ़ारसी साहित्य और संस्कृति का प्रभाव हिन्दुस्तानी समाज और संस्कृति पर भी पड़ा है। आज उर्दू भाषा का राजनीतिकरण हो रहा है लेकिन भाषा-संस्कृति के विद्यार्थी जानते हैं कि उर्दू यहीं, हिन्दुस्तान की सरज़मीं पर पैदा हुई और पली-बढ़ी है। उर्दू ने फ़ारसी लिपि ग्रहण की लेकिन हिन्दुस्तान की क्षेत्रीय भाषाओं ब्रज, अवधी, भोजपुरी आदि को समाहित किया और आम हिन्दुस्तानियों के बीच बेरोकटोक प्रवाहित होती रही। राही हमेशा कहते थे कि भाषा केवल लिपि नहीं होती। हमारे भारतीय समाज में अनेक क्षेत्रीय भाषाएँ हैं, अलग बोली-बानी हैं जो देवनागरी लिपि में लिखी जाती हैं। राही इस बात की भी हिमायत करते थे कि अगर उर्दू को बनाये रखना है तो देवनागरी में लिखा जा सकता है। राही का पूरा लेखन हिन्दुस्तानी आदमी की धड़कन है और सदियों पुरानी हिन्दुस्तानी सभ्यता और संस्कृति का जीवन्त इतिहास समेटे है। 'तिलिस्म होशरुबा' की शोधपूर्ण विवेचना में भी यही तस्वीर उभर कर आती है जिसे राही ने प्रस्तुत किया है।

उर्दू में भी दास्तानें लिखी गयीं जिनमें दास्तान-ए-अमीर हमज़ा एक प्रमुख दास्तान है। क़िस्सागो शैली, कहानी के भीतर से कहानी का विस्तार, निरन्तर कौतूहल और उत्सुकता इन दास्तानों की विशेषता है। इस दास्तान का सबसे महत्त्वपूर्ण हिस्सा 'तिलिस्म होशरुबा' है, यानी ऐसा तिलिस्म, ऐसी ऐय्यारी जो होश उड़ा दे। राही ने दास्तान-ए-अमीर हमज़ा की तथ्यपरक ऐतिहासिकता की खोज

की और उसके महत्त्वपूर्ण हिस्से 'तिलिस्म होशरुबा' को अपने विस्तृत अध्ययन का आधार बनाया। ये उर्दू दास्तान हिन्दुस्तानी वातावरण में लिखी गयी और अपने आसपास की भौगोलिक-सामाजिक परिस्थितियों और सांस्कृतिक परिवेश में रोचक क़िस्सागोई के रूप में प्रस्तुत हुई। राही शायद यही कहना चाहते हैं कि हिन्दुस्तान की धरती पर जन्मी, पली-बढ़ी उर्दू का सांस्कृतिक परिवेश विशुद्ध रूप से हिन्दुस्तानी है।

दरअसल हिन्दुस्तान का इस्लामिक परिवेश, रूपरंग भी अरब के इस्लाम जैसा नहीं है। यहाँ मुस्लिम समुदाय के रीति-रिवाज़, रहन-सहन और भाषा-बोली भारतीय समाज और संस्कृति साथ घुलेमिले हैं। मुहर्रम के ताजिये और जुलूस हों या इमामबाड़ों की उपस्थिति हो, ये विशुद्ध भारतीय उपमहाद्वीप में मुस्लिम समुदाय की पहचान हैं। संस्कृतियों के बीच परस्पर आदान-प्रदान की प्रक्रिया सहज स्वाभाविक रूप से चलती रही है जो सांस्कृतिक रूप रंग को समृद्ध कर उसे निरन्तर विस्तार देती है।

दास्तानों जैसी क़िस्सागोई प्राचीन संस्कृत साहित्य में भी मिलती है। कथा-सरित्सागर जैसे अनेक ग्रन्थ मौजूद हैं। 'तिलिस्म होशरुबा' का प्रभाव हिन्दी में देवकीनन्दन खत्री की उपन्यास शृंखला चन्द्रकान्ता और चन्द्रकान्ता सन्तति में स्पष्ट दिखाई देता है जिसका कथानक पाठक को राज-दरबारों से लेकर एय्यारों की जादूगरी तथा रहस्य की दुनिया में ले जाता है। यहाँ भी सारी जद्दोजहद संघर्षों से होते हुए रहस्य को तोड़ने तथा नायक के विजय की है। हिन्दी में बीसवीं सदी के पूर्वार्द्ध में अन्य ऐसे जासूसी और एय्यारी की दुनिया पर आधारित उपन्यास लिखे गये लेकिन जो मक़बूलियत देवकीनन्दन खत्री को मिली वह अन्य को नहीं। कहते हैं कि चन्द्रकान्ता और चन्द्रकान्ता सन्तति शृंखला पढ़ने के लिए लोगों ने हिन्दी सीखी।

राही ने जब अलीगढ़ मुस्लिम यूनिवर्सिटी में दाख़िला लिया उस समय वे उर्दू शायरी के शिखर पर थे। मुशायरों में उनकी ख्याति थी। एम.ए. करके उन्होंने शोधकार्य किया और साथ ही उर्दू विभाग में लेक्चरर हो गये। कुँवरपाल उनसे जूनियर थे लेकिन जब कुँवरपाल ने अलीगढ़ यूनिवर्सिटी में दाख़िला लिया तभी से उनकी मित्रता की शुरुआत हुई। विद्यार्थी काल में ही दोनों ने मिलकर हिन्दी-उर्दू की एक साहित्यिक संस्था 'संगम' बनाई जिसके कार्यक्रमों में अध्यापकों के अलावा नौजवान साहित्य प्रेमी भी हिस्सा लेते थे। बाद में जब राही अस्थायी लेक्चरर हो गये और कुँवरपाल हिन्दी विभाग में शोधार्थी थे, दोनों लगभग चार

साल एक साथ 'वली मंज़िल' में रहे। उन्हीं दिनों राही का सुप्रसिद्ध उपन्यास 'आधा गाँव' लिखा गया।

1966 में राही अलीगढ़ छोड़ कर मुम्बई चले गये। राही के शोध प्रबन्ध की प्रति कुँवरपाल के पास रह गयी, या कहें कि राही ने उनके पास छोड़ दी। राही ने अपने निधन से लगभग छह महीने पहले भी ऐसा ही कुछ किया था। उन्होंने दो फ़ाइलों में काग़ज़ातों से भरा एक बहुत मोटा पार्सल अलीगढ़ भेजा। उसमें विभिन्न पत्र-पत्रिकाओं में राही के छपे लेख, टिप्पणियाँ आदि थे। बहुत सहेज कर रखी थीं सारी कटिंग्स। राही ने कुँवरपाल को लिखा था कि यह सब तुम्हारे हवाले है, तुम इनका जैसे चाहो उपयोग करो। बाद में उनमें से छाँट कर तीन पुस्तकों की सामग्री तैयार हुई और वे पुस्तकें 'लगता है बेकार गये हम', 'ख़ुदा हाफ़िज़ कहने का मोड़', और 'सिनेमा और संस्कृति' के नाम से प्रकाशित हुईं।

उनका शोध प्रबन्ध कुँवरपाल के पास रखा रहा। 2007 में उन्हें लगा कि 'तिलिस्म होशरुबा में भारतीयता के तत्त्व' जैसे विषय पर पुस्तक प्रकाशित होनी चाहिए। आज के समय में जिस तरह भाषा और संस्कृति को आधार बना कर सामाजिक विभाजन का वातावरण निर्मित हो रहा है उसकी आहट तब सुनाई दे रही थी। इसीलिए उन्हें यह ज़रूरी लगा था। उन्होंने उर्दू विभाग के प्रो. सग़ीर अफ़राहीम और उनकी पत्नी सीमा सग़ीर को बुला कर यह काम सौंपा। प्रो. सीमा सग़ीर हिन्दी-उर्दू दोनों भाषाओं में काम करती थीं। सीमा ने बहुत मेहनत की। हज़ारों पृष्ठ में फैली मूल दास्तान जिस पर राही का यह शोध प्रबन्ध आधारित था, उसे पढ़ना श्रमसाध्य था लेकिन राही द्वारा किये गये शोध के मर्म को समझने के लिए उन्हें यह ज़रूरी लगा। पूरी लगन और मेहनत के बाद ही यह पाण्डुलिपि तैयार हुई।

लगभग तेरह साल बाद अब इसका प्रकाशन हो रहा है। सबसे दुखद बात यह है कि आज इन पंक्तियों को लिखते समय सीमा इस दुनिया में नहीं हैं। मार्च के अन्तिम सप्ताह में बीमारी के कारण उनका निधन हो गया। राही की इस महत्त्वपूर्ण कृति का प्रकाशन कुँवरपाल के जज़्बे और सीमा सग़ीर की मेहनत से ही सम्भव हुआ है जिसमें सग़ीर अफ़राहीम साहब का भरपूर योगदान रहा है। मैं तो केवल बीच की कड़ी के रूप में उपस्थित रही हूँ।

10 अप्रैल, रामनवमी

नमिता सिंह

बात अनुवादक की

उर्दू में प्राचीन कथा साहित्य का सबसे दृढ़ और सुन्दर नमूना 'दास्तान-ए-अमीर हमज़ा' है। इसमें रुचि, उत्सुकता, कौतूहल और जिज्ञासा है और कहानी के अन्दर कहानी की अनोखी परम्परा है। इसमें जितने विभिन्न पक्षों को समेटा गया है, उसका उदाहरण संसार की दूसरी कथाओं में नहीं मिलता। रोचक एवं आश्चर्य चकित कर देने वाली यह एक अजूबी दास्तान है जो पचास हज़ार से अधिक पृष्ठों पर फैली हुई है। 'दास्तान-ए-अमीर हमज़ा' का सबसे सफल और महत्त्वपूर्ण भाग 'तिलिस्म होशरुबा' है जो दस हज़ार से भी अधिक पृष्ठों पर फैला हुआ है। इसकी प्रथम रूपरेखा रामपुर के मीर अहमद अली ने 1857 से पूर्व तैयार की थी। फिर इसे नये रंगरूप के साथ लखनऊ के मुहम्मद हुसैन जाह और अहमद हुसैन क़मर ने पूरा किया। लखनऊ के नवलकिशोर प्रेस से प्रकाशित होने वाले इस महावृत्तान्त के पहले चार भागों को (1883-1890) जाह ने लिखा और छोटे बड़े 6 भागों को क़मर और उनके सहयोगियों ने पूरा किया।

'तिलिस्म होशरुबा' अर्थात वह जादू जो सर चढ़कर बोले और हमारे होशोहवास उड़ा दे। इसका नायक अमीर हमज़ा और उनके प्रिय मित्र अमरो अय्यार हैं। इसके पश्चात् उनकी सन्तानें इस कथा का केन्द्र बन जाती हैं।

अमीर हमज़ा बहादुर और दूरदर्शी है। उनके पास पूर्वजों के दिये हुए अनेक जादुई उपहार हैं जिसके कारण वो न केवल स्वयं सुरक्षित रहता है बल्कि शत्रुओं को भी वश में कर लेता है।

अमरो अय्यार का व्यक्तित्व बहुत रोचक एवं महत्त्वपूर्ण है। यह एक ऐसी ज़म्बील (एक प्रकार का जादुई थैला) का मालिक है जिसमें हर वस्तु समा सकती है। जैसे—इसमें सात शहर हैं और सात नदियाँ बह रही हैं। इन शहरों में अमरो के नाम का सिक्का चलता है उसके पास 'गलीम-ए-अय्यारी' (जादुई कम्बल) है जिसको ओढ़ लेने के पश्चात् वह अदृश्य हो जाता है।

'देवजामा' है जो पहनने के बाद रंग बदलता रहता है। उसके क़ब्ज़े में 'मढ़ी दानियाल' है जिसकी छाया में बैठने वाले को कोई गिरफ़्तार नहीं कर सकता बल्कि उसके अन्दर क़दम रखते ही दुश्मन उल्टा होकर लटक जाता है। इनके अन्य साथियों में असदग़ाज़ी, कौकब, ज़मीर और अनेकों अय्यार (धूर्त) हैं।

मेहतरक़राँ अय्यारों का सबसे बड़ा अफ़सर है। वह अय्यारी के शौक़ में हब्श का ताजोतख़्त ठुकरा कर अमरो का शिष्य बन गया है। 'बर्क़ फिरंगी' की शोखी, तेज़ी और तर्रारी औरों से उसे अलग करती है। चालाक बिन अमरो भी एक महत्त्वपूर्ण पात्र है।

नायिकाओं में मुख्य नाम मलका बहार का है जो साद बिन क़बाद पर आशिक़ है। यह 'तिलिस्म होशरुबा' की नायिका है। इसके अतिरिक्त दूसरी नायिकाओं में मख़मूर सुर्ख चश्म है, जो शहज़ादे नूरुद्दहर की माला जपती रहती है। बर्राशमशीर ज़न है जो शहज़ादे ईरज को दिल दे बैठी है। दूसरी ओर अन्धकार की छत्रछाया में रहने वालों में मुख्य नाम अफ़रासियाब का है जो 'तिलिस्म-ए-बातिन' का मालिक है। उसके साथ बड़े-बड़े जादूगर और जादूगरनियाँ हैं। इस जादू की नगरी का ख़ुदा ज़मर्रुदशाह है जो लक़ा के नाम से प्रसिद्ध है और जिससे सभी भयभीत रहते हैं। खलनायकों में एक और महत्त्वपूर्ण नाम बख़्तियारक का है जो विनोद-प्रिय होने के साथ-साथ मक्कार, बुज़दिल और ख़तरनाक भी है।

'तिलिस्म होशरुबा' में इन दोनों पक्षों का युद्ध दिखाया गया है। 'तिलिस्म होशरुबा' के दो भाग हैं–

(1) बाह्य तिलिस्म (2) आन्तरिक तिलिस्म।

इनके मध्य एक विशाल नदी बहती है। बीच नदी पर धुएँ का एक पुल है। उस पुल के तीन भाग हैं जिनमें देव, देवनियाँ, भूत, पिशाच आदि का डेरा है और जिसके वर्णन से ही पाठक भयभीत हो जाता है।

'तिलिस्म की पराजय' 'लौह-ए-तिलिस्म' पर निर्भर है। जवाहर की यह तख़्ती तिलिस्म को तोड़ने में मदद करती है। किस अवसर पर तिलिस्मकुशा को क्या करना चाहिए, यह उसे 'तख़्ती' पर लिखा हुआ मिलता है। कभी यह तख़्ती ऊँचे स्वर में आने वाले ख़तरों से सावधान भी करती है।

सच और झूठ के इस लम्बे युद्ध में विजय सच की होती है।

उन्नीसवीं शताब्दी के अन्त तक हिन्द, ईरान और अरब की सभ्यता के जो नमूने बचे थे 'तिलिस्म होशरुबा' में उसकी लगभग सभी झलकियाँ दिखाई देती हैं। डॉ. राही मासूम रज़ा ने अपने इस शोध पत्र में इस बात पर ज़ोर दिया है

कि अरब और ईरान की परम्परा से अधिक इस दास्तान में भारतीयता के तत्त्व प्रभावशाली हैं। इसकी जड़ें हिन्दुस्तानी हैं जो रुस्तम और सोहराब या शाहनामा के बजाय रामायण और महाभारत के प्रसंगों में आसानी से देखी जा सकती हैं।

अवध विशेषकर लखनऊ और उसका पूरा जीवन हमें इसमें देखने को मिलता है। डॉ. राही मासूम रज़ा के अनुसार इस अध्ययन का उद्देश्य ये उजागर करना है कि 'तिलिस्म होशरुबा' में जो जीवन प्रस्तुत किया गया है वह पूर्णरूपेण भारतीय है। स्वतन्त्र भारत में इस अध्ययन की बड़ी आवश्यकता है क्योंकि आज इस आरोप को हँस कर नहीं टाला जा सकता कि उर्दू एक विदेशी भाषा है जो अरब और ईरान की ओर देखती रहती है।

यह अध्ययन इसलिए भी महत्त्वपूर्ण है कि इसकी रोशनी में यह देखा जा सके कि सभ्यताएँ धर्म से ऊपर होती हैं। वस्त्र, मकान, खान-पान, रहन-सहन और भाषा का कोई धर्म नहीं होता। धर्म के नाम पर अँधेरे में राह खोजते हुए इस देश में इस प्रकार के अध्ययन साम्प्रदायिक एकता के चिराग जलायेंगे।

राही का यह महत्त्वपूर्ण कार्य बहुत पहले पाठकों के सामपने आ जाना चाहिए था लेकिन किन्हीं कारणों से यह प्रकाशित नहीं हो सका। सम्मान योग्य हैं प्रो. कुँवरपाल सिंह जिन्होंने अपने प्रिय मित्र के इस महत्त्वपूर्ण कार्य को पाठकों के सामने लाकर बहुत-सी ग़लतफ़हमियों को दूर करने का प्रयास किया है। राही का यह काम उर्दू में है किन्तु उर्दू में भी यह पूरा नहीं छप सका। अतः अनुवाद के लिए उस शोध पत्र को केन्द्र बनाया गया जिसके टाइप की कार्बन कॉपी प्रो. कुँवरपाल सिंह के पास मौजूद थी और जिसमें राही ने स्वयं अपने हाथों से करेक्शन किया था। आज कम्प्यूटर का युग है किन्तु अर्द्धशताब्दी पूर्व के उर्दू टाइपिंग की इस कार्बन कॉपी से अनुवाद के समय बड़ी कठिनाइयाँ हुईं। यह तो प्रो. कुँवरपाल सिंह की दिलजोई और हिम्मत अफ़ज़ाई थी कि अन्ततः यह कार्य पूरा हुआ। बीमारी के दौरान भी उन्होंने इसमें हर सम्भव मदद की। ये कार्य उस समय तक प्रकाशित नहीं हो सकता था, जब तक नमिता जी का भरपूर सहयोग न मिला होता। मैं इन दोनों की अत्यन्त आभारी हूँ कि इनकी मदद से राही का यह महत्त्वपूर्ण शोध कार्य पूर्णरूप में पहली बार पाठकों तक पहुँच सका। आभार इसलिए भी कि राही की इस कृति का अनुवाद करने के दौरान नवलकिशोर प्रेस एवं खुदा बख़्श ओरिएंटल पब्लिक लाइब्रेरी, पटना से छपी हज़ारों पृष्ठों की इस दास्तान को देखने का मौक़ा मिला। दरअसल 'तिलिस्म होशरुबा' को मूल रूप में देखना इसलिए भी ज़रूरी लगा कि पात्र, स्थान एवं वस्तुओं के सही नाम आ

सकें और घटनाओं की जानकारी सही रूप में हो सके और कोई त्रुटि न रहे। जैसा मैंने पहले कहा कि डॉ. राही मासूम रज़ा की इस कृति की कार्बन कॉपी ही कुँवरपाल सिंह जी के पास उपलब्ध थी जिससे यह अनुवाद का काम हुआ। मैं आभार व्यक्त करती हूँ डॉ. राही मासूम रज़ा के भाई प्रो. मेंहदी रज़ा और अपने पति प्रो. सग़ीर अफ़राहीम का जिन्होंने दास्तानों की परम्परा एवं इतिहास से सम्बन्धित बहुत-सी किताबें उपलब्ध करा कर इस कार्य को पूरा करने में विशेष योगदान दिया।

–सीमा सग़ीर

धन्यवाद

लेखक कोई रस्मी धन्यवाद नहीं करना चाहता। इन पंक्तियों का स्तर एक स्वीकृति का भी है।

लेखक उर्दू विभाग के अध्यक्ष प्रोफ़ेसर आल अहमद सुरूर का धन्यवाद करना चाहता है क्योंकि यह लेख उनके पथ-प्रदर्शन और लेखक के परिश्रम का मिश्रित परिणाम है।

इतिहास विभाग के अध्यक्ष डॉ. सैय्यद नूरुल हसन के अतिरिक्त इतिहास विभाग के अध्यापकों में डॉ. इरफ़ान हबीब, डॉ. अतहर अली, इक़्तिदार आलम ख़ान और अहसन जान क़ैसर का धन्यवाद करना भी आवश्यक है क्योंकि इन बुद्धिजीवियों के विचार विमर्श और साथ दिये बिना ऐतिहासिक प्रमाणों को जमा करने, उन्हें क्रम देने और उनसे परिणाम निकालने का कार्य कठिन हो जाता।

जनरल ऐजूकेशन विभाग के को-आर्डीनेटर और भूगोल विभाग के रीडर मोनिस रज़ा साहब का धन्यवाद अदा करना भी लेखक का कर्तव्य है क्योंकि इस पूरे लेख को क्रमबद्ध करने में उनके परामर्शों ने बड़ा साथ दिया है। लेखक ने भौगोलिक प्रमाणों की भाषा विशेष रूप से उन्हीं से सीखी है।

लेखक हिन्दी विभाग के अध्यापक डॉ. त्रिपाठी तथा डॉ. भ्रमर के अतिरिक्त रिसर्च स्कॉलर कुँवरपाल सिंह का भी आभारी है क्योंकि इन लोगों ने प्राचीन भारतीय साहित्य के रास्तों पर मार्गदर्शन किया है।

अन्त में, जनरल ऐजूकेशन विभाग के टेक्नीकल असिस्टेण्ट अनीस साहब का धन्यवाद करना अति आवश्यक है क्योंकि उन्होंने भी प्रमाणों को मानचित्रों में परिवर्तित करने का कष्ट उठाया और इस प्रकार इस कार्य को सरल किया।

कुछ प्रसंगों के बारे में

प्रसंगों के बारे में कुछ बताना आवश्यक है।

उर्दू के इस लेख में हिन्दी और अंग्रेजी के प्रसंगों की समस्या बहुत कठिन थी। प्रश्न यह था कि प्रत्येक भाषा के प्रसंग उसी में दिये जाएँ या उर्दू में उनका अनुवाद कर दिया जाये। राक़िमुल हुरुफ़ (लेखक) ने अनुवाद को उचित समझा। इसलिए इस लेख में जो प्रसंग हैं वह मूल प्रसंगों के अनुवाद हैं। सम्भव है कि कहीं-कहीं अनुवादक बहुत उचित (सफल) अनुवाद न कर सका हो परन्तु मूल लेख की आत्मा कहीं घायल नहीं हुई है। लिपि की यह कठिनाई पुस्तकों और लेखकों के नामों के साथ भी हुई। इसलिए इस लेख में अधिकतर पुस्तकों का हवाला केवल लेखक के नाम से दिया गया है और पुस्तक का नाम नहीं लिखा गया है। पुस्तकों की सूची से उस पुस्तक का नाम ज्ञात किया जा सकता है। किन्तु कहीं-कहीं पुस्तकों के नाम का भी उर्दू में अनुवाद कर दिया गया है जैसे उपाध्याय की पुस्तक India in Kalidasa को प्रसंगों में 'कालीदास का हिन्दुस्तान' लिखा गया है अथवा स्टूवर्ट की पुस्तक The gardens of the great Moughals को प्रसंगों में 'अज़ीम मुग़लों के बाग़ात' लिखा गया है। Ramayana of Tulsidasa की चर्चा केवल 'रामायण' लिख कर की गई है।

लेखक को इस कार्यप्रणाली के त्रुटिपूर्ण होने का पूरा ज्ञान है। परन्तु इसके अतिरिक्त कोई उपाय दिखाई नहीं दे रहा था।

'तिलिस्म होशरुबा' के प्रसंगों में पुस्तक और लेखक, दोनों ही के नामों में दूरी बनाई गयी है और केवल भाग और पृष्ठ के प्रसंग दिये गये हैं। जैसे यदि प्रसंग अहमद हुसैन क़मर की "तिलिस्म होशरुबा" भाग 7 के 112 पृष्ठ का है तो इसके प्रसंग 7 (112) अर्थात केवल भाग और पृष्ठ की चर्चा से दिया गया है।

कोष्ठ से बाहर वाली संख्या भाग का प्रतीक है और कोष्ठ के अन्दर वाली संख्याएँ पृष्ठों की ओर संकेत करती हैं। एक से अधिक भागों वाली प्रत्येक पुस्तक में यही विधि अपनायी गयी है।

अनुक्रम

प्रारम्भ

इस लेख का उद्देश्य यह देखना है कि 'तिलिस्म होशरुबा' में जो जीवन दर्शाया गया है वह हिन्दुस्तानी है या नहीं।

स्वतन्त्र भारत में इसका अध्ययन बहुत बड़ी आवश्यकता है क्योंकि आज इस आरोप को हँस कर नहीं टाला जा सकता कि उर्दू एक विदेशी भाषा है जो अरब व ईरान की ओर देखती रहती है। यह बात अपनी जगह बहुत हास्यास्पद है, फिर भी अपने देश में इस बात पर विश्वास रखने वालों की एक बड़ी संख्या है। ऐसे लोगों के लिए 'सब्ज़वारी' की उस पत्रिका की कोई हैसियत नहीं है जिसमें उर्दू को अपभ्रंश के समय से पहचानने का प्रयास किया गया है। यह लोग या तो भाषा के क़ानून से अनभिज्ञ हैं या फिर निजी हितों के कारण उनको स्वीकार करने और उनका आदर करने के लिए तैयार नहीं हैं। इन लोगों को बुलबुल, शीरीं, फरहाद, क़ैस, लैला, तूरे कलीम और इस प्रकार के कुछ और शब्द याद हो गये हैं और उनका ज़ोर इस बात पर है कि उर्दू की पूँजी बस यही कुछ शब्द हैं। इसलिए यह आवश्यक है कि विस्तृत अध्ययन के द्वारा यह बात स्पष्ट कर दी जाए कि इन कुछ शब्दों के अतिरिक्त उर्दू के पास और भी बहुत कुछ है। इसके पास जो कुछ भी है वह हिन्दुस्तानी है और बिल्कुल इस तरह हिन्दुस्तानी है कि जिस तरह 'कलमी आम'।

यह अध्ययन इसलिए आवश्यक है कि इसके प्रकाश में यह बात देखी जा सके कि सभ्यताएँ धर्म से उच्च होती हैं। वेशभूषा, मकान, खानपान, रहन-सहन और भाषा का कोई धर्म नहीं होता। धार्मिक साम्प्रदायिकता के अन्धकार में भटकते हुए इस देश में इस प्रकार के अध्ययन राष्ट्रीय एकता में दिये जलायेंगे। यह अध्ययन वास्तव में एक बड़े सिलसिले की कड़ी है।

इस अध्ययन का आधार तीन चीजों पर है– 'तिलिस्म-होशरुबा' 'हिन्दुस्तान' और 'जीवन'। इसलिए यह आवश्यक है कि पहले इन तीनों को समझ लिया जाये। सम्भव है कि इस विषय में लेखक की राय से सहमत न हुआ जा सके

किन्तु फिर भी यह बात लाभदायक होगी क्योंकि इस प्रकार यह स्पष्ट हो जायेगा कि लेखक के मन में इन तीनों शब्दों के मूल अर्थ क्या हैं।

हमारे अध्ययन की बुनियाद वह 'तिलिस्म होशरुबा' है जिसे जाह और क़मर ने लिखा है और नवल किशोर और अवध अख़बार ने प्रकाशित किया है।

हम इस बहस में पड़ना नहीं चाहते कि यह दास्तान कब और कहाँ लिखी गयी। इस दास्तान से दो निराधार बातें भी सम्बन्धित हैं। एक के अनुसार यह दास्तान ग़ज़नवी के युग में लिखी गयी और इसका लेखक कोई अबुलमाली है और दूसरी के अनुसार यह दास्तान अकबर के युग में लिखी गयी और इसका लेखक फ़ैज़ी है। परन्तु दोनों बातों में से किसी के पक्ष में कोई ऐतिहासिक प्रमाण उपलब्ध नहीं है। यह अवश्य है कि अकबर के समय में इस दास्तान का पता चलता है। बदाँयूनी का कहना है कि अकबर ने पन्द्रह वर्ष में 'शाहनामा' और दास्तान 'अमीर हमज़ा' को सत्रह भागों में तैयार करवाया और इसे स्वर्ण अक्षरों में लिखवाया1। यह भी प्रमाणित है कि अहमदाबाद की यात्रा के दौरान अकबर एक ईरानी दास्तानगो से यह दास्तान सुना करता था। अबुल फ़जल का यह कहना है कि यह दास्तान बारह प्रतियों में है और अकबर के समय में बुद्धिमान और प्रसिद्ध चित्रकारों ने इसको लगभग चौदह सौ दृश्यों में चित्रित किया।[2] शरर का कहना है कि यह दास्तान तुग़लक के काल में भी थी। अब अगर यह दास्तान अकबर के समय में किसी अमीर खुसरो ने लिखी। परन्तु उन्हीं का कथन यह भी है कि यह दास्तान अकबर के समय में लिखी गयी तो तुग़लक के समय में इसका अस्तित्व सम्भव ही नहीं है। शरर का कथन है कि–

> "अमीर हमज़ा की दास्तान, जो दास्तान कहने वालों की वास्तविक पहुँच है वह दरअस्ल फारसी में थी और कहते हैं कि बादशाह अकबर के समय में अमीर खुसरो नाम के एक विद्वान व्यक्ति ने इसकी रचना की। इतिहास से साबित है कि तुग़लक काल में दास्तान अमीर हमज़ा मौजूद थी।"[3]

अफसोस कि शरर ने यह बताने का कष्ट नहीं किया कि यह बात किस तारीख से साबित है। एक ज़रा आगे बढ़कर शरर का कथन और रोमांचक हो जाता है। वह जाह और क़मर को 'तिलिस्म होशरुबा' का अनुवादक नहीं कहते बल्कि लेखक कहते हैं :

---

1. बदाँयूनी-मुनतखिबुत्तवारीख, पृ. 329, 2 आइन-ए-अकबरी, पृ. 115, 3. शरर–मज़ामीने शरर, पृ. 98

"उपन्यासों में रुचि पैदा होने के बाद जब इस बात की कोशिश की गई कि दास्तानों को दास्तान कहने वालों ही की ज़बान में लिखा जाए तो लखनऊ ही ऐसे बाकमाल दास्तान कहने वालों को पेश कर सका जिन्होंने भारी संस्करण लिख कर उर्दू जनता में फैला दिए इसलिए जाह और क़मर की रचनाएँ देश में बड़े सम्मान की नज़र से देखी जाती हैं।"[1]

शरर हमारे मुक़ाबले में उन दास्तानों से बहुत अधिक निकट थे। इसलिए उनका यह कथन अधिक महत्त्वपूर्ण है कि अज़ीज अहमद के अनुसार, दरअस्ल इस दास्तान से उनके उपन्यासों के दिये जले हैं।

"लश्करे कुफ़्फ़ार की सभी सुन्दरियाँ लश्करे इस्लाम के हीरो और धूर्तों के इश्क में ग्रसित होती हैं। एक लाख बार बहुत ही अस्पष्ट रूप रेखा पर मंसूर मोहना, हसन अँजलीना, मलिकुल अज़ीज़ वरजीना और फिलपाना के नक्शे तैयार होते हैं।"[2]

अब यदि शरर पर इन दास्तानों ने इतना असर किया तो यह मान लेने में क्या हानि है कि इसकी रचना के बारे में उन्होंने जिम्मेदारी से बयान दिया होगा और फिर शरर ही क्यों, स्वयं प्रकाशक उसे रचना स्वीकार करता है और अनुवाद कह कर बेचता है। कम-से-कम प्रकाशक को तो यह बात मालूम ही रही होगी कि यह अनुवाद है या रचना। यद्यपि प्रथम पृष्ठ की यह इबारत बहुत रोचक है और आश्चर्य है कि ज्ञानचन्द्र ने इस लिखावट को बिल्कुल उपेक्षित कर दिया :

"प्रथम संस्करण 'तिलिस्म होशरुबा'

दास्तान का अनुवाद

रचना संयोजन व लेखक व दास्तान कहने वाले...ये शींरी बयान मुंशी मो. हुसैन, उपनाम जाह।"[3]

अर्थात प्रकाशक के अनुसार यह दास्तान एक ऐसा अनुवाद है जो वास्तव में रचना है। ज्ञानचन्द्र जैन इस सम्बन्ध में कोई फैसला न कर सके, उनका कहना है कि–

"नवल किशोर प्रेस की दास्तान, अमीर हमज़ा का अनुवाद और उसका विस्तार 46 भागों में है।"[4]

---

1. शरर-मज़ामीने शरर, पृ. 98, 2. हसन असकरी-इन्तख़ाब तिलिस्म होशरुबा, पृ. 11, 3. प्रथम संस्करण, 4. ज्ञानचन्द्र जैन

उनका यह भी कहना है कि–

"इम्पीरियल लाइब्रेरी, कलकत्ता के संग्रह में एक क़िस्सा हकीम फलसूफ का है। वर्णन की सूची में लिखा है कि उसमें 'तिलिस्म होशरुबा' वाला किस्सा है ...इसके अतिरिक्त दास्तान अमीर हमज़ा के फारसी ग्रंथखण्डों का कहीं पता नहीं चलता विशेषकर 'तिलिस्म होशरुबा' की अस्ल लुप्त हो गयी है।"[1] अब उनका यह कथन देखिये।–

> "अमीर हमज़ा की सर्वश्रेष्ठ प्रति नवल किशोर प्रेस का अनुवाद है। इसके अनुवादक या लेखक शेख तसद्दुक हुसैन, मो. हुसैन जाह और अहमद हुसैन क़मर हैं। यद्यपि यह ग्रंथखण्ड फारसी से अनुवादित हैं परन्तु इनके अनुवादों ने इन्हें दुगना सुन्दर कर दिया है कि यह अनुवाद नहीं, रचना बन गये हैं... जैसे 'तिलिस्म होशरुबा' का पूरा का पूरा छठा भाग क़मर की रचना है।"[2]
>
> अब यदि ज्ञानचन्द्र को विश्वास है कि यह दास्तान फारसी से अनुवादित है तो 'अनुवादक या लेखक' कहने की क्या आवश्यकता हुई और अगर "छठा भाग लगभग पूरा क़मर का रचा हुआ है" तो अनुवाद का क्या प्रश्न?

और यदि 'तिलिस्म होशरुबा' की मौलिक प्रति खो गई है तो दास्तान कहने वालों को अनुवाद करने के लिए मौलिक प्रति कहाँ से प्राप्त हुई? क्योंकि यदि उनके सामने फारसी के ग्रंथखण्ड मौजूद थे तो आज वह कहाँ हैं? नवल किशोर ने यह 'अनुवाद' सन् 1857 के इन्क़लाब के बाद प्रकाशित किया था। इसलिए यह नहीं कहा जा सकता कि फारसी के ग्रंथखण्ड सन् 1857 के हंगामों में नष्ट हो गये।

इस दास्तान के प्रकाशक भी अनुवाद के 'तिलिस्म को मुख्य पृष्ठ से आगे न ले जा सके। शरर के वक्तव्य को झुठलाया जा सकता है परन्तु नवल किशोर प्रेस के इस वक्तव्य को क्या कहा जाये जो 'तिलिस्म' को रचना बना रहा है।

"...'तिलिस्म होशरुबा लेखक सैय्यद मो. हुसैन जाह...नवल किशोर प्रेस से सन् 1889 में छप कर तैयार हुआ।[3] (1000)

ऐसा तो नहीं है कि दास्तान कहने वालों ने पिछली प्रतियों की चर्चा ही न की हो। क़मर ने एक मुल्ला ज़हीर फ़ारयाबी को ढूँढ़ निकाला। इसलिए उन्होंने कहा कि :

---

1. वही, पृ. 192, 2. ज्ञानचन्द्र : उर्दू की नसरी दास्तानें, पृ. 258।

"परम्पराओं के अनुसार मुल्ला ज़हीर फ़ारयाबी और जंबील हज़रत आदम की भेंट हैं।" $\frac{5}{1}$ (443)

और शाह ने अम्बा प्रसाद के नुस्खे की चर्चा की है।

"इस स्थान पर ग्रंथ के मालिक ने तो यह लिखा है कि मलका मज़कूर को शाह जादवान ने बन्दी बना लिया। परन्तु अम्बा प्रसाद जो लखनऊ के एक बड़े दास्तान कहने वाले थे, उनका कथन है कि मलका मज़कूर को अय्यार बच्ची ने आकर क़ैद किया...।"[1] (869)

अब पूछिये कि जब आप अनुवाद कर रहे हैं तो अम्बा प्रसाद और उनके कथन से आपको क्या मतलब और इस बात से आपका क्या सम्बन्ध कि दूसरे दास्तान कहने वालों ने किसी बात का किस तरह वर्णन किया है :

"यहाँ पर दूसरे दास्तान कहने वालों ने कहा है कि मलका हिलाल सहर अफ़गन सहाब दरियाबादी और खुर्शीद आतिश बदन आदि से नहीं लड़ी हैं बल्कि मलका अख़्तर सहलान फील ज़ोर भतीजी कौक़ब रौशन ज़मीर का हाल जानने के लिए बरान आ जाती है और मुक़ाबला करती है...किन्तु कुछ दास्तान कहने वालों ने अभी फ़ौज बरान का मुक़ाबला कराना उचित नहीं समझा कि सब फ़ौज तो माहरुख की लड़ती है। एक अकेली अख़्तर यदि लड़े तो वर्णन में कोई आनन्द नहीं।"[2] (102)

यहाँ इस बात पर ध्यान न दीजिए कि सहाब दरियाबादी लखनऊ के बिल्कुल निकट का रहने वाला है। मौलाना अब्दुल माजिद दरियाबादी के कारण यह कस्बा बहुत प्रसिद्ध हो गया है। एक और स्थान पर देखिये :—

"और यह भी स्पष्ट हो कि पुस्तक लिखने वाले ने जहाँगीर का हाल नहीं लिखा है बल्कि यह टुकड़ा मेरे एक मित्र तसद्दुक हुसैन नाम के दास्तान कहने वाले ने बयान किया था। अपने मन से इसको दास्तान कहने वालों ने पसन्द करके महफिलों में सुनाया है और लखनऊ के हर व्यक्ति ने सुना बस मैंने इसी विचार से, देखने वाले इस दास्तान से आनन्द उठायें और कोई यह न कह सके कि इतना भाग हमने कहानी कहने वालों से अधिक सुनाया था जो इस पुस्तक में नहीं है। चूँकि यह भाग बहुत प्रसिद्ध हो चुका है इस कारण दास्तान में सम्मिलित कर लिया है।"[3] (541)

"कुछ दास्तान कहने वालों ने कहा है कि मलका खुमार चश्म प्रेमिका शयातीन बीच में आ जाती है और उसके दो टुकड़े हो जाते हैं।"[4] (278)

और अब यह आये मियां फ़ैज़, लेकिन वह भी पैरवी की हद तक :—

"एक बात और कहना आवश्यक है कि मुल्ला फ़ैज़ की पैरवी करना दास्तान कहने वालों के लिए अति आवश्यक है।"[5] (209)

'पैरवी' का प्रयोग बहुत आवश्यक है। अनुवाद में पैरवी करने का प्रश्न ही नहीं उठता। हाली ने जब यह कहा था कि–

"हाली, अब आओ पैरवी मग़रिब की करें" तो उनका अर्थ यह बिल्कुल नहीं था किए हाली, चलो पश्चिम का अनुवाद किया जाये! और फिर हम इसे अनुवाद कैसे मान लें जबकि अनुवादक स्वयं लेखक होने का दावा करते हुए दिखायी दे :

"खुदा चाहेगा तो आगे किस्सा कहने के सम्बन्ध में विज्ञापन के द्वारा सूचित करूँगा।"6 (998-999)

"इंशाअल्लाह, दर्शकगण इस आश्चर्यजनक दास्तान में नया आनन्द पायेंगे और लेखक को अच्छी दुआओं के साथ याद करेंगे।" $\frac{5}{1}$ (23)

"इस दास्तान को सेवक मुंशी अहमद हुसैन नये ढंग से रचकर, बल्कि संकलित करके सुनने वालों की सेवा में अर्पित करता है कि इस दास्तान की रचना में कठिन परिश्रम किया है। बड़े-बड़े शहज़ादों और उच्च पदों पर आसीन उच्च कोटि के लोगों को यह पहले सुनाया हैं...प्रसन्न्ता की बात है कि अब यह सब के सामने है।" $\frac{5}{1}$ (394)

"देखने वालों के सामने यह स्पष्ट होना चाहिए कि यह 'हुजरा-ए-हफ्त बला' सेवक ने विशेष रूप से तैयार किया है। पहले लेखक को इस बारे में कोई जानकारी नहीं है। पहले की दास्तानों में इतना लिखा था कि 'तिलिस्म होशरुबा' में 'हुजरा-ए हफ्त बला' है। पूरे तिलिस्म की सैर के उपरान्त भी इसका पता न लग पाया...दूसरी बात भी स्पष्ट हो कि स्वर्गीय श्री मीर अहमद अली ने प्रत्यक्ष या बाह्य तिलिस्म पर ज़ोर दिया। जब तिलिस्म तोड़ने वाले को लौह (तख्ती) मिली वह दशा न रही...बस पूरे आन्तरिक तिलिस्म के एक-एक शब्द को मैंने ताजा किया...पूरा लिख कर नाम तो अलबत्ता 'तिलिम्स होशरुबा' रहने दिया मगर पूरी दास्तान को नया कर दिया। सुनने वाले ऊँचे पदों पर आसीन शहज़ादे और प्रतिष्ठित लोग अनेकों वर्षों से इस तुच्छ की ज़बानी सुन चुके हैं और अब इन सुननें वालों के सामने कहता हूँ कि जिन लोगों ने पुराने और नये उस्तादों को सुना है किन्तु फिर भी इस तुच्छ की प्रशंसा करते हैं और कहते हैं कि जिस तरह से वास्तव में होशरुबा का वर्णन तुमने किया है, ऐसी रोचक दास्तान कभी न सुनी थी।"[7] (100-101)

चलिए एक मीर अहमद अली और मिलें जिन्होंने प्रत्यक्ष तिलिस्म पर ज़ोर दिया था परन्तु जिनका आन्तरिक तिलिस्म कच्चा रह गया था। वास्तव में इन्हीं मीर अहमद अली ने पहली बार ये दास्तान लिखी थी और हमारे दास्तान कहने वालों ने इन्हीं को रचनाकार कहा है। क़मर ने इन्हीं के आन्तरिक तिलिस्म को पक्का किया, फिर यह नवल किशोर क्या अनुवाद करवा रहे हैं। यह दास्तान तो क़मर वर्षों से उच्च वर्ग के प्रतिष्ठित लोगों, शहज़ादों और रईसों को सुनाते आ रहे हैं और उन लोगों से उन्हें यह प्रमाण पत्र भी मिल चुका है कि यह दास्तान जैसी वह सुनाते हैं, और कोई नहीं सुनाता। किन्तु क़मर इस स्तर से भी एक क़दम आगे बढ़ कर लेखक होने का दावा करते भी दिखाई देते हैं :–

> "अल्लाह ने चाहा इस हुजरे की दास्तानें ऐसी लिखूँगा कि दर्शकगण एवं इच्छुक लोग बहुत प्रसन्न होंगे। मैं मन में यह सोच चुका था कि बिना उस हुजरए बला के मैं इसे विशेष रूप से बनाऊँगा। अय्यारियाँ और लड़ाइयाँ रचीं, प्रतिष्ठित लोगों की भीड़ में सुनाई हैं। जिनको ऐसा लगा कि यह चोरी है उन्होंने लोगों से पता पूछ कर, स्वयं भी किसी प्रकार से मेरा पता लेकर इस मूल्यवान उपहार को पाया और शहर वालों को तो विश्वास है कि वे यही समझेंगे कि यह हुजरए बला पिछले लेखक का है किन्तु यह सेवक फिर कहता है कि सैकड़ों दास्तान हैरत बयान में लिख कर इस 'तिलिस्म होशरुबा' में मिला दीं...यदि ज़िन्दगी बाक़ी है तो इन्शाअल्लाह जब इन चारों भागों को अपने तौर पर लिखूँगा तो देखने वालों पर स्पष्ट होगा कि मैं ही 'तिलिस्म होशरुबा' का लेखक हूँ।"[8] (229) हद तो यह है कि 'तिलिस्म होशरुबा' में जादू की तितलियाँ तक क़मर को 'तिलिस्म होशरुबा' का लेखक कहती हैं:–"माहबान ने घबराकर पूछा? क्यों बीबियो क्या हाल है...एक ने आह भर कर कहा 'मलकये आलम' फारस के शेर पर मियाँ कमर लेखक 'तिलिस्म होशरुबा' ने क्या खूब मिसरे लगाये हैं सुनिये। चाँव-चाँव करके हमारा सिर न फिराइये।"[9] (58)

अतः अब छोटी-मोटी दास्तानों के बढ़ाने का क्या महत्त्व रह गया :–

"मुल्ला फैज़ आदि ने जो सात खण्ड नौ–शेरवाननामा आदि लिखे हैं, बदिउज़्ज़्मा गिर्द लश्कर शिकन को अधिक महत्त्व दिया है। छोटे बाख़तर बड़े बाख़तर में बदिउज़्ज़्मा व क़ासिम ने बड़ी लड़ाइयाँ जीतीं। तब मुझको उनके स्तर का ध्यान आया कि असद भाँजे हैं। बदिउज़्ज़्मा साहिबेक़राँ का बेटा है। मामूँ इतने बड़े 'तिलिस्म होशरुबा' में कोई उच्च स्थान न पायें। बस मैंने ख़ुर्शीद रौशन

ज़मीर की दास्तानों की रचना की।"[10] (208) मुल्ला फ़ैज़ ने इस प्रकार की कोई दास्तान नहीं लिखी। इसका अर्थ यह है कि फारसी की प्रतियाँ इन दास्तान कहने वालों के सामने नहीं थीं। इस बात से इनकार नहीं किया जा सकता कि अकबर के काल में दास्तान अमीर हमज़ा थी किन्तु वह दास्तान नहीं रही क्योंकि उसका कोई पता नहीं चलता। दास्तान कहने वाले इस दास्तान को सुनाते रहे। सम्भव है कि 'तिलिस्म होशरुबा' का मूल रूप इसी दास्तान अमीर हमज़ा से लिया गया हो किन्तु अब ये बताना कठिन है कि इस दास्तान और असली प्रति में कितना अन्तर हो गया है। सीने में बन्द ज्ञान ने न जाने कितने रूप बदले होंगे और रचना के दावों को तो हम अभी देख ही चुके हैं। अतः स्वाभाविक रूप से यह बात यहाँ आती है कि अस्ल प्रति में इसकी बिलकुल चर्चा नहीं है। हाँ दास्तान कहने वाला अपनी वर्णन प्रतिभा से यदि वर्णित करे तो उसको अधिकार है।' अर्थात अस्ल खेल वर्णन की प्रतिभा का है। इसलिए इस प्रकाशित 'तिलिस्म होशरुबा' को अनुवाद कहना उचित नहीं है। सम्भवतः यह वैसा ही अनुवाद है जैसा इब्ने निशाती ने किया था। 'फूलबन' अब भी मौजूद है और असली प्रति की चर्चा किसी तज़किरे में नहीं मिलती। उपर्युक्त प्रमाणों और फ़ैज़ की चर्चा के बाद अब इस बात का कोई महत्त्व नहीं रह जाता कि जाह और क़मर के सामने फ़ारसी की कोई किताब नहीं थी। ये लोग भी दास्तान कहने वाले थे और दूसरे दास्तान कहने वालों की तरह ये भी 'तिलिस्म होशरुबा' सुनाया करते थे। इस लिए वास्तविक कहानी में जहाँ विरोध हुआ है उसकी ओर भी संकेत कर दिया गया है और जहाँ बढ़ोतरी हुई है उन स्थानों को भी दिखा दिया गया है।

जिस प्रकार यह बात स्वीकार करने योग्य नहीं कि ये दास्तान अनुवाद है, उसी प्रकार ये बात भी स्वीकार नहीं की जा सकती कि जाह और क़मर इसके लेखक हैं। इस दास्तान का कोई लेखक नहीं है। दास्तान की पूरी परम्परा के इतिहास ने इस दास्तान की रचना की है। कुछ नामों से हम परिचित हैं और अनगिनत नामों को हम नहीं जानते। फिर भी हमें इतना तो ज्ञात है कि इस प्रकाशित दास्तान से पहले कम-से-कम तीन बार यह दास्तान लिखी जा चुकी है। दो प्रतियाँ तो रामपुर के पुस्तकालय में मौजूद हैं और आरम्भिक प्रति का सुराग़ भी इन्हीं दोनों प्रतियों में मिलता है और रोचक बात ये है कि रामपुर वाली दोनों प्रतियाँ भी उर्दू में हैं और वह पहली प्रति यानी जो लापता है वह भी उर्दू ही में थी। यदि यह विचार सत्य है कि ये 'तिलिस्म होशरुबा' अनुवाद नहीं है तो

इस दास्तान का महत्त्व और बढ़ जाता है और यदि रामपुर की प्रतियों से इसका तुलनात्मक अध्ययन किया जाए तो सम्भव है कि क्षेत्रीय रंग का गहरा अन्तर भी दिखायी दे जाए। किन्तु ये बात हमारे विषय से कोई सम्बन्ध नहीं रखती। हमें तो उपर्युक्त बातों ने ये बताया कि ये दास्तान लखनऊ के दो दास्तान कहने वालों की बयान की हुई है अर्थात एक वास्तविकता हमारे हाथ आ गयी–और इस वास्तविकता का नाम लखनऊ है। इस प्रकार पहले मूल शब्द ने लखनऊ की ओर इशारा किया। हमारे विषय का दूसरा मूल शब्द हिन्दुस्तान है। तो ये हिन्दुस्तान क्या है? स्पष्ट है कि इन दास्तान कहने वालों से राष्ट्रीयता की बात नहीं की जा सकती। ये लोग 'राष्ट्रीयता' से अनजान थे। उनके देश की कल्पना सच पूछिये तो शहर था नहीं तो ये अफ़रासियाब को साठ हज़ार देशों का बादशाह न बनाते। हमारी इस छोटी सी दुनिया में भी साठ हज़ार देश नहीं हैं इसलिए अधिक से अधिक यह कहा जा सकता है कि अवध शासन की हदें उनके हिन्दुस्तान की हदें थी। यदि ऐसा न होता तो ये लोग कश्मीर, गुजरात, दकन और बंगाल को देश न कहते। 'मसनवी बहारे इश्क़, का एक शे'र इस सिलसिले में हमारी बहुत मदद करता है। यह शे'र वाजिद अली शाह की प्रशंसा में हैं–

कर रक़म अब दोआ-ए-शाहे ज़माँ
कि वो है मुल्के हिन्द का सुल्ताँ (751)

इस लेख में जिस हिन्दुस्तान की जिन्दगी का अध्ययन किया जा रहा है यह वही हिन्दुस्तान है जिसके बादशाह वाजिदअली शाह थे और वाजिद अली शाह का यह 'हिन्दुस्तान' ऐसा गिरा पड़ा नहीं था जैसा इसे हसन अस्करी और अज़ीज़ अहमद ने समझ लिया है। ये कौशल देश बहुत पुराना है। श्रावस्ती और अयोध्या की कहानियाँ शताब्दियों से आँखें मिलाती हैं। रामचन्द्र से वाजिद अली शाह तक जीवन की एक लम्बी दास्तान फैली हुई है और सभ्यता की कोई इतनी बड़ी इमारत केवल नकारात्मक मूल्यों के आधार पर नहीं बनायी जा सकती। हसन अस्करी और अज़ीज अहमद लखनऊ को वेश्याओं की बस्ती समझते हैं। इसी कारण उन्होंने तिलिस्म' की शहज़ादियों को भी तवायफ़ कहा है और इस बात को अनदेखा कर दिया कि अवध के इतिहास में सीता से लेकर हज़रत महल तक की कहानियाँ सुरक्षित हैं। ये लड़ने-मरने वाली शहजादियाँ 'शाहनामा' की नहीं हैं। 'शाहनामें' में तो केवल दो औरतें ऐसी मिलती हैं जिन्हें हथियारों की पहचान हैं (गर्द आफरीद एवं गिरदबा) और उनका भी कोई विशेष महत्त्व नहीं है।

(गिरदआफरीद सोहराब से एक बार लड़कर लापता हो जाती है। गिरदबा भी शाहनामें के अनत में अपनी झलक दिखाती है।) शाहनामा लड़ने मरने वाले मर्दों की दास्तान है और 'तिलिस्म होशरुबा' लड़ने-मरने वाली औरतों की। बहार, मखमूर, बरान, नाफरमान और लाल सुखनदान को केवल वही लोग तवायफ कह सकते हैं जो अवध के बारे में बस इतना जानते हैं कि शरीफज़ादे तवायफों के दरबार में उठने-बैठने के तौर-तरीक़े सीखने के लिए भेजे जाते थे। ये भी लखनऊ के सच का एक भाग है किन्तु यह पूरा सच नहीं है। लखनऊ का यह दौर भी जुरअत की ग़ज़लों से अनीस के मरसियों तक फैला हुआ है किन्तु अस्करी आदि इस सच्चाई के हर भाग को देखना और दिखलाना नहीं चाहते क्योंकि यह बात उनके राजनैतिक लाभ के विरुद्ध जायेगी। उनको तो यह निष्कर्ष निकालना है कि मुसलमानों के लिए हिन्दुस्तान में अब कोई स्थान नहीं रह गया है किन्तु जो लोग इस बात को नहीं मानते उनके लिए अवध अब भी आदर योग्य है। अवध बहुत प्राचीन समय से एक विशेष सभ्यता का केन्द्र रहा है और आज भी है। कौशल देश बुद्धकाल के प्रारम्भिक समय में भी एक महत्त्वपूर्ण राज्य था। प्राचीन कौशल राज्य दो भागों में बँट गया था। सरयू के उत्तर में उत्तर कौशल और दक्षिण में दक्षिणी कौशल था। बुद्ध ने कौशल की राजधानी में श्रावस्ती में बहुत दिन बिताये थे किन्तु अयोध्या उससे भी पुरानी राजधानी है। फाहयान ने अयोध्या को शाची के नाम से याद किया है। ब्राम्हण साहित्य में एक गाँव के रूप में इसका विवरण मिलता है किन्तु बाद में इसको साकेत, रामपुरी और कौशल कहा गया है। 'भागवत् पुराण' ने इसे शहर माना है। 'स्कन्द पुराण' इसे मछली जैसा शहर कहता है। जैन मत के इतिहास में इसका बड़ा महत्त्व है। अयोध्या के अतिरिक्त श्रावस्ती को भी अनदेखा करना सम्भव नहीं। ये शहर न केवल बौद्ध मत का एक बड़ा केन्द्र था, बल्कि ब्राम्हणी और वेदों की शिक्षा का भी केन्द्र था। यहाँ व्यापार ही ने प्रगति नहीं की, इस शहर के वातावरण में सभ्यता भी परवान चढ़ी। जैबियों ने इसे चन्द्रपुरी या चन्द्रिका पुरी कहा। यह शहर इतना महत्त्वपूर्ण था कि फाहियान और व्हेनसांग नें अपने भ्रमण वृत्तान्त में भी इसकी चर्चा की है। फाहियान के समय तक यह बस्ती मुट्ठी भर लोगों की आबादी बन चुकी थी। व्हेनसांग ने इसे केवल एक खण्डहर पाया जहाँ बहुत कम लोग रहते थे।

तात्पर्य यह है कि अवध का इतिहास बहुत प्राचीन है। इसकी सभ्यता बहुत पुरानी है जिसमें लोदियों, मुग़लों, नवाबों—सभी ने इसको सजाया-सँवारा। अवध के नवाबों के काल में तो लखनऊ और फ़ैज़ाबाद का बोलबाला था श्रावस्ती और

अयोध्या से फैज़ाबाद और लखनऊ तक। ये दास्तान कहीं से टूटी हुई नहीं हैं और 'तिलिस्म होशरुबा' पर इसी हज़ारों साल पुरानी सभ्यता का साया है। इसमें सन्देह नहीं कि 'तिलिस्म' जिस काल में लिखा गया वह पतन का समय था। यदि फाहियान और व्हेसांग श्रावस्ती के खण्डहरों को देखकर श्रावस्ती के बारे में सोच सकते हैं तो हम इन खण्डहरों की सैर करते हुए उन शताब्दियों से भेंट नहीं कर सकते जिन्होंने सरयू, घाघरा और गोमती के किनारे रुक कर हाथ-मुँह धोया है और पीपल और बरगद की छाँव में विश्राम किया है...'तिलिस्म होशरुबा' इसी विशाल सभ्यता की एक कड़ी है जो वेदों के श्लोकों की गुनगुनाहट से आरम्भ होती है और जो आज भी गोमती के किनारे बैठी हुई है। यह सभ्यता न वाजिदअली शाह के साथ मटिया ब्रिज गई और न हसन अस्करी और अज़ीज अहमद के साथ पाकिस्तान। अर्थात ये लखनऊ जो 'तिलिस्म' के पृष्ठों में साँस ले रहा है, एक बहुत बड़ी सभ्यता के सिलसिले का प्रतीक है और आदर योग्य है—हाली की "मुक़द्दमा शे'रो-शायरी" और हसन अस्करी के 'मुकदमा इन्तख़ाब-ए-तिलिस्म होशरुबा' के बावजूद आदर योग्य है। हाली ने लखनऊ की गज़ल को उसकी परम्परा से अलग करके देखा और अस्करी ने लखनवी सभ्यता को उसके इतिहास से अलग कर दिया। ग़लती दोनों ने की। हाली ने फिर भी सच्चाई से काम लिया। अस्करी के बारे में तो ये भी नहीं कहा जा सकता क्योंकि जिस अवध में कौशल्या जैसी माँ, दशरथ जैसे बाप, सीता जैसी पत्नी, राम जैसे पुत्र लक्ष्मण और भरत जैसे भाई ने साँस ली हो और जिस अवध में हज़रत महल जैसी जियाली औरत पैदा हुई हो उस अवध की सारी सच्चाई तवायफ़ नहीं हो सकती। लेकिन प्रश्न यह है कि जिस प्रकार श्रावस्ती के खण्डहरों में व्हेसाँग को कुछ जीते-जागते लोग मिल गये थे उसी तरह अवध की सभ्यता के इस खण्डहर में भी कुछ लोग मिलेंगे। इस लेख में इसी प्रश्न का उत्तर ढूँढा जा रहा है क्योंकि दास्तानें भी शून्य में पैदा नहीं हो सकतीं। इसलिए इस अध्ययन से यह पता चलेगा कि जिस संस्कृति को फ़िराक ने 'मुसहफ़न' की संस्कृति कहा है, क्या वह केवल 'मुसहफ़न' की संस्कृति है और क्या केवल नकारात्मक मूल्यों पर किसी सभ्यता या संस्कृति की इमारत खड़ी हो सकती है?

यहाँ आ कर आवश्यकता इस बात की है कि ये तय कर लिया जाए कि स्वयं जीवन क्या है?

कुछ लोगों के विचार में जीवन आत्मा ही आत्मा है, और कुछ के लिए वह केवल एक पदार्थ है—अर्थात बिलकुल दो और दो चार हैं। किन्तु लेखक के विचार में जीवन दर्शन की कोई जटिल समस्या है और न गणित का कोई सूत्र।

इस कारण हमने जीवन को तीन भागों में बाँटा है– प्राकृतिक वातावरण, समाज और मूल्यों का संसार।

प्राकृतिक वातावरण में वे समस्त वस्तुएँ आ जाएँगी जिनमें मनुष्य ने कोई परिवर्तन नहीं किया है, जैसे जंगल, पहाड़ और जलवायु आदि।

सामाजिक जीवन को हमने तीन भागों में बाँटा है। अर्थव्यवस्था, राजनीति और समाज अर्थात पैदावार, शासन और घर। अर्थव्यवस्था के अध्याय में हम पैदावार और पैदावारी रिश्तों तथा व्यवसाय आदि का विवेचन करेंगे। राजनीति में हम शासन, युद्ध और शान्ति के वातावरण का अध्ययन करेंगे। और समाज के अध्याय में रहन-सहन, खान-पान, बोल-चाल और इसी प्रकार की दूसरी समस्त वस्तुओं की विवेचना की जायेगी।

मूल्यों के संसार को समाज ही के अध्याय की तरह हमने तीन भागों में बाँटा है क्योंकि मूल्यों को इन्हीं तीन हिस्सों में बाँटा जा सकता है अर्थात सच्चाई, अच्छाई और सौन्दर्य। सच्चाई के अन्तर्गत धर्म और जादू का अध्ययन किया जायेगा। अच्छाई के अन्तर्गत शिष्टाचार के नियमों का और सौन्दर्य के अन्तर्गत ललित कलाओं, निर्माण और बाग़वानी के अतिरिक्त इश्क़ पर भी चर्चा की जायेगी।

अब तक इस दास्तान या किसी और दास्तान का इस दृष्टिकोण से अध्ययन नहीं किया गया है। ज्ञानचन्द ने दास्तानों का अध्ययन अवश्य किया किन्तु उन्हें जीवन से अधिक स्रोत से रुचि है। हसन अस्करी ने 'तिलिस्म' को उस समय के लखनवी जीवन की एक दस्तावेज अवश्य कहा किन्तु उन्होंने उस समय के जीवन को समझने का प्रयत्न नहीं किया। अतः उनका 'इन्तेख़ाब-ए-तिलिस्म होशरुबा' एक पक्षीय हो गया। उसमें तवायफ़ों के अतिरिक्त शायद कुछ नहीं है। वकारअज़ीम ने 'हमारी दास्ताने' में 'तिलिस्म होशरुबा' के बारे में कुछ कहा ही नहीं है बस ले देकर कलीमुद्दीन ने इस दास्तान की महत्ता का पूर्ण अनुमान लगाया है। किन्तु क्योंकि वह उर्दू में दास्तान कहने की कला का अध्ययन कर रहे थे इसलिए उन्होंने भी 'तिलिस्म' की दुनिया की सैर ज़रा जल्दी में की। अतः पहली दृष्टि में वो भी इस दुनिया को न पहचान सके। उनका अध्ययन भी मूल्यों के संसार से आगे न बढ़ सका।

इसलिए हम यह कह सकते हैं कि ये अध्ययन अपने प्रकार का पहला अध्ययन है और चूँकि हमारे सामने कोई उदाहरण नहीं था, इसलिए हमें स्वयं रास्ता बनाना पड़ा। स्पष्ट है कि 'तिलिस्म होशरुबा' मूल स्रोत का स्थान रखती है।

हमने 'तिलिस्म' से जीवन के तत्वों को विभिन्न भागों के अन्तर्गत एकत्र किया फिर समकालीन साहित्य में उसके उदाहरण तलाश किये। हमनें 'फ़साना-ए-आज़ाद' को इस अध्ययन में अनदेखा कर दिया है क्योंकि इसमें लखनऊ का ख़ाका बनाया कम गया है, उड़ाया अधिक गया है। किन्तु रूस्वा जैसे यथार्थवादी और शरर के लेखों के प्रमाणों को स्वीकार किया है। ये अध्ययन अपूर्ण रह जाता यदि हम प्राचीन भारत के साहित्य और इतिहास के परिदृश्य में इन प्रमाणों को न देखते। इस कारण हमने प्राचीन भारतीय साहित्य को भी गवाह के रूप में प्रस्तुत किया है। हमने केवल साहित्य के प्रमाणों को पूर्ण न समझते हुए इतिहास से भी प्रमाण लिये हैं क्योंकि साहित्य चाहे व्यक्तित्व से फरार हो या उसका चित्रण, वह हर हाल में अपने ऐतिहासिक कार्य युग प्रस्तुत करता है।

प्राकृतिक वातावरण

जलवायु
धरती
वनस्पति
जड़ पदार्थ
पशु-पक्षी
मनुष्य

यह अध्ययन 'तिलिस्म होशरुबा' में हिन्दुस्तानी जीवन का है। इस अध्ययन का आरम्भ प्राकृतिक वातावरण से किया जा रहा है। पहले 'तिलिस्म' के इलाक़े को समझना आवश्यक है। क्षेत्र को समझे बिना 'जीवन' का अध्ययन अपूर्ण होगा क्योंकि हिन्दुस्तान विभिन्न जलवायु पर आधारित एक बड़ा देश है और इस सम्पूर्ण देश में न 'जीवन' एक है और न हो सकता है।

केवल उपरोक्त प्रमाणों के आधार पर परिणाम निकाल लेना आसान तो अवश्य है किन्तु इस सूरत में राह भटक जाने की सम्भावना अधिक है। यदि उपरोक्त प्रमाणों को क्षेत्रीय प्रमाण पत्र भी मिल जाए तो त्रुटियों की सम्भावना समाप्त हो जाती है।

इसलिए इस अध्ययन का आरम्भ उन प्रमाणों के अध्ययन से किया जा रहा हैं जो इस विस्तृत दास्तान में प्राकृतिक वातावरण के बारे में मिलते हैं। इस 'तिलिस्म' को सुनाने वाले भूगोल के विशेषज्ञ नहीं थे। उन्हें अपने क्षेत्र के भूगोल में कोई रुचि भी नहीं रही होगी। वे तो एक दास्तान सुना रहे थे। फिर भी इस दास्तान में ऐसे प्रमाण हैं जो उस क्षेत्र को समझने में सहायक हो सकते हैं।

प्राकृतिक वातावरण का अध्ययन इसलिए भी आवश्यक है कि उस रास्ते पर चल कर जीवन की उन झलकियों का विश्लेषण करना आसान होगा जिनको हम 'तिलिस्म होशरुबा' में तलाश कर रहे हैं। क्योंकि जीवन के किसी भी रूप को उसके प्राकृतिक वातावरण से अलग कर के देखना या उसका एकाकी पहलू देखना

सही नहीं है—चाहे वह इंसान ही क्यों न हो। इंसान भी अपने प्राकृतिक वातावरण का एक भाग है यद्यपि वह इससे जूझता रहता है। सभ्यताएँ इसी असमंजस का परिणाम हैं। ललित कलाएँ भी इससे प्रभावित होती हैं और मूल्यों का ढाँचा भी इससे पूर्ण रूप से स्वतन्त्र नहीं होता। सामाजिक विकास की कोई कड़ी यह दावा नहीं कर सकती कि वह प्रकृति के सिलसिले से कोई सम्बन्ध नहीं रखती। धर्म प्रकृति से कितना प्रभावित है इसका एक प्रमाण तो अरब के रेगिस्तानों में जन्म लेने वाले 'इस्लाम' के स्वर्ग व नर्क की कल्पना ही में मिल जाता है। सामाजिक जीवन तो प्राकृतिक वातावरण से अलग हो ही नहीं सकता। उदाहरणार्थ, पहनावे पेरिस के आधुनिक बाज़ारों या कुरान और वेद की पाठशालाओं में नहीं बनाए जाते। पैगम्बरे इस्लाम ने भी वही वस्त्र पहना जो अरब के बुतपरस्त सदियों से पहनते चले आ रहे थे। कपड़े इलाकों, क्षेत्रों में पैदा होते है। गरम देश में चुस्त और मोटा कपड़ा प्रसिद्ध नहीं होता, ठण्डे इलाकों में भारत की सुन्दर और महीन धोतियाँ नहीं चल सकतीं। अबा (लम्बा चोंगा) वास्तव में इस्लाम का निशान नहीं है। अबा वास्तव में रेगिस्तानी अरब का प्रतीक है। यही हाल भोजन और मकान का भी है। अधिक वर्षा के क्षेत्रों में चपटी छतों वाले मकान नहीं चल सकते। बंगालवालों का विशेष भोजन गेहूँ नहीं बन सकता क्योंकि बंगाल का मौसम गेहूँ की पैदावार के लिए उचित नहीं है।

इंसान भी नदियों, पहाड़ों, फूलों और हवा के झोंके की तरह अपने प्राकृतिक वातावरण में रहता है लेकिन इंसान और प्रकृति के दूसरे स्वरूपों में एक अन्तर है। दूसरे तमाम स्वरूप एक-दूसरे से बेपरवाह हो कर जी लेते हैं। या कभी-कभी मर भी जाते हैं लेकिन इंसान ऐसा नहीं कर सकता। वह दूसरे स्वरूपों से बे परवाह नहीं हो सकता। वह उनको अपने जीवन में भर लेना चाहता है। वह फूलों की तरह महक तो नहीं सकता इसलिए वह फूलों से सुगन्ध निकालता है और फिर इत्र को सुरक्षित रखने के लिए इत्रदान बनाता है...यह है संस्कृति का पहिया। पहाड़ जब उससे अपनी ऊँचाई की बात करते हैं तो वह उन्हें तराश कर अजन्ताओं की रचना करता है। झरनों, नदियों और हवाओं की गुनगुनाहट सुन कर वह रागनियाँ बनाता है, साज़ बनाता है और शे'र लिखता है।

सामाजिक जीवन की प्रगति मानव और प्रकृति की कशमकश की कहानी है जब वह हारता है तो प्रकृति को ईश्वर मान लेता है और जब वह जीतता है तो चाँद-सितारों पर जाने की तैयारियाँ करने लगता है।

मनुष्य और प्रकृति की यही कशमकश हमारे भावनात्मक जीवन का निर्माण करती है। लोक गीतों और कहानियों में यही कशमकश साँस ले रही है। अगर बादल न उमड़ते और अगर काली घटाएँ न उठतीं और अगर बिजली न चमकती और अगर बारिश के पहले छींटे का स्पर्श धरती को यूँ न गुदगुदाता कि उसके आँचल में भरी हुई खुशबू बिखर जाए तो हम कजरी के रसीले बोल न सुनते और माहौल में मलहार का अलाप पेंगें न लेता।

अब अगर सामाजिक जीवन के हर जलवे का प्रारम्भिक बिन्दु प्राकृतिक वातावरण है तो जीवन के अध्ययन का आरम्भ प्राकृतिक वातावरण के अध्ययन से ही करना चाहिए। इसीलिए इस अध्ययन का आरम्भ प्राकृतिक वातावरण से किया जा रहा है।

हमारे सामने प्रथम प्रश्न यह है कि 'तिलिस्म' किस भौगोलिक इकाई का प्रतिनिधित्व करता है। हमें इससे मतलब नहीं कि यह दास्तान फारसी में लिखी गई या उर्दू में। इस समय इस बात पर भी बहस नहीं है कि दास्तान रचना है या अनुवाद। इस समय तो तिलिस्म के इलाके की पहचान करना है। इलाके की पहचान का सबसे आसान तरीक़ा यह है कि पहले यह देखा जाए कि दास्तान कहने वालों ने कितने भौगोलिक नाम प्रयोग किये हैं। अगर इस दास्तान के पहाड़ों नदियों शहरों और देशों के नाम एकत्र किए जाएँ तो यह परिणाम निकलता है कि दास्तान कहने वालों ने एक बड़ी दुनिया बनाने का प्रयत्न किया है।

इस दास्तान में पूरब की ओर चीन और पश्चिम की ओर इंग्लिस्तान का विवरण मिलता है। बीच में रूस, भारत, रोम, ईरान, शाम, अरब, संगदीप, सासान आरमीनिया और ईराक़ का वर्णन मिलता है। हब्श यमन, पुर्तगाल और तुर्की का विवरण भी मिलता है। इनके अतिरिक्त बाख़तर, दमिश्क, इसफहान, खुरासान, सीसतान, बलख, शीराज़, काशगर, ज़ंगबार, ख़तन, बरमका, काशान, बदख्शाँ, बगदाद और लन्दन, की बातें की गई हैं। मिस्र तो खैर है ही, क्योंकि 'तिलिस्म होशरुबा' की लौह (तख्ती) नील नदी में है।

यह संसार बहुत बड़ा है लेकिन यह बात स्पष्ट दिखाई देती है कि दास्तान कहने वालों ने केवल उन्हीं इलाकों या शहरों के नाम लिए हैं जिनसे भारत का सम्बन्ध पुराना है। संगदीप और सरनदीप के सिलसिले में यह ज़रूर धोखा खा गए हैं क्योंकि ये दोनों ही नाम लंका द्वीप के हैं और यही ग़लती इस बात की गवाही देती है कि दास्तान कहने वाले इन क्षेत्रों से अनभिज्ञ थे और उन्होंने केवल नाम सुन रखे थे। इस विचार को इस बात से भी शक्ति मिलती है कि दास्तान

कहने वाले इन क्षेत्रों और शहरों के नाम ले कर रह जाते हैं। वे हमें इन इलाकों की सैर नहीं कराते और कोई ऐसा प्रमाण भी नहीं मिलता जिससे यह अनुमान लगाया जा सके कि स्वयं उन्होंने इतनी बड़ी मानसिक यात्रा की होगी। जैसे वह चीन और इंग्लैण्ड के बीच बिखरे हुए पहाड़ी शृंखलाओं में सिर्फ़ दो पहाड़ों के नाम लेते हैं। इन दो में से भी एक कोहकाफ़ है। लेकिन यह कोहकाफ़ वास्तव में कहानियों वाला कोहकाफ़ है जो परियों के संसार में है। इसलिए हम इस पर ध्यान नहीं देंगे अब केवल कोह अलबर्ज़ रह जाता है। दास्तान कहने वाले हिमालय की गगनचुम्बी पहाड़ियों को यूराल की ऊँचाइयों को, ऑल्पस के अस्तित्व को और बरनीज़ की वास्तविकता को सिरे से उपेक्षित कर देते हैं। पहाड़ों की तरह नदियों के बारे में भी वे लगभग चुप हैं। दो नदियों—गंगा व जमुना के अतिरिक्त वे केवल सिर्फ नील नदी का नाम लेते हैं वह भी इसलिए कि नील नदी में 'तिलिस्म' की तख्ती है। इस नदी की चर्चा का कारण वह इस्लामी कल्पना है जिसके अनुसार जादू का आविष्कार मिस्र में हुआ और नील पार करने के बाद सामरी ने बोलने वाला गाय का सोने का बछड़ा बनाया। मूसा को भी जादू का मोजज़ा चमत्कार मिला था और चूँकि नील ही ने मूसा को रास्ता दिया था इसलिए नील ही ने असदबिन कर्ब ग़ाज़ी को भी रास्ता दिया। अब अगर नील को भी उपेक्षित कर दिया जाये तो 'तिलिस्म' के इलाके को उत्तर भारत से बाहर ले जाने वाला कोई प्रमाण नहीं रह जाता लेकिन यहाँ फिर यह प्रश्न उत्पन्न होगा कि क्या 'तिलिस्म' में सारे उत्तर भारत की धरती समाई हुई है?

इस दास्तान में बंगाल[1], कामरु[2] या कानोर देस[3], कश्मीर[4], मारवाड़[5], सिंध[6], राजस्थान[7], काठियावाड़[8], पंजाब[9] और गुजरात[10] का वर्णन मिलता है और इसका यह अर्थ है कि आसाम से पंजाब तक का सारा क्षेत्र आ गया। तो क्या 'तिलिस्म' का क्षेत्र इतना ही बड़ा है? इस प्रश्न का उत्तर हाँ में नहीं दिया जा सकता क्योंकि सही प्रमाण नहीं मिलते। उत्तर भारत के शहरों के वर्णन में दास्तान कहने वालों ने कंजूसी से काम नहीं लिया है। हमें जालन्धर[11], कलकत्ता[12], बनारस[13], लखनऊ[14], दिल्ली[15], शिमला[16], मथुरा[17], काशी[18], इन्द्रकोट[19], ढाका[20], लाहौर[21] और लुधियाना[22] के नाम सुनाए जाते है। इन नामों से भी एक रोचक वास्तविकता साफ होती है। बिहार का पूरा इलाका ग़ायब है। अज़ीमाबाद तक की चर्चा नहीं है। सिंध, काठियावाड़ और राजस्थान का ज़िक्र है लेकिन इन इलाकों के किसी शहर का ज़िक्र नहीं है। आगरा और अवध का नाम भी नहीं आया है किन्तु बनारस, काशी, मथुरा, महोबा[23], और लखनऊ के अतिरिक्त गुलाम हुसैन

के पुल[24] तक का ज़िक्र है। यह गुलाम हुसैन का पुल लखनऊ के एक मोहल्ले का नाम है। जौहरी बाज़ार[25] और चौक[26] भी लखनऊ के मुहल्ले हैं। इसका अर्थ यह है कि मारवाड़, सिंध, राजस्थान और कश्मीर आदि को उपेक्षित किया जा सकता है क्योंकि दास्तान कहने वालों ने सिर्फ़ इन इलाकों के नाम लिए हैं।

अब बचे आसाम, बंगाल, यू.पी. और पंजाब के इलाक़े। दास्तान कहने वालों ने इन इलाकों के शहरों के नाम भी प्रयोग किए हैं। तो क्या इससे यह परिणाम निकाला जाए कि 'तिलिस्म' का इलाका इन राज्यों पर निर्भर है? यह विचार भी सही नहीं मालूम होता क्योंकि जो दास्तान कहने वाले कश्मीर का ज़िक्र करें और झेलम को नज़रअन्दाज़ कर दें, पंजाब को याद रखे और यह भी भूल जायें कि इसका नाम 'पंजाब' क्यों पड़ा सिंध का ज़िक्र करें और सिंध नदी को महत्त्व न दें और जिन्हें कानरो देश तो याद रह जायें और ब्रह्मपुत्र जिनकी स्मृति से निकल जाये, वह दास्तान कहने वाले पंजाब से असाम तक के इलाके के बारे में बातें नहीं कर सकते। नदियों में तो नील के अतिरिक्त दास्तान कहने वाले सिर्फ गंगा[27] और यमुना[28] का नाम लेते हैं और इन महान नदियों के सिलसिले की एक कड़ी गोमती का नाम भी उन्हें याद रह जाता है। गोमती का ज़िक्र गुलाम हुसैन के पुल और जौहरी बाज़ार के इस दावे को मज़बूत बनाता है कि इस दास्तान का सम्बन्ध जिस क्षेत्र से है वह गोमती के आस-पास का इलाका है और उस क्षेत्र का केन्द्र बिन्दु लखनऊ है—यानी चीन से इंग्लिस्तान तक फैला हुआ यह तिलिस्मी संसार, लखनऊ और उसके आस-पास के इलाके से अधिक बड़ा नहीं है।

लेकिन क्या इलाके की पहचान के लिए इतनी गवाही काफी है? नाम धोखा दे सकते हैं क्योंकि भारत में एक अच्छा-ख़ासा गिरोह हिन्दुस्तानी अब्दुल रहमान और अली शेर या मो. हुसैन को सिर्फ इसलिए भारतीय मानने पर तैयार नहीं है कि यह नाम हिन्दुस्तानी नहीं है। इसीलिए हमें तिलिस्म के प्राकृतिक दृश्यों पर एक नज़र डालनी होगी।

यूँ तो 'तिलिस्म' पर्वतीय क्षेत्रों से भरा हुआ है। क़दम-क़दम पर पहाड़ मिलते हैं जिनके नीचे लश्कर उतरे हुए हैं या जिनके ऊपर कोई अय्यार महन्त बना हुआ धूनी रमाए बैठा है और शत्रु की राह देख रहा है लेकिन जो दास्तान कहने वाले हिमालय का नाम लेना भूल जाते हों, वह पर्वतीय क्षेत्रों की रचना क्या कर सकते हैं? दास्तान कहने वालों के मन में पहाड़ की जो छवि है वह बहुत अच्छी नहीं है। यह पहाड़ को 'टीले वाली मस्जिद' या 'रूमी दरवाज़ा' इस प्रकार की कोई वस्तु समझते हैं। जो धरती से सीधी ऊपर उठ गई हो और जिसके नीचे

झाँक कर कुछ देख लेना सम्भव हो। यदि यह नहीं तो फिर यह है कि उनकी कल्पना शक्ति ने टीलों को पहाड़ बना दिया है।

> "मेहतर क़राँ उस पहाड़ पर गए...और नीचे झाँक कर देखा तो वह इस कदर ऊँचा है कि नीचे के आदमी बालिश्त-बालिश्त भर के मालूम होते हैं।"[30]

पहाड़ों की यह कमज़ोर कल्पना इस बात का प्रमाण है कि दास्तान कहने वालों के आस-पास कोई पहाड़ी सिलसिला नहीं था। इसलिए इन पहाड़ी सिलसिलों को जो काल्पनिक हैं, नज़रअन्दाज़ किया जा सकता है और यह परिणाम निकाला जा सकता है कि धरती ऊँची नहीं, बल्कि चौरस है। इस विचार को 'तिलिस्म' के अनगिनत जादू के दरिया भी शक्ति पहुँचाते हैं। इन जादू के दरियाओं का पाट बहुत बड़ा है।

> "किस साहिर (जादूगर) ने दरिया-ए-सिहर (जादू) के ज़ोर से ज़ाहिर किया।"[31]
>
> "लम्हा भर में उस पानी ने वह तबाही की कि पहाड़ से लेकर लश्करे हैरत तक नदी के तेज उत्पन्न बहाव में बह गया...पानी इस बाहर ऐसा मीठा और ठण्डा था कि जूए शीर[33] भी ऐसी शीरीं न होंगी।"[32]

जादू के इन दरियाओं में लोग डूब जाते हैं। इन दरियाओं में पहाड़ी चश्मों की तेज़ी नहीं है। याकूत सुखनदान ने हुजरए पंजुम के मालिक के पास तो इस क़दर सुशील और गम्भीर दरिया है कि उसके साथ-साथ चलते हैं।

> "दो नहरें आब-व-हवा से उतर कर धरती पर आयीं। पक्षियों ने...आवाज़ दी..."मलका याकूत सुखनदान तशरीफ लाई हैं।"

यह मैदानी क्षेत्र जिसकी धरती चौरस है, भारत में पहचाना जा सकता है और यदि इस क्षेत्र में गोमती भी बह रही हो तो उस क्षेत्र को पहचान लेने का काम और आसान हो जाता है। यह लखनऊ और उसके आस-पास का क्षेत्र है। 'तिलिस्म' की आबो हवा भी इस विचार को बल प्रदान करती है।

> अनगिनत झीलों, तालाबों और कुण्डों[34] का अस्तित्व यह साबित करता है कि यह क्षेत्र अधिक वर्षा का क्षेत्र है।

---

1. 1(168), 2. 1(365), 3. 3(19), 4. 1(104), 5. 1(171), 6. 4(698), 7. 4(971), 8. 4(1224), 9. 3(744), 10. 3(744), 11. 6(187), 12. 3(17), 13. 3(257), 14. 3(744), 15. 3(744), 16. 3(744), 17. 3(279), 18. 3(279), 19. 4(200), 20. 5(270), 21.6(477), 22. 6(776), 23. 1(872), 24. 5(138), 25. 1(495), 26. 1(59), 27. 1(493), 28. 3(279), 29. 4(755), 30. (1246), 31.(152), 32. 3(92–91), 33. वह नहर जो फरहाद ने अपनी प्रेमिका शीरी के लिए पहाड़ में खोदी थी।, 34. 4(165)

"हर तरफ नहरें और झरने जारी...झीलें लहराती हैं..."[35]

अधिक वर्षा के क्षेत्र के विचार को जादूगरों के जादुओं से भी सहारा मिलता है, क्योंकि जादू में भी प्राकृतिक वातावरण की परछाईं देखी जा सकती है। गर्म रेगिस्तानी क्षेत्रों में कृषि के जादू नहीं बनाए जा सकते। 'तिलिस्म होशरुबा' में प्रकृति से सम्बन्ध रखने वाले जादुओं की कमी नहीं। लेकिन 'तिलिस्म' का जादू मूलतः उपजाऊ क्षेत्र का जादू है और जहाँ-जहाँ दास्तान कहने वालों ने जादू की रचना में प्राकृतिक वातावरण का ध्यान नहीं रखा है, वहाँ उनके जादू अर्थहीन हो गये हैं जैसे मलिक अख़जर गौहर पोश जब अमरु की जंबील से निकलता है तो वहाँ के हालात यूँ ब्यान करता है।

"वहाँ वह मौसम है कि दरवाज़े बंद हो जाते हैं, ख़ूनी बर्फ पड़ती है। वहाँ के बाशिन्दे दहकती हुई अँगीठियाँ लोहे की ज़ंजीरों से गले में डाले फिरते हैं। चार महीने कोई घर से नहीं निकलता।"[36]

यह बयान हमारी सोच को कश्मीर की तरफ मोड़ देता है क्योंकि वहाँ बर्फ के ज़माने में लोग 'काँगड़ियों' का प्रयोग करते हैं लेकिन उन की काँगड़ी उन आतिशी और लोहे की ज़ंजीरों से भिन्न होती है। यह माना जा सकता है कि सम्भव किन है दास्तान कहने वाले इस 'खूनी बर्फबारी' के क्षेत्र से परिचित हों। लेकिन जब वह बर्फबारी के दृश्य दिखाते हैं तो यह कल्पना बेबुनियाद हो जाती है और यह बात खुल जाती है कि दास्तान कहने वाले बर्फबारी के अर्थ से अनभिज्ञ थे और इसलिए वह ओलाबारी और बर्फबारी में अन्तर न कर सके। स्वयं उनके क्षेत्रों में ओलाबारी होती है। इसलिए इसी ओलाबारी पर उन्होंने जादू की बुनियाद रखी।

"सिलें बर्फ की गिरने लगीं और
वह सर्दी हुई कि दाँत बजने लगे।"[37]

ओलाबारी के अतिरिक्त बिजली का जादू भी इल्म है। जादू की बिजली के अतिरिक्त दूसरे छोटे-बड़े जादूगर भी बिजलियाँ गिराते नज़र आते हैं। कभी बर्क़ गिरती है और कभी बिजली बर्क़ शोला-ए-बार।[38] कभी बिजलियाँ सुनहरे रुपहले रंग की गिरती हैं। इन बिजलियों के साथ गड़गड़ाहट का होना भी आवश्यक है। इसलिए बर्क़ लामा के पुत्र का नाम गरज है और वह गरजता है। लोग बेहोश होते हैं और ऊपर से तड़प कर बर्क़ लामा गिरती है और शत्रु को जला कर काली राख कर देती है। वर्षा का तो खैर कोई ठिकाना ही नहीं है। वर्षा तो ऐसी होती है कि जल, थल लगने लगता है।

---

35. 1(62), 36. 6(772), 37. 1(190), 38. 1(43),

"वह रुई का गाला एक अब्र (बादल) बन गया...अचानक वह अब्र पूरी दुनिया पर छा गया। पूरी दुनिया...इस क़दर अब्र बरसा कि ज़मीन पर मिसले दरिया-ए-क़हार पानी की तुग़यानी हुई।"[39] जादू की नदियाँ बनाना तो जादुगरों के बायें हाथ का खेल है। वह सैलाब (बाढ़) आते हैं कि लश्करे इस्लाम की कश्ती-ए-हयात डूबने लगती है। जादू से ओलाबारी भी होती है।

"यकायक अब्र आसमान की ओर से दिखाई दिया। हवा सर्द चली और कुछ बूँदें पानी की पड़ीं और ओले पड़ने लगे।"

और हवाएँ ऐसी चलती हैं कि नींद आ जाती है।

"ऐसी ठण्डी हवा चली कि जो जागती थीं वह भी सो गयीं।" और फूल खिल जाते है। और वृक्ष बहार के नशे से झूमने लगते हैं–

"उस वक़्त हवा सर्द चलने लगी और घटा चारों तरफ़ छा गई। सारे फूल बाग़ सेब के खिल गये। दरख्त नशा-जोश बहार से झूमने लगे।

कभी छोटी-छोटी बूँदें पड़ती हैं।

"घटा तख़्त पर छायी थी और
महीन-महीन बूँदियाँ पड़ती थीं।"

कभी वह घनघोर घटा उठती है कि आदमी दीवाना हो जाए और कभी बरसात पर शबाब आ जाता है।

"यह आलम उस समय नज़र आया कि काली घटाएँ पहाड़ों से उठ कर इस क़दर नीची हुई थी कि सबज़े पर लोट रही थीं....बर्क़ दम-ब-दम घटा में चमकती। हवा काँधे पर गंगा जल लाती।...इस घटा में बारिश पैदा हुई और कोयल के कूकने की सदा आने लगी...दरख्तों से पानी हवा के झकोरे से झड़ता...वह अँधेरा घुप्प हो रहा था कि कड़क बिजली की मशाल जलाए था। बिजली जिधर जाती उधर रह जाती ..."

---

39. 1(731)

लेकिन यह बहार तस्वीर का एक रुख है। 'तिलिस्म' में हर ओर बहार ही बहार नहीं है। 'तिलिस्म' में आँधियाँ भी आती हैं जो अंधकारमय होती है और लू भी चलती है।

> "अफरासियाब ने देखा, बहुत बड़ा बादल उठा। झोंके गरम हवा के चलने लगे। शोले धरती से निकलने लगे।...वह हवाएँ गरम चलीं कि पेड़ की शाखें जल गईं पत्तों का पता नहीं चश्मों (स्रोतों) में खौलता हुआ पानी।..."

यह प्राकृतिक ऋतु है मगर जादू भी प्रकृति के साथ-साथ हैं।

> "अचानक हवाएँ तेज व तुन्द चलीं और बगोले उठने लगे और कुछ बगोले चक्कर खाने लगे।[40] शरारा के चारों और चक्कर मारने लगे और लाश को चक्कर देते हुए धरती से उड़ा कर एक तरफ को ले चले हैं"[41]

'तिलिस्म' में 'पुरवा' भी चलती है[42] और इतनी तेज गरमी भी पड़ती है कि बर्फ में जमी हुई सुराहियों का पानी प्रयोग करना पड़ता है।[43] कभी-कभी जादू से भूकम्प भी आ जाते हैं।[44]

उपर्युक्त प्रमाणों की रोशनी मे यह परिणाम निकाला जा सकता है कि 'तिलिस्म' का वातावरण गर्म और आर्द्र है। यह एक ऐसा क्षेत्र है जहाँ वर्षा आमतौर पर बहुत अधिक होती है। जब ही तो सारे 'तिलिस्म' में झीलों और तालाबों का एक सिलसिला नज़र आता है। परन्तु गर्मी भी अधिक पड़ती है। लू चलती है और धरती अक्सर इस क़दर तप जाती है कि तालाब और कुएँ खौल कर सूख जाते हैं और अत्यधिक गर्म हवा के झोंके वनस्पति को झुलसा देते हैं। यह दास्तान कहने वाले रेगिस्तान का ज़िक्र तो करते हैं लेकिन पहाड़ ही की तरह उनकी रेगिस्तान की कल्पना भी अपूर्ण है। इन रेगिस्तानों में पानी और घास भी है। इनमें स्रोत और कुएँ होते है जो सूख जाते है और वृक्ष भी होते हैं जो गर्मी के कारण बिना फूल पत्तों के दिखाई देते हैं।

अर्थात तिलिस्म का क्षेत्र पूर्ण रूप से एक हरा-भरा क्षेत्र है। वर्षा अधिक होती है। गर्मी अधिक पड़ती है परन्तु शीत ऋतु इतनी कठोर नहीं होती क्योंकि सर्दी

---

40. 1(106), 41. 1(137), 3(390-979), 42. 1(29), 43. 1(66), 44. 1(19)

के वर्णन में दास्तान कहने वाले को अमरु की ज़म्बील का सफ़र करना पड़ता है और वह कश्मीर की सुनी-सुनाई सर्दी का ज़िक्र करके सन्तुष्ट हो जाता है।

'तिलिस्म' की वनस्पति की दुनिया इस जलवायु से परिचित है और इस का जो भाग इस प्राकृतिक वातावरण से मेल नहीं खाता उसे हम प्राकृतिक वातावरण के प्रमाणों पर उपेक्षित कर सकते हैं। जंगलों का वर्णन कमज़ोर है क्योंकि जिस युग में यह दास्तान लिखी गई उस युग में लखनऊ शहर बन चुका था। यद्यपि सोलहवीं, सत्रहवीं शताब्दी में यह पूरा क्षेत्र एक घना जंगल था लेकिन इन जंगलों और दास्तान कहने वालों के बीच सदियों का फासला है। इस कारण या तो वह जंगल कह कर गुज़र जाते हैं या बाग़ को बेतरतीब कर के जंगल बना लेते हैं।"

> "क्षण भर के बाद शहज़ादे की आँख खुली। अपने आप को एक हरे भरे जंगल में पाया....कुएँ कहीं–कहीं पर पक्के बने हैं...हर तरफ झरनें और नहरें बह रही हैं।...वृक्ष फूलदार, बेला, मोतिया, नसतरन...कही नींबू, नारंगी, मोतिया और कहीं मीठी-मीठी भीनी खुशबूदार झीलें लहराती है।...कोसों तक घास हरी उगी हुई है...हिरन, चीतल, कोकला, हरियल, कोयल–वृक्षों पर झूला झूलते पंक्षी...नहरों के किनारे क़ाज़ मुर्ग़ाबी करकरे..."[44]

इसे जंगल कौन माम सकता है? फिर भी यहाँ बाग़ पर अतिश्योक्ति का स्थान निकल आया। परेशानी वहाँ होती है जहाँ कोई सहारा नहीं मिलता। इसलिए जब उन्हें किलिक के जंगल का ज़िक्र करना पड़ता है तो वह सिर्फ ज़िक्र करके रह जाते हैं–

> "अक़वाल ने सरमा व अबरीक़ को झड़क दिया। शहंशाह ने वह अक़लीम खरिस्तान मुझको इनायत फरमाई है कि बारह बरस से लड़ रहा हूँ.......क्लिक के जंगल में तन्हे तन्हा जाकर हाथियों को ललकारा..."[45]

लेकिन वृक्षों के बयान में बड़ी हद तक यथार्थधादिता से काम लिया गया है और हम उनकी सहायता से क्षेत्र को पहचान सकते हैं। जैसे झाड़ियों, पौधों और काँटेदार वृक्षों में हमें धतूरा[46] कटीली नागफनी, थूथड़, भंग भंटकटैया, गोखरु, सवार, बाँस, सरकण्डा, मदार और बबूल का वर्णन मिलता है।

---

45. 3(96), 46. 1(63)

बबूल के तौख़ैर जंगल के जंगल हैं। इनके अतिरिक्त खजूर, ढाक और आम के वृक्ष भी नज़र आते हैं। लेकिन यह दास्तान कहने वाले इतने मग्न हैं कि पहाड़ों पर आम के वृक्ष लगा लेते हैं। यही इस बात का सबूत है कि दास्तान कहने वालों ने टीलों को पहाड़ बना लिया है। उन्होंने तालाबों के गिर्द टीलों पर आम के वृक्ष देखे होंगे क्योंकि अवध में यह दृश्य आम है। इसलिए जब उनकी कल्पना शक्ति ने टीलों को पहाड़ बना लिया तो उस पहाड़ पर आम के वृक्ष भी लगा दिये।

> "अमरु भागा और एक पहाड़ पर
> चढ़कर एक वृक्ष पर चढ़ा।
> इत्तफ़ाक़ से वहाँ वृक्ष सब
> आम के थे।"[47]

पहाड़ों को हम पहले ही नज़र अन्दाज कर चुके हैं क्योंकि यह चौरस धरती का क्षेत्र है इसलिए आम के पेड़ बहुत नज़र आते हैं। 'तिलिस्म' में पीपल का साया भी मिलता है और बरगद की जटाएँ भी। साखू के लम्बे वृक्ष भी और नीम और इमली की छाँव भी। ताड़ भी गरदनें उठाए नज़र आते हैं। इधर-उधर जंगली बेर भी बिखरे हुए हैं। जामुन और गूलर के पेड़ भी हैं।

यह बात निःसंकोच कही जा सकती है कि ये सभी पेड़-पौधे और झाड़ियाँ अवध में पाई जाती हैं और इन्हीं सबके चित्रण से अवध की जलवायु का दृश्य पूर्ण होता है।

'तिलिस्म' में जानवरों का भी संसार है। पालतू जानवरों से इस समय हमें ग़रज़ नहीं क्योंकि ये प्राकृतिक वातावरण का भाग नहीं। जंगली जानवरों में सबसे ज़्यादा ज़ोर शेर पर दिया गया है। शेर का शिकार भी खेला जाता है और उसके लिए हकवा करवाया जाता है। इन जंगली शेरों के साथ जादू के शेर भी नज़र आते हैं। अधिकतर जादूगरों की सवारी ही शेर है। जादूगर धुएँ के शेर भी बनाते हैं। शेरों के अतिरिक्त जंगलों में कहीं-कहीं बब्बर शेर भी नज़र आते हैं। तेंदुए भी हैं।

तराई के क्षेत्र में अब भी शेर पाये जाते हैं। इसलिए शेरों की चर्चा आश्चर्यजनक नहीं है। सिंह के अतिरिक्त तेंदुआ है, रीछ है, भेड़िये हैं, चीतें हैं और हाथी हैं।

---

47. 6(775)

हाथी के ज़िक्र पर अब आश्चर्य होता है, लेकिन अभी सोलहवीं, सत्रहवीं शताब्दी की बात है जब मुग़ल बादशाह इसी क्षेत्र में जंगली हाथियों, गैण्डों, शेर और बब्बर शेर आदि का शिकार किया करते थे।

बन्दरों की गिनती न जंगली जानवरों में होती है, न पक्षियों में। इसलिए उन का ज़िक्र अलग से किया जा रहा है। साधारण बन्दरों के अतिरिक्त 'तिलिस्म' में लंगूर भी मिल जाते हैं।

चौपायों में नील गाय, हिरन, अरना, भैंसे, चीतल और बारहसिंघे मिलते हैं।

दरियाई जानवरों में मगरमच्छ, सौसन, कछुए और मछलियों का ज़िक्र किया गया है। मछलियों में महाशेर का नाम भी लिया गया है। पक्षियों में लाल कुक्कुट, कलजड़ी, कौआ, कबूतर, गिरह, बाज़, कबूतर, लक़्का, कबूतर, कोयल, कोकिला, क़ाज, क़ुमरी, क़रक़रे, फ़ाख़ता, श्यामा, शार्क, चील, चुग़द, चकोर, पपीहा, पिद्दा, बुलबुल, भुजंगा, मोर, अबाबील, मुर्ग़ाबी, नीलकण्ठ, हंस, बगुला, सुरख़ाब ढेड़, पन्डुब्बी, लकलक़ा, तीतर, गुलदुम, कलंगा, सारस, तोती, गिद्ध, धानवान, तोता, टिटिहरी, उक़ाब, बटेर, चिरकौआ, मैना सतरंगा, अगन, बया और हरियल का ज़िक्र किया गया है। शिकारी पक्षियों में उक़ाब के अतिरिक्त बाज़ बेहरी, जरहा और शाहीन, शिकरे तुरमती बाशा के बारे में बताया गया है। इनमें अधिकतर पक्षी अवध में पाये जाते हैं। शिकारी पक्षियों में भी बाज़ और शिकरे सामान्य पक्षी हैं। इनके अतिरिक्त पक्षी शिकार के लिए प्रयोग में लाये जाते हैं। जरहा तो ऐसा पक्षी है जिसे उपहार में दिया जाता था।

नेवले और ख़रगोश के बाद सिर्फ हशरातुलअर्ज की व्याख्या रह जाती है। हशरातुलअर्ज (बरसाती कीड़े-मकोड़ों) में सर्पों के वर्णन को प्राथकिता प्राप्त है क्योंकि 'तिलिस्म' में सर्प अधिक हैं। जादूगर सर्प के जादू भी करते हैं और उन पर सवारी भी करते है। 'तिलिस्म' में भाँति-भाँति के सर्प पाये जाते हैं। अजदहा आम है। जादूगर आमतौर से उसी पर सवारी करते हैं। इनके अतिरिक्त काले और सुर्ख चटयाले हैं। कौड़ियाले और घामन हैं। सर्पों के अतिरिक्त हज़ार पाए और कनखजूरे भी हैं। मेंढक भी टर्राते हैं और झींगुर भी बोलते हैं। गिलहरियाँ भी फुदक रही हैं। खटमलों की मुसीबत भी है और मच्छरों की भनभनाहट भी मच्छर तो इतने अधिक हैं कि उन से 'तिलिस्मी' फौज बनाई गई है।

"हर एक कुएँ में अत्यधिक मच्छर भरे
हैं मगर वह मच्छर नहीं हैं बल्कि

साहिराने तिलिस्म और
लशकरे अफरासियाब हैं।"[48]

जादू की नगरी में रहने वालों के बालों में जुएँ भी पड़ती हैं। गिरगिट भी रंग बदलते नज़र आते हैं। चीटिंयाँ भी अपने कार्यों में मस्त हैं और बीर बहूटी का मख़मल भी अपर्याप्त नहीं है। इनमें से कोई चीज़ अवध में नायाब नहीं है।

प्राकृतिक वातावरण के सिलसिले में दास्तान की कमज़ोर तरीन कड़ी जड़ पदार्थ और मानव का वर्णन है। जड़ पदार्थ के समबन्ध में कोई ऐसी गवाही नहीं जिससे यह पता चले कि 'तिलिस्म' के क्षेत्र में भी वह उपलब्ध हैं और यह हो भी कैसे सकता था क्योंकि अवध में खनिज पदार्थ का कौन सा ख़जाना है जिसे दास्तान कहने वाले बयान करते लेकिन मानव शरीर की बनावट के वर्णन में गवाहियों की कमी आश्चर्यजनक है। बात यह है कि दास्तान कहने वाले मानव शरीर के वर्णन में अतिश्योक्ति और पारम्परिक कथाओं की दुनिया में जाकर रास्ता भूल जाते हैं और शायरी करने लगते हैं। इसलिए यह पता नहीं चलता कि 'तिलिस्म' के रहने वालों की शारीरिक बनावट क्या है। फिर भी नख-शिख वर्णन में जो प्रमाण मिलते है उनकी बुनियाद पर कहा जा सकता है कि 'तिलिस्म' में गन्दुमी साँवले और काले व्यक्तियों की जनसंख्या है। कहीं 'ज़न सीमीं बदन' (चाँदी जैसे तन) हैं और कहीं शमा रौशन है।[2] कहीं कोई माहपारा[3] कहीं कोई "समनवर खुर्शीद ख़द चेहरा ज़ेबा रश्के माह"[4] है। कहीं गोरी-गोरी है हर एक गोल कलाई"[5] और दूसरी तरफ 'एक जवान सफ शिकन चेहरा आफ़ताब आलमे ताब'[6] इन दोनों के संसार में साँवली सूरत वाली वृद्ध जादूगरनी भी रहती है[1] और कहीं कान्तिमान और कहीं बिल्कुल काली जादूगरनी[2] को अपने पहलू में पाते हैं। और कहीं एक व्यक्ति काली-काली सूरत वाला[3] नज़र आता है।

दास्तान कहने वालों के सामने एक परेशानी थी कि उनके लिए शहज़ादियों को 'माह पारा' और 'गुल ए-ज़ार' कहना आवश्यक था और लशकरे अमीर में तो ज़ाहिर है कि जो था वह चंदे आफ़ताब और चंदे माहताब था। इस अतिश्योक्ति से खिलता हुआ गेहुँआ रंग निकाला जा सकता है। साँवली सूरत वाली वृद्धा 'मलिका असरार जादू' है। यह असरार तिलिस्म के सम्मानित लोगों में से है। खुद अफरासियाब का रंग भी साँवला है। तो सम्मानित लोग साँवले रंग के भी हैं। किन्तु साधारण वर्ग के व्यक्तियों को दास्तान कहने वालों ने निःसंकोच काले रंग का कहा है। स्पष्ट है कि आबादी का बड़ा हिस्सा साधारण लोगों पर निर्भर

48. (150), 1. 7(347), 2. 2(520), 3. 1(240)

होता है। अर्थात 'तिलिस्म' की अधिकतर जनसंख्या काले लोगों की है और गोरे वर्ण के सामन्जस्य से साँवला रंग निकल आया है। 'ऋग्वेद' गुनगुनाते हुए आने वालों ने भी भारतवासियों को काला कहा था। द्रविणों के बाद कोई काले वर्ण की जाति यहाँ आयी ही नहीं इसलिए बाहर से आने वाले सदा अपने रंग के बारे में खुशफहमी में रहे। 'ऋग्वेद' ने 'चित्रवर्णन' कह कर इस शृंखला का आरम्भ किया था। इसलिए दास्तान कहने वाले भी यही तरीक़ा प्रयोग करते हैं। अवध में मानवीय वर्ण के यह तीनों प्रकार पाए जाते हैं। इसलिए दास्तान कहने वालों ने यही तीन रंग प्रयोग किये हैं।'

शरीर की बनावट के बारे में भी अधिक प्रमाण नहीं हैं। किन्तु एक बात अवश्य है कि 'तिलिस्म' के लोग लम्बे नहीं है। लश्करे अमीर में तोहमासिप के अतिरिक्त कोई लम्बा नहीं है। ये तोहमासिप हिन्दुस्तानी मुसलमानों का नाम भी नहीं है। इसलिए वह विदेशी है। अफ़रासियाब की फौज में भी कोई ख़ास आदमी लम्बा नहीं हैं। केवल वह पहलवान लम्बे हैं जो आते हैं और कहानी पर कोई प्रभाव डाले बिना साहिबेक़रा के पुत्रों के हाथों मारे जाते हैं। जादूगर तो ख़ैर कोई लम्बा है ही नहीं।

इन बातों से यह निष्कर्ष निकालना ग़लत न होगा कि 'तिलिस्म' के रहने वाले औसत क़द वाले व्यक्ति है।

आँखें तो 'रश्क दी दए ग़िज़ाल' (मृगनयनों को भी ईर्ष्या हो) और 'रश्क़ दी दए शहला' जिन्हें देखकर सभी मोहित हो जाते हैं। परन्तु यह बात स्पष्ट हो जाती है कि यह क्षेत्र काले नयनों वालों का क्षेत्र है। चौड़े ललाट है क्योंकि दास्तान कहने वाले ललाट[49] को 'माहे आसमाने कमाल'[50] कहते हैं। नाक खड़ी है[51], मुँह छोटे हैं। बाल काले हैं। इसीलिए कहीं लट को 'दूद' (धुआँ) गया है और कहीं 'गेसुए मुश्क आगीं'[52] की बात की गई है। गरदनें लम्बी हैं इसलिए 'शमा रोशन है गला, कहना पड़ा और शमा कह कर भी सन्तोष न हुआ तो 'वह गरदन न थी मशअलेतूर थी'[53] जैसी बात बनाई गई। 'उभरे हुए सख्त नुकीले वक्ष का वर्णन[54] कदम-कदम पर मिलता है। बदन मखमल के समान नरम है और त्वचा पतली है,[55] इसलिए रंगे पान फूट निकलता है 'सफाई देखो।'[56]

दास्तान कहने वालों ने स्त्री के स्वरूप की बढ़ा-चढ़ा कर व्याख्या की है। परन्तु इस कोशिश में पारम्परिकता अधिक है और वास्तविकता कम नज़र आती है।

---

49. (63), 50. 6(749), 51. 5(9), 52. 3(143), 53. 6(749), 54. 5(437), 55. 5(223), 56. 6(748)

इनके 'नख-शिख' में शरीर का वह एहसास नहीं होता जो शौक़ की मसनवियों में होता है।

गुल से रुख़सार गोल-गोल बदन
गाल जिस तरह क़ुमक़ुमें रौशन

ये दास्तान कहने वाले अपनी शहज़ादिओं को निर्वस्त्र करके देखते और दिखाते हैं।[57] मगर गुल से रुख़सार गोल-गोल बदन वाली बात पैदा नहीं होती। परन्तु दास्तान कहने वालों से शिकायत भी नहीं की जा सकती क्योंकि इन्हें इस बात की ख़बर नहीं कि उर्दू पर एक ऐसा समय आने वाला है जब कुछ लोग उसके हिन्दुस्तानी किरदार पर शक करेंगे और हमें उस के समर्थन में प्रमाण ढूँढ़ने होंगे। वे तो एक दास्तान सुना रहे थे। दास्तान सुनाने वाला एक दम तोड़ता हुआ समाज था इसलिए उनके सामने वर्णन की सत्यता से अधिक लज़्ज़त और तसकीन का मसला था।

फिर भी उन्होंने 'तिलिस्म' के प्राकृतिक वातावरण के सम्बन्ध में जो सूचनाएँ पहुँचाई हैं वह तिलिस्म के क्षेत्र की पहचान के लिए बहुत हैं। और इन गवाहियों के प्रमाण पर यह बात निःसंकोच कही जा सकती है कि अवध के अतिरिक्त संसार का कोई क्षेत्र इन प्रमाणों की कसौटी पर पूरा नहीं उतरता।

क्षेत्र की पहचान ने समाज के अध्ययन का रास्ता साफ कर दिया क्योंकि अब हम यह जा़नते हैं कि 'तिलिस्म' के समाज को किस क्षेत्र की कसौटी पर कसना है।

---

57. 3(63)

समाज : अर्थव्यवस्था

अर्थव्यवस्था
राजनीति
समाजशास्त्र

अर्थव्यवस्था (जीविका)

जीविका की उपलब्धि
प्रारम्भिक जीविका
द्वितीय जीविका

उद्योग

जो जीविका उपलब्ध कराते हैं।
जो प्रारम्भिक जीविका का साधन है।
जो जीविका के द्वितीय स्तरीय साधन हैं।
पत्र-पत्रिकाएँ और क्रिया-कलाप
जनसंख्या

मनुष्य का जन्म दूसरे जीवों के समान एक विशेष वातावरण में हुआ है। वह अपने प्राकृतिक वातावरण पर प्रभाव डालता है। वह प्राकृतिक साधनों का रूप बदल देता है और उन्हें अपनी आवश्यकताओं के साँचों में ढालकर उनका प्रयोग करता है। वह रात के अँधेरे में चाँद-तारों के प्रकाश से सन्तुष्ट नहीं होता। वह दिया बनाता है। वह गेहूँ की शक्ल बदलकर रोटी बनाता है।

इस अध्ययन का यह भाग इन ही परिवर्तनों के लिए विशेष है। इस समय हमारे सामने प्रश्न यह है कि 'तिलिस्म होशरुबाँ' के सामाजिक वातावरण का चरित्र क्या है। इस अध्ययन का एक रूप तो यह हो सकता है कि 'तिलिस्म' में बिखरे हुए प्रमाण एक जगह एकत्रित कर लिए जायें और उन्हीं के आधार पर परिणाम निकाला जाये। दूसरी शक्ल यह हो सकती है कि हम इस काल के अवधी समाज को देखें जिसमें हमारे दास्तान कहने वाले परवान चढ़े थे। और इस समाज के किरदार को समझने के पश्चात इसके मार्ग दर्शन में 'तिलिस्म' की गवाहियों का

विमोचन करें और यह देखें कि 'तिलिस्म' का समाज दास्तान कहने वालों के समाज से कितना मेल खाता है।

इस सम्बन्ध में हमने दूसरी शक्ल चुनी है क्योंकि ऐसी स्थिति में हम उन भागों को अलग कर सकते हैं जो अवध की अर्थव्यवस्था से मेल नहीं खाते।

समाज का अध्ययन तीन दृष्टिकोणों से करना चाहिए। सबसे पहले तो इस का अध्ययन जीविका के आधार पर करना चाहिए, फिर राजनीति के आधार पर और फिर सामाजिक आधार पर। इस भाग में समाज का अध्ययन इन्हीं आधारों पर किया गया है। इसलिए प्रथम प्रश्न चिन्ह जीविका का बनता है।

उन्नीसवीं शताब्दी में अवध की अर्थव्यवस्था कृषि थी। वास्तव में इस कृषक जीविका ने उत्पादन के स्रोतों और उत्पादकीय सम्बन्धों के अतिरिक्त, उद्योग, व्यापारिक स्रोत क्रिया-कलाप और आबादियों के अन्दाज़ पर प्रभाव डाला होगा अर्थात हमें यह देखना है कि 'तिलिस्म' में इसका प्रभाव किस हद तक पड़ा है। लेकिन यह बात भी याद रखनी चाहिए कि अवध की जीविका के बारे में सांख्यकी (Statistics) प्रस्तुत करना दास्तान कहने वालों का उद्देश्य नहीं था। इस दास्तान का उद्देश्य मनोरंजन है। इसलिए जीविका के सम्बन्ध में जो सूचनाएँ मिलती हैं वह इस दास्तान की गति पर प्रभाव नहीं डालतीं। दास्तान कहने वालों की कल्पना कठिनाइयों को घृणा से देखती हुई ऊपर से निकल जाती है। लेकिन इन समस्त बातों के बावजूद 'तिलिस्म' की जीविका हमें अवध से निकलने का अवसर नहीं देती। जीविका को कई भागों में बाँटा जा सकता है। रोज़गार की उपलब्धि, प्रारम्भिक रोज़गार और द्वितीय स्तरीय रोज़गार। जीविका की उपलब्धि के सम्बन्ध में केवल तीन प्रकार की गवाहियाँ मिलती हैं।

हमें लकड़हारे मिलते हैं जो चीजों में कोई परिवर्तन नहीं करते। प्रकृति लकड़ी देती है। वह उसे जंगल से लाते हैं और बाज़ार में बेच देते हैं। फिर हमें घसियारे मिलते हैं जो घास बेच कर जीवन यापन करते हैं। यह घास भी प्रकृति दन्त है और उसके उत्पादन में घसियारे का हाथ नहीं है। 'तिलिस्म' में मछुआरे तो नज़र आते नहीं हैं लेकिन मछली के कबाब का ज़िक्र मिलता है और उसका अर्थ यह है कि मछुआरे होंगे जो मछलियों का कारोबार करते होंगे।

"अवध में प्रकृति यह तीनों वस्तुएँ प्रदान करती है। वास्तव में 'तिलिस्म' के वातावरण में लोगों के चकित हो जाने का कारण यह है कि अब तक इस पर अधिक चर्चा होती रही है कि इसमें उच्च वर्ग की (आदर्श) सभ्यता है या नहीं और इस बात पर गौर किया जाता रहा है कि इसका स्रोत क्या है?

किन्तु अब तक इस दास्तान का वैज्ञानिक अध्ययन नहीं किया गया है। यदि किया गया होता तो कलीमुद्दीन को यह न कहना पड़ता कि :–

> "सारा वातावरण अनोखा है किन्तु साथ ही साथ यह चीजें जानी-बूझी हैं। आरम्भ में आश्चर्य होता है लेकिन धीरे-धीरे हमारी हैरत मिटने लगती है और हम विभिन्न चीजों को पहचानने लगते हैं।"[1]

यह जो आश्चर्य और अपरिचितता का एहसास है वह इसलिए है कि कलीमुद्दीन ने 'तिलिस्म' के मूल्यों का अध्ययन किया परन्तु वह 'तिलिस्म' के प्राकृतिक वातावरण को और उसकी अर्थव्यवस्था को अनदेखा कर गये। जिस संसार में हवा गंगा जल लिए जा रही हो और जहाँ गोमती बह रही हो और जहाँ गुलाम हुसैन का पुल हो वह संसार अजनबी कैसे हो सकता है? यह तो अवध है और अवध हमारे लिये अजनबी नहीं है।

हम प्राकृतिक वातावरण को देख चुके हैं। इसमें हमें कोई वस्तु अजनबी नहीं मालूम होती। ये घसियारे, लकड़हारे और मछुआरे भी सम्भवतः अजनबी नहीं है। कृषि व्यवस्था का भी यही हाल है।

'तिलिस्म' में कृषि (खेती) तीन प्रकार की नज़र आती है। अनाज को प्राथमिकता प्राप्त है और द्वितीय कच्चा माल, तृतीय सब्जी।

अनाज में 'तिलिस्म' की धरती, हमें गेहूँ देती है। गेहूँ के अतिरिक्त अरहर, चना, जुआर, छोटी जुआर, मटर, काबुली चना, उरद माश, जौ, धान, और राई का पता मिलता है।

इन अनाजों में कोई ऐसा नहीं जिनकी खेती अवध में न होती हो। ख़ासतौर पर अरहर इस क्षेत्र में मुख्य है। क्योंकि अरहर दक्षिणी उत्तर प्रदेश में अधिक रुचि से नहीं खायी जाती लेकिन वह अवध और उत्तरी प्रदेश के मुख्य भोजन का एक स्रोत है। आश्चर्य है कि अरहर की इस मुख्य गवाही के होते हुए कलीमुद्दीन को 'तिलिस्म होशरुबा' की दुनिया कुछ अजनबी-सी लगती है।

कच्चे माल वाली फसलों में गन्ने और पान का वर्णन है। दसावरी और बंगला पान के साथ-साथ महोबे के पान और बेगमी पान का वर्णन किया गया है। ये बेगमी पान लखनऊ की विशेष वस्तु है। सरसों की चर्चा भी बहुत है। कपास का वर्णन तो नहीं मिलता किन्तु कच्चे सूत और बिनौलों का वर्णन मिलता है। यह दोनों वस्तुएँ कपास की खेती की ओर संकेत करती हैं। अवध में गन्ने और पान

---

1. कलीमुद्दीन अहमद, फने दास्तान गोई–(7)

की खेती होती है। सरसों के खेत भी साधारण हैं। और एक दूषित प्रकार की कपास भी उत्पन्न होती है। इसलिए वह दुनिया अजनबी नहीं हो सकती जिसमें गन्ने के खेत हों, सरसों के फूल हों और जिस वातावरण में कपास के फूल उड़ रहे हों और जहाँ इधर-उधर पान की बीटें दृष्टिगोचर हो रही हों। सब्जियों और तरकारियों में मूली, कसेरु, आलू, अरवी, ककड़ी, शलजम, कद्दू, नारी के साग और करेले का वर्णन किया गया है। इनमें कोई सब्जी और तरकारी अवध के लिए अजनबी नहीं। इसलिए यह प्रश्न ही उत्पन्न नहीं होता कि ये 'असली नुस्खा' (वास्तविक प्रति) के साथ ईरान, पंजाब या दिल्ली से आई होंगी।

मसालों में लौंग, ज़ीरा, इलाइची, मिर्चा, हल्दी, प्याज, लहसुन, अदरक और काली मिर्च का जिक्र किया गया है। लौंग के बारे में अमीर खुसरो का विचार है कि यह भारतीय है। यह जहाँ की भी हो परन्तु अवध में पैदा नहीं होती। यही हाल काली मिर्च का है लेकिन यह दोनों वस्तुएँ भारत के दूसरे क्षेत्रों की तरह अवध के भोजन का एक आवश्यक भाग हैं। इसलिए इसका जिक्र प्राकृतिक है। ज़ीरे और इलाइची का भी यही हाल है परन्तु मिर्च, हल्दी, लहसुन, प्याज और अदरक की अवध में खेती होती है। दास्तान का वर्णन करने वालों से एक चूक हो गई है कि उन्होंने इलाइची का पेड़ दिखा दिया है किन्तु इलाइची का प्रयोग इतना ज्यादा होता है कि दास्तान कहने वालों ने उसका वृक्ष खड़ा कर देने में कोई हानि न देखी सुनने वालों ने भी कोई प्रश्न नहीं किया।

नशीले पदार्थ में तम्बाकू के ज़िक्र से ये दास्तान भरी पड़ी है। तम्बाकू से प्राचीन भारत अपरिचित था। यह पुर्तगालियों के साथ यहाँ आया और फिर यहीं का हो गया और हमारी सभ्यता का एक भाग बन गया इसलिए 'तिलिस्म' में नरेल से पेचवान तक हर चीज प्रयोग हुई है। तम्बाकू नोशी इतनी अधिक प्रचलित है कि तम्बाकू की खेती गवाही बन गई है। तम्बाकू के अतिरिक्त हमें अफीम नज़र आती है। यानी खशखाश की खेती होती है भाँग भी है और गाँजा भी। यह झाड़ियाँ भी अवध में पायी जाती हैं।

परन्तु यह दास्तान मूल रूप से एक शहरी दास्तान है क्योंकि यह शहर वासियों को सुनायी जा रही थी इसलिए इसमें देहाती जीवन और खेती-बाड़ी की व्याख्या विस्तारपूर्वक नहीं मिलती। खेत कहीं-कहीं ही नज़र आते हैं। एक स्थान पर सरसों के और अरहर के खेत का ज़िक्र भी है लेकिन अरहर के खेत का सम्बन्ध खेती से नहीं बल्कि व्यभिचारिता से है। अवध में वर्षा इतनी कम नहीं होती है कि नहरों के बारे में सोचा जाता और न इतनी अधिक कि सिंचाई के लिए कुएँ की आवश्यकता न पड़े। 'तिलिस्म' में सिचाई कुओं द्वारा होती है और

कुओं पर रहट लगे हुए हैं—एक स्थान पर धान के खेत का नक़्शा भी खींचा गया है। हमारे लिए धान की खेती की यही अकेली गवाही पर्याप्त है क्योंकि यही एक खेत बताने के लिए काफी है कि हम कहाँ खड़े हैं।

'एक ओर खेत धान के हरे-भरे फैले, बराबर-बराबर बाँसवाड़ी और बोलदा और थोहड़ का पुश्ता दिया हुआ। ढ़ेकली चलती हुई। किसान सिंचाई करते...'

ये खेत हमें अवध में ले जाता है। बंगाल में बबूल और थोहड़ का पुश्ता नहीं दिया जा सकता क्योंकि वहाँ न बबूल होता है और न थोहड़। दिल्ली और पंजाब में बबूल और थोहड़ होता है लेकिन बाँस इतने अधिक नहीं होते कि उनका पुश्ता (मेंढ़, टीला) बनाया जा सके। इसलिए यह खेत मध्य और पूर्वी यू.पी. का है, जहाँ वर्षा इतनी अधिक नहीं होती कि बबूल और थोहड़ पर प्रभाव डाल सके और इतनी कम भी नहीं होती कि बाँस न हो सके।

"क़राँ झटपट धूर्तता का तेल लगाकर
एक ज़मींदार की शक्ल बने।"[1]

इसका अर्थ यह है कि ज़मींदारी है। लेकिन यह बात आश्चर्यजनक है कि अवध के इन दास्तान कहने वालो ने ताल्लुकेदारों का कोई जिक्र नहीं किया है। सम्भव है कि इसका कारण यह हो कि ताल्लुक़ेदारों के शहर में उनकी बातें करने से वे बच रहे हों। उन्होंने ज़मींदारों से अपना काम चला लिया। ज़मींदारी की भाषा भी प्रयोग हुई है।

"बसन्त ऋतु आई...बाग़ में हवा पर बेदखली का परवाना जारी हुआ।"[2]

"सबा रफ़्तार उसके साथ हुई। पास उसके आकर सलाम किया और कहा कि मैं ज़मींदार हूँ। मलका ने मेरे गाँव का लगान अधिक कर दिया। सैर ज़ब्त कर के नानकारी का हक़ भी ले लिया है। मुक़दमा मेरा कचहरी में मलका मोह-ए-रुख के सामने पेश हुआ।"[3]

खेती बाड़ी के शब्दों का प्रयोग भी दिखाई देता है। कोत होती है।

"(तोरह ने) जब दर्रे से सर निकाला तो एक ओर एक कुआँ पक्का बना हुआ पाया। पुर उसमें चलता था। बैलों की जोड़ी जुती थी। कुएँ के नीचे नाली पानी की बहती थी।"

जहाँ कुएँ नहीं हैं वहा गड़हय्यों पर तालाबों से ढ़ेंकुली के द्वारा सिचाई की जाती है।

---

1. 7(347), 2. 2(520), 3. 1(240)

"ढेंकली चलती हुई। किसान सिंचाई करते हुए।"[3] (789)

लेकिन जब खेती बाड़ी के बारे में विस्तार से प्रमाण न मिलते हों तो कृषि के सम्बन्ध में विस्तृत जानकारी मिलने का प्रश्न ही उत्पन्न नहीं होता। कहीं-कहीं ज़मींदार किसानों के समूह लिए लड़ने आ जाते है तो हम उनकी एक झलक देख लेते हैं लेकिन अय्यार (धूर्त) ज़मींदारों की शक्ल में अय्यारी करते अक्सर नज़र आते हैं–

खेत बटाई पर दिये जाते हैं और पट्टे भी चलते हैं। यह सूचनाएँ कम सही लेकिन अपूर्ण नहीं है। किन्तु बाग़ों के वर्णन में कंजूसी से काम नहीं लिया गया है। 'तिलिस्म' में फूलों का एक बड़ा संसार है।–बाबूना, बनफ्शा, जूही, जाफरी, बेला, अशरफी, चाँदनी, चम्पा, चमेली, जोगला, ख़ैरी दाउदी, रतन संजरी, रायबेल, रेहाँ, ज़म्बक, जाफ़रान, सोसन, सूरजमुखी, सावनी, सुम्बुल, सेवती, शब्बो, सदबर्ग, इश्कपेंचा, अब्बास, फरंग, केतकी, केवड़ा, कमल, कौड़ीयाला, कल्ग़ा, कमलगटा, कोकाबेली, गुड़हल, गुलाब, लाला, मेंहदी, मोतिया, मदन बान, मोगरा, नरगिस, नस्तरन, नसरीनज़र्द, नसरीन, नाफरमान, हज़ारा, याचीन, यास्मीन और मोलसिरी की खुशबुऐं हवा में मस्ती पैदा करती नज़र आती हैं।

इन फूलों में से अधिकतर फूलों को हम जानते हैं। इस समय हमें इससे बहस नहीं कि कितने फूल हिन्दुस्तानी हैं और कितने विदेशी। इस समय तो केवल यह देखना है कि अवध की धरती कितने फूलों से परिचित है। नामों की अपरिचितता से घबराने की आवश्यकता नहीं। ज़म्बक़ के पक्ष में अमानत का ये शे'र मौजूद है।

"तोड़ने वाले गुल जम्बक़ के हैं
काटने वाले चमन की नाक के"

रायबेल बेले की एक क़िस्म है। इसके फूल बेले से ज़रा बड़े होते हैं। चाँदनी तो इतनी आम है कि सफेद फर्श चाँदनी कहा जाने लगा। लाला भी अजनबी नहीं हैं। सोसन और सुम्बुल, फारसी ग़ज़ल के साथ आये। नसरीन और नसतरन ईरानी हैं मगर भारत के बन चुके हैं। यासमीन है तो ईरानी मगर चमेली के परिवार से सम्बन्ध रखता है।[1]

गुलाब का नाम किसने न सुना होगा। ये भी यास्मीन ही की तरह विदेशी होने के बावजूद देसी हो गया है।[2] हमारे शायर प्रेमिका को 'गुलरु' लिखते चले आ रहे हैं। इस प्रकार देखा जाये तो 'तिलिस्म' में कोई फूल विदेशी नहीं है। जो फूल विदेशी हैं भी, वह आर्यों और मुग़लों के समान भारतीय बन चुके हैं।

---

1. अज़ीम मुगलों के बाग़ात (अंग्रेजी) (246), 2. बीसम–(203)

ज़ाफ़रान और बनफ्शा के बारे में दास्तान कहने वालों से ग़लती हो गयी है। यह दोनों फूल ईरानी हैं और हिन्दुस्तान के कशमीरी क्षेत्र में पाये जाते हैं। अवध में इनके पैदा होने की कोई सूरत नहीं। लेकिन ज़ाफ़रान (केसर) भोजन और औषधियों में इतना अधिक प्रयोग होता है कि दास्तान कहने वालों ने इसके खेत लगा दिये है। यही हाल बनफ्शा का है। हकीमों ने इसकी अपरिचितता समाप्त कर दी है। अतः हम यह देखते हैं कि विदेशी फूल केवल नौ हैं अर्थात बनफ्शाँ, यास्मीन, नर्गिस कवूद नसरीन, नाफरमान, सोसन, रेहाँ और क़ल्ग़ा। इनमें से भी केवल बनफ्शा एक ऐसा फूल है जो अवध में नहीं होता। फूलों की इन गवाहियों के कारण यह निष्कर्ष निकाला जा सकता है कि 'तिलिस्म' के बाग़ अवध के हो सकते हैं। वृक्षों का भी यही हाल है।

'तिसिल्म' में फूलदार वृक्षों और लताओं की संख्या अधिक है। अंगूर की बेलें तो आम तौर पर नज़र आती हैं। अनार और अमरूद के वृक्ष घरों के आँगन में लगे हुए हैं।

"ऐरिज़ ने देखा कि एक मकान छोटा सा है। चार-पाँच वृक्ष अनार और अमरुदों के लगे हैं।"[1]

आम के तो बाग हैं ही, बाग़ों में इमली के पेड़ भी नज़र आ जाते हैं। इलाइची के वृक्ष भी हैं। इनके अतिरिक्त बेद मजनू के भी वृक्ष हैं। बादाम के पेड़ हैं। तुलसी के पौधे हैं, तुरंज की भरमार है, तिरशादा है, चिनार का सूखा साया है। खूबानी है सेब के बाग़ हैं। सरों की तो कोई कमी नहीं। सरो और शमशाद का साथ पुराना है। सनोवर भी उपस्थित है। संदल के तो जंगल हैं। फिर शरीफा है, फालसा है, केला है। कंघी के पेड़ हैं और खिरनी है। कचनार है गूलर है, मोलसिरी है, नारंगी है, नाशपाती है, नारियल है। नींबू अन्नानास है, खीरा है, शफतालू हैं, इन्जीर है नाकसीर है, तुरंज शीरी है, रंगतरा है और पानी में सिघाड़ा है।

इस सूची में से तुरंज खूबानी और नारियल के वृक्ष नहीं दिखाये गये है। वृक्ष तो गूलर का भी नहीं दिखाया गया है परन्तु गूलर अवध का एक आम वृक्ष है। नारियल और खूबानी इस क्षेत्र के नहीं हैं परन्तु हिन्दुस्तान में नारियल का बड़ा महत्त्व है। इसलिए वह साहिली क्षेत्रों से मँगाया जाता है। इन्सानी सर से मिलने के कारण पूजा के समय पर इसकी आवश्यकता पड़ती है। सरों की जगह अब नारियल ही चढ़ाया जाता है। इसीलिए दक्षिणी भारत के बाज़ारों में आमतौर से

1. 1(9)

मिलता है। फिर नारियल का गूदा मिठाइयों में प्रयोग होता है और इसके खोल का भी प्रयोग होता है। इसलिए हिन्दुस्तानियों के लिए नारियल अजनबी नहीं है। खूबानी भी एक आम फल है जो अवध के बाज़ारों में बिकता है।

बेद मजनू, चिनार, सेब, नाशपाती और संदल के वृक्ष भी अवध में नहीं होते। लेकिन बेद मजनू और चिनार के वृक्ष, गज़ल की देन हैं। संदल आमतौर से प्रयोग होता है। नाशपाती सेब और बिही के फल भी अवध वालों के लिए अजनबी नहीं हैं। सरो और सनोबर इस क्षेत्र के वृक्ष नहीं हैं। परन्तु लगाये जाते हैं। उर्दू ग़जल से इसका घनिष्ठ सम्बन्ध है जो हर समय सरो कदों और सनोबर कदों की बात करती रहती है। शमशाद को भी हम अशोक के नाम से पहचानते हैं।

अनार, अमरूद, शरीफा, फालसा, खिरनी और केला, गूलर, नारंगी, और नींबू इस क्षेत्र के आम फलदार वृक्ष हैं। अंगूर इस क्षेत्र का तो नहीं है लेकिन बाग़ों में कहीं-कहीं उसकी लताएँ नज़र आती हैं और एक मामूली प्रकार का अंगूर पैदा कर लिया जाता है। तुलसी के पौधों का एक धार्मिक स्थान है और यह 'तिलिस्म' में ऐसे ही स्थानों पर दिखाया गया है। कंघी के वृक्ष भी हमारे काव्य जगत में प्राप्त हैं।

"कंघी के शजर से शाना लेकर
सुम्बुल भी बना रहा था घुँघर"[1]

मोलसिरी के वृक्ष भी इस क्षेत्र में आमतौर से मिल जाते हैं। अर्थात हम देखते हैं कि इस दास्तान में तीन प्रकार के वृक्ष नज़र आते हैं। पहली किस्म उन वृक्षों की है जो इस क्षेत्र के हैं। दूसरी उन वृक्षों की, जो इस क्षेत्र के नहीं है किन्तु जिनके फल आमतौर पर बाज़ारों में उपलब्ध हैं। तीसरे वह वृक्ष जो ग़जल के रास्ते से आये हैं।

अन्तिम दोनों प्रकार के वृक्ष हमारे काम के नहीं हैं क्योंकि वह जीवन के मंज़रनामें का भाग नहीं है। परन्तु 'तिलिस्म' के बाग़ों की एक ख़ास बात हमें अपनी ओर आकर्षित करती हैं इन बाग़ों में जल का बहुत अच्छा प्रबन्ध है।

चारों ओर नहरों और जल प्रपातों का जाल बिछा हुआ है। यह ईरानी असर है।[2] बाग़ों में जो फल, पौधे, वृक्ष हैं उन पर भी मुग़ली असर साफ़ दिखाई देता है[3] परन्तु भारत में भी बाग़ों और फलदार वृक्षों का सम्बन्ध अधिक पुराना है।[4]

इसलिए 'तिलिस्म' के बाग़ों में फलदार वृक्षों को देख कर ईरान और तुर्किस्तान की ओर देखने की आवश्यकता नहीं है। अर्थात ये जो दृश्य हैं :–

---

1. 4(9038), 2. अज़ीम मुग़लों के बाग़ात (अंग्रेजी)(5), 3. इस्लामी तमद्दुन ख़ाका (अंग्रेजी) (329), 4. कालीदास का हिन्दुस्तान (अंग्रेजी) (217)

"बनी संगमरमर की चौपड़ की नहर
गई चार सिम्त उसके पानी की लहर
क़रीने से गिर्द उसके सरो सही
कुछ एक दूर थे उस से सेब व विही
चमन से भरा बाग़, गुल से चमन
कहीं नरगिसो गुल कहीं यासमन।"[1]

यह भारत ही का है। दास्तान कहने वालों के लखनऊ में यह बाग़ उपस्थित था वरना दास्तान कहने वालों ने 'सहरुल बयान' के शे'र (पंक्तियाँ) नक़ल न किये होते और यह जो पानी की अधिकता है कि–

"चादरें थी झूलती हर सू वहाँ
हौज़ से लबरेज़ नहरें थी रवाँ"[2]

इसका कारण भी यही है कि उत्तरी भारत में बाग़ केवल वर्षा के सहारे ही जीवित नहीं रह सकते।

मुग़ल अपने साथ बहते पानी की जो परम्परा लाये वह भी इसलिए थी। अतः नहरों और फव्वारों को हिन्दुस्तानी बाग़ों ने अपना लिया और यह नहरें अवध के मंज़रनामे का भी एक भाग बन गईं अतः रुस्वा ने 'उमराव-जान अदा' में बाग़ लगाया तो उन्हें भी पानी का प्रबन्ध करना पड़ा।

"बाग़ के बीच में एक पक्का तालाब बना हुआ था...
...उस तालाब में नहर से पानी गिरता था।"[3]

रुस्वा की इस गवाही पर 'तिलिस्म' के बाग़ों को अवधी मान लेने में कोई हानि नहीं है क्योंकि रुस्वा यर्थातवादी थे। अब इसमें तो सन्देह की सम्भावना ही नहीं कि अनगिनत बाग़ों के इस 'तिलिस्म' में अनगिनत माली भी होंगे लेकिन यह 'तिलिस्म' एक दास्तान है और इसमें बाग़बानी की विस्तृत जानकारी इस तरह खोजना उचित नहीं। जिस प्रकार यह जानकारी बाग़बानी के नियमों से सम्बन्धित किसी पुस्तक में ढूँढी जाती है, 'तिलिस्म' में हमें माली मिलते हैं किन्तु उनका कोई 'अस्तित्व' नहीं है। वह दृश्य का एक हिस्सा है। फिर भी इतना अवश्य ज्ञात होता है कि वह बेलचा, हासिया, खुरपी और कैंची प्रयोग करते हैं और ये माली वृक्षों के चारों ओर चबूतरे बनाते हैं जिनका उद्देश्य यह है कि तीव्र वर्षा मिट्टी बहा न ले जाए और जड़ें खुल न जाएँ। "हर दरख़्त के नीचे चबूतरे बिल्लौर के बने हैं।"

1. 1(25), 2. 21(57), 3. रुस्वा–उमराव जान अदा–(215)

इन चबूतरों की बनावट को उपेक्षित किया जा सकता है परन्तु यह चबूतरे वास्तविक हैं और मौसम की आवश्यकताओं को पूरा करते हैं। जब फलों का मौसम आता है तो गुच्छों और फलों पर थैलियाँ चढ़ा दी जाती हैं ताकि पक्षी उन्हें हानि न पहुचाएँ अंगूर के लिए टट्टियाँ खड़ी की जाती हैं।

'तिलिस्म' के माली वृक्षों को काटते-छाँटते रहते हैं और बाग़ को आमतौर से अधिक स्वच्छ रखते हैं।

"बाग की क्यारियाँ बड़ी सुन्दर हैं...
हर वृक्ष की डाली की काट-छाँट
देखने योग्य होती...नहरों के इधर
उधर सफेद बिल्लौरी पत्थर लगे थे।..."[1]

यह है 'तिलिस्म' की बाग़वानी जिसके लिए हमें अवध से निकलने की आवश्यकता महसूस नहीं होती।"

चौपायों में हमें आयात किए हुए घोड़ों की कई नस्लें मिलती हैं किन्तु 'तिलिस्म' में घोड़े इतने अधिक हैं कि केवल आयात से काम नहीं चल सकता। इसका अर्थ यह है कि घोड़ों का वंश विस्तार हुआ है। हमें टट्टू, खच्चर, गधे, और ऊँट भी नज़र आते हैं। साधारण कुत्तों की भी चर्चा है लेकिन शिकारी कुत्तों पर अधिक ज़ोर दिया गया है। अतः ताज़ी, बुलडाग, बोदार कुत्ते दिखायी देते हैं। तिलिस्म' में सुअर भी बहुत हैं क्योंकि जादूगर बहुधा सुअरों की भेंट देते दिखाई देते हैं। गाय, भैंस, भेड़ और बकरियाँ भी नज़र आती हैं।

इन तमाम जानवरों का वंश विस्तार अवध में होता है। इसलिए यह जानवर भी हमें किसी ऐसे संसार में नहीं ले जाते जो कुछ अजनबी लगता हो और जिनसे हम धीरे-धीरे परिचित हो सकें। इसका अर्थ इसके अतिरिक्त और क्या हो सकता है कि अब तक जिस दृष्टिकोण से दस्तानों का अध्ययन किया गया है वह दृष्टिकोण ही उचित नहीं है। इसलिए इन दास्तानों की सामाजिक महत्ता का अनुमान लगाने में त्रुटियाँ हुईं। और इनसे पूरा फायदा न उठाया जा सका।

उर्दू साहित्य पर यह आरोप बड़ी ग़ैर ज़िम्मेदारी से लगाया जाता है कि वह ईरान की ओर देखता है, लैला-मजनूं की बात करता है और हीर-रांझा की अनदेखी करता है। अगर ऐसे लोग उर्दू साहित्य का विधिवत अध्ययन करने का कष्ट करें और देखें कि उर्दू साहित्य में या तो सिर्फ भारतीय तत्व हैं या फिर वह तत्व हैं जो बाहर से आकर यहाँ के हो गये हैं।

---

1. 1(56)

जैसे यह बात सामने आयी कि इस विस्तृत दास्तान की अर्थव्यवस्था शत प्रतिशत अवधी है। इसकी खेती और कृषि से सम्बन्धित बातें अवधी हैं। इसके बाग़ों में कुछ वृक्षों और पुष्पों के अतिरिक्त और कुछ नहीं जो अवध में न पाये जाते हों। इसके जानवरों का संसार उन्हीं जानवरों से आबाद है जो या तो अवध में अब भी मिलते हैं या सौ दो सौ वर्ष पूर्व मिला करते थे। तो क्या किसी लैला-मजनूं या इस प्रकार के प्रतीक या कुछ प्रतीकों की वजह से उन प्राकृतिक और सामाजिक बातों को झुठला दिया जाये जिनसे हमारे साहित्य का दामन भरा हुआ है?

क्या पीपल और बरगद की छाँव भी ईरानी है? क्या गूलर, खिरनी, फालसे, अमरूद और आम के पेड़ तूरानी हैं? क्या जूही, चमेली, गेंदे और चम्पा आदि की सुगन्ध भी अरब से आयात की गई है? और क्या यह खेत जिनमें धान के पौधे हवा के स्पर्श से बेक़रार हुए जा रहे हैं, और जिनमें किसान 'पुर' (पाटा) चला रहे हैं। और ढेंकली से सिंचाई कर रहे हैं, कहीं और से आये हैं?

जो लोग इन गवाहियों के अतिरिक्त उर्दू साहित्य पर ईरानी छवि का आरोप लगाते हैं उन लोगों को सम्भवतः स्वयं अपने भारत का ज्ञान नहीं है और जब आधारों को अनदेखा करके केवल ऊपरी इमारत (Super Structure) का अध्ययन किया जायेगा तो इस प्रकार की त्रुटियाँ अवश्य होंगी। साहित्य सदैव साहित्यकार के संसार में जन्म लेता है इसलिए साहित्य का अध्ययन करने से पूर्व लेखक के संसार का अध्ययन करना आवश्यक है। क़िस्सा कहने वाले चाहे कैसी ही जादुई दुनिया क्यों न बना रहे हों, अगर जादुई बवण्डर साफ करके देखा जायेगा तो उसका वास्तविक संसार स्पष्ट दिखाई दे जायेगा क्योंकि साहित्य वास्तव में साहित्यकार और बाहरी सच्चाई के सम्बन्ध का परिणाम है। इसमें साहित्य की जादूगरी का रहस्य भी है।

यदि यह संसार पूर्णरूपेण या कुछ अजनबी होता तो किस्सा कहने वाले इसमें रुचि ही क्यों लेते? वह तो केवल अपने संसार की बात करता है क्योंकि किसी और संसार के विषय में वह कुछ जानता ही नहीं। वह जिन वस्तुओं को पसन्द करता है तो उन्हें अपने रचनात्मक संसार में उभारता है और वह जिन वस्तुओं को नापसन्द करता है उन्हें अनदेखा करता है या उनका मज़ाक उड़ाता है या उनमें कुछ परिवर्तन कर देता है। स्वीकार और बहिष्कार का यही कार्य तिलिस्म तैयार करता है और जब आधारों को अनदेखा किया जाता है तो वह रचना संसार हमें कुछ अजनबी-सा मालूम होने लगता है। कलीमुद्दीन ने यह तो कहा

कि ये क़िस्से शून्य में उत्पन्न नहीं होते[1] किन्तु उन्होंने इन क़िस्सों की 'धरती' को खोजने का कष्ट नहीं किया।

यह बात आमतौर पर मानी जाती है कि 'तिलिस्म होशरुबा' लखनऊ के समाज का एक व्यवस्था पत्र है लेकिन लखनऊ के समाज की रूपरेखा को समझने का कष्ट नहीं किया जाता, इसके आधारों को समझने का प्रयत्न नहीं किया जाता। इस प्रश्न का उत्तर नहीं दिया जाता कि हम इसे उत्तरी भारत के समाजी और सांस्कृतिक धारा से अलग करके क्यों देखते हैं। यही कारण है कि हमने इस अध्ययन को बीच से आरम्भ नहीं किया। क्योंकि इस लेख का उद्देश्य यह है कि 'तिलिस्म होशरुबा' में भारतीय जीवन का क्रमबद्ध अध्ययन किया जाये और तब यह परिणाम निकाला जाये कि 'तिलिस्म होशरुबा' में जो जीवन दर्शाया गया है, वह कहाँ का है। अब तक हम तीन सीढ़ियों पर अपने अध्ययन को पहुँचा सके हैं और हमने इस सफर में यही देखा है कि 'तिलिस्म' वास्तव में लखनऊ है।

चौथी सीढ़ी द्वितीय अर्थव्यवस्था की है। इस स्तरीय अर्थव्यवस्था का अध्ययन भी कई भागों में करना होगा। उदाहरणार्थ, इस दूसरी पैदावार को प्रथम पैदावार की कसौटी पर परखना होगा। अर्थात वह दूसरी पैदावार जिसका सम्बन्ध जीविका उपलब्ध कराने से है, पहले देखी जायेगी फिर उन दूसरी पैदावारों का अनुमान लगाया जायेगा जिनका आधार प्राथमिक अर्थव्यवस्था से है। फिर हम इन दूसरी पैदावारों का अध्ययन करेंगे जिनका सम्बन्ध (Economy of Extraction) से है। इस तीसरे प्रकार का अध्ययन एक अलग दृष्टिकोण से करना होगा क्योंकि अवध में जवाहरात का कोई भण्डार नहीं है। यद्यपि 'कानून' का यह दावा है कि अवध में सोना उपलब्ध होता है।[2] शायद कानून (constitution) का यह दावा सही नहीं है इसलिए जवाहरात और धातुएँ अवध में आयात वस्तुओं का स्थान रखती हैं किन्तु इस आयात हुए कच्चे माल पर सबसे अधिक उन्नतिशील उद्योग निर्भर है।

सबसे पहले जिस शिल्पकला पर नज़र पड़ती है उसका सम्बन्ध उपलब्ध अर्थव्यवस्था के क्रय-विक्रय से है। यह उद्योग आतिशबाज़ी का है। 'तिलिस्म' की कई बड़ी अय्यारियों और दूसरी अनगिनत अय्यारियों की आधारशिला आतिशबाजी पर है। अमरो अय्यार ने मलकासिफत सहरसाज़ पर जो क्रयामत की अय्यारी की है उसका अन्त आतिशबाज़ी ही है। आतिशबाज़ियों में फुलझड़ी से दुर्ग आतिशबाज़ी तक की मंज़िलें (गन्तव्य स्थल) दिखाई देती हैं,

---

1. कलीमुद्दीन अहमद, फने दास्तान गोई–(7), 2. आईन-ए-अकबरी (182)

और बीच में कहीं चर्खी नाच रही हैं, कहीं अनार छुड़ाये जा रहे हैं, कहीं पटाखे छूट रहे हैं, कहीं हवाइयाँ उड़ाई जा रही हैं। कही हथफूल अपने पुष्पों की बारिश कर रहा है, कहीं महताबें बाँसों में बाँध कर लटकायी जा रही हैं, कही सररो का वृक्ष तना हुआ खड़ा है और कहीं आतिश बाज़ी का पिटारा खुला हुआ है। युद्ध स्थल भी आतिशबाज़ियों से खाली नहीं है।

'तिलिस्म का दूसरा बड़ा उद्योग मिट्टी पर निर्भर है। 'तिलिस्म' में कुम्हार है। मिट्टी के बरतनों का ज्यादा ज़िक्र नहीं है लेकिन मिट्टी की महत्ता से इन्कार नहीं किया जा सकता। मिट्टी का उपयोग घरों के निर्माण के लिए किया जाता है। 'तिलिस्म' में ज़्यादातर घर अधपके हैं और इसका अर्थ यह है कि कंकर से चूना बनाने की कला मौजूद है। बर्तनों के उद्योग से इनकार करने की गुंजाइश नहीं है क्योंकि सोने-चाँदी के कामदार बर्तनों की भीड़ में मिट्टी के बर्तन भी नज़र आ जाते हैं। उदाहरणार्थ, 'तिलिस्म' में घड़ा ठिलिया, सिकोरे, नाँद हैं। लखनऊ के मिट्टी के खिलौने की शिल्प का तो खैर कहना ही क्या!

अर्थव्यवस्था के दूसरे रूप का कुछ भाग नशा करने वालों के लिए भाँग और गाँजे का प्रबन्ध भी करना है लेकिन धुएँ कड़वाहट की तुलना में शहद की मिठास भी है। ज़ाहिर है कि शहद निकाल कर मोम फेंका तो नहीं जा सकता। इसलिए मोमबत्ती बनाने की कला मिलती है। मोम के आधार पर खिलौनों का उद्योग भी नज़र आता है। इसलिए मोम के साँप कहीं डसते हुए मिलते हैं और कहीं जाँसोज़...ऐसा साँप मोम का गुलदार बनाता है कि पल-पल ज़बानें निकालता है और कहीं मोम की पुतलियाँ हमें दीवाना बनाती हैं। ये मोम की पुतलियाँ इतनी पूर्ण हैं कि उनका रूप-रंग सुन्दर स्त्री का मालूम होता है।

कपूर का वृक्ष अवध में नहीं मिलता। किन्तु बाहर से मँगाये गये कपूर के आधार पर कपूरी शमा की कला का भेद भी मिलता है और 'तिलिस्म' के शमिस्तान (मोमबत्ती जलाने की जगह) इन काफूरी शमों (मोमबत्तियों) से जगमगा रहे हैं।

अवध में हाथी दाँत नहीं मिलता लेकिन यह आयात किया जाता है और कलाकारों की जादूगरी इसमें जान डाल देती है। 'तिलिस्म' में हाथीदाँत की कंघियाँ केवल 'तिलिस्म' की सुन्दरियों के बाल ही नहीं सँवारतीं बल्कि 'तिलिस्म' के कलाकार इससे लम्बे बालों वाली सुन्दरियों की रचना भी करते हैं। यहाँ हाथीदाँत से दरवाज़ों को सजाया-सँवारा भी जाता है। यह तो अतिश्योक्ति होगी कि 'जोड़ी दरवाज़े की खूबसूरत हाँथी दाँत की तरशी हुई बना दी जाये।' क्योंकि यह दास्तान कहने वाले पिनक (नशे) में भी कोई इतना बड़ा हाथी न बना सके

जिसके दाँत से दरवाज़े तराश लिये जाएँ लेकिन इससे यह अनुमान लगाया जा सकता है कि दरवाजे पर हाथीदाँत का काम हुआ करता था।

जिस 'तिलिस्म' में बहार जैसी जादूगरनी हो उसमें अगर संदल (चन्दन) की चौकियाँ दिखायी दे तो क्या आश्चर्य? संदल के वृक्षों का तो आयात ही नहीं लेकिन संदल की जोगन तो बन ही सकती है।

प्राकृतिक वातावरण के अध्ययन में हमने साँपों की भरमार देखी थी किन्तु साँप का चमड़ा प्रयोग नहीं किया जाता। केवल अमीर हमज़ा के झण्डे में अजगर की छवि के लिए साँप का चमड़ा प्रयोग किया गया है।

घसियारों और लकड़हारों को हम देख चुके हैं। इनके अतिरिक्त 'तिलिस्म' में भिश्तियों के कटोरे खनकते हैं। बहेलिये, चिड़ीमार और फँदेबाज़ भी हैं। मदारी भी खेल-तमाशा दिखाने में व्यस्त हैं। कोई रीछवाला है और कोई बन्दरवाला और किसी ओर साँप का तमाशा दिखाने वाला दिखाई दे जाता है। अवध के समाज में न तो उपर्युक्त द्वितीय स्तरीय पैदावारें अजनबी हैं और न उपर्युक्त व्यवसाय। इसलिए 'तिलिस्म' की दूसरे स्तर की अर्थव्यवस्था के इस भाग को निश्चित रूप से अवधी कहा जा सकता है जिसका सम्बन्ध रोजगार उपलब्ध कराने से है।

कृषि व्यवस्था की गोद में परवान चढ़ने वाले दूसरे स्तर के व्यवसाय का हाल भी कुछ अलग नहीं है। कृषि की आरम्भिक अर्थव्यवस्था के आधार पर सबसे बड़ा व्यवसाय कपड़े का है। अवध में एक ख़राब प्रकार की कपास उत्पन्न होती है जिस पर कपड़ा उद्योग टिक नहीं सकता।

'तिलिस्म' के बाज़ार विभिन्न प्रकार के कपड़ों से भरे पड़े हैं किन्तु इनमें से अधिकतर अवधी नहीं है। लेकिन 'तिलिस्म' में जुलाहों का अस्तित्व कपड़ा उद्योग को प्रमाणित करता है कि रोज़ के इस्तेमाल के मामूली कपड़े अवध में बनते भी हैं। तिलिस्म' में इस उद्योग की परछाइयाँ दिखाई देती हैं जब हम मुसाफिरों के कन्धों पर दरी देखते हैं। खाखे और गाढ़े के ज़िक्र के साथ-साथ खाखे की लुंगियों और गाढ़े के अंगोछों का ज़िक्र भी मिलता है। अच्छे कपड़ों में अवध की जामदानी मौजूद है। नशाबाज़ों के लिए चण्डू, चरस, मदक का प्रबन्ध है।

कश्मीरी चरस का भी प्रयोग होता है। गाँजे की कलियाँ भी मौजूद हैं अफ़ीम तो खैर है ही और अफीमचियों की दुनिया मिठास पर टिकी है। इसलिए तिलिस्म' में गुड़, शकरक़न्द और राब का ज़िक्र मिलता है। इन चीज़ों के आधार पर मिठाइयों के एक उन्नत उद्योग का पता चलता है। हलवाइयों की दुकानें सजी हुई हैं। मिठाइयों की इन दुकानों के साथ-साथ खोमचे वाले हैं जो दालमोट, कचालू, काबली मटर,

दही-बड़े, गोलगप्पे बेचते हैं। अब जिस दुनिया को इतनी मिठाइयों और चाट की चाह होगी वहाँ घर में बने सिरके के बग़ैर काम चलना कठिन है। खाने के बाद हुक़्क़े का स्थान आता है इसलिए 'तिलिस्म' में तम्बाकू और हुक़्क़ा बनाने का उद्योग काफ़ी बड़ा है। जहाँ देखिये वहाँ साक़िनों की दुकानें खूब सजी हुई नज़र आती हैं।

हुक़्क़ा और पान तो अवध की जिन्दगी की ख़ास चीजें हैं 'तिलिस्म' में शहज़ादियों से लेकर मेहतरानियों तक को पान खाने की लत है। हर घर में पानदान मौजूद है और हर बाज़ार में तमोलियों की दुकानें मिल जाती हैं। साकिनों ने हुक़्क़ा पिलाया और तमोलियों ने पान खिलाया।

इसके अतिरिक्त मुग़लई और कश्मीरी चाय का वर्णन है। इसका कशमीर और तुर्किस्तान से कोई ताल्लुक नहीं है। ये देसी नुस्खों के नाम हैं। इसी प्रकार से साबुन भी हमारे लिये बहुत नया नहीं है। वाट ('कॉमर्शियल प्रॉडक्ट्स ऑफ इण्डिया') में इस बात का वर्णन करते हैं कि साबुन से प्राचीन भारत परिचित था। 'साबुन' या 'साबुनी' जैसे शब्द बाबर के युग में प्रचलित थे इसलिए 'गुरु ग्रन्थसाहब' में गुरुनानक ने 'साबुनी' का प्रयोग किया है।[1]

खाने को तो लखनऊ वालों ने कला बना ही दिया था। 'तिलिस्म' भी इसकी गवाही देता है कि रसोई घर, रक़ाबदारों, नानबाइयों बावर्चियों से चमक रहे हैं। खाने की कारीगरी को आगे बढ़ाने के लिए गेहूँ से मैदा और रवा बनाया जाता है और विभिन्न प्रकार की रोटियों के साथ पाव रोटी भी बनायी जाती है। लेकिन अवध जो मूल रूप से कृषि प्रधान क्षेत्र है, उसमें सत्तू के बग़ैर काम चलना कठिन है। दास्तान कहने वालों ने सत्तू का प्रबन्ध भी कर रखा है। इस 'तिलिस्म' में तेली भी मौजूद है और कड़वा तेल भी दिखाई देता है।

लकड़ी के उद्योग भी कुछ कम उन्नतिशील नहीं है वरना छपरखट, मसहरियाँ, चौके और चौकियाँ, कुर्सियाँ, अलमारियाँ और मेजें और तिपाइयाँ दिखाई न देतीं। मसहरियों की आवश्यकता पूरी करने के लिए निवाड़ भी मौजूद है किन्तु कृषि पर आधारित व्यवसाय का क्षेत्र केवल घरेलू जीवन तक ही नहीं सीमित है। यह जीविका फौजी आवश्यकताएँ भी पूरी करती है।

'तिलिस्म' में ताड़ी का वर्णन नहीं है लेकिन पासियों का वर्णन है। ताड़ के वृक्ष भी मिलते हैं। इन दोनों की उपस्थिति से यह निष्कर्ष निकालना ग़लत न होगा कि 'तिलिस्म' में ताड़ी का उद्योग भी मौजूद है। 'तिलिस्म' में धोबी और दर्ज़ी भी है और इन दोनों व्यवसायों का सम्बन्ध प्रथम अर्थव्यवस्था से है।

---

1. चोपड़ा, Society and culture in Moghul India–14-15

उपयुक्त गवाहियों के आधार पर यह राय कायम की जा सकती है कि कृषि उपज पर दूसरे स्तर की जो जीविका स्थापित है वह अवध के लिए अजनबी नहीं हैं। यह जीविका भी उस सिलसिले की एक कड़ी है जिसका आरम्भ प्राकृतिक वातावरण से हुआ है। दूसरे स्तर की उपज का वह भाग जिसका सम्बन्ध बाग़बानी से है, इसी प्रकार की गवाहियाँ उपलब्ध कराता है।

'तिलिस्म' में बढ़ई का ज़िक्र तो नहीं है लेकिन लकड़ी का 'तिलिस्मी' व्यापार बढ़ई के बग़ैर कैसे चल सकता है? 'तिलिस्म' में खड़ाऊँ की खट-खट सुनी जा सकती है। लोगों को तुलसी की माला जपते हुए देखा जा सकता है। चौकियाँ लगी हैं, पलंग बिछे है। मसहरियाँ और छपरखट सजे हैं। कुर्सियाँ लगी हुई हैं। मेज़ क़रीने से रखी हुई है। दरवाज़ों पर मोढ़े पड़े हुए हैं। इत्रदान से इत्र की शीशियाँ झाँक रही हैं।

बर्तनों को ध्यानपूर्वक देखा जाये तो चीनी और मिट्टी के बर्तनों के पास शर्बत का प्याला भी दिखाई पड़ता है।

"सुगन्ध के संसार में ग़ैर अवधी लोबान अम्बर और औद के साथ-साथ इत्र सुहाग भी मिल जाता है। और मोतियों का इत्र भी मौजूद है। अर्क़ गुलाब और अर्क़े-केवड़ा से वातावरण सुगन्धित है और अगरबत्तियों का धुआँ भी वातावरण में नाच रहा है और होली के अवसर पर केवल होली ही नहीं गाई जाती, बल्कि अबीर और गुलाल की लाल धूल भी उड़ाई जाती है।

खिलौनों का संसार भी बसा हुआ है। बिसातियों की दुकानों पर बच्चों के लिए पीनस, डोलियाँ, चकई और लट्टू आदि भी मौजूद हैं किन्तु यह शिल्प कला केवल इसी मंज़िल पर रुक नहीं जाती अपितु बहुत आगे जाती है :–

> "फ़िरोज जादू ने पुतली के पेट पर हाथ रखा। पुतली ने मुँह खोला.....................
> शबरंग ने पुतली में गुल लगा कर बेहोशी भर रखी थी।" $\frac{5}{1}$ (376)

और :–

> "वृक्ष सब ताले लगे हुए हैं। चाबी उनके बीच में लगी है जिनको घुमाने से वृक्ष के पट खुल जाते हैं जिनमें परियों के चेहरे

लगे हैं। पेड़ के खुलते ही वह
हँसते और आगे बढ़ते हैं।[2] (487)

फूलों का संसार भी आबाद है। सुगन्ध बनानेवालों के साथ-साथ फूल बेचने वाले भी हैं जो बेले की जहाँगीरियाँ चमेली के हार बेचते हैं। इनके अतिरिक्त सुगन्धकार हैं, कुंजड़े हैं, कुम्हारिनें हैं और माली का कार्य करने वालों का एक पूरा समूह है।

मादक पदार्थों में गांजा, चरस, मदक, भाँग, शराब और तम्बाकू का बोलबाला है। इस वातावरण में साक़ी है, साक़िनें हैं, शराब की भट्टियाँ हैं। इनमें कलवार हैं और कलवारिनें हैं। कहीं ठर्रा चल रहा है तो कहीं अंगूर की शराब, कहीं केतकी की शराब है तो कहीं गुलाबी शराब :–

"यह केतकी की शराब सेहरुलब्यान में
लुँढ़ाई जा चुकी है"
गिलास में गुन्चे की भर कर शराब
पिला साक़िया केतकी की शराब[1]

हुक़्क़ा अवध की जान है। हुक़्के के महत्त्व का अन्दाज़ा इस बात से लगाया जा सकता है कि शराब पिलाने वालों की तरह हुक़्क़ा पिलाने वालों को भी साक़ी कहा गया है।[2]

"जब नवाब छम्मन की अँगूठी के द्वारा
कोतवाल ने इमामबरख्श साक़ी को बुलवाया।
तो उसने कहा" हुज़ूर, मैं दरिया के किनारे
लोहे के पुल के पास हुक़्क़ा पिलाता हूँ।"[3]

'तिलिस्म होशरुबा' में यह काम साक़िनें करती हैं।

"जब और आगे चला तो साक़िनों के तख़्त बिछे हुए देखे
जिन पर कुछ ताज़े हुक़्के तैयार किए हुए रखे थे।......"(586)

यह तो हुआ मेलों-ठेलों का अनुमान, किन्तु अवध के समाज में हुक़्क़ा घरेलू ज़िन्दगी की एक आवश्यकता बन चुका था। उदाहरणार्थ–ख़ानम का कमरा देखिये :–

"कँवल रौशन है। बड़ा-सा नक्शी पानदान
आगे खुला रखा है। पेंचवान पी रही हैं"[4]

---

1. मीर हसन, सेहरुलबयान –(74), 2. –1(3), 3. शरर; मज़ामीने शरर–(55-56), 4. रुस्वा उमराव जान अदा–(56)

और ये हुक़्क़ा वेश्याओं और बेगमों में अन्तर नहीं करता। इसलिए बेगम साहिबा भी हुक़्क़ा गुड़गुड़ा रही है :–

> "खाना खाकर हाथ-मुँह धोया, पान खाया।
> महरी ने हुक़्क़ा ला कर लगा दिया बेगम
> ने सबको बहाने से टाल दिया"[1]

और स्वयं उमराव जान अदा हुक़्के के हक़ में ठोस प्रमाण देती है :–

> "रविवार का दिन था। प्रातः आठ बजे बेगम साहिबा की महरी पीनस और कहार लेकर सर पर सवार हो गई। मैं अभी सोकर उठी थी। अच्छी तरह हुक़्का भी न पीने पायी थी कि उसने जल्दी मचाना शुरू कर दिया।"[2]

तवायफ़ों और बेगमों ही की तरह शहज़ादियों को भी हुक़्का पीने की बड़ी लत है। 'सेहरुल बयान' में अल्पव्यस्क बदरे मुनीर हुक़का पीती नज़र आती हैं :–

> ख़वास एक हुक़्का लिए थी खड़ी
> कि लाले की थी उस पे पत्ती जड़ी
> लबे नाजुक ऊपर वह महनाल धर
> निकाले थी पर्दे से दर्दे जिगर (75-76)

यह गवाहियाँ हुक़्के का सांस्कृतिक महत्त्व स्पष्ट करने के लिए काफी हैं इसलिए 'तिलिस्म' में भी यह शिल्प कला बहुत उन्नतिशील दिखायी देती है और नरेल, गुड़गुड़ी, मदारबा, हमदम और पेचवान दिखाई देते हैं और जगह-जगह नेचाबन्द उपस्थित हैं। 'तिलिस्म' में काग़ज़ का प्रयोग भी दिखाई देता है :

> "अमरु ने जवाब उसका एक काग़ज़ के टुकड़े पर लिखा" (586)

यह काग़ज़ केवल पत्राचार के काम नहीं आता, प्रत्येक वस्तु की तरह काग़ज़ भी जादू के काम आता है। पग-पग पर जादूगर हाथ में काग़ज़ लिए हुए जादू पढ़ते दिखाई देते हैं। चित्रकार का तो जादू ही काग़ज़ पर निर्भर है। इसमें सन्देह नहीं कि 'तिलिस्म' में काग़ज़ का कोई कारखाना तो नहीं है किन्तु काग़ज़ भारत के लिए कोई नई वस्तु नहीं है। यह मुग़लों के आने से बहुत पहले से प्रयोग हो रहा है[3]

---

1. रुस्वा उमराव जान अदा (29), 2. रुस्वा उमरावजान अदा–(289), 3. Vishnu Suroop, J.B.O.R. Vol. VIII, Part 1, P. (45-47)

किन्तु ताराचन्द को इस मत से विरोध है। उनके अनुसार काग़ज़ भारत में मुसलमानों के साथ आया।[1]

विष्णु स्वरूप का विचार सत्य हो या ताराचन्द का, किन्तु यह बात स्पष्ट है कि जाह और क़मर काग़ज़ से भली-भाँति परिचित थे और उनके समय में छापेख़ाने खुल चुके थे और प्रकाशन का कार्य अत्यधिक। उन्नति कर चुका था इसलिए यह निष्कर्ष निकालने में कोई हानि नहीं कि 'तिलिस्म' में काग़ज़ का उद्योग मौजूद है।"

फौजी सामानों में राजभवनों के स्तम्भों से अलग स्पष्ट है कि कमानें बनती रही होंगी। सामान ढोने के लिए छकड़े और अराबें दिखाई देते हैं। इनके आयात का कोई प्रश्न ही नहीं उठता।

रेशम उत्पन्न न होने के बाद भी कलाबत्तू का प्रयोग इस शिल्प का पता देता है।

बाग़वानी की इस दुनिया में कोई वस्तु अपरिचित नहीं है। कुछ वस्तुएँ आसानी से पहचानी जा सकती हैं। इसी प्रकार औद्योगिक दुनिया भी बाग़बानी से भिन्न नहीं है। अवध न क़साइयों से अपरिचित है, न गड़ेरियों से। कबाबी हर मोड़ पर मिल जाते है जो सीखों पर कवाब सेंकते दिखाई देते हैं। कलेजी के कवाब की खुशबू भी मिल जाती है। कटोरे बजाने वाले भिश्तियों की पीठों पर जो मशके हैं वह भी अवध के लिए अपरिचित नहीं हैं।

जानवरों से चमड़े और माँस के अतिरिक्त चर्बी भी प्राप्त होती है। दूध तो खैर मिलता ही है। दूध से दही और दही से घी भी निकाला जाता है। 'तिलिस्म' वालों को गोबर से उपले बनाने की कला भी मालूम है। भेड़ के ऊन से कम्बल बनाये जाते हैं और उनकी सींग की कंघियों से सुन्दर स्त्रियाँ बाल काढ़ती हुई दिखाई देती हैं।

चमड़े की कला भी उन्नति पर दिखाई देती है। यहाँ चमरौध हैं और मामूली चमड़े के जूते ही नहीं बनते अपितु उनको सजाया-सँवारा भी जाता है। गठीले जूतों को छोड़िये तो नोकदार जूते मिलेंगे। मोर पाँव, कामदार, ज़री, निरही के जूते भी मिलते हैं। पापोश ज़रदोज़ी भी अपना अस्तित्व दिखाती है।

अब्दुल हलीम शरर ने सजे-सँवरे जूतों का वर्णन विशेष तौर पर किया है कि लखनऊ के सभ्य लोग यही जूते पहला करते थे।[2]

---

1. Tarachand : In fluence of Islam on Indian culture–(141), 2. –शरर, मज़ामीने शरर–(374)

माउल लहम (दवाओं में गोश्त का पानी मिला कर एक कामवर्धक अर्क़) का वर्णन इस चर्चा को समाप्त करता है लेकिन लखनऊ का वर्णन बालाई (मलाई) बिना अधूरा मालूम होता है।

'तिलिस्म' में चाँदी, सोने, पीतल, ताँबे, लोहे और जस्ते का प्रयोग मिलता है। इन धातुओं के अतिरिक्त भाँति-भाँति के जवाहरात हैं। इन धातुओं पर आधारित कला शिल्पों का क्षेत्र घरों से रणभूमि तक फैला हुआ है।

घरों में ब्रंजी थालियाँ और पीतल के थाल भी हैं। लोटा, लुटिया, ब्रंजी लुटिया, पीतल की लुटिया भी मौजूद हैं और लगन पतीलियाँ, बड़ी-बड़ी देग़ें, तश्त और आफताबें आदि हैं।

किन्तु बर्तनों की कहानी इन्हीं बर्तनों के वर्णन से समाप्त नहीं होती। सोने-चाँदी के नक्शी बर्तनों के साथ-साथ घड़े कटोरे थाल और तश्तरियाँ भी हैं, बल्कि जवाहरात के बने हुए पैमाने और सुराहियाँ भी हैं। शीशे की सुराहियाँ भी हैं।

गहनों की तो कोई गिनती ही नहीं। शहजादियों से ले कर नौकरानियों तक और शहज़ादों से लेकर नौकरों तक जिसे देखिये, वही गहनों से लदा नज़र आता है। गहने भी विभिन्न प्रकार के हैं। जस्ते की बालियों, हँसलियों और पीतल की नथ से यदि यह सूची प्रारम्भ होगी तो चाँदी की बालियों, पात बालियों और चाँदी की सादी बिजलियों को लेती हुई सोने के झूमर, पाज़ेब और कड़ों को समेटती हुई जवाहरों से जड़ित कंगनों और जड़ाऊ पाज़ेबों तक जायेगी। जादूगरों के हाथों में लोहे के कड़े भी दिखाई देते हैं। याकूत के झुमके, अलमास की अँगूठियाँ और ज़र्मरुद के इक्के भी हैं। ...और बैलों के गलों में पीतल की घण्टियाँ बजती हैं।

यह आभूषणों की पूरी सूची नहीं क्योंकि यह उसका स्थान नहीं है किन्तु इस सूची से भाँति-भाँति के चमकते-दमकते गहनों का अनुमान लगाया जा सकता है।

दास्तान कहने वालों ने जवाहरात या मूल्यवान अष्ट धातु को केवल बर्तनों या आभूषणों के लिए ही प्रयोग नहीं किया है अपितु निर्माण कार्य में भी इनका सुन्दर प्रयोग दिखाई देता है।

दास्तान कहने वाले लखनऊ से प्रभावित थे। अब यह कहना तो उचित नहीं कि भारतीय निर्माण कला की उन्नति और पतन पर उनकी दृष्टि थी। किन्तु उन्होंने लखनऊ के भवनों को देखा था और उन ही के मानचित्रों पर उन्होंने अपने भवनों का निर्माण किया। लखनऊ की चाँदी वाली बारहदरी ने उन्हें जवाहरात

की इमारतें बनाने को उत्साहित किया। यह चाँदी वाली बारहदरी एक साधारण ईंट की इमारत थी मगर छत में चाँदी के पत्तर जड़े होने के कारण यह चाँदी वाली बारहदरी कहलाती थी :[1]

रख़शाँ है जो गुम्बर तिलाकार
सोने का पहाड़ है नमूदार (345)

कहीं दीवारों पर अत्यन्त सुन्दर पच्चीकारी है तो कहीं जवाहर जड़ित स्तम्भ हैं और कहीं इन स्तम्भों पर नक्काशी भी की गई है। इन पर ख़ातम बन्दी का कार्य भी किया जाता है। प्रवेश-द्वारों में लोहा प्रयुक्त होता है और सड़क बनाने में पत्थरों का प्रयोग भी मिलता है।

अवध में संगमरमर नहीं मिलता परन्तु दास्तान कहने वालों ने इसका प्रयोग किया है :—

"चार चमन के बीच में एक चबूतरा
संगमरमर का था। कटहरा तलाई
(सोने का) उस पर जड़ा था।"[2]

'सेहरुल बयान' की तरह इसमें भी संगमरमर की बनी चौपड़ की नहर भी दिखाई गयी है।

"बनी संगमरमर की चौपड़ की नहर
गई चार सम्त उसके पानी की लहर"[1](250)

निर्माण की तरह सजावट के सामानों में भी जवाहरात का प्रयोग अधिकता से होता है। कहीं ज़रबफ़्त के सायेबान पर मोतियों की झालर लगी है, कहीं याकूत जड़े हैं कहीं गौहर की झालर इधर-उधर लटकी है, कहीं कारचोबी का काम है।

महलों और दरबारों में भी जवाहरात का प्रयोग नज़र आता है। जवाहर के पायों की पलंगड़ियाँ लगी है। सजे-सजाये पलंग बिछे हैं। कुरसियाँ जवाहर और याकूत की हैं।

जवाहर की पलंगड़ी तो 'सेहरुल बयान' में नज़र आयी थी :

वह सोने का था जो जड़ाऊ पलंग
के सीमी तनों को हो जिस पर उमंग[3]

इन पलंगड़ियों पर शहज़ादियाँ सोने का पानदान खोले बैठी हुई हैं और बेतकल्लुफी से गंगा जमुनी वरक़ लगी गिलौरियाँ खा रही हैं और इत्रदान सामने ऐसे धरे हैं कि देखने वाला देखता रह जाये :—

---

1. —शरर, मज़ामीने शरर—(55-56), 2. 1(419-417), 3. —मीर हसन—सेहरुलबयान

"इत्रदान जवाहर का मोर की सूरत बना था
और फ़व्वारे की तरह छूटता था।"[2] (971)

चाँदनी रातों में संगमरमर की चौकियाँ भली मालूम होती हैं। हर तरफ चिरांगां है। कंवल रौशन है। फानूस शमाओं को सँभालते हुए हैं। क़न्दीले जगमगा रही हैं।

प्रतिदिन के औज़ारों में चाकू, छुरी, कैंची, बेलचे, खुरपी, समसी जैसी वस्तुएँ मिलती हैं।

कलाकार चाँदी और सोने के वरक (पत्तर) बनाते हैं। गंगा-जमनी वरक़ (पत्र) भी तैयार होते है। काम दानी के काम का आविष्कार हुआ। कहीं मीना कारी है, कहीं बुनतकारी, कहीं लकड़ी के फूल, कहीं कारचोबी और कहीं ज़रदोज़ी... अर्थात इस प्रकार की कला द्वारा बेजान खनिज पदार्थों में ऐसी जान डाली गई कि 'ताऊस जवाहर के (हीरे जवाहरात के मोर) नाचने लगे।"[3] (500)

हलावाई की दुकान पर पीतल की घण्टियाँ टँगी हैं जो "लोहे की ज़ज़ीर पर लटकती हैं।"[4] (865)

सर्राफों में चाँदी और सोने और ताँबे ने नित नए रूप धारण कर रखे हैं। सर्राफे से कुछ आगे पटवों का क्षेत्र है जो बैठे सुन्दर गहने गूँधते हैं, फूल रेशमी बनाते हैं, फीते बुनते है और शमसे बाँधते हैं। मोती पिरोते हैं, नगीने खोदते हैं। इनके अतिरिक्त सादाकार हैं जो अँगूठिया और छल्ले बनाते हैं। रहा जौहरी बाज़ार, तो वह जौहरियों से बसा हुआ है। जहाँ सोने-चाँदी और लोहे का इतना काम होगा वहाँ सुनार और लोहार का होना आवश्यक है। यह तो घरों और बस्तियों की वस्तुएँ हुईं। रणभूमि में ढली हुई ब्रिंजी तोपे, फौलादी गोले फेंकती हुई दिखाई देती हैं फौलादी ढ़ालें वार रोकती हुई दिखाई देंती हैं। फौलादी शमशीरें (लोहे की तलवारें) ढालों को काटती हुई मिलती है। हथियारों का तो आधार ही फौलाद (लोहा) है। संग्रहालय इसके गवाह हैं कि बड़े बादशाहों और सरदारों के हथियारों का मूल्य उनमें लगे हुए जवाहरात से कितना बढ़ जाता था। अर्थात 'तिलिस्म' में भी ऐसी तलवारें और शमशीरें हैं जिनके दस्ते जवाहरात के हैं।

आरम्भिक और दूसरे स्तर की जीविकाओं की उपरोक्त गवाहियाँ यह सिद्ध करती हैं कि 'तिलिस्म' पर परदेसी होने का इलज़ाम लगाना ठीक नहीं। परदेसी होना तो दूर रहा, यह दास्तान कहने वाले तो ठेठ अवधी हैं और एक क्षण के लिए भी अपनी सीमाओं से बाहर जाने का प्रयत्न नहीं करते। इस दास्तान में जीवन के प्रत्येक भाग पर अवध की गहरी छाप है और उसका कारण यह है कि जीवन कारण और परिणाम के एक सिलसिले का नाम है। हर परिणाम एक मंजिल पर किसी और परिणाम का कारण बन जाता है।

इसलिए 'तिलिस्म' की अवधी अर्थव्यवस्था 'तिलिस्म' के प्राकृतिक वातावरण का परिणाम है और 'तिलिस्म' का अवधी व्यापार और जीवनयापन के साधन यातायात के साधन आबादियों के अन्दाज़ की वजह है।

भारत एक प्राचीन व्यवसायिक देश है। पूर्व और पश्चिम से इसके व्यापारिक सम्बन्ध बहुत पुराने हैं। 'तिलिस्म' के बाज़ारों पर भी उन पुराने सम्बन्धों की छाप नज़र आती है परन्तु बाज़ारों के अध्ययन से पूर्व यातायात के साधनों, रास्तों और किसी वस्तु को एक स्थान से दूसरे स्थान पर ले जाने के प्रतीकों को देख लेना आवश्यक है।

दास्तान कहने वाले हमें किसी क़ाफिले के साथ सफर नहीं करवाते। इसलिए यह बताना कठिन है कि 'तिलिस्म' में सड़कें कैसी हैं। लेकिन इतना अवश्य मालूम होता है कि रास्ते में पक्के कुओं का प्रबन्ध है

जैसेः— जब 'बक़्र' को एक स्थान पर 'अय्यारी' (छलावे) की आवश्यकता महसूस हुई तो उसने मन में कहा—

> "ऐ बक़्र ये कुआँ ऐसे स्थान पर बना है कि जादू की नगरी के लोग और राहगीर आदि इधर से गुज़रते होंगे और पानी पीते होंगे। ऐसा सोचकर ब्राह्मण का रूप धारण कर, माला गले में डाल माथे पर तिलक लगा लिया। धोती घुटनों तक बाँध कर डोल और रस्सी ले कर। कुएँ की जगत पर जा बैठा।"[1] (101-102)

सड़कों की चर्चा हो न हो, सौदागर क़ाफ़िले बना कर जाते हुए अवश्य दिखाई देते हैं। यह रास्ते वीरान हैं। क़ाफिले आये दिन लुटते रहते हैं। हर घात के स्थान पर लुटेरों का गिरोह उपस्थित है :

> "यद्यपि इफलाक कों ही बहुत बुरा लगा। कहा, यह जवान कोई व्यापारी है। लुटेरों ने लूटने का प्रयत्न किया मगर यह जवान खूब लड़ा। इसको उठा कर ले चलो इसको होश आयेगा तो पता-निशान पूछ कर लुटेरों को बन्दी बनाऊँगा।"[1]

1. $-\frac{5}{1}$ (276)

इन लुटेरों के अतिरिक्त रास्तों में ठगों के गिरोह भी काम करते दिखाई देते हैं। स्वयं 'लशकरे इस्लाम' के अय्यार ठगी करते हैं।

> अय्यारों (धूर्त) ने मिठाई और पकवान कमर से खोल कर थोड़ा-थोड़ा उन्हें दिया और सादा आप खाया। वह सब पकवान खाकर बेहोश हो गये। उन्होंने उनमें से दो आदमियों को...अलग ले जाकर खंजर से धरती खोद कर दफ़न कर दिया।"[1]

परन्तु यह बात अय्यारों तक ही सीमित नहीं।

> "एक स्त्री ने निकल कर देखा, एक सुन्दर रण्डी रोती है पास। आकर कन्धा पकड़ कर कहा, बीबी, तू क्यों बैठी रोती है एक बार चिल्ला कर कहा, अरे तुम ठग तो नहीं हो...मैं व्यापारी की पुत्री हूँ। मेरे पिता लिये जाते थे। रास्ते में ठग आ गए, सब लूट ले गये।"[2]

यह वर्णन कमज़ोर है। ठगों के गिरोह में स्त्रियाँ नहीं हुआ करती थीं। यह बात ठगों के नियम के विरुद्ध है लेकिन यह भूल दास्तान हातिमताई में भी हुई है। हातिम़ को एक बुढ़िया ने धोखा दिया था। इसके अतिरिक्त इस लेख में एक और त्रुटि है। आम तौर से ठग क़ाफ़िलों पर आक्रमण नहीं करते थे। वह तो इक्के-दुक्के खबर लेते थे बिल्कुल 'डाकुओं' की तरह, परन्तु इन बातों के अतिरिक्त इसमें शक नहीं कि 'तिलिस्म' में ठगी होती है। एक पुतली ऐलान कर रही है :

> "ऐ सुनने और देखने वालों, अफरासियाब बादशाह तुम्हारा घमण्डी हुआ, विलासिता में डूबा। प्रजा की चिन्ता नहीं, न्यार्थ की चर्चा नहीं, प्रजा बर्बाद राजा

---

1. —2 (377), 2. —4(1208)

जल्लाद की तरह। चोर, ठगों
का ज़ोर-बदमाशों का जमाना।" $\frac{5}{1}$ (571)

ठगों और लुटेरों से भरे हुए रास्ते फ़र्जी (झूठे) नहीं हैं। मुग़लों की मज़बूत हुकूमत भी इन ठगों और लुटेरों से परेशान थी। उनके सामने भी बड़ी समस्या रास्तों की सुरक्षा की थी। रास्तों में लूटमार की घटनाएँ अकसर हुआ करती थीं। खुद बदायूँनी को एक बार लुटेरों ने रोक लिया था। विलियम हॉफ्ज़ ने सत्रहवीं शताब्दी में यह लिखा है कि डाकुओं और चोरों की वह भरमार है कि घर से निकलना मुश्किल है। विलियम फंच का भी यही अनुभव है। निकोलस भी यही कहानी सुनाता है। वह तो एक बार डाकुओं के हाथों लुटा और दूसरी बार अपने रक्षकों के हाथों। बरनीर ने सत्रहवीं शताब्दी के अन्तिम भाग में यह बयान दिया कि शाही कैम्प तक डाकुओं से सुरक्षित नहीं है।[1] इसलिए अगर 'तिलिस्म' इन लुटेरों से भरा नज़र आये तो क्या आश्चर्य? 'तिलिस्म' के लुटेरे गिरोह बना कर चलते हैं और शाही खज़ाने तक पर हाथ साफ करते हैं। कफ़ील तैग़ ज़न (तलवार चलाने वाला) का क़िस्सा इस का प्रमाण है।

इसका अर्थ यह है कि रास्ते खतरनाक हैं और सफर कठिन। लोग अधिकतर खुशकी (थल) के रास्ते से सफर करते हैं क्योंकि दरिया के जल (नदियों) से यात्रा का कोई दृश्य दिखाई नहीं देता। 'तिलिस्म' के सौदागर जादूगर नहीं हैं कि हवाई यात्रा करें। इस दास्तान में आम आदमी इस क़दर कम है कि ये मामूली सौदागर सन्तुष्टि का कारण है। वैसे तो तिलिस्म' में एक जगह रेल की चर्चा भी है। महजबीं के दरबार में उत्सव हो रहा है। 'हैरत सूरत निगार' और 'सर-सर' वेश्याओं के भेष में उत्सव देखने गयी है। मुसव्विर (चित्रकार) भड़वे के भेष में हैं :-

"दरोगा ने पूछा साहब कहाँ
से आना हुआ मियां मुसव्विर
बोल उठे, जनाब दरोग़ा साहब
बी-नूरन दकन से आई हैं।
अभी रेल से उतरी है"[2]

परन्तु रेल का यह वर्णन मनोविनोद के लिए हैं। 'तिलिस्म' में रेल नहीं चलती वरना कहीं और भी नज़र आयी होती। 'तिलिस्म' में जादूगर जादू की सवारियों पर यात्रा करते हैं या फिर उस ज़माने की आम सवारियाँ नज़र आती हैं।

---

1. –मुस्तफी : मुग़ल हिन्दुस्तान में सफर–(12), 2. $-\frac{5}{1}$ (537)

जादू की इन सवारियों की बहुत अधिक आवश्यकता थी क्योंकि जिस देश में एक दिन में दस मील से अधिक यात्रा करना सम्भव न था[1] उसमें धरती ओर अम्बर को मिलाने के लिए 'तिलिस्मी' सवारियों के बिना काम चल भी नहीं सकता था। परन्तु दास्तान कहने वाले यदि पल भर के लिए भी अपने जादुई संसार से बाहर निकलते हैं तो रास्तों पर वही मामूली सवारियाँ नज़र आने लगती हैं जिनका सम्बन्ध उत्तरी भारत से है। वही घोड़े और हाथी और वही इक्के की तरह बैलों की गाड़ियाँ हैं। शहज़ादियाँ तक घोड़ों पर सवार होकर निकलती हैं।

स्त्रियों की आम सवारियाँ तो अवध से निकलने ही नहीं देतीं। वही पालकियाँ और नालकियाँ हैं और वही डोलियाँ और सखपाल हैं। इन सवारियों के अतिरिक्त तख़्ते खाँ (चलते हुए तख़्त) और हवादार भी नज़र आते हैं।

यह तमाम सवारियाँ मुग़ल भारत में ही आम हो चुकी थीं। म्योरलैण्ड ने अक़बर के काल में पालकियों की चर्चा की है और अबुल फ़ज़ल ने 'अकबर नामा' में सखपाल की, बरनीर ने डोली, तख़्ते खाँ और चन्डोल और हवादार की चर्चा की है।[2] हवादार के बारे में शरर का बयान रुचि से खाली तो नहीं हैं परन्तु विश्वसनीय नहीं प्रतीत होता। उनके विचार में :–

> हवादार टमटम की भाँति एक खुली डोली थी जिसके पीछे चमड़े का टब होता और लोहे की कमानियों के द्वारा खोला या बन्द किया जा सकता..... आगे-पीछे उसमें फ़ीनस के-से डण्डे होते....... हवादार की बनावट से ज्ञात होता है कि वह ख़ास अंग्रेजों की बनाई हुई वस्तु है।[3]

हवादार को अंग्रेजों का आविष्कार मानने में संकोच होता है। परन्तु यदि शरर का कथन मान भी लिया जाये तब भी जाह और क़मर के समय तक वह हिन्दुस्तानी हो चुका था। सामान लादने के लिए शराबे और छकड़े हैं। ये शराबा ब्रज देश का कहा जाता है और अब भी सड़कों पर दिखाई देता है। यह एक मामूली-सी बहली है। 'आईन,' ने बैलगाड़ियों के दो प्रकार बताए हैं। शराबा, बहेल बहल भी दो प्रकार के हैं। घर बहल, और बहेल। घर बहल में घोड़े भी जोते जाते हैं। यद्यपि यहीं घर बहेल पूर्वी यू. पी. के गाज़ीपुर में बिगड़ कर घुड़बहल बना और

1. –मुस्तफी : मुग़ल हिन्दुस्तान में सफर–(14), 2. –मुस्तफी : मुग़ल हिन्दुस्तान में सफर–(2-3), 3. शरर : मज़ामी ने–शरर–(343)

अब भी मुहर्रम के जुलूसों में दिखाई देता है। पश्चिम की 'रे' अक्सर पूर्व में 'ड़े' बन जाती है। तिलिस्म' में दरियायी रास्ते प्रयोग नहीं होते। दरिया-ए-गोमती इस क़ाबिल है भी नहीं, इसलिए 'तिलिस्म' में जहाज़ नहीं है लेकिन डोगियाँ और कशतियाँ नज़र आती हैं। सैर-सपाटे के लिए मोर पंखियाँ और बजरे हैं। चोपड़ा का कहना है कि मोर पंख और बज़रा एक ही वस्तु के दो नाम हैं। (पृ. 68)

बहरहाल लुटेरों से लुट-लुटा कर जब ये क़ाफ़िले नगरों में प्रवेश करते हैं तो उनका शानदार स्वागत होता है। कारवाँ (यात्रादल) का प्रबन्ध कहीं मेहतर और मेहतरानियों के हाथ में है और कहीं भठियारिनों के। इन भठियारिनों को हम 'फसानाए-ए-आज़ाद' में भी देख चुके हैं और 'उमरावजान अदा' में भी। बहरहाल मुसाफिरों को ठहरने के लिए एक सुन्दर महल मिला। हाथ मुँह धोए गये। शराब के दो चार जाम पिये गये। अब मुसाफिर नगर देखने निकले। यह किलाबंद शहर बड़ा मज़बूत और सुन्दर है।

"सड़कें पुख़्ता और हमवार बनी हैं।"[1] (612)

परन्तु नगरों को देखने से पूर्व सिक्कों (मुद्राओं) को समझना आवश्यक है क्योंकि सिक्कों (मुद्राओं) से अनभिज्ञ होने के कारण स्वयं असद बिन ग़ाजी मुसीबत में फँस चुके हैं और अपनी अनभिज्ञता को भुगत चुके हैं। नगर के दुकानदारों ने जवाहरात और अशरफ़ियों को स्वीकार नहीं किया।

"शहज़ादा भूखा था। एक हलवाई की दुकान के पास आया। जेब से सोना निकाल कर उसके प्रसंग किया कि थाल मिठाई के मेरे लिये लगाकर भेजें... हलवाई ने वह सोना जो असद ने दिया था, उसको फेंक दिया और कहा कि यह हमें नहीं चाहिए...लड़के बजाये कंकर पत्थर के, इन्हीं अशरफियों और रुपयों से खेलते हैं। यह कह कर अपने एक नौकर को आदेश दिया कि जाकर थोड़ा-सा ज़र जवाहर दामन में भर लाये"[1] (59) ज़ाहिर है कि असद बहुत हैरान हुए और उन्होंने पूछा।

"यहाँ किस का सिक्का चलता है?" कहा "अफरासियाब का। असद ने कहा, इस शहर का नाम क्या है?" कहा, शहर नापुरसान (बेसहारा) इसे कहते हैं और काग़ज के रुपये चलते हैं। यह कह कर उसने ग़ल्ले से एक रुपया निकाल कर दिखाया कि यह सिक्का यहाँ चलता है। शहज़ादे ने देखा कि काग़ज़ के परचे पर चित्र एक बादशाह का है। दूसरी ओर काग़ज़ के कुछ नक़्शो-निगार (फूलपत्ती) बने हैं।[1] (59)

इस समय इससे बहस नहीं कि इस नगर का नाम नापुरसान क्यों है या इस नाम की प्रतीकात्मकता क्या है? किन्तु यह सिद्ध हो गया कि 'तिलिस्म' के शहर नापुरसान में नोट चलते हैं। एक स्थान पर तो सौ रुपये का नोट भी नज़र आता है किन्तु यह नोट 'तिलिस्म' का आम सिक्का नहीं है।

वैसे भारत के लिए 'सिक्का' नया नहीं है। बेनम का विचार है कि इसकी सम्भावना है कि ईरानी प्रभाव के अन्तर्गत भारत में छठी सदी ईसा पूर्व में सिक्कों का रिवाज हो गया था।[3]–(43) किन्तु 'तिलिस्म' में जो सिक्के हैं उनकी प्रकृति हिन्दुस्तानी है। दिरम और दीनार का विवरण तो मिलता है परन्तु उनका चलन दिखाई नहीं देता। सोने के सिक्कों में अशर्फ़ियाँ हैं और चाँदी के सिक्कों में सबसे बड़ा रुपया है। यह रुपया 'तिलिस्म होशरुबा' से पुराना है। इन दोनों की उम्रों (आयु) में सदियों का अन्तर है। इसका आविष्कार शेरशाह के युग में हुआ और अकबर के युग में सँवारा गया।[1] परन्तु इस रुपये की तक़सीम वही है जो अभी कुछ दिनों पूर्व तक थी। वही अठन्नियाँ और चवन्नियाँ हैं, वहीं दुअन्नियाँ और वही पैसे हैं। ये पैसे वही हैं जिसे 'आईन' ने 'दाम' कहा है। हालाँकि इसका पुराना नाम पैसा ही है।[2] इकन्नियाँ भी मौजूद हैं। इन परिचित सिक्कों के अतिरिक्त गण्डा भी चलता है। डबल भी और टका भी और अभी वह समय नहीं आया है कि कौड़ियाँ महत्त्वपूर्ण बन कर मुहावरे की दुनिया में चली जाएँ। कौड़ियाँ भी लेन-देन के काम में आती हैं :

"क़राँ उसके पास बैठा और कहा
साँईं, यह चार कौड़ियाँ लो। अगर
कहो तो हम आग चिलम की ले लें।"[2] (313)

गण्डे डबल और टके का चलन बहुत दिनों पहले उठ चुका है लेकिन–यह नाम अजनबी नहीं है। टका अब भी मुहावरों की दुनिया में कौड़ियों के साथ मौजूद है। पूर्वी उत्तर प्रदेश वाले एक पुराने पैसे को डब्बल कहा करते थे। इसलिए सिक्कों की यह दुनियाँ जानी-पहचानी है। सोने-चाँदी और काँसे के ये तमाम सिक्के हिन्दुस्तानी हैं।

सिक्कों के संसार में अशरफियों का राज है।
अगर नोट चल चुके होते तो रुपये के तोड़े नज़र न आते :
"जहाँदार ने कहा, मैं चालीस हज़ार रुपये
तुझको दूँगा यदि तू मेमार (निर्माता) को दे देगा.......

---

1. अबुल फ़ज़ल, आईन-ए-अकबरी–(32), 2. अबुल फ़ज़ल, आईन-ए-अकबरी–(32)

जहाँदार ने उस समय चालीस तोड़े (रुपये की थैली)
मँगा कर सामने रखे।"[2](294)

इन तोड़ों का उन दिनों चलन था। अगर ऐसा न होता तो 'उमरावजान अदा' में राशिद अली 'उमराव जान अदा' की 'नथ' की कीमत चुकाने के लिए पाँच तोड़े न गिन देते। पाँच हज़ार रुपये पर तोड़ हुआ था।[1]

तिलिस्म' में दौलत की बहुतायत है। चारों ओर धन बरस रहा है। इस धन को सँभालने के लिए बैंकों की आवश्यकता महसूस होती है।

इस दास्तान में सर्राफ को यह स्थान प्राप्त नहीं है। उनकी केन्द्रीयता समाप्त हो चुकी है। सर्राफे हैं किन्तु 'तिलिस्म' में बाक़ायदा बैंक का सुराग़ भी मिलता है :

"अमरु ने कहा–साहेब, तुम क्या जानो।
मेरे शिष्यों के मामले में हस्तक्षेप न किया करो।
प्रशंसा करके आप ही लोगों ने ख़राब किया है
तभी तो बर्क़ पृथ्वी पर पाँव नहीं धरता। हर समय
फूला रहता है। माल-चुरा-चुराकर मालदार हो गया
है। कई लाख रुपये उसके बंक घर में जमा हैं।"[6](8)

यह है 'तिलिस्म' के सिक्कों का संसार। इसको देखने और पहचानने के पश्चात अब बाज़ारों को देखा जा सकता है। तिलिस्म' में तीन प्रकार के बाज़ार हैं। वह स्थाई बाज़ार जो आबादियों में है और वह अस्थाई बाज़ार जो मेलों-ठेलों में लगते हैं और वह लश्करी बाज़ार जो फौजों के साथ यात्रा करते हैं।

स्थाई बाज़ार तो अपनी जगह से हिलने के नहीं, इसलिए पहले मेलों को देख लिया जाये क्योंकि इनका क्या ठिकाना? क्या पता कब अमरो अय्यार किन मेलों को लूट लें?

चाह-ए-ज़मर्रूद का मेला बड़ी धूमधाम से लगा हुआ है :–

"जब और आगे चला, पालें साकिनों की तनी देखीं। नीचे पाल के चौका तख़्तों का बिछा था। उस पर चाँदनी का फर्श व क़ालीन सजा हुआ था। मुक़ाबा (शृंगारदान) और सन्दूक़चा धरा था। सन्दूक़चे से लगा हुआ आईना रखा था। साक़िने हज़ार बनाव किये, दुलाई सफेद ऊदी गोट की ओढ़े, आगे से तौक़ सोने का दिखाने को गला खोले, पायचे पायजामे के पीछे तख़्त पर पड़े, माथे पर अफ्शाँ लगाये पट्टे छोड़े बाल बनाये, लबे फर्श तख़्त (बहज़ारों) नाज़ो अन्दाज़ बैठी थी..."

1. –रुस्वा : उमराव जान-ए-अदा–(95)

इस उद्धरण से कई बातें ज्ञात होतीं हैं। दुकानदारों का प्लान और ग्राहकों का अन्दाज़ मालूम होता है और यह भी ज्ञात होता है कि मेलों में देसी-विदेशी हर प्रकार का सामान बेचा और खरीदा जाता था। ये मेले ग्रामीण क्षेत्रों की आवश्यकताओं को पूरा करते थे और अब भी पूरा करते हैं।

तिलिस्म' के मेलों का देहातों से कोई विशेष सम्बन्ध नहीं है क्योंकि 'तिलिस्म' में देहातों को अनदेखा किया गया है परन्तु मेले की कल्पना मन को देहात की ओर ले जाती है।

'तिलिस्म' में सामने दिखाई देने वाले गाँव तो बहुत हैं किन्तु आमतौर से दास्तान कहने वाले अपने सम्बोधक को देहातों में ले जाने से बचते हैं। किन्तु इस दास्तान में एक ऐसा भी क्षण आता है जब गाँव से गुज़रना आवश्यक हो जाता है। इसलिए पहली बार पाठक या सुनने वाला अफरासियाब जादूगर के साथ एक गाँव में प्रवेश करता है :

> "देखा, सामने एक छोटी सी बस्ती है, कुछ झोंपड़े हैं। चन्द मकानात पक्के। कुछ खण्डहर। ज़मीन ऊबड़-खाबड़... नक़्क़ारे जो बजे, दस-पाँच गँवार लँगोटी बाँधे हुए, दो-चार नंगे लुच्चे लड़के काले-काले। दस-बीस औरतें। फटे हुए लँहगे...जस्ते की हँसलियाँ, पीतल की बालियाँ, गाढ़े की कुर्तियाँ...पेट बढ़े हुए। सिर पर छोटे छोटे बाल..."6(617)

यहाँ भी ऊबड़-खाबड़ ज़मीन। झोपड़ों और चन्द कच्चे पक्के मकानों के अतिरिक्त कुछ नज़र नहीं आता। एक और जगह केवल इतना इशारा मिलता है कि कलवार का मकान बस्ती के बाहर किसी कोने में है। अफ़रासियाब ने जब अमरु की जंबील के एक क़ैदी से पूछा, तू कौन है, तो उसने उत्तर दिया :–

> "लोधियाने का कलवार हूँ। गाँव के पास
> मकान है। भोला मेरा नाम है।"6(772)

ऐसी बेरंगी में दिल लगने की सूरत क्या हो? घर हैं तो कच्चे या खण्डहर। लड़के और स्त्रियाँ मैली-कुचैली...यह लखनऊ के आस-पास के देहात हैं। अगर इनका वर्णन होता तो 'तिलिस्म' बनाने का कार्य असम्भव हो जाता। इसीलिए दास्तान कहने वाले हमें शहरों-शहरों लिये फिरते हैं। यह शहर आबाद और सुन्दर हैं :–

> "सामने एक शहर का इलाक़ा दिखाई दिया। यह जल्द रास्ता पूरा करके शहर की चहारदीवारी के निकट आया। देखा, चहारदीवारी उसकी संगमरमर की बनी हुई है।

दरवाज़ा लोहे का लगा हुआ है...अमरु शहर के अन्दर गया। ऊँची-ऊँची साफ सुथरी इमारतें थीं..."1(91-92)

"बीच में पत्थर की सड़क बनी है। मोलसरी के छायादार वृक्ष सड़क के किनारे लगे हैं..."1(30)

गज और पक्के घरों का ज़िक्र मीर हसन ने भी किया है :—

इमारत थी गज की वहाँ बेशतर
कि गुज़रे सफाई से ज़िस पर नज़र
वह पुख़्ता मकानों के दीवारो-दर
सफेदी पे जिनकी न ठहरे नज़र[1]

यह बात भी नहीं है कि 'तिलिस्म' में एक ही शहर इस प्रकार का हो। तमाम ही शहर ऐसे हैं और इनके अन्दर का वर्णन भी एक जैसा ही है जैसे कि जौहरी बाज़ार की चमक-दमक का एक वर्णन नीलम, मरजान, याकूत, याकूते रमानी, लाल, लाले बदख़्शाँ, फिरोज़ा, ज़र्मरुद, अलमास, अक़ीके यमनी अक़ीक़े ज़र्द मरवारीद, मूँगे और पुखराज की चमक आँखों को चकाचौंध करने के लिए काफी है।

कपड़े के बाजार की सुन्दरता और सजावट का तो कोई ठिकाना ही नहीं। अतलस (रेशमी कपड़ा) ज़रनदोज़, बूटेदार अतलसी और अतलसी रुमी मौजूद हैं। रेशम है, रेशम का पायजामा पहनना तो लखनऊ के सभ्य लोगों का चलन था"[2] कमख्वाब तो ख़ैर है ही, कमख़्वाह बूटेदार भी है और कमख्वाब रोम भी। मुश्जर तो आम है और ज़रबफ़्त का तो कहना ही क्या! आयात किया हुआ भी कपड़ा ख़ूब नज़र आता है। शबनम है, घास (बहुत हल्का रेशमी कपड़ा) की ओढ़नियाँ हैं, बनारसी दुपट्टे हैं, हरीर है, बुलबुले चश्म (चौख़ाने में एक बूँद) है। क़ाक़ुम है, मख़मल है, बनात है, बनाते सुलतानी है। गाज (एक क़िस्म की मलमल) है, रेशमी छींट है, नयनसुख और आबेरवाँ की साड़ियाँ हैं। महमूदी है, कामदानी है, ढाके की मलमल है। मामूली मलमल, तनज़ेब है, जामदानी है। नाड़ा तो ख़ैर है ही क्योंकि इसका सम्बन्ध शगुन से है। दुल्हन का इज़ारबन्द ही नाड़े का होता है :—

"(दुल्हन) का परिधान कोई भारी कामदार जोड़ा नहीं होता। एक सोहे (लालरंग)...........का कुर्ता, सादा रेशमी पायजामा.........और नाड़े का इज़ारबन्द।"[3]

1. मीर हसन : सेहरुल बयान (15-14), 2. मज़ामीने शरर—पृ. (346), 3. शरर—मज़ामीने शरर—पृ.(31)

इनके अतिरिक्त मोटी खारी और गाढ़ा है, अंगोछे हैं। बादला की लुंगियाँ है, क़ालीन हैं, रेशमी और महमूदी की चादरें हैं, शाल, दुशाले हैं। किरन है, लचका है, गोखरु, गोटा पट्टा, बनत किनारी है और सुनहरा लचका भी मौजूद है।

टूल के नेफ़े नेफ़ों की कुर्ती और तनज़ेब की ओढ़नी
'उमराव जान अदा' में मौजूद हैं।[1] 'उमराव जान अदा' में ही

नयनसुख के पायजामे पर मलमल का दुपट्टा नज़र आता है और बिस्मिल्लाजान ने क्रेप का दुपट्टा ओढ़ रखा है। क्रेप के दुपट्टों और लाही की अंगिया की चर्चा शरर ने भी की है।[2]

सर्राफे के सम्बन्ध में कोई विस्तारपूर्वक वर्णन नहीं मिलता। दास्तान कहने वाले इतना कह कर ख़ामोश हो जाते हैं। कि :–

"एक तरफ़ सर्राफ़ पैसों का ढेर लगाये, टाट के नीचे अठन्नियाँ, चवन्नियाँ और रुपये छिपाये बैठा–साहजन और सेठजन जिनका उपनाम है।"

गुलफरोशों (फूल बेचने वाले) कुंजड़ों, सकरनियों, कहारिनों, तम्बोलियों, तम्बाकू वालों, ख़ुशबूसाज़ों कुम्हारों को हम अपनी-अपनी दुकाने सजाये देख चुके हैं। हलवाइयों के यहाँ भी कुछ ऐसी ही शोभा है। हलवा सोहन, हब्शी हलवा, शकरपारा, खस्ता, खंजला, रवे का मोहन भोग, पेच, दर पेच इमरतियाँ और बर्फियाँ....... अर्थात भांति-भांति की मिठाइयाँ मौजूद हैं। नानबाइयों की दुकाने भी सजी हुई हैं जिसका वर्णन 'चाह ज़मर्रुद के मेले में हो चुका है।

यही हाल बरतनों का है। 'तिलिस्म' के बावर्चीख़ानों में तलाई और चीनी के बरतन धोए जाते हैं लेकिन इनकी कोई दुकान नज़र नहीं आती। शीरों की वस्तुओं का भी यही हाल है। ज़ाहिर है, दुकानों के बग़ैर उनका अस्तित्व असम्भव है। इसी प्रकार जूतों की दुकानें भी होंगी और जानवरों का भी व्यापार होता होगा वरना फौज वालों के लिए घोड़े, हाथी, और गेण्डे आदि कहाँ से आते होंगे और शिकारी कुत्ते कहाँ से प्राप्त किये जाते होंगे शिकारी पक्षी भी आखिर बिकते ही रहे होंगे। हथियारों का व्यापार भी ज़ोरों पर होता रहा होगा। दास्तान कहने वालों ने इन वस्तुओं का ज़िक्र नहीं किया परन्तु स्वयं इन वस्तुओं की मौजूदगी उनके व्यापार का पता देती है। 'तिलिस्म' में घड़ियों का वर्णन भी है :–

"बर्क़ ने कहा–उस्ताद मैं तो अभी बारगाह से नहीं निकला अमरु ने कहा तू चोट्टा है। मेले में जेब कतरेगा घड़ियाँ चुराएगा और पकड़ा जाएगा। मैं हस्तक्षेप न करूँगा।"7(203)

शराब की भट्टियों का वर्णन तो बाक़ायदा मिलता है :–

1. उमराव जान अदा पृ. (212), 2. शरर–मज़ामीने शरर पृ. (254)

"अमरु ने कहा—अब जवानों के नशे-पानी का समय है। भट्टी पे जाएँगे। टके का ठर्रा पीकर चौक की सैर करेंगे।" $\frac{5}{1}$ (41)

गज़क भी मँगवाई जाती है :—

"निगहबान (संरक्षक) पुकार रहे हैं। किसी ने कहा मियाँ शोहदे साहब, पैसे के सीख कवाब लाओ। किसी ने कहा, हमारे लिये काबली मटर लेते आओ। किसी ने दालमोट की फरमाइश (माँग) की।"6(519)

परन्तु ठर्रे के अतिरिक्त केतकी की शराब, अंगूर की शराब, लाल शराब, केसर की शराब और पुर्तगाल की शराब की चर्चा भी है। ब्राण्डी भी मौजूद है।

कलवारों (शराब बनाने और बेचने वाला) और कलवारिनों के वर्णन से 'तिलिस्म' भरा हुआ है। जगह-जगह पर शराबख़ाने हैं। हर मौकें पर शराब पी जाती है।

'तिलिस्म' में औरतों के व्यापार का भी वर्णन है। कनीज़ें खरीदी और बेची जा रहीं हैं। अमरु अय्यार का ये बयान सुनिये :—

"अमरु ने कहा—मलिका, ये आपस की बात है।
...हम अय्यार हर तरह अपना पेट पालते है।
यहाँ वहाँ से शहज़ादियाँ, वज़ीरजादियाँ, ज़मीदारों।
की लड़कियाँ अय्यारी करके पकड़ लाते हैं। उनको
बेच करके धन आपस में बाँट लेते हैं।"7(277)

जिन दिनों की यह दास्तान है, उन दिनों यह काम होता भी था अन्यथा मिर्जा मोहम्मद हादी रुस्वा, पीरबक्श से यह न कहलवाते

"हाँ। इसकी रोटी इसी पर है बीसियों लड़के
लड़कियाँ पकड़ ले गया लखनऊ में जाकर दाम खड़े किये।[1]

हमने बाज़ारों, शहरों, मेलों, देहातों, सड़को सवारियों को देख लिया और हमें कोई ऐसी चीज़ नज़र नहीं आयी जो अवध के लिए अपरिचित हो। ये सारी जीविका अवध की है और ये तमाम दूसरे स्तर की जीविका भी अवध की इसलिए है कि इसका आधार जिस आरम्भिक, अर्थव्यवस्था पर है वह अवध की है और वह प्रारम्भिक अर्थव्यवस्था इसलिए अवधी है कि उसका आधार जिस प्राकृतिक वातावरण पर है वह वातावरण पूर्णरुपेण अवधी है। इस वास्तविकता पर न तो कलीमुद्दीन अहमद की दृष्टि पड़ी, न ज्ञानचन्द जैन की।

हसन असकरी और अज़ीज़ अहमद से तो इसकी माँग करना ही उचित नहीं क्योंकि उनका तो उद्देश्य ही और था। वह रण्डियों से आगे देख ही नहीं सकते।

---

1. रुस्वा—उमराव जान अदा पृ. (48)

आश्चर्य होता है कि उर्दू पर विदेशी होने का इलज़ाम लगता रहा और हम इस वाक्य को रटते रह गये कि उर्दू हिन्दुओं और मुसलमानों की मिली-जुली विरासत है। हमने हिन्दु-मुसलमान के स्तर से ऊपर उठ कर अपने साहित्य के ख़जाने का अध्ययन और उसकी व्याख्या करने का प्रयत्न नहीं किया वरना सिर्फ दास्तान 'तिलिस्म होशरुबा' यह स्पष्ट करने के लिए पर्याप्त थी कि उर्दू अरब और ईरान की ओर नहीं देखती। अगर कन्धार का ज़िक्र वेद-मुक़द्दस को भारत में अजनबी नहीं बनाता तो कुछ पुष्पों और पक्षियों के वर्णन से इतनी बड़ी और सुन्दर भाषा को कैसे विदेशी कहा जा सकता है?

वास्तव में आवश्यकता इस बात की है कि पक्षपात से अलग हो कर उर्दू के स्वभाव को समझने का प्रयत्न किया जाये। राष्ट्रीय एकता और सद्भावना की कठिन डगर पर ये भाषा बहुत काम आयेगी क्योंकि यह भाषा हिन्दी के अतिरिक्त दूसरी समस्त राष्ट्रीय भाषाओं के समान एक ख़ालिस अधार्मिक भाषा है और यही एक ऐसी महत्त्वपूर्ण परम्परा है जो यह भाषा हिन्दी को दे सकती है। इस भाषा में रामायण भी है और क़ुरान भी। इसने कृष्ण भक्ति के गीत भी गाये हैं और करबल कथा भी सुनाई है। अब स्वतन्त्र भारत में इस भाषा के कर्तव्य बदल गये हैं। इसलिए अब नये सिरे से इसका अध्ययन करने की आवश्यकता है। उर्दू को वास्तव में उर्दू के मित्रों ने भारत में अजनबी बना दिया है। हमने कभी इसकी कोशिश नहीं की कि इस भाषा और इसके साहित्य की रूपरेखा का राष्ट्रीय पृष्ठभूमि में अध्ययन किया जाये। हाली से लेकर अब तक यह कार्य नहीं हुआ है। यह लेख इस सिलसिले की पहली कड़ी है। ज्ञानचन्द ने उर्दू की नसरी दास्तानों का अध्ययन अवश्य किया है। मगर क्या अध्ययन किया? वह तो यह भी न तय कर सके कि 'तिलिस्म होशरुबा' अनुवाद है या रचना? उन्होंने भी इस किस्से के अन्दर झाँकने की कोशिश नहीं की। कलीमुद्दीन अहमद की विनाशकारी आलोचना से इसकी आशा भी नहीं थी हसन असकरी और अज़ीज़ अहमद का सारा ज़ोर इस पर ख़र्च हुआ कि लखनऊ की वेश्या संस्कृति ज़ो ग़दर (1857 की क्रान्ति) को झेल गयी थी, 1947 में ख़त्म हो गयी और जो कुछ बच रहा, वह पाकिस्तान हिजरत (प्रवास) कर गया। इसलिए उनका उद्देश्य भी इस लखनऊ की संस्कृति का अध्ययन करना नहीं है। वह तो अपनी हिन्दुस्तान दुश्मनी का प्रदर्शन करना चाहते हैं और लखनवी संस्कृति का मज़ाक उड़ाते हैं। इसलिए हसन असकरी ने जो चयन किया वह भी मामूली और निरर्थक है और वह 'तिलिस्म' से अधिक उनके अस्वस्थ और विलासी मन का प्रतिनिधित्व करता है। ये नदियाँ, ये पहाड़। ये बाज़ार ये बस्तियाँ, ये दुकानदार, ये ग्राहक, ये सिपाही—ये सब की

सब वस्तुए रण्डियाँ तो नहीं है यह अवध का माहौल है, यह अवधी बस्तियाँ हैं। यह अवधी बाज़ार है और यह अवधी लोग हैं और यह अवध इस बड़े देश का एक भाग है जो सन् 47 के पश्चात् भी हिन्दुस्तान कहा जाता है।

परन्तु इससे पूर्व कि हम जीविका के इस भाग को समाप्त करें हमें पत्र-पत्रिकाओं के एक भाग को और देख लेना चाहिए। आख़िर इन बस्तियों और शहरों में सम्बन्ध कैसे स्थापित होता है इसलिए पत्राचार के सिलसिले में पहले तो हमें कबूतर मिलते हैं।

> "अफ़रासियाब ने...एक पत्र कबूतर के पर में बाँधा और कबूतर से कहा जा—मलका हैरत को यह पत्र पहुँचा।"[1]

मगर 'तिलिस्म होशरुबा' जादूगरों का संसार है। इसलिए यह कबूतर 'जादू का पक्षी' और 'जादू का पंजा' में परिवर्तित हो जाता है किन्तु इन जादू के पक्षियों का अन्दाज़ वही कबूतरों वाला है :

> "उसने एक पत्र महरुख को लिखा... एक पक्षी को दिया कि जाकर महरूख को पहुँचा दे..... वह पक्षी चोंच में पत्र ले कर महरुख के दरबार में आया और गोद में उसकी बैठ गया।"1(103)

पक्षियों के अतिरिक्त नक्क़ारों से भी ख़बरें पहुँचायी जाती हैं। इसलिए सुलेमान अम्बरीन जब लक़ा के लिए सहायता मँगवाता था तो पहाड़ी पर रखे नक्क़ारों को बजवाता था। अफरासियाब को ख़बर हो जाती थी और वह पत्र मँगवा लेता था। इससे मिलती-जुलती चीज़ दस्तक (ताली) भी है। जादू-टोने की दुनिया में यूँ भी दस्तक का महत्त्व बहुत अधिक है। इसलिए 'तिलिस्म' के जादूगर तालियों के द्वारा भी ख़बर भिजवाते हैं।

> "आने-जाने से तो कुछ कार्य नहीं। पत्र में प्रश्न उत्तर हुआ करेगा.........यह चाहे न भेजें। हम तो भेजा करेंगे। हमें क्या परवाह (चिन्ता) है, यह एक पैसे में ख़बरे भेजेगा। हम प्रसन्न कर देंगे...बुआ, इस प्रकार अमीरों रईसों से मुलाक़ात होती है।"(480)

एक पैसे वाला पत्र यह पता देता है कि पत्र-व्यवहार का आम चलन था और डाक खाने पूर्ण स्थापित हो चुके थे। यह भी इन गवाहियों में से एक हैं जो 'अनुवाद' के 'तिलिस्म' को तोड़ती है और 'तिलिस्म होशरुबा' को 19 वीं शताब्दी तक लाती है कि जब राज्य कम्पनी बहादुर का था.....या मलका विक्टोरिया का था।

---

1. 4(1209)

राजनीतिक वातावरण

रियासत (राज्य)

शासन

- **शासन का स्वरूप**
- **बादशाह**
- **दरबार और उसके शिष्टाचार**
- **प्रशासन**
- **फ़ौज (सेना)**
- **जंग और अमन (युद्ध और शान्ति)**

राजनीति भी जीवन का एक महत्त्वपूर्ण भाग है और राजनैतिक व्यवस्था के अध्ययन के बिना जीवन का अध्ययन पूर्ण नहीं हो सकता। यद्यपि 'तिलिस्म' की अर्थव्यवस्था एक पिछड़ी हुई कृषि व्यवस्था है इसलिए किसी अधिक उन्नतिशील राजनैतिक व्यवस्था की आशा करना उचित नहीं। फिर इस बात को भी अनदेखा नहीं किया जा सकता कि जिस युग में यह दास्तान लिखी गई, उस युग में हिन्दुस्तान और विशेष रूप से अवध की राजनैतिक व्यवस्था क्या थी। स्पष्ट है कि दास्तान कहने वालों ने राजनैतिक व्यवस्था के सम्बन्ध में, अपने आस-पास पर भी दृष्टि डाली होगी।

यह दास्तान उन्नीसवीं शताब्दी के आखिर में लिखी गई थी यानी हिन्दुस्तान 1857 की क्रान्ति की हार के परिणाम भुगत रहा था। दिल्ली की केन्द्रीय सत्ता समाप्त हो चुकी थी। अवध की नाममात्र की स्वतन्त्र सत्ता पहले ही समाप्त हो गई थी। दूसरी छोटी-छोटी रियासतों में इन दास्तान कहने वालों की कोई रुचि नहीं थी। इसका अर्थ यह है कि इन दिनों हिन्दुस्तान एक अजीब दर्द की कैफ़ियत में था। चारों ओर एक अशान्ति थी। ज़ेहनों (मस्तिष्क) में 1857 की यादें ताजा थीं। घूस, षड्यन्त्र और मनमानी दण्डों (सज़ाओं) का बाज़ार गर्म था। हिन्दुस्तान जन्नत निशान एक ऐसा जंगल बना हुआ था जहाँ मृत्यु का ताण्डव हो रहा था।

ऐसी दुखद अवस्था में साधारण मनुष्य एक ऐसी शक्तिशाली सरकार का स्वप्न देख रहा था जो शासनों को सुरक्षित कर सके। जो अधिकारियों की घूसखोरी को समाप्त कर सके, जो इंसाफ कर सके—और जो कलाकारों की क़द्र कर सके। दरबारों की समाप्ति ने कला के संसार में अस्त व्यस्तता उत्पन्न कर दी थी। प्रश्न यह था कि अच्छे गाने वाले, नाचने वाले, शायर, रक़ाबदार, और मेमार आदि कहाँ जायें, यह ज्ञात नहीं था कि विदेशी सरकार कला और कलाकारों के साथ क्या व्यवहार करेगी।

हमारे दास्तान कहने वालों ने भी सभी साधारण व्यक्तियों की तरह एक मज़बूत और आदर्श सत्ता का सपना देखा। इसमें शक नहीं कि यह केवल एक सपना था। लेकिन इसमें भी शक नहीं कि अफ़ीम के नशे में देखे जाने के बावजूद यह एक महत्त्वपूर्ण स्वप्न था। वास्तविकता यह है कि ये एक ऐसे समय की बात है जब हमारे पास इस एक सपने के अतिरिक्त और कुछ था भी नहीं। वह मूल्य बिखर चुके थे या बिखर रहे थे जिन्हें हमने सदियों से अपना भगवान बना रखा था। वह बुनियादें धँस रही थीं जिन पर हमारे समाज की इमारत खड़ी हुई थी। ऐसी स्थिति में सपने ही काम आते हैं।

अवध और पूर्वी उत्तर प्रदेश में आज भी इन छोटे-छोटे राजाओं और बड़े-बड़े ज़मींदारों की कहानियाँ सुनी जा सकती हैं, जो डाकू बन गये थे। इन राजाओं और ज़मींदारों की परछाइयाँ हमें 'तिलिस्म में भी चलती-फिरती नज़र आती हैं। 'तिलिस्म' ऐसे डाकुओं से भरा पड़ा है जो बाक़ायदा क़िलों के मालिक होते हैं। जैसे—होशंग दुज़्द ही को देखियेः—

"इस इलाके में एक क़िला है। नाम उसका 'हिसार होशंगह' है। होशंग दुज़्द जरी बहादुर इस क़िले का शासक है। बारह हज़ार लुटेरे, डाकू अपने साथ रखता है। जो क़ाफिला इस क्षेत्र में आता है, जाकर लूट लेता है। $\frac{5}{1}$ (623)

यह हुशंग बहादुर और निडर है। दास्तान सुनाने वालों को इससे कोई शिकायत भी नहीं होती। इसका अर्थ यह है कि इन लुटेरों को आम लुटेरों से अलग करके देखना चाहिए। फिर इस बात की भी उपेक्षा नहीं की जा सकती कि खुद 'तिलिस्म होशरुबा' का विजेता अर्थात असद बिब क़ोब ग़ाज़ी ने अपना प्रारम्भिक जीवन लूट-पाट में गुज़ारा था। असद ने जब 'तिलिस्म' पर हमला किया था तब भी उसकी सेना उनके बारह हजार लुटेरों पर निर्भर थी। उसके दादा भी अपने समय के प्रसिद्ध लुटेरे थे और असद का बेटा ग़ज़न्फर बिन असद भी 'तिलिस्म' में इधर-उधर लूटमार करता दिखाई दे जाता है अर्थात घर के सभी

सूरज डूबे हुए हैं। परदादा से लेकर परपोते तक लुटेरों का एक सिलसिला नज़र आता है। ये सभी लोग 'तिलिस्म होशरुबा' के भले और प्रतिष्ठित लोगों में हैं और वास्तव में ये तमाम लोग उस समय की राजनैतिक अशान्ति के प्रतीक के द्योतक हैं। अंग्रेजी सरकार के विरुद्ध भी ज़मींदारों ने यही तरीक़ा अपनाया था।

क़मर का परिवार 1857 के तूफानों में फँस चुका था उनके भाई इस लड़ाई में मारे गये थे। इसलिए यदि 'तिलिस्म' में जगह-जगह 'अंग्रेजों की कैद' की घुटन दिखाई दे तो कोई आश्चर्य नहीं...

> "ख़ामा को बुलाकर हुक्म दिया कि आज से लड़की तुम्हारे सुपुर्द है। जहाँ कहीं जायें, साये की तरह उसके साथ रहना...मलका ने जो यह सुना, अपना हाल बुरा किया और उत्तर दिया कि मुझसे यह 'अंग्रेजी कैद' न उठी है, न उठेगी।"[1](590)

और फिर अंग्रेजों के बारे में दास्तान कहने वालों की राय अच्छी नहीं मालूम होती। इसलिए जब नक़्क़ारा नवाज़ के दरबार में अमरु और बर्क़ की मक्कारी का राज़ खुल गया तो अमरु ने जाल फेंका :—

> "...अब मैं बहुत परेशान हो चुका हूँ। बस शहनशाह जादू उतारिए। मेरे पैर टूटे जाते हैं। परन्तु मैं सच कहूँ इस बर्क़ को क़त्ल कीजिये। यह क़ौम का अंग्रेज है। बड़ा उपद्रवी है।"[6](482)

यह बात यहीं समाप्त नहीं हो जाती। एक जगह बर्क़ की धूर्तता चल गई। शहाब गुलगूँपोश को बर्क़ ने फँसा लिया और उस के साथ अमरु को बन्दी बनाने के लिए निकला। अमरु को देखते ही उसने डाँटा :—

> "...अरे हम क़ौम के अंग्रेज बड़े उपद्रवी हैं। मिल कर मारते हैं।"[6](498)

लखनऊ के दास्तान कहने वालों से ज़्यादा बेहतर कौन जान सकता था कि अंग्रेज मिल कर मारने में अपना जवाब नहीं रखते। मिल-मिलाकर तो अवध की सत्ता निकल गई थी। इसलिए उन्हें जब भी अवसर मिलता है, वह अपनी नफ़रत का ऐलान कर देते हैं। जिन अंग्रेज़ों के कारण उनका लखनऊ तबाह व बर्बाद हुआ था, वह उन अंग्रेज़ों और उनकी लाई हुई तबाही को भला कैसे भूल सकते थे? उन्होंने तो 'तिलिस्म' में ग़दर (क्रान्ति) के हालात तफ्क को दिखा दिया है :—

> "रास्ते में जो मिला उससे कह दिया, अरे मियाँ, भागो फौज आ गई। लोग कत्ल होते हैं....भगदड़ मच गई...

....अब कोई अपने लड़के का हाथ पकड़ भागा, कोई अपनी औरतों के लिए बदहवास एक-एक से पूछता है। अरे भाई, कोई नाका भी खुला है किधर जाएँ...? लेकिन बहादुर, निडर लोग हथियार लगाये अपने-अपने दरवाजों पर मोढ़े और कुर्सियाँ बिछाये जान देने को तैयार बैठे हैं। लोग आ-आ कर उनके सामने ख़बरें दे रहे हैं कि हज़रत आप बैठे क्या करते हैं। अभी-अभी मेरे सामने जौहरी बाज़ार क़त्ल हो चुका है, चौक लुट रहा है।......कोई अगर जान बचाकर नहीं भागा है तो मुहल्ले वालों के ख़ाली घरों में कूद-कूद कर सामान उठा रहा है....कोई सामान को कुएँ में फेंक रहा है। कोई तहख़ाने में छुप कर बैठा हैं काई कहता है, मेरा भाई अमरु की फौज में नौकर है। मुझे उसने मुहर ला दी है। मैं सबको बचा लूँगा। मेरे यहाँ चले चलो।"[1] (189)

यहाँ इस बात को भी उपेक्षित नहीं किया जा सकता कि 'कुफ़्रो इस्लाम' (धर्म-अधर्म) के इस असमंजस में आखिर ये 'मेरा भाई अमरु (दुश्मन) की फ़ौज में नौकर, कैसे हो गया है? यह एक वाक्य इसको प्रमाणित करने के लिए काफ़ी है कि असद और अफरासियाब हमवतन थे और यह आपस का टकराव धार्मिक नहीं है। किन्तु इस समय हमें इससे बहस नहीं। इस समय तो यह देखना है कि उपर्युक्त उद्धरण किस बस्ती की ओर संकेत कर रहा है? क्या यह लखनऊ नहीं है? चलिए, इस बात पर ध्यान न भी दें कि ग़दर (क्रान्ति) के समय में अंग्रेजी शासन ने 'पास' जारी किये थे किन्तु इस क़त्ल होने वाले जौहरी बाज़ार और लुटने वाले चौक को नज़रअन्दाज करने का कोई उपाय नहीं है क्योंकि ये दोनों मुहल्ले लखनऊ में आज भी मौजूद हैं। और ये लोग जो 'हथियार' लगाये अपने-अपने दरवाजों पर मोंढ़े और कुर्सियाँ बिछाए जान देने को तैयार बैठे हैं' ख़ास लखनऊ के रहने वाले हैं क्योंकि बैठने का यह अन्दाज़ ही लखनऊ के मध्य वर्ग का है। किन्तु अगर अब भी लखनऊ को पहचानने में कठिनाई हो तो आइये, महतोक़राँ के साथ शहाब–गुलगूँपोश के क़िले में चलें :

"क़राँ ने कहा– क्यों साहब, किस क़ैदख़ाने में जाइयेगा? हम रात को आलम बाग़ तक न जाएँगे। रात को बहुत सन्नाटा होता है। तिलंगे ने एक दिन गोली मार दी होती...हुसैन उद्दौला के इमाम बाड़े तक तो चल सकते हैं। वहाँ बेचारे क़र्जदार लोग बंदी हैं। शहर का भी किनारा है। चोबदार ने कहा, इन दोनों स्थानों पर जाना स्वीकार नहीं।

सामने वज़ीर गंज के एक बादशाह क़ैद हैं। कुछ पहरेदार हमारे मालिक ने तैनात किये हैं। उनके लिए शराब जाती है।"[6] (509-510)

एक तरह से उद्धरण भी बहुत दिलचस्प है। सवाल यह है बैते रसूल से पहले की घटनाएँ बताने वाले दास्तान सुनाने वालों ने इमाम बाड़े कैसे बना दिये? किन्तु यह अवसर इस बहस का नहीं है। इसलिए यहाँ केवल यह प्रश्न किया जा सकता है कि यह आलम बाग़ कहाँ है? हुसैनुद्दौला का ये इमामबाड़ा कहाँ हो सकता है और यह वज़ीरगंज किस शहर में है, और क्या यह केवल स्वप्न की बात है जो अफ़ीम की झोंक में देखा गया था? क्या यह उस लखनऊ की परछाईं नहीं है जो जख्मों से चूर था और कराह रहा था? क्या 'तिलिस्म' के हर क़ैदखाने में किसी शहज़ादे या वफ़ादार वज़ीरज़ादे या सरदार की क़ैद उस हिन्दुस्तान की याद नहीं दिलाती जो ग़दर (1857 की क्रान्ति) के बाद अंग्रेजों के अत्याचार का निशाना बना हुआ था? क्या लाचीन की क़ैद और उसकी मजबूरी हमारे मन को बहादुरशाह ज़फर या वाजिदअली शाह की तरफ नहीं ले जाती और क्या अफ़रासियाब से विद्रोह करने वाली शहज़ादियों के शरीर से किसी हज़रत महल या किसी लक्ष्मीबाई की महक नहीं आती? हसन असफरी और अज़ीज अहमद जैसे लोग चाहे इन प्रमाणों को झुठलाकर 'तिलिस्म' की जाँबाज़ शहज़ादियों को रण्डियाँ भी कह सकते हैं लेकिन इतिहास और साहित्य के किसी गम्भीर विद्यार्थी के लिए यह परिणाम निकालना असम्भव है।

'तिलिस्म होशरुबा' लखनऊ के जीवन के एक विशेष काल की विशेष दस्तावेज़ (प्रमाणपत्र) है और इस दस्तावेज़ में लखनऊ के जीवन का सकारात्मक पक्ष भी मौजूद है। परन्तु लखनऊ के जीवन का यह अर्थ बिल्कुल नहीं है कि उस में लखनऊ के साधारण मनुष्य का जीवन दिखाया गया है। 'तिलिस्म' होशरुबा' साधारण मनुष्य की कथा नहीं हैं क्योंकि यह दास्तान है और प्रत्येक दास्तान की तरह इस दास्तान में भी साधारण मनुष्य कम-कम ही दिखाई पड़ते हैं। यद्यपि जो फ़ौज है वह लाखों की है और जो शहर है। वह बसा-बसाया है। साधारण मनुष्य से हमारी भेंट भी मेलों-ठेलों में हो जाती है। साधारण मनुष्य की दृष्टि में उच्चवर्ग के लोगों का जीवन ही इस दास्तान का विषय है इसलिए शहज़ादियों और शहज़ादों, चोबदारों और नौकरानियों के इस संसार को पहचान लेने में कोई परेशानी नहीं होती। जैसे ये अफ़रासियाब जो अपनी मलका (रानी) के लिए शहर बसाता है, अच्छा-ख़ासा, जाना-पहचाना हुआ मालूम होता है :

"अफरासियाब ने अपनी रानी हैरत जादू के लिए यह शहर बसाया है।"[1] (59)

लखनऊ में हज़रत महल के लिए हज़रतगंज ही बसाया गया था इसलिए दास्तान

कहने वालों को एक रावी (लिखने वाले) की आवश्यकता हुई। एक रावी ही ने तो कहा होगा कि दक्षिण में एक बादशाह था। उसका नाम क़ुतुबशाह था। उसने अपनी प्रेमिका भाग्यमती के लिए भाग्य नगर बसाया और फिर जब उसने भाग्यमती को हैदर महल का नाम दिया तो शहर का नाम हैदराबाद पड़ गया। इसलिए दास्तान में ही यह बात एक रावी (कहानी सुनाने वाला) ही कहता है कि अफ़रासियाब ने अपनी मलका (रानी) हैरत के लिए यह शहर बसाया है।—यह दास्तान गो बड़े ईमानदार लोग थे। इस पूरी दास्तान का वातावरण हिन्दुस्तानी है। हिन्दुस्तानी नहीं, बल्कि अवधी है। इसके पहाड़ों और नदियों से लेकर, इसके खेत खलिहानों और बागों से लेकर रेगिस्तानों तक कोई वस्तु अभारतीय नहीं है। इसीलिये इसकी सत्ता भी हिन्दुस्तानी है, इसके बादशाह और वज़ीर हिन्दुस्तानी हैं इसके दरबार हिन्दुस्तानी हैं। युद्ध और शान्ति का वातावरण हिन्दुस्तानी है। अभी इस बात की चर्चा हो चुकी है कि साधारण मनुष्यों की तरह हमारे दास्तान कहने वालों को एक ऐसी सरकार की आवश्यकता थी जो इंसाफ कर सके। हमारे यह दास्तान कहने वाले मुसलमान थे इसलिए स्वाभाविक है कि इनकी दृष्टि इस्लाम के आरम्भिक काल के मुसलमानों पर पड़ी और उन्होंने पैग़म्बरे इस्लाम के चचा हज़रते हमज़ा की वह 'लड़ाइयाँ' बयान कीं जो 'ऐलाने नबूवत' से पहले लड़ी गई थीं। दास्तान कहने वालों ने रसूल के परिवार के किसी प्रतिकूल व्यक्तित्व को नहीं चुना। यदि वह ऐसा करते तो यह आदर्श हुकूमत न बन पाती। हमज़ा के चुनाव से आगे आने वाले भाग में बात की जायेगी। यहाँ इतना जान लेना बहुत है कि उन्होंने अरब के एक बहादुर को अपनी आदर्श सरकार बनाने की ज़िम्मेदारियाँ सौंप दीं।

परन्तु रसूल के चचा का नाम सिर्फ हमज़ा था। इसलिए यह प्रश्न उठता है कि यह अमीर और साहिबे क़राँ क्या चीज़ है? ग़ालिबन इतना इशारा कर देना काफी है कि तैमूरलंग अपने उपनाम समेत अमीर तैमूर साहिबे क़राँ प्रथम था। अर्थात अमीर तैमूर साहिबे क़राँ और अमीर हमज़ा साहिबे क़राँ में केवल बीच के तैमूर और हमज़ा का फर्क़ है। 'तिलिस्म होशरुबा' के हमज़ा साहिबे क़राँ अरब के हमज़ा के मुक़ाबले में अमीर तैमूर से अधिक मिलता है। अरब के हमज़ा ने न कोई सेना बनायी और न आक्रमण किया। परन्तु अमीर तैमूरसाहिबे क़राँ प्रथम ने सेना भी बनाई और आक्रमण भी किये और एक बड़ी सत्ता की नींव भी डाली। कुछ भी हो, यह अमीर तैमूर हो या हमज़ा अरबी, लेकिन इस में सन्देह नहीं कि दास्तान कहने वालों ने एक बेमिसाल सिपाही और निडर जनरल की रचना की। अब एक ओर तो यह हमज़ा साहिबे क़राँ है और दूसरी ओर खुदावंद लक़ा।

अब प्रश्न यह है कि इन दोनों सरकारों में अन्तर क्या है? इस अन्तर को देखने के लिए हमें किस स्तर की आवश्यकता होगी? और चूँकि हम 'तिलिस्म' में भारत के जीवन का अध्ययन कर रहे हैं इसलिए यहाँ भी कोई भारतीय स्तर ही हमारे काम आ सकता है। कालीदास ने हुकूमत को सात भागों में बाँटा है वह सात हिस्से निम्न हैं– 1. बादशाह 2. मन्त्री 3. राजनैतिक सहायक 4. ख़जाना 5. कौम (जनता, आम लोग) 6. क़िला और 7. फ़ौज

अब इन प्रमाणों के प्रकाश में 'तिलिस्म' के राज्य पर दृष्टि डालिये। इसमें यह सातों भाग उपस्थित हैं। बादशाह खुद अफ़रासियाब या क़ौकब या जहानदार शाह या खुदावन्द-लक़ा है। मन्त्रियों में सहरसाज़ बाग़बान अबरीक़, ख़ुरशीद, रौशन इत्यादि हैं। राजनैतिक सहायकों मे जहानदारशाह और तज़लजुल-बिन अज़लाल इत्यादि का नाम लिया जा सकता है। ख़जाना तो ख़ैर है ही, क़ौम भी है। क़िला भी है और फ़ौज भी.....यह सब के सब राज्य हिन्दू हैं परन्तु हमज़ा की केन्द्रीय हुकूमत एक चलती-फिरती केन्द्रीय हुकुमत है। छावनी है, राजधानी है। ये हुकूमत बादशाह, मन्त्री, राजनैतिक सहायक, आम लोगों और क़िलों में रुचि नहीं रखती। इसकी नींव एक मज़बूत केन्द्रीय फ़ौज पर है। हाँ, यह अवश्य सम्भव है कि इस फ़ौज की रचना में दास्तान कहने वालों ने महमूद गज़नवी और महम्मद ग़ौरी और नादिरशाह इत्यादि की आक्रामक फ़ौजों की तूफानी हालत से सहायता ली हो परन्तु यह बात हमारे विषय से सम्बन्ध नहीं रखती। हम तो केवल यह देखते हैं कि हुकूमत सादबिन क़बाद की होया खुदावन्द लक़ा की, दोनों ही हुकूमतों की नींव धर्म पर है यद्यपि इनमें से कोई भी हुकूमत धार्मिक नहीं है। सादबिन क़बाद ख़लीफ-ए-खुदा हैं। लक़ा खुदावन्द हैं, अफरासियाब भी नीम ख़ुदा है—अर्थात यह दोनों हुकूमत केवल नाम की धार्मिक हुकूमतें हैं। परन्तु उनके ढाँचे में बड़ा अन्तर है। लश्करे इस्लाम में अस्ल ताक़त सेनापति आज़म के पास है अर्थात गज़ व सिक्का तो सादबिन क़बाद के नाम का चलता है किन्तु वास्तव में मर्ज़ी अमीर हमज़ा की चलती है। यही हाल असद और दूसरे मुसलमान शहज़ादों की फ़ौज का भी है। अर्थात अस्ल चीज़ फ़ौज है। 1857 की हार के बाद लिखी जाने वाली दास्तान में यदि फ़ौज को यह प्रमुखता प्राप्त हो जाये तो कोई आश्चर्य नहीं।

इस इस्लामी हुकूमत की कोई सरहद ही नहीं है इसलिए सरहदों का इन्तजाम कौन करे और कैसे करे? ये इस्लामी हुकूमत राज्यों में बँटी हुई नहीं है। बस किले हैं और एक चलती-फिरती केन्द्रीय सरकार है। केन्द्र धार्मिक कार्यों के

अतिरिक्त किसी और मामले में हस्तक्षेप नहीं करता। यह एक प्रकार की Over Lordship है, हुकूमत नहीं।

यह सत्य बहुत रोचक है कि दास्तान कहने वालों ने इस फ़ौजी हुकूमत को अफ़रासियाब की बाक़ायदा हुकूमत से अधिक महत्त्व दिया है। और वह ऐसा क्यों न करते? क्या उन्होंने यह नहीं देखा था कि एक व्यापारिक कम्पनी ने इन्हीं सेनाओं की सहायता से हिन्दुस्तानी हुकूमत को परास्त किया था। दास्तान कहने वालों के सामने वाजिदअली शाह और बहादुरशाह जैसे बादशाह थे। वह इन बादशाहों के हाथ में एक दुनिया की हुकूमत की बागडोर कैसे दे देते जब कि एक-से-एक छोटा-सा शहर लखनऊ न सम्हाला गया और दूसरे से एक छोटा-सा क़िला अर्थात लाल क़िले की सुरक्षा न हो सकी? इसलिए स्वभाविक तौर पर दास्तान कहने वालों के मन में यह बात आयी कि अच्छी हुकूमत तक के लिए बादशाह से अधिक एक अच्छी सेना की आवश्यकता है। फ़ौज बड़ी हो तो क्या कहना, किन्तु यदि फ़ौज बड़ी न हो, मगर अनुशासिक हो तो कोई हानि नहीं। तिलिस्म' में हम ऐसी कई लड़ाइयाँ देखते हैं जिनमें मुसलमानों की छोटी-सी लेकिन अनुशासित फ़ौज किसी बड़ी फ़ौज को परास्त कर देती है। यह लड़ाइयाँ वास्तव में ग़दर की उन लड़ाइयों के नक़्शे पर बनाई गई हैं जिनमें पासियों की गुहारें अंग्रेजी फ़ौजों के एक-दो दस्तों के सामने न टिक सकी थीं। इसलिए दास्तान कहने वालों ने फ़ौज की रचना पर अधिक बल दिया और इसीलिये जहाँ सम्भव हुआ, वहाँ उन्होंने औरतों को फ़ौज का बादशाह बना दिया है। अफ़रासियाब की फ़ौज की बादशाह हैरत है और असद की फ़ौज की बादशह माहजबीं। हैरत तो ख़ैर जादूगरनी भी है। माहजबीं को तो यह विशेषता भी हासिल नहीं है। इससे यही परिणाम निकाला जा सकता है कि दास्तान कहने वाले बादशाह को महफिल की ज़ीनत से अधिक महत्त्व देने को तैयार नहीं थे। इसके विपरीत उन्होंने इस्लामी फ़ौज की रचना में बड़ा ज़ोर मारा है। यह ज़बरदस्त केन्द्रीय सेना हमेशा बादशाह के साथ-साथ होती है इस फ़ौज में बहुत से प्रसिद्ध जनरल हैं और इस बड़ी फ़ौज और इन बड़े जनरलों का ख़्याल हुकूमत में विद्रोह नहीं होने देता।

'तिलिस्म होशरुबा' का इस्लाम एक आक्रमणकारी शक्ति है जो पूरी दुनिया में हुकूमत बनाने का प्रयत्न कर रही है। यह आक्रमणकारी शक्ति इतनी बड़ी है कि बड़ी-बड़ी हुकूमतें उसके तूफान में तिनके की तरह बह जाती हैं परन्तु इसे इस्लाम के प्रारम्भ की असकरी शक्ति मान लेना ठीक नहीं। इस पर उन मुसलमान आक्रमणकारियों का प्रभाव अधिक है जिन्हें इस्लाम से अधिक सोमनाथों के जवाहरात में रुचि थी। इस्लामी फ़ौज सादबिन क़बाद के नाम का गज़ और

सिक्का अवश्य जारी करती है लेकिन वह कहीं टिकता नहीं। वह किसी उचित उत्तराधिकारी को सिंहासन पर बिठा कर आगे बढ़ जाता है और फिर सम्भवतः उन्हें भूल जाता है क्योंकि फिर कहीं उनकी चर्चा नहीं है। किन्तु यही वह स्थान है जहाँ इस्लामी फ़ौज पर भारतीय परम्परा का साया पड़ने लगता है। शासन के उचित उत्तराधिकारी को गद्‌दी पर बिठाने की ये परम्परा अरब या ईरान से नहीं आयी है। ये रामायण की परम्परा है लंका विजयी रामचन्द्र ने रावण के भाई विभीषण को गद्‌दी पर बिठाया था।[1] यहाँ यह बात भी ध्यान देने योग्य हैं कि विभीषण ने अपने भाई रावण की तुलना में रामचन्द्र का साथ दिया था। सादबिन क़बाद के जनरल भी जिसको गद्‌दी पर बिठाते हैं, वह सब के सब सच्चे दिल से मुसलमान हो चुके हाते हैं।

यह तो हुई इस्लाम की हुकूमत। परन्तु क़ुफ्र के संसार में हमें केवल हिन्दू हुकूमतें मिलती है। वहाँ अस्ल शक्ति बादशाह के पास है। वहाँ सेनापति केवल सेनापति है। बात लक़ा की चलती है, आदेश अफ़रासियाब का चलता है। यही बात दूसरी हुकूमतों में भी देखी जा सकती है 'तिलिस्म' नूरअफ़्शाँ में बिल्लौर चहार दुरुस्त केवल एक सेनापति हैं। किन्तु तमाम अधिकार तो 'तिलिस्म बादशाह कौक़ब रोशन ज़मीर के पास हैं। ऐसे ही जहानदारशाह अपने यहाँ अच्छे-बुरे का मालिक है। दूसरे बादशाहों का भी यही हाल है।

यहाँ हमें किसी केन्द्रीय फ़ौज का अस्तित्व नहीं मिलता। अफ़रासियाब बराबर क़िलादारों मुख्यद्वारों के सन्तरियों को सैनिक सहायता के लिए पत्र लिखता दिखाई देता है। आये दिन उसके अधीन सहायता के लिए आते भी रहते हैं। इस एक केन्द्रीय फ़ौज के न होने के कारण अफ़रासियाब की अत्यधिक शक्ति के अतिरिक्त 'तिलिस्म' में विद्रोह होते हैं।

किन्तु इसमें कोई सन्देह नहीं कि ये एक बाकायदा हुकूमत है और ये सात बन्द दरवाज़ों में बँटी हुई है। इन बन्द द्वारों पर अफ़रासियाब की ओर से उच्चकोटि के जादूगर हुकूमत करते हैं। अफ़रासियाब को सीमाओं की सुरक्षा का बड़ा ध्यान है इसलिए जब सीमा प्रहरी मारे जाते हैं तो अफ़रासियाब अंजुम आतिशबार को चालीस लाख फ़ौज के साथ सीमाकी सुरक्षा के लिए भेजता है तिलिस्म नूर अफ्शाँ और होशरुबा को सात रंगों वाली नदी अलग करती है। इस नदी के चार रंगों पर होशरुबा का अधिकार है और तीन पर नूरअक़्फ़्शाँ का, क्या हिम्मत कि कोई नदी को पारकर ले। दोनों तरफ प्रहरी मौजूद हैं। 'तिलिस्म' नूरअफ्शाँ और

---

1. रामायण 3(1192)

जहानदार शाह के भाग को एक सोने की जंजीर अलग करती है औरक्या मजाल की एक पक्षी भी इधर से उधर चला जाये! हर प्रतीक 'तिलिस्म' एक कठिन स्थल है। किसी तिलिस्म में आज्ञा के बिना प्रवेश करने का प्रश्न ही नहीं उठता। इसलिए प्रतिदिन लोग 'तिलिस्म' पर बन्दी होते रहते हैं। स्वयं बदिउज़्ज़मा एक प्रतीक 'तिलिस्म' पर बन्दी हुए थे जिसके परिणाम स्वरूप घमासान युद्ध हुआ।

परिणाम यह निकला कि दोनों हुकूमतों के प्रशासन में भिन्नता है और ये दोनों हुकूमतें नाममात्र की धार्मिक हुकूमतें हैं। एक के पास ईश्वर का निराकर रूप है और दूसरे के पास ईश्वर का साकार रूप है। एक ख़ुदावन्द लक़ा तो ख़ैर मौजूद ही है किन्तु इसके अतिरिक्त भी तमाम ख़ुदा भी किसी न किसी समय मौजूद रह चुके हैं। ख़ुदाओं की इस भीड़ में कुछ तो पारम्परिक ख़ुदा हैं जैसे ख़ुदसामरी। मुसलमानों के विश्वास के फलस्वरूप उसने निर्जीव को सजीव बना दिया था। इस सामरी के अतिरिक्त कुछ अरबी ख़ुदा भी हैं जैसे लात व मनात। किन्तु दोनों ओर धर्म केवल कठिनाइयों के समय दिखाई देता है। जब कोई विपत्ति आती है तो मुसलमान आर्तनाद करते नज़र आते हैं लेकिन सामूहिक रूप से गिड़गिड़ा कर दुआ माँगने वाले ये मुसलमान सामूहिक रूप से नमाज़ पढ़ते कहीं नहीं दिखाई पड़ते। दो-एक स्थान पर बस यह ख़याल आता हैं कि शायद उन्होंने सामूहिक रूप से नमाज़ पढ़ी हो। प्रातः काल की नमाज़ के दृश्य तो मिल जाते हैं किन्तु, ज़ोहर, असिर, मग़रिब और इशाँ (दोपहर से लेकर रात तक) का कहीं कोई वर्णन ही नहीं हैं। क्यों? दिन युद्ध में और रात विलासिता में व्यतीत हो जाती है। अमीर हमज़ा साहब-ए-क़राँ तक ज़ोहर और आसिर, मग़रिब और इशाँ की नमाज नहीं पढ़ते। हाँ, जब कोई दुर्ग पर विजय प्राप्त होती है तो उद्घोषी इस्लाम का ऐलान कर देता है।

ये मुसलमान बादशाहों का अंदाज़ हो तो हो, किन्तु यह इस्लाम की पद्धति नहीं है। इस्लाम ने जज़िया (टैक्स) तो अवश्य वसूल किया किन्तु उसने नर संहार का आदेश कभी नहीं दिया क्योंकि उसका तो ये दावा है कि वह दया का सन्देश है' इसलिए सादबिन क़बाद की हुकूमत को इस्लामी हुकूमत कहना ठीक नहीं है। ये सादबिन क़बाद भी कोई महमूद गज़नवी है जो मन्दिरों को तोड़ता है और जिसे क़ुरान का यह आदेश याद नहीं है कि दूसरों के ख़ुदाओं को बुरा न कहो वरना वह तुम्हारे ख़ुदा को बुरा कहेंगे। सादबिन क़बाद का यह ढंग इस्लामी नहीं है नाच-रंग के कार्यक्रम ये कहें या न कहें, किन्तु शराब पीना भी यही साबित करता है इस्लामी फ़ौज का बादशाह बड़ी हद तक इस्लामी क़ानून से ऊपर मालूम होता है। ये बात उन्हें दिल्ली के सुल्तानों के करीब कर देती है क्योंकि :

"केवल ख़िलाफत से सम्बन्ध रखने के बारे में ही नहीं, बल्कि और बातों में भी दिल्ली सल्तनत की इस्लामी शान नाम मात्र थी...दिल्ली सल्तनत में बादशाह इस हद तक बेलगाम हो गया था कि सिर्फ़ ज़ाती जिन्दगी ही में नहीं, बल्कि हुकूमत की व्यवस्था में भी इस्लामी क़ानून को मानना या न मानना उसकी मर्ज़ी पर निर्भर था। जलालुद्दीन ख़िलजी और फ़िरोज तुग़लक ने इस्लामी क़ानून की पाबन्दी की और अलाउद्दीन ख़िलजी और मुहम्मद तुग़लक इससे विरोध के उदाहरण हैं। इस तरह हम कह सकते हैं कि दिल्ली के सुल्तान अपने आप को सत्ता का अस्ल मालिक और इस्लामी क़ानून से ऊँचा समझते थे।"[1]

इसके अतिरिक्त एक मज़बूत केन्द्रीय सेना और इस सेना में बड़े-बड़े पहलवानों का अस्तित्व भी सादबिन क़बाद को अलाउद्दीन ख़िलजी ही के निकट ले जाता है क्योंकि मुग़ल फ़ौजों में पहलवान नहीं हुआ करते थे। किन्तु उनकी हुकूमत ख़िलजियों की तरह क्षेत्रीय हुकूमतों से सम्बन्ध बना न सकी। सादबिन क़बाद का केन्द्रीय शासन क्षेत्रीय हुकूमतों से कोई सम्बन्ध नहीं रखता।

लेकिन अफ़रासियाब की हुकूमत क्षेत्रीय हुकूमतों से सीधा सम्बन्ध रखती है। इसलिए किसी साधारण से साधारण क़िले पर भी यदि कोई आक्रमण कर दे तो वह आक्रमण उस समय की हुकूमत पर आक्रमण समझा जाता है और केन्द्रीय हुकूमत इस युद्ध को अपने सर ले लेती है। इसीलिए जब सुलेमान अम्बरी ख़ुदावन्द लक़ा को पनाह देता है और अमीर हमज़ा पीछा करते हुए वहाँ आ जाता हैं तो अफरासियाब सुलेमान की मदद के लिए एक के बाद एक फ़ौज भेजता है और एक बार खुद भी जाता है। पड़ोसी हुकूमतें भी पड़ोसी का कर्तव्य निभाती हैं। इसलिए जहानदारशाह और तज़लज़ुल, दोनों अफ़रासियाब की मदद करते हैं। एक बाद मे मुसलमान हो जाता है और दूसरा लड़ते-लड़ते लाचीन के हाथों मारा जाता है। इन लड़ाइयों में मरकज़ी हुकूमत से आज्ञा लिये बिना भी क़िलेदार शामिल होते हैं क्योंकि क़िलेदार यह जानते हैं कि समस्या किसी क़िले पर हमला हो जाने की नहीं है, बल्कि पूरी हुकूमत पर हमला हुआ है और इस हुकूमत के बचाव में लड़ना उनका कर्तव्य है। इसलिए हम देखते हैं कि अफ़रासियाब की आज्ञा या आदेश की प्रतीक्षा किये बग़ैर कोहिस्तान के सभी क़िलेदार सुलेमान की सहायता के लिए फ़ौज ले-लेकर आते हैं और लड़ाई में सम्मिलित होते हैं।

'तिलिस्म' में बादशाह की कल्पना भी बिल्कुल हिन्दुस्तानी है। यह बादशाह लगभग पूरा मालिक होता है तो अवज्ञा या विरोध का प्रश्न ही नहीं उठता। इनमें से कई बादशाह तो स्वयं पूर्णरूप से ख़ुदा हैं जैसेः ख़ुदावन्द लक़ा, ख़ुदावन्द

1. आबिद हुसैन : क़ौमी तहज़ीब का मसला पृ. 96-97

दाऊद और ख़ुदावन्द ख़ुर्शीद रौशन तन इत्यादि। क़ौकब रौशन ज़मीर भी जब इस्लाम से विद्रोह करता है तो ख़ुदाई का दावा करता है और 'तिलिस्म' नूर अफ़्शा के लोगों की बहुत बड़ी संख्या उसे ख़ुदावन्द मान लेती है सवात, और मुसव्विर ख़ुदा के बेटे हैं। और ख़ुद अफ़रासियाब भी इन्सान से ऊपर है। यद्यपि वह ख़ुदा या ख़ुदा का बेटा नहीं है। बादशाह की इस प्रतिष्ठा का इस्लाम से कोई सम्बन्ध नहीं है। इसमें सन्देह नहीं कि मुसलमान बादशाहों ने भी अपने आप को सजदा करवाया। स्वयं अकबर के विशेष लोग उसे सजदा करते थे और :

> "बिल्कुल उसी तरह सजदा करते थे जिस तरह कोई ख़ुदा को सजदा करता है। क्योंकि बादशाह ख़ुदा की निशानी है और एक ऐसा प्रकाश है जो उस एक प्रकाश से निकलता है।[1]

अब इस सजदे को क्या कहा जाए? इसका इस्लाम से क्या सम्बन्ध हो सकता है? क्योंकि इस्लाम तो ख़ुदा के अतिरिक्त किसी और को सजदा करने की अनुमति नहीं देता।

इसका अर्थ यह है कि ख़ुदा और बादशाह का यह सम्बन्ध इस्लामी नहीं है। यह चाहे केवल हिन्दुस्तान की परम्परा न हो किन्तु ये एक हिन्दुस्तानी परम्परा भी है इसलिए अब यह देखना चाहिए कि हिन्दू राजनीति बादशाह से क्या माँग करती है:—

> "उस हुकूमत के नागरिकों को शादी नहीं करनी चाहिए और बच्चे नहीं पैदा करने चाहिए जिस हुकूमत का बादशाह कमज़ोर हो। एक सुन्दर, सभ्य घरेलू जीवन केवल एक सुदृढ़ और अच्छे बादशाह की हुकूमत में सम्भव है।"[2]

'तिलिस्म' हमें दोनों प्रकार के बादशाह देता है। एक तो ख़ुदावन्द लक़ा है, एक कमज़ोर और डरपोक बादशाह। दास्तान कहने वाले उसका मज़ाक उड़ाते हैं। अमरों अय्यार पेशाब से उनकी दाढ़ी मूँडता है।

किन्तु ये दास्तान कहने वाले अफ़रासियाब का मज़ाक़ नहीं उड़ाते। ये उसकी शक्ति और ललित कलाओं से उसके प्रेम को स्वीकार करते हैं।

> "अब एक ओर तो हिन्दू आदर्श पर पूरे उतरने वाले ये बादशाह हैं और दूसरी ओर हम ये जानते हैं कि इस्लाम मूल रूप से शहंशाहियत के विरुद्ध है।"[3]

क़ुरान, सुलेमान हारुन और ज़ुल क़रनैन की चर्चा अवश्य करता है किन्तु उनमें से दो तो पैग़म्बर ही थे। इसका अर्थ हुआ कि मुसलमानों ने बादशाह की कल्पना अपने-अपने देश की परम्परा से प्राप्त की है। अब चूँकि हिन्दुस्तान में बादशाह की प्रतिष्ठा देवताओं से कुछ ही कम होती थी।[4]

इसलिए मुसलमान बादशाह भी लगभग ख़ुदा या उसके प्रतिनिधि बन बैठे और इसलिए दास्तान कहने वालों ने भी इन्हीं बादशाहों की दोबारा रचना की।

आर्यों ने पश्चिम से पूरब तक बादशाहों को मनुष्य से ऊपर माना है किन्तु यहाँ यह कहा जा सकता है कि मिस्री बादशाह भी देवताओं की नस्ल से हुआ करते थे और जापानी बादशाह तो आज भी सूरज की सन्तान है और ये दोनों आर्य नहीं हैं। फिर 'तिलिस्म' के बादशाहों को केवल हिन्दुस्तानी या आर्य कहना कहाँ तक ठीक है? लेखक का भी यह दावा नहीं है कि ये कल्पना केवल हिन्दुस्तानी है क्योंकि आयरलैण्ड तक में यही ख़्याल मिलता है। लेखक केवल यह कहना चाहता है कि यदि हमें किसी कल्पना का भेद हिन्दुस्तान में मिल जाए तो उसकी तलाश में विदेशों की धूल छानने की क्या आवश्यकता है? इसके अतिरिक्त एक बात और भी है। हिन्दू विचार बादशाह से जीत के एक सिलसिले की माँग भी करता है जैसे अब धृतराष्ट्र ने पाण्डवों से लड़ने से मना कर दिया तो दुर्योधन ने उन्हें बृहस्पति का एक कथन याद दिलाया कि सन्तोष साधारण आदमी के लिए विशेष हो सकता है किन्तु यह बादशाह को शोभा नहीं देता। क्षत्रियों का कर्तव्य तो यह है कि वह लगातार नये क्षेत्र विजय करते रहें। ये बात शिष्ट हो या अशिष्ट, किन्तु बादशाह नये क्षेत्रों पर विजय प्राप्त करने के लिए मजबूर है[1] और इस प्रकार 'तिलिस्म' के मुसलमान शहज़ादे हिन्दू विचारों के अनुसार बेहतर बादशाह नज़र आते हैं क्योंकि उनके विजय का सिलसिला अटूट है।

परन्तु इसका यह अर्थ नहीं है कि अफ़रासियाब कोई बुरा बादशाह है। अफ़रासियाब भी हिन्दू विचारों पर लगभग पूरा उतरता है। उसका अंजाम तो शत प्रतिशत अच्छे हिन्दू बादशाहों का अंजाम है। महाभारत में क्या हुआ था। व्यास ने जब भविष्यवाणी की कि क्षत्रियों की नस्ल (जाति) बरबाद हो जायेगी तो युधिष्ठिर बहुत चिन्तित हुए। उनको चिन्तित देख कर अर्जुन ने कहा :

> "आप राजा हैं और यूँ चिन्तित हो जाना आपको शोभा नहीं देता। आइये, निडर होकर भाग्य का सामना करें।"[1]

क्या आफ़रासियाब इस कसौटी पर पूरा नहीं उतरता? और अफ़रासियाब ही क्यों, इस कसौटी पर तो 'तिलिस्म' के सभी बादशाह पूरे उतरते हैं। वे जानते हैं कि 'तिलिस्म' को तोड़ने वाला आ गया है और पराजय और मृत्यु उनका भाग्य है फिर भी वह भाग्य का सामना करते हैं। अफ़रासियाब मर जाता है किन्तु वह जो जादूगर नहीं हैं, उनसे हार मानने के अपमान को स्वीकार नहीं करता।—इस अफ़रासियाब को देख कर उस दुर्योधन की याद आती है जो महाभारत में एक

---

1. महाभारत—(312)

हारी हुई लड़ाई लड़ रहा था। लड़ाई के बिगड़ जाने के बाद कृपाचार्य ने दुर्योधन को सलाह दी कि उसे सन्धि लेनी चाहिए। दुर्योधन ने जवाब दिया :–

> "सम्भव है सन्धि करने का कोई अवसर आया हो। परन्तु इस अवसर को हाथ से निकले बहुत देर हुई। ख़ून की नदी के एक तट पर पाण्डव हैं और एक पर हम। अब सन्धि का प्रश्न कहाँ उत्पन्न होता है? क्यों कि यह खून हमारे और उनके प्यारों का है, अब इस समय अगर मैं हथियार डाल कर मौत से बच भी जाऊँ तो संसार की तिरस्कृत दृष्टि से कैसे बचूँगा"[1]

अफरासियाब भी इसी दुर्योधन की तरह हार या सन्धि के अपमान को स्वीकार नहीं करता। अमीर हमज़ा और उनके सरदार भी अपमान स्वीकार नहीं करते। दुनिया के सभी बहादुरों का यही ढंग थ। अवध का चलन भी यही था क्योंकि अवध वास्तव में राजपूतों का क्षेत्र था। इसलिए इस परम्परा की तलाश में अरब और उसके आस-पास के देशों की ख़ाक छानने की क्या आवश्यकता है?

स्वयं इस्लाम का बादशाह कालीदास के राजा से बहुत मिलता-जुलता है। कालीदास एक 'धर्म विजयी' की जीत की प्रशंसा करने से कभी नहीं थकता लेकिन वह उस बादशाह को 'धर्म विजयी' कहता है जो पराजित बादशाह के अधिकार तो ले ले परन्तु उसका क्षेत्र न ले।[2] 'तिलिस्म' में इस्लाम के बादशाह सादबिन क़बाद की कार्यप्रणाली भी यही है। वे इलाके नहीं लेते। वे केवल बादशाहों की आज़ादी लेने पर सन्तोष कर लेते हैं। इस्लाम के बादशाह और उसके सरदार अपना साहस दिखाने में भी हिन्दुस्तानी बादशाहों से मिलते-जुलते हैं। महाभारत में भीम ने बादशाह के बारे में यूँ कहा है :

> "साहस राजा की सबसे बड़ी विशेषता है। शक्तिशाली होने से क्या लाभ यदि किसी को स्वयं की शक्तिका अनुमान न हो? मैं केवल सन्तोष का जीवन नहीं व्यतीत कर सकता। राजनैतिक समझ रखने वाला कुछ कमज़ोर आदमी अपने से अधिक शक्तिशाली को जीत सकता है।..."[3]

अब इस उद्धरण की रौशनी में 'तिलिस्म' के लश्करे इस्लाम पर दृष्टि डालिये। इस्लाम के सरदारों के पास साहस की कमी नहीं। वह अपने साहस का प्रदर्शन भी करना जानते हैं। इस्लामी फ़ौज एक 'तिलिस्म' को जीतने के पश्चात् रुकती

---

1. (248), 2. रोज़तुल क़य्यूमिंया, पृष्ठ–(53), 3. शोस्वती : इस्लामी तहज़ीब का ख़ाका–1(51)

नहीं वह तो किसी और 'तिलिस्म' की तलाश में चल पड़ती है। इन बातों की रोशनी में कहा जा सकता है 'तिलिस्म' के बादशाह इन्सान से ऊपर हैं और चूँकि हिन्दुस्तान में भी बादशाह की यही कल्पना प्रचलित थी इसलिए यह बादशाह हिन्दुस्तानी है। इस बात को आगे बढ़ाया जाये तो यह परिणाम निकलता है कि 'तिलिस्म' के इन बादशाहों का इस्लाम से कोई सम्बन्ध नहीं है। ख़ुदा के उत्तराधिकारी का इस्लाम से सम्बन्ध हो ही नहीं सकता क्योंकि इस्लाम का ख़ुदा निराकार है। वह साया ही नहीं डालता है। मुसलमानों में तो शहनशाहियत की उन्नति इस्लाम की अवनति के बाद हुई। इसलिए 'तिलिस्म' के बादशाहों को इस्लाम की ऐनक से नहीं देखना चाहिए।

यह बादशाह तो अपने सद्व्यवहार की त्रुटियों में भी हिन्दुस्तानी है :

> "अफ़रासियाब जादूगर रंगरलियों में डूबा हुआ था। मलका हैरत से छिप कर बहुधा प्रेमिकाओं के पास जाता था...अर्द्ध रात्रि में अफ़रासियाब मुँह काला करके बाग़ सेब की ओर चला।" $\frac{5}{1}$ (127)

इस उद्धरण में दास्तान कहने वाला यह नहीं कहता कि आफ़रासियाब भोग विलासी था। वह कहता है कि अफ़रासियाब ऐशो-इशरत का 'पाबन्द' था। ये शब्द लखनवी समाज पर प्रकाश डालता है और कोई यही बात नहीं है कि अफ़रासियाब ही ऐशो-इश्रत का पाबन्द था। जी नहीं, इस्लाम के बादशाह भी ऐशो-इशत के काफी पाबन्द थे।—स्वयं अमीर हमज़ा अच्छे ख़ासे विलासी हैं। हालाँकि दास्तान गो उन्हें ख़ुदा की दलील बना कर प्रस्तुत करते हैं। कहने का तात्पर्य यह है कि 'तिलिस्म' के सभी बादशाह, चाहे वह मुसलमान हो या जादूगर, सब हिन्दुस्तान के बादशाहों के शिष्टाचार पर विचार आगे किया जायेगा। यहाँ इतना संकेत कर देना पर्याप्त है कि जाने आलम पिया को याद कर लिया जाये तो अच्छा होगा :

> "बाग़ बनवाने के शौक़ में अफ़रासियाब मुग़ल बादशाहों से मिलता-जुलता है। 'तिलिस्म' में हर जगह पर अफ़रासियाब ने अपनी सैरगाह और बाग़ात बनाये हैं।"[1]

बाग़ों का यह शौक़ मुग़ल बादशाहों से माँगा हुआ है। 'साहिबे रौज़तुल-क़य्यूमियाँ" ने तो अफ़रासियाब और अकबर को बराबर-बराबर खड़ा कर दिया है।

> "जब अकबर बादशाह का अत्याचार हिन्द के मुसलमानों पर हद से ज्यादा हो गया और संसार में कुफ्र फैल गया तो

---

1. फ्रीज़र—(115)

मुसलमानों में इतनी शक्ति भी न रही कि कलमा-ए-दीन ही पढ़ें या अपने दीन का प्रदर्शन कर सकें। हर गली-कूचे में बादशाह की पत्थर की मूर्ति बना कर रखी गई ताकि लोग उसे सजदा करें।"[1]

ये 'तिलिस्म होशरुबा' है। 'तिलिस्म होशरुबा' में भी मुसलमानों की बस्तियाँ हैं जो दुनिया के मानचित्र में है। अबरार इबादत गुज़ार हकीम तिलिस्म आदि के उदाहरण दिये जा सकते हैं किन्तु अफ़रासियाब की रूपरेखा अकबर के अतिरिक्त ग़ाज़ीउद्दीन हैदर से भी मिलती है। ग़ाज़ीउद्दीन हैदर अपने दरबार के प्रतिष्ठित लोगों को पीटने के बारे में अत्यधिक प्रसिद्ध थे। बात यहाँ तक पहुँच चुकी थी कि अगर किसी को दरबार से ख़िलअत (राजा की ओर से दिये जाने वाले वस्त्र) मिलती तो लोगों में ये बात उड़ जाती कि इसने नवाब के हाथ से मार अवश्य खायी है।[2] अफ़रासियाब भी ग़ाज़ीउद्दीन हैदर की तरह हथछुट (हाथ छोड़ देने वाला) है। मख़मूर को उसने दरबार में पिटवाया। मख़मूर ने कहा :

"मैं आज्ञाकारी हूँ। आप मालिक हैं। ये अपमान जो सब के सामने हुआ, मेरा मान है। जादुओं के बादशाह ने उसको ख़िलअत (राजा के वस्त्र) और कई देशों की हुकूमत प्रदान की।"[1](424)

"अफ़रासियाब ने कहा। अब दरबारी मुझसे ठट्ठा करते हैं।...ये कहकर ज़ूफ़ुनून को मारकूट और अपमानित कराके दरबार से निकलवा दिया।"[2](356)

"दो पंजे उत्पन्न हुए। कोड़े वो पंजे लिये थे।[3] वह माली पर पड़ने लगे। माली तौबा-तौबा करता था....उस समय अफ़रासियाब के पुतले ने एक ठोकर माली को मारी। फिर जो माली देखता है तो एक नदी में डूबता जाता है। थोड़ी देर के बाद किनारे पर जा निकला। वहाँ बादशाहों की सवारी जैसी सवारी खड़ी थी।..... एक जादूगरनी आयी और सलाम करके कहा कि अफ़रासियाब ने तुझको इस देश का बादशाह कहा है और कहा है कि कुछ ख़्याल न करना।"[4](852)

अब ग़ाज़ीउद्दीन हैदर के दरबार का एक दृश्य भी देखते चलें :

"शीघ्र ही मोतमुद्दौला को बुलाया गया उन्होंने अर्ज़ किया—

---

1. आईन—197, 2. महाभारत—51, 3. उपाध्याय : 'कालीदास का हिन्दुस्तान' (116), महाभारत—पृष्ठ (69)

जहाँपनाह ये लोग बिना कारण लूटते हैं। बादशाह ने इसके जवाब में दस-पाँ थप्पड और घूँसे रसीद किये। खूब ठोंका।"[1]

किन्तु इन सभी बातों के अतिरिक्त यह कहना भी ठीक नहीं है कि दास्तान पर ईरान का कोई असर ही नहीं है। नूरलदहर ने सातवें संस्करण में व्यापारी के बेटे को रूप में शेर को मार कर बादशाह की जान बचाई थी। ये कहानी ईरानी है :

> "बात यूँ बयान की जाती है कि शाह अब्बास द्वितीय शिकार पर था कि एकाएक एक शेर निकल आया। बादशाह के साथियों में भगदड़ मच गई और स्वयं बादशाह घोड़े से नीचे आ रहा। ऐसे में मीर मुहम्मद यूसुफ जो बादशाह के पास ही खड़े थे, आगे बढ़े और तलवार के एक ही वार से उस दरिन्दे का ख़ात्मा कर दिया।"[2]

किन्तु यहाँ इस बात की भी उपेक्षा नहीं करनी चाहिए कि ये मीर मोहम्मद यूसुफ सादत ख़ान के चाचा और ससुर थे और ये सादत खाँ बुरहानुल मुल्क सादत अली खाँ के परदादा थे। अर्थात बात घूम-फिर कर अवध तक आ गई। परिणाम स्वरूप 'तिलिस्म' के बादशाहों और सरदारों की रचना में ग़ाज़ीउद्दीन हैदर से ले कर महाभारत तक के भाग प्रयोग किये गये हैं। इस बात से यह परिणाम निकालना भी ग़लत न होगा कि हिन्दुस्तानी मुसलमानों की दाख़िली ज़िन्दगी तक में हिन्दू कहानियाँ प्रवेश कर चुकी थीं। अब ये हिन्दू या हिन्दुस्तानी साद बिन क़बाद जब राजगद्दी पर बैठेगा तो स्पष्ट है कि सरकारी प्रबन्ध भी हिन्दू या हिन्दुस्तानी ही होगा– हम अभी चर्चा कर आये हैं कि सादबिन क़बोद विजयी राज्यों पर पूरी तरह कब्ज़ा नहीं करते। उनके जीते हुए इलाके अन्दरूनी तौर पर स्वतन्त्र होते हैं। इस्लाम तो दूर रहा, ये ढंग मुसलमान बादशाहों तक का नहीं था।

मुसलमान बादशाह अपने सूबेदार नियुक्त किया करते थे। हाँ, हिन्दुओं में इसकी प्रथा नहीं थी :

> "प्राचीन हिन्दुस्तान साम्राज्य से अनभिज्ञ मौर्यकाल में क्षेत्र और राज्य भी स्वतन्त्रता को माना भी जाता था और उनका आदर भी किया जाता था। शर्त यह थी कि वह नाममात्र को राज्य कर दे और राजा के प्रतिनिधि का स्वागत करें।"[3]

इस प्रकार इस्लाम का बादशाह सादबिन क़बाद एक हिन्दू पद्धति के नियमबद्ध दिखाई देते हैं। यही उपाध्याय के एक उद्धरण पर भी एक दृष्टि डाल लें :–

---

1. महाभारत–(81), 2. महाभारत–पृष्ठ (77), 3. शरर : –मज़ामीने शरर (210)

"उन बादशाहों की स्वतन्त्रता तो औपचारिक तौर पर समाप्त हो जाती थी जो हार जाते थे किन्तु शहंशाह दुबारा गद्दी पर बैठा देता था। वह उनका अधिकार ले लेता था किन्तु उनका राज्य नहीं लेता था। (राघव)[1] (43) और इस प्रकार जब शहंशाह की सवारी निकलती थी तो घोड़ों की टापों से इतनी धूल उड़ती थी कि साथी बादशाहों के ताज के जवाहरात खो जाते थे। (राघव)[6] (33)...."[2]

इस उद्धरण की रोशनी में हम इस्लाम के बादशाह को पहचान सकते हैं जिनकी एक तलवार के साथ सात सौ तलवारें चला करती थीं। ये सात सौ ताज दारसादबिन क़बाद की सेवा में हुआ करते थे।

किन्तु यहाँ इतना बता देना आवश्यक है कि इस्लाम के बादशाह के साथ जो सात सौ ताजदार रहा करते थे वह केवल साथी बन कर नहीं रहा करते थे। ये अच्छी राजनीति का एक उदाहरण है। यह लोग लगभग बन्दी के तौर पर थे और इस्लाम के दरबार में इनकी उपस्थिति इनके अपने राज्यों में विद्रोह को फलने-फूलने का अवसर नहीं देती थी। स्वयं मुग़लों का यही तरीक़ा था। वह भी सभी ख़ास लोगों को दरबार में रहने पर इसीलिए मजबूर किया करते थे।[3]

अब अगर बादशाह इस्लाम पर प्राचीन हिन्दू परम्परा का इतना प्रभाव हो तो अफ़रासियाब इन हिन्दू प्रभावों से कैसे बच सकता था इसीलिये हम देखते हैं कि उसकी हुकूमत हिन्दु मेंमारों के अनुसार एक साम्राज्य है :—

"शायर ने साम्राज्य को एक ऐसी बड़ी हुकूमत कहा है जो ऐसे सामन्ती राज्यों के मिलाप से वजूद में आती है जिसके राजा अपने अन्दरूनी मामलात में बिल्कुल स्वतन्त्र होते हैं किन्तु सम्राट जिनके अधिकारों को जीवित करता रहता है।"[4]

अब केवल एक ऐसा पक्ष रह जाता है जिसके आधार पर हसन अस्करी ने 'तिलिस्म होशरुबा' और अवध, दोनों को निन्दित किया है। 'तिलिस्म' की राजनीति में औरतों का बड़ा हस्तक्षेप है। उनसद के फ़ौज की कमान महजबीं के हाथों में है। कौक़ब के लश्कर की मलिका बरान है। अफ़रासियाब के लश्कर की बादशाह हैरत है। इसके अतिरिक्त अनगिनत शहज़ादियाँ हैं जो अपने-अपने क्षेत्रों पर राज्य करती हैं और रणभूमि में पुरुषों से दो हाथ आगे दिखाई देती हैं।

---

1. श्रीवास्तवा 2-11, 2. वेंकटेश्वर (292), 3. उपाध्याय : 'कालीदास का हिन्दुस्तान', पृ. 112, 113, 4. वेंकटेश्वर (176)

जहाँ तक इसका प्रश्न है कि दास्तान कहने वालों ने किसी सुन्दरी को बादशाह क्यों बनाया, हम यह ग़ौर कर चुके हैं कि दास्तान कहने वालों के निकट बादशाह का कोई महत्त्व नहीं रह गया था। किन्तु यदि प्रश्न यह है कि स्त्रियाँ बादशाह बनी ही क्यों तो केवल रज़िया सुलतानाओं और लक्ष्मीबाइयों, हज़रत महलों और नूरजहानों—या उन अनन्य राजपूत शहज़ादियों को याद कर लेना बहुत है जिन्होंने हुकूमत की बागडोर अपने हाथ में ली और जिन्होंने युद्ध के मैदान में बराबर से ज़ख़्म खाए। इस बात को भूल जाइये कि जिस काल में ये दास्तान लिखी जा रही थी उस समय में हिन्दुस्तान पर अंग्रेजों की महारानी विक्टोरिया का अधिकार था। इस बात पर तो हिन्दुस्तान का इतिहास बार-बार मुँह खोलेगा कि राजनीति में हिन्दुस्तानी औरतों का बहुत पहले से दख़ल है। अकबर की दाई ने 1560 से 1564 तक राज-काज सँभाला (अकबरनामा—2(100) अनुवाद 151) रानी दुर्गावती ने अपनी हुकूमत का पुरुषों से अच्छा प्रबन्ध किया (बदायूँनी : 2(66) अनुवाद 2(65) चाँदबीबी का नाम अहमद नगर के इतिहास मे आज भी एक कान्तिमय नाम है और बहमनी परिवार के निज़ामशाह उत्तराधिकारी के रूप में मख़दूमा जहाँ ने दकन पर बड़ी योग्यता से हुकूमत की।[1] अलीमर्दान की पुत्री साहब बी एक आश्चर्यजनक रूप से बुद्धिमान औरत थी। वाइसराय के समय में वह काबुल की गवर्नर थी। अपने पति की मृत्यु के उपरान्त उसने हुकूमत के प्रबन्ध का आश्चर्यजनक प्रदर्शन किया और बिना किसी विशेष कठिनाई के वह अफ़गानिस्तान का शासकीय प्रबन्ध चलाने में सफल रही (मुग़ल हिन्दुस्तान का अध्ययन 114-117) जहाँगीर के समय में वास्तव में नूरजहाँ अधिकारों की मलिका थी...मराठी बादशाह राजा राम की पत्नी अपने बेटे के अभिभावक के रूप में महाराष्ट्र का केन्द्रीय व्यक्तित्व बन गई (जेम्स ग्राण्टडफ : मरहठों का इतिहास 323-324) हिन्दुस्तानी तारीख में औरतों की यह सूची पूरी नहीं है। यह केवल कुछ नाम हैं और 'तिलिस्म होशरुबा' की शहज़ादियाँ इन्हीं शहज़ादियों की उत्तराधिकारिणी हैं। राज्य हुकूमत और बादशाह के बाद हम प्रशासन सम्बन्धी निरीक्षण कर सकते हैं।

प्रशासन के बारे में दास्तान कहने वालों से अधिक सूचना नहीं मिलती। ये बात आश्चर्यजनक नहीं है क्योंकि यह दास्तान एक बड़ी लड़ाई की कहानी है। इसमें केवल लड़ाई का हाल बताया गया है। इसलिए अगर प्रशासन के वर्णन को उचित स्थान मिल जाता तो शायद उससे दास्तान में झोल पड़ जाता। फिर भी बिखरे हुए प्रमाणों को इकट्ठा कर के प्रशासन के बारे में राय बनायी जा सकती है।

---

1. शुस्तवी : इस्लामी तहज़ीब का ख़ाका 2(771)

'तिलिस्म' में कोई अदालत नहीं है। मुक़द्दमा सीधे बादशाह के सामने पेश होता है और बादशाह वहीं फैसला सुना देता है। इसका सबसे अच्छा उदाहरण ख़ुदावन्द दाऊद के यहाँ दिखाई देता है। वह जब प्रातः काल दर्शन झरोखे में आते हैं तो फरियादी अपनी फरियाद पेश करते हैं और वही फैसला करते जाते हैं। लश्करे इस्लाम में कोई मुक़द्दमा पेश ही नहीं हुआ। इसलिए मालूम नहीं कि वहाँ इंसाफ का क्या तरीका है। अपितु एक स्थान पर अमरो अय्यार बदिउज़्ज़मा से नालिश (अभियोग) की बात अवश्य करता मिलता है। अफ़रासियाब की हुकूमत में एक विशेष बात नज़र आती है। अगर प्रशासन की ख़राबी से जनता को माली हानि पहुँचती है तो सरकारी ख़जाने से वह नुक़सान पूरा किया जाता है। अमरो अय्यार ने जब मलिका हैरत के शहर नापुरसान को लूट लिया तो हैरत ने शाही ख़जाने से लोगों की हानि को पूरा किया[1] और अन्त में परेशान होकर यह ऐलान करवाया कि अब लोग अपनी सुरक्षा स्वयं करें। राज्य पर अब किसी हानि की ज़िम्मेदारी नहीं है :

> "कोतवाल को आदेश दिया कि पूरे शहर में ढिंढोरा पिटवा दे अर्थात जो कोई अपने सामान की सुरक्षा न करेगा और उसका सामान नष्ट होगा तो सरकार उसकी पुकार नहीं सुनेगी।"[2]

यह भी वास्तव में राजपूतों की देन है। राना साहब सौदागरों की सुरक्षा किया करते थे और अगर प्रजा के यहाँ चोरी हो जाती थी तो शाही ख़जाने से उस हानि को पूरा किया जाता था।[3] इसलिए मलिका हैरत जादू एक राजपूत रानी मालूम होती है जो अमरो अय्यार की लूटमार के द्वारा हुई हानि को पूरा करते-करते परेशान हो जाती है तो थक-हार कर कोतवाल से ऐलान करवाती है कि प्रजा अपनी सुरक्षा स्वयं करे।

कोतवाल वास्तव में शहर का प्रबन्धक होता है और उसकी तुलना आज के कोतवाल से नहीं करनी चाहिए। उस समय के कोतवालों के बहुत अधिकार हुआ करते थे।

> "अर्थशास्त्र का 'नागरिका' सम्भवतः बाद का 'कोठवाल' है जो नगर के सुरक्षकों का सरदार हुआ करता था।"[4]

इसलिए यह कोतवाल विश्राम गृह के स्वामी और वेश्याओं और मेहतरनियों को संदेशवाहक के रूप में प्रयोग किया करता था अतः जब अमरो पलायन कर गया तो :

---

1. 4(528), 2. 4 (529-539), 3. वेंकटेश्वर पृ. 138, 4. उपाध्याय, 'कालीदास का हिन्दुस्तान' पृ. 142

"मेहतरानियों को थानेदारों ने बुलाया और
घर-घर की तलाशी होने लगी।"[6] (492)

वेश्याओं आदि को सन्देश वाहक के लिए प्रयोग करने की प्रथा हिन्दुस्तान में प्राचीन काल से प्रचलित है :

"शासकीय नियम इस बात की अनुशंसा करता था कि वेश्याओं को संदेश वाहक के विभाग में सम्मिलित किया जाये। मैगस्थनीज़ ने इस बात की चर्चा की है कि मुखबिर आमतौर से वेश्याओं की मदद से अपना काम निकाला करते थे।"

'तिलिस्म' में सन्देश वाहक का विभाग अधिक शक्तिशाली है। पत्ती भी हिलती है तो तिलिस्म के राजाओं को सूचना मिल जाती है और सारे राज्य में सरकारी सूचकों का एक जाल-सा बिछा हुआ है :

"अफ़रासियाब ने दस्तक दी। कुछ सुन्दरपक्षी बाग़ से उड़ कर पास आये। उसने आदेश दिया कि जहाँ असद और माहरुख बैठे हैं। वहाँ के वृक्षों पर बैठो और वह जो कुछ वार्तालाप करें, वह सब सुनो ओर मुझे आकर बताओ।"[1] (94)

दूसरे देशों में भी बाक़ायदा जासूस रखे जाते थे। इसलिए अफ़रासियाब ने जब तिलिस्म नूर अफ़्शां पर आक्रमण किया तो एक स्थान पर उसे एक गुम्बद दिखाई दिया :

"अफ़रासियाब गुम्बद के अन्दर गया तो उसने देखा एक जादूगर ज़ंजीरों में जकड़ा हुआ लोहे की चौकी पर बैठा है। उस जादूगर ने अफ़रासियाब को देखा तो कहा! ऐ शहनशाह, आपकी चाहत ने इस गुलाम को बन्दी बनाया।[3] (1232)

इस जादूगर का नाम अजवज़ जादू था। सदैव गुप्तरूप से तिलिस्म का हाल अफरासयाब को लिखा करता था। जब यह भेद खुला और उसका लिखा हुआ पकड़ा गया। बरान ने उसको इस स्थान पर गिरफ्तार किया।"[1]

मुखबिरों का प्रबन्ध प्राचीन भारत से चला आ रहा है। इसलिए जब हनुमान संजीवनी बूटी की खोज में चले थे तो एक मुखबिर ने इसकी सूचना तुरन्त रावण तक पहुँचायी(रामायण) मुग़लों ने भी इस विभाग का सदैव ध्यान रखा। उनके यहाँ :

"चार प्रकार के अख़बार लिखने वाले हुआ करते थे जैसा कि दस्तूरुलअमल का कहना है। एक तो आम अख़बार लिखने वाला होता था जिसको वक़ाये नवीस कहते थे। एक मखसूस

---

1. भीष्म प्र. (184)

> अख़बार लिखने वाला होता था जिसे सवानेह निगार कहते थे। एक विभाग जासूसों का होता था। उसे खुफिया नवीस कहते थे और एक जासूस होता था जो हमेशा ज़बानी ख़बर लाता था। उसे हरकारा कहते थे।"

अवध सरकार में भी हरकारों का प्रबन्ध था।

> "शुजाउद्दौला के पास बाइस हज़ार हरकारे और मुखबिर थे जो हर सातवें दिन पूना से और हर पन्द्रहवें दिन क़ाबुल से समाचार लाते थे।"

इसलिए 'तिलिस्म' में हरकारों और सन्देश वाहकों, सूचकों और जासूसों की इतनी बड़ी संख्या पर आश्चर्य करने का कोई कारण नहीं मालूम होता–लश्करे इस्लाम में एक लाख चौरासी हज़ार अय्यार हैं। इन हरकारों के अतिरिक्त समाचार दाताओं का एक बड़ा साधन अख़बार भी है। यह अख़बार दास्तान को फिर उन्नीसवीं सदी में खींच लाता है :–

> "जहाँदार ने कहा...तमाम बियाबानों का समाचार पत्र मेरे पास से प्रतिदिन गुज़रता है।"[1](270) "शाह ने कहा...कल की लड़ाई का तुमने किससे हाल सुना? उसने कहा मैं अपने स्थान पर थी और जादुई वार्ता में व्यस्त थी। इस वजह से अख़बार भी न देखा....."
>
> "अबरक़ ने कहा-हुजूर अखबार का क्या एतबार जो चाहा लिखा दिया।"[2](343)

पहले उद्धरण से यह बात समझ आती है कि शायद इसका सम्बन्ध नये समाचार पत्रों से न हो। लेकिन बाद के दोनों उद्धरण ऐसे हैं कि किसी शक की गुंजाइश नहीं छोड़ते। अर्थात एक ऐसी प्रजा पर जो भेदियों के जाल में फँसी हुई है, एक राजा राज्य करता है। दोषी बन्दी बनते है और बन्दीगृहों में डाल दिये जाते हैं। 'तिलिस्म होशरुबा' में अत्याधिक बंदीगृह हैं। विशेष बन्दीगृह पृथ्वी के अन्दर हैं। उदाहरणार्थ वह बन्दीगृह जिसमें लाचीन बदीउज़्ज़मा बन्दी थे धरती के अन्दर ही था और और जिसकी सुरंग शाही तख़्त के नीचे से प्रारम्भ होती थी। इस प्रकार के बन्दीगृह भी हिन्दुस्तानी हैं :

> "बन्दीगृह शाही महल के किसी साधारण भाग के नीचे किसी धरती के अन्दर कोठरी में होता था जैसा कि उसके नाम 'पाताल वासम' ही से स्पष्ट है। इन तल गृहों में ज़ंजीरें प्रयोग की जाती थीं...।"[3]

---

1. रामायण 3(1111), 2. वैंक्टेश्वर पृ. (191), 3. शररः मज़ामीने शरर पृ. (7)

'तिलिस्म' के बन्दीगृहों में हमें फिर अंग्रेजी बन्दीगृहों की झलकियाँ मिलने लगती हैं। मलका अख़जर को अमरों ने ज़म्बील में क़ैद किया। इसलिए जब वह आज़ाद हुआ तो :

> "...अमरो की सूरत देख कर काँप रहा है। कहता है या सामरी, जमशेद अमरो की क़ैद अंग्रेज़ों की क़ैद से भी बुरी है। काल कोठरी इससे बेहतर। बड़े-बड़े दुष्ट डकैत-लुटेरे वहाँ बन्दी हैं।"[6](773)

"तिलिस्म' कें बन्दी घर भी ज़म्बील के जेलख़ानों से बेहतर नहीं हैं। बन्दीगृह में बन्दियों से परिश्रम भी करवाया जाता है, चाहे ये काम फूल ही चुनने का क्यों न होः

> "वह सब क़ैदी फूल चुनने में व्यस्त हुए और शहज़ादे ने उठ कर सुबह की नमाज़ अदा की।"[1](63)

यह बन्दी पेशे से अपराधी नहीं है। शहज़ादे और व्यापारियों के पुत्र हैं जो 'तिलिस्मी' संसार में बन्दी बना लिये गये हैं। यह दास्तान कहने वाले शहज़ादों से चक्की नहीं पिसवा सकते थे। परन्तु बन्दियों के लिए परिश्रम आवश्यक है इसलिए यह काम चुना गया है। यह बन्दी तो बृहस्पतिवार को मिठाई भी पाते थे :

> "बृहस्पतिवार के दिन एक कनीज़ मिठाइयों का थाल लेकर आई और बदीउज़्जमा को यह कह कर मिठाई दी कि मलकये अम्बरी को दुआ दे कि मलका के करम से आठवें दिन मिठाई मिलती है।"[7](212)

अभी इस बात की अन्देखी कीजिये कि ये कैसे कुफ़्फ़ार हैं जो बृहस्पतिवार को दान करते हैं। अभी तो हम बन्दीगृहों की सैर कर रहे हैं। जो उदाहरण अभी दिये गये हैं उनसे 'तिलिस्म' के बन्दीगृहों का अनुमान न लगाइये क्योंकि ये तो वह बन्दीगृह हैं जहाँ से प्रेम की कोई नई कहानी प्रारम्भ होने वाली होती है। 'तिलिस्म' के बन्दीगृह तो अत्यन्त कष्टदायी स्थल हैं।

यदि कोई अपराधी फ़रार है तो सरकार की ओर से अपराधियों का विज्ञापन दिया जाता है। इसलिए मख़्मूर सुर्ख़चश्म का हुलिया जारी हो गया था। अतः जब मख़्मूर ने फील सर को बातों में लगाना चाहा तो :–

> "फ़ील सर यह सुन कर हँसा और कहा छोकरी मुझको धोखा देती है। अरे तेरा हुलिया सरकार से जारी है। पत्र जंगल के सुरक्षा अधिकारियों और मुख्य द्वारों के मालिकों को पहुँच चुके हैं कि मख़्मूर अमरु को लिये हुये तिलिस्म नूर अफ़्शां

---

1. उपाध्याय : 'कालीदास का हिन्दुस्तान' प्र.–(147)

की ओर जा रही है। जो कोई उसे पाये, बन्दी कर के लाये। सरकार से पुरस्कार मिलेगा।"[2](123)

अब एक और अपराधी के बारे में आदेश और उसका पालन देखिये :

"मरात जादू ने यह हाल सुनकर आदेश दिया कि उसको बन्दी बनाओ। वहीं हाथों में हथकड़ियाँ, पाँव में बेड़ियाँ, गले में तौक़, बगलों में काँटेदार लट्टू, रानों और बाँहों में जोड़े लोहे के, कमर में ज़ंजीर डाल कर कठोर बन्दी बनाया।"[4](1029)

अगर और कठोर सज़ा देनी हो तो लोहे का पिंजरा प्रयोग किया जाता है। यह लोहे का पिंजरा दरवेशों की सैर में भी दिखायी देता था। ख़्वाजा सगपरस्त ने अपने भाइयों को लोहे के पिंजरों में ही तो बन्द कर रखा था। इन दोनों भाइयों के अतिरिक्त फिरंगिस्तान का राजकुमार भी एक लोहे के पिंज़रे में क़ैद था। यह पिंजरे भारत के नहीं हैं। इनको मंगोल यहाँ लाये थे। परन्तु यह लोहे के पिंजरे 'तिलिस्म' में प्रयोग होते हैं।

"मेमारे क़ुदरत बेहोश होकर गिर पड़ा। बस उसने (जहाँ दारशाह ने) कहा कि एक लोहे का पिंजरा लाओ। इसलिए जब वह पिंजरा आया, मेमार को उसमें क़ैद कर के मुक़ीम जादूगर के प्रसंग कर दिया।"[4](259)

लाचीन बदीउज़्ज़मा, तस्वीर और अमरो अय्यार के लिए तिलिस्म के जेल में भी यही लोहे के पिंजरे प्रयोग किये गये हैं। जादू के बरामदे पर भी इस्लाम के तमाम सरदार लोहे के पिंजरों में ही क़ैद हैं इन स्थानों के अतिरिक्त भी हमें कई स्थानों पर लोहे के पिंजऱे दिखायी देते है किन्तु यहाँ इस बात की उपेक्षा नहीं की जा सकती कि यह मंगोल पिंजरे हिन्दुस्तानी हो गये थे। हमें स्वामी परमानन्द का नाम याद है। यह वह क्रान्तिकारी था जिसे अंग्रेजों ने वर्षों एक लोहे के पिंजड़े में बंद रखा था। और जब लम्बे समय के पश्चात् वह उस पिंजरे से निकले थे तो अंगबन्द हो गये थे। 'तिलिस्म' में कष्ट देने के कई और प्रकार भी हैं जैसे कील ठोंकना, हथकड़ी लगाना, ज़ंजीर से बाँधना, काँटेदार लट्टू और लोहे के जोड़े और कोड़े लगाना और जब बात हद से बढ़ जाती है तो गर्दन भी मार दी जाती है या सूली चढ़ा दी जाती है। और यदि क़त्ल होने वाला शत्रु कोई नाम वाला व्यक्ति होता है उसकी लाश का प्रदर्शन होता है :

"अफ़रासियाब ने...मलका हैरत से कहा कि ऐ मलका, तू इस फिरंगी मुजरिम को...ये अज़ाब देकर क़त्ल करना...उसका सिर लटकवा देना और घड़ को हाथी के पैर में बाँध कर अपने तमाम लश्कर में खिंचवाना।"[4](46)

परन्तु जासूसों, पदाधिकारियों और बन्दी गृहों के अतिरिक्त प्रशासन बहुत कमज़ोर है क्योंकि क़ाफिले प्रायः रास्तों में लुटते रहते हैं। नगरों में रिश्वत का बाज़ार गरम है...रिश्वत लेना शायद हिन्दुस्तानी पुलिस की तक़दीर है।

> "जो कोतवाल अबुल फतह को लेकर क़ैद करने चला, रास्ते में उसने कहा बेटा, मैं बुढ़िया क़ैद की तकलीफ में मर जाऊँगी मेरे पास बहुत-सा माल है। ले लो और मुझे छोड़ दो। यह कह कर जवाहर की एक पोटली निकालकर दिखलायी कोतवाल को लालच आया। समझा कि कौन पूछता है। छोड़ भी दे यदि कोई पूछे कह देना कि बुढ़िया थी मर गई। बस यह समझ कर उसने जवाहर ले लिया और बुढ़िया को छोड़ दिया।"(70-71)

यहाँ यह न समझ लेना चाहिए कि यह केवल पतोन्मुख लखनऊ या दिल्ली पुलिस का चेहरा उतारा गया है। पुलिस की रिश्वत लेने की कहानी बहुत पुरानी है। कालीदास का प्रसिद्ध मछेरा भी यूँ ही रिश्वत देकर छूट गया था। इसीलिये उपाध्याय को यह परिणाम निकालना पड़ा कि पुलिस रिश्वत से अलग नहीं थी। कालीदास का ये मछेरा हिन्दुस्तान के स्वर्णयुग में रचा गया था। इसलिए केवल पतोन्मुख लखनऊ की पुलिस को बुरा-भला कहना शायद उचित न होगा।

इन बुरे हालात का यह परिणाम निकला कि जिस पर थोड़ा दबाव पड़ा, वह विद्रोही हो गया और असद बिन क़र्ब ग़ाज़ी से जा मिला। धीरे-धीरे असद के पास एक बड़ी फ़ौज तैयार हो गई। यहीं इस बात पर भी एक निगाह डालने की आवश्यकता है कि हिन्दुस्तान में आक्रमणकारियों को सदैव क्षेत्रीय रजवाड़ों और सरदारों से शक्ति मिली है। 'तिलिस्म' में भी अफ़रासियाब को असद ने नहीं हराया। उसे तो उस के उन सरदारों ने हराया जो उसे छोड़ कर असद से जा मिले थे। अगर उसके अपने सरदारों ने असद का साथ न दिया होता तो वह असद को 'तिलिस्म होशरुबा' के जंगलों में भटका-भटका कर मार डालता। इसके सरदारों पर जासूसों का भय छाया है। पत्ता भी हिलता है तो अफ़रासियाब को पता चल जाता है। लोग इश्क तक नहीं कर सकते। यह स्थिति बड़ी से बड़ी हुकूमत को बरबाद कर सकती है। इसलिए अफ़रासियाब को जो हुकूमत प्रत्यक्ष रूप से बहुत संगठित मालूम होती है, वह अन्दर से बिल्कुल खोखली है और यह स्थिति हमें फिर अवध में पहुँचा देती है।

अवध के नवाब देखने में बहुत सन्तुष्ट लोग थे। किन्तु इस संतुष्टि की सतह के नीचे किसानों की बेचैनी लहरें ले रही थी। और यह लहरें धीरे-धीरे हुकूमत

को काटती चली जा रही थीं। इस सियासी सन्तोष व असन्तोष के अतिरिक्त कहारिनों और कहारों की पगड़ियों में लगी हुई मछली भी हमें दरबार अवध का पता बताती है यह मछली अवध का दरबारी निशान थी।

यह बात स्पष्ट है कि वह मछलियों वाली चोबदारनियाँ दरबारे इस्लाम से सम्बन्ध रखती हैं और इस दरबार की व्यवस्था पर मुगल दरबार का असर है अर्थात बीच में स्थान खाली है और दोनों ओर कुर्सियाँ लगी हैं। (आईन-ए-अकबरी 167) लेकिन एक और स्थान पर दरबार की दूसरी व्यवस्था दिखायी देती है। अमरों ने कहा..."साहिबे क़राँ के दरबार का ये तरीका है कि चारों तरफ कुर्सियाँ...और बीच में राजा का तख़्त, इसलिए कि राजा की दृष्टि सब पर रहे।"[4] (1207)

इस बयान पर अफ़ीम का असर मालूम होता है क्योंकि इस सूरत में बादशाह की दृष्टि सब पर नहीं पड़ सकती। आधा दरबार तो बादशाह की पीठ पर होगा। इसलिए दरबार की यह व्यवस्था स्वयं दास्तान कहने वाले की बुद्धि के अनुसार स्वीकार करने योग्य नहीं है। इस दरबार की सात ड्योढ़ियाँ होती हैं। सातों ड्योढ़ियों के बाद अस्ल दरबार शुरू होता है :

> "अय्यारों ने देखा कि शाही तख़्त (राज सिंहासन) सजा है। तख़्त के चारों कोनों पर ज़र्मरुद और जवाहर के मोर खड़े हैं और उनके पंख फैल कर ऊँचे हो कर बादशाह के सर पर साया बन गये हैं। महजबीं अलमास पोश बड़े ठाट-बाट से बैठी हैं। लाल और याकूत का ताज सर पर है। वस्त्र फूलदार ...पहने हैं। मूल्यवान कपड़ा कमर से बँधा है। नवलखा हार गले में पड़ा है। दिलाराम मोर के पंख और हुमा के पंख लिये हिला रही है और सामने हज़ारों जादूगर हाथ बाँधे खड़े हैं। शहज़ादा असद दंगल पर तख़्त के निकट बैठा है।"[3](808)

ज़र्मरुद के इन मोरों को आसानी से पहचाना जा सकता है। ये तख़्त ताऊस शाहजहाँ के हैं और ये लोग जो हाथ बाँधे खड़े हैं, हिन्दुस्तान के अतिरिक्त और किस देश के हो सकते हैं। यह लोग दरबारे इस्लाम में भी हैं और दरबारे क़ुफ़्र में भी।

> "हैरत जादू अफ़रासियाब की पत्नी तख्त पर अफ़रासियाब के साथ बैठी है वह तख़्त केन्द्र में सजा है...दो वज़ीर ज़ादियाँ... मलका हैरत के सिर पर रूमाल से हवा कर रही है। दरबारी शाही रोब से ख़ामोश हाथ बाँधे बैठे हैं।"[1](16)

इन दोनों दरबारों में बस इतनी ही समानता नहीं है। इस इस्लामी बादशाह का दरबार शत-प्रतिशत एक हिन्दुस्तानी दरबार है। उदाहरणार्थ।

> “सरदारों का मुजरा और सलाम हुआ...हर एक ने सलाम व मुजरे के बाद बादशाह के तख़्त के पाए को बोसा दिया।”
>
> “बादशाह ने निगाह उठा कर देखा, साहबे क़राँ ने झुक कर फर्शी सलाम किया।”[1](43)
>
> “नाफ़रमान ने आकर मलका महजबीं के शाही तख़्त को बोसा दिया। मलका ने शाही वस्त्र (ख़िलत) मँगवाकर दिया सम्मान दिया।”[1](139)

और अब अफ़रासियाब के दरबार को देखिये :

> “उन्होंने अफ़रासियाब को सलाम किया और गद्दी के तख़्त के पाए को चूमा और कहा कि शहनशाह ने गुलामों को किस लिये बुलाया है।”[1](106)

जब सरदारों की यह हालत है तो हरकारों आदि की क्या हैसियत? उन्हें बादशाह इस्लाम के तख़्त के पाए तक आने की आज्ञा ही नहीं है :

> “यह सूचना लश्करे इस्लाम के हरकारे साहिबे क़राँ की सेवा में लाये और सम्मान के स्थान पर ठहर कर आदाब पेश करते हुए निवेदन किया।”[1](40)

लेकिन यह शिष्टाचार क्या है? :

> “उन्होंने आकर सलाम करने की जगह पर से शहनशाह आली जाँ को (मुजरा) सलाम किया और ज़मीन को बोसा दिया और हाथ उठा कर दुआ की।”[1](40)

अर्थात बड़े लोग तख़्त के पाए को बोसा देते हैं और साधारण लोग सलामगाह की ज़मीन को चूमते हैं। ज़मीन तक झुकने की यह प्रथा भी हिन्दुस्तानी है। बादशाह ख़ुद किसी का स्वागत नहीं करता परन्तु जब कोई बुज़ुर्ग आ जाता है तो आधा उठ कर लखनवी तहज़ीब के तक़ाज़ों को पूरा करता है। :

> “अमीर...बारगाह में दाखिल हुए। बादशाह को सलाम (तस्लीम) किया बादशाह ने आधा उठ कर ताज़ीम दी।”[2](494)

बादशाह के दरबार में आज्ञा के बिना पहुँचने का तो कोई प्रश्न नहीं उठता।

> “चोबदार ने अर्ज़ किया। समसाम दरे दौलत पर हाज़िर हैं। उम्मीदवार बारयाबी (मिलना) चाहता है। मलका हैरत ने हुक्म दिया कि बुलाओ। परदा बारगाह का उठा। समसाम सामने आया। चोबदार ने मुजरा (सलाम) कराया। मलका ने दंगल की ओर दशारा किया।”(142)

किन्तु अगर आने वाला कोई बड़े अतिथि या मित्र का एलची (दूत) हो तो पहले उसकी ख़ातिर की जाती है और आने वाला हर उपहार पर शाही सलाम करता है :

"नेमत ख़ाना सजा, शाह हैरत का हाथ पकड़ कर उठा और कहा कि ऐरुएतन तुम भी आओ। उसने खड़े हो कर सलाम किया।"[4](313)

"क़ौकब ने साक़ी को इशारा किया। उसने लाल शराब का जाम मेंमार को दिया। उस समय मेंमार खड़ा हो गया और तस्लीम बजा लाया।"[4] (221)

ये जो बात-बात पर सलाम करने के लिए लखनऊ बदनाम है इसमें लखनऊ का कोई दोष नहीं है। कोई गाड़ी सलाम के कारण नहीं छूटती क्योंकि यह तरीक़ा वास्तव में उस समय से चला आ रहा है जब रेले नहीं चली थीं। ये एक प्राचीन हिन्दुस्तानी परम्परा है। यदि कोई बादशाह कोई बात पूछता था तो जवाब देने वाला सलाम किया करता था। जब रामचन्द्र ने सरदारों से युद्ध के लिए सलाह माँगी तो जामवंत ने यही किया था। बादशाह किसी को आदेश देता था तो आदेश पाने वाला भी सलाम किया करता था। जब रामचन्द्र ने बाली के लड़के अंगद को अपना दूत बनाकर लंका जाने का आदेश दिया तो अंगद ने रामचन्द्र के पैरों को बोसा दिया था परन्तु ये मैत्रीपूर्ण वातावरण की बातें हैं। लेकिन यदि कोई क्षमाप्रार्थी हो तो अन्दाज़ बदल जाता है :

"क़रा ने कहा...चलिये...ये दोनों हाथ अपने रूमाल से बाँधकर क़राँ को अपने साथ लिये अमरों के यहाँ आये।"[4](383)

और अगर सूरते हाल ये हो कि प्रश्न न दोस्ती का हो न क्षमा याचना का, बल्कि बादशाह को कोई बात पसन्द आ जाये तो ये उपहार व भेंट का समय होता है :

"शरारा ने कहा, ऐ शगोफा आज तूने मुझे प्रसन्न किया है मैंने तुझको अपना समीपस्थ (निकटवर्ती) बनाया...अमरो अथार्त शगोफ़ा ने बढ़ कर पाँच अशरफियाँ सम्मानपूर्वक प्रस्तुत कीं इसलिए कि पद मिला। शरारा ने राजसी वस्त्र दिया।"[1](14)

बादशाह आते हैं तो सावधान करने वाला आगे-आगे चलते हुए आवाज़ देता है :

"सुलतान आलम पनाह...बरआमद हुए' गुलाम ने पुकारा बलीराज रहे धर्म काज रहे, देग-तेग के मालिक रहें। जहाँपनाह सलामत रहें निगाह रू-ब-रू।"[3](992)

यह बादशाह जो बरामद हो रहा है कोई हिन्दू बादशाह नहीं है। ये सादबिन क़बाद बादशाह इस्लाम है। बलीराज के साथ-साथ इनके जुलूस में कुरान भी सुना जाता है :

"लशकरे इस्लाम का बादशाह बाहर आया। डंके पर चोट पड़ी।

नस्रुम मिनल्लाहे व फतेहुन क़रीब की आवाजें गूँजीं।"[4](1156)

अभी इस पर विचार करने का समय नहीं है कि इस्लाम से पूर्व की घटनाओं में क़ुरान की गूँज कैसे आ गई। परन्तु क़ुरान की इस एक गवाही की बिना पर साद बिन क़बाद को अरबी या ईरानी कहना कहाँ तक सही है? इनका सारा अन्दाज़ हिन्दुस्तानी है। यह वाजिद अली शाह के अतिरिक्त कोई और नहीं हैं। सादबिन कबाद के तख़्त को लाल वरदियाँ पहने कहार उठाए हैं। उनका सम्बन्ध अवध के दरबार से है। शरर का कहना है कि :

> "कहार लाल रेशमी वस्त्र पहने होते, सरों पर लाल फूलदार पगड़ियाँ होती जिनके किनारों पर चाँदी की मछलियाँ टकी रहतीं।"[1]

चलिये, सुर्ख वर्दियों और मछलियों की समस्या तो सुलझ गई। अब प्रश्न है 'महाबली' का। महाबली अकबर का लक़ब (उपनाम) था। मिरदहे ने ये टुकड़ा दिल्ली दरबार से लिया है। बादशाह के उपस्थिति होने पर जो नारये बिस्मिल्लाह लगाया गया, वह ख़ालिस लखनवी है। उमराव जान अदा का कहना तो यही है :

> "जिस दालान में हम लोग बैठे थे, वहाँ से दरवाजे का सामना था परदा पड़ा हुआ था। नवाब की प्रतीक्षा में इस परदे की ओर निगाहें लगी हुई थीं। मैं भी उस ओर देख रही थी। इतने में किसी सेवक ने कहा, नवाब साहब आते हैं। कुछ लम्हों के पश्चात् मेहरी ने परदा उठा कर कहा, बिस्मिल्लार्हिरहमार्निरहीम।
>
> नवाब अन्दर दाखिल हुए।"[2] किन्तु राजा के आने के समय तमाम सरदारों का दरे-दौलत पर इकट्ठा होना पुरानी हिन्दू रीति है। रामचन्द्र के पिता राजा दशरथ के द्वार पर भी लोग यूँ ही इकट्ठा हुआ करते थे।[3]

और मनुष्यों को तो छोड़िये, स्वयं रसूले इस्लाम के चचा और मुजाहिदे राह खुदा अमीर हमज़ा साहिबे क़राँ तक शराब पीते हैं। सादबिन क़बाद का यह दरबार इस्लामी दरबार तो ख़ैर है ही नहीं, किन्तु सितम तो यह है कि मुसलमान दरबार भी नहीं है। मुग़ल बादशाह भी शराब पिया करते थे परन्तु वह सरकारी तौर पर

---

1. शरर : मज़ामीने शरर पृ. 325, 2. रुसवा : उमराव जान अदा पृ. (293), 3. रामायण—3(499),

शराब पीने वालों के खिलाफ थे और शराब बनाने और बेचने वालों को सज़ा दिया करते थे, परन्तु सादबिन क़बाद के दरबार का यह आलम है कि एक बार एक राजा ने इस्लाम क़बूल किया और हमज़ा ने उत्सव मनाने का आदेश दिया तो :

"विलासिता का सामान उपस्थित हुआ। शराब पिलाने वाले अदाओं के साथ जाम लेकर उपस्थिति हुए। लाल शराब का जाम गर्दिश में आया...अमीर ने सब के साथ शराब पी। नाच सामने होने लगा और हर कोई विलासिता में डूब गया।"[4](49)

लश्करे इस्लाम के लिए शराब पीना कोई नई चीज़ नहीं किन्तु यह उद्धरण अधिक रोचक यूँ हो जाता है कि यह शराबनोशी एक मनुष्य के मुसलमान हो जाने की खुशी में की जा रही है।

'तिलिस्म' के बादशाह चाहे वह मुसलमान हो या जादूगर, जो कार्य करते हैं वह बड़े पैमाने पर करते हैं। उनके दरबारों का अन्दाज़ तो हमने देख लिया अब उनकी सवारी का अन्दाज़ भी देख लें। यह लोग जब सवार होते हैं तो सवारी का अन्दाज़ हमें फिर अवध की ओर ले जाता है। एक शहज़ादी की सवारी देखिये :

> "शहज़ादे ने देखा...तीन-चार सौ सुन्दर स्त्रियों के बीच एक चन्द्रमुखी...हवादार पर सवार है। एक कनीज़ जवाहर निगार सिर पर पर उठाये हैं। कोई फूलों का पंखा लिये है...कोई हुक्का पिला रही है।[1](378)

अब एक और शहज़ादी को देखिये :–

"नवाब नाज़िर और ख्वाज़ासरा प्रबन्ध में लगे हैं।...कहारिनों की सूरतें प्यारी हैं और उनके सरों पर मछलियाँ लगीं हैं। भारी और सुन्दर लँहगे पहने हुए हैं..."

ख़्वाजा सराओं के हलके में घिरी हुई यूँ गुड़गुड़ी पीने वाली शहज़ादियाँ लखनऊ के अतिरिक्त और कहाँ की हो सकती है। और अब एक बादशाह की सवारी भी देखते चलें :

> "सामान सवारी नज़र आया। हटो बचो का शोर मचा। जवाहर से जड़ा डण्डा हाथ में लिये हुए नमूदार हुए कुछ नौजवान सुन्दर-सुन्छर चेहरे वाले गुज़र गये। फिर भिश्ती गुलाब-केवड़े का छिड़काव करते निकले। इन सबके पश्चात तख़्त पर बैठा हुआ बादशाह बड़े ठाट-बाट से निकला"[2](49)

यह तो ज़ाहिर है कि जब दरबार वाले निकले तो यूँ निकले कि पहले सड़कों

1. 3(449), 2. 3(49)

पर केवड़े और गुलाब का छिड़काव हो और जिनके दरबार में एक बाल इधर से उधर न हो सकता हो और जहाँ स्थान निश्चित हो और लोग रोबेशाही से हाथ बाँधे ख़ामोश बैठे हों उनसे कोई सीधी-सादी भाषा में वार्तालाप कैसे कर सकता है? इसलिए हमें 'तिलिस्म' के दरबारों में एक दरबारी भाषा भी नज़र आती है जो हमें ज़ौक़ के क़सीदों और दबीर के मरसियों की याद दिलाती है।

> "अमरु ने कहा, मेरे भाग्य जो आप से भेंट हुई। आपका मिजाज़ तो अच्छा है? आपका ज़िक्र ज़बानी शाह क़ौकब सेसुनकर मुलाक़ात का मुशताक़ था।......मेमार ने कहा, ख़्वाजा मैं भी आप से मिलने का इच्छुक था इसलिए बादशाह के लिखने से तुरन्त सर को पैर बना कर हाज़िर हुआ।"[1](49)
>
> "मेमार क़ुदरत ने कहा कि ऐ शाह अली जाह, आपने जो मुझको याद किया, मेरा भाग्य है। मैं जानता हूँ कि सुलतान मेरे साथ जो व्यवहार करते हैं वह किसी और के साथ नहीं। इस सेवक को महत्त्व देने वाले को ख़ुदा सलामत रखे। किन्तु फिर भी युद्ध के बारे में जो परामर्श करना था, वह क्या है? अब शहनशाह के सेवकों से और अफ़रासियाब से क्या बिल्कुल बिगड़ गई है।"[2](221)

पहला उद्धरण उस वार्तालाप का है जो कौक़ब के दरबार में पहली भेंट के अवसर पर अमरो और मेमार में हुई थी और दूसरा उद्धरण इस वार्तालाप का है जो कौक़ब ही के दरबार में कौकब और मेमार में हुई। ये मेमार बड़ा जादूगर और कोकब का गहरा दोस्त है–इतना घनिष्ठ मित्र है कि जब कौक़ब और लश्करे इस्लाम में ठन गई तो उसने भी बिना कारण इस्लाम छोड़ दिया। और कौक़ब का साथ देने लगा। परन्तु ऐसा मित्र भी रोज़ की भाषा में बात नहीं कर सकता वह भी जब कौक़ब और अफ़रासियाब के बिगाड़ की चर्चा स्वयं कौक़ब से करेगा तो यूँ करेगा जैसे अफ़रासियाब इस योग्य तो है ही नहीं कि कौक़ब से बिगाड़ कर सके इसलिए कौकेब के सेवकों से उसका बिगाड़ हो गया होगा। लेकिन निःसन्देह यह बनावटी भाषा दरबारों के बनावटी वातावरण से बिलकुल मेल खाती है। मेमार की इस बात का कि "शहनशाह के सेवकों और अफ़रासियाब में बिलकुल बिगड़ गयी हैं।" इम्तेयाज अली ताज किसी चचा छक्कन से ख़त लिखवा कर मज़ाक उड़ा सकते हैं किन्तु लखनऊ की सभ्यता में इसे हिफ़्ज़-ए-मरातिब (पद और श्रेणी के अनुसार व्यवहार) कहते हैं। मेंमार पुराना मित्र अवश्य है किन्तु वह यह

1. 4(226-227)

नहीं भूल सकता कि कौकब 'तिलिस्म' नूर अफ़्शाँ का प्रभावशाली राजा है और वह स्वयं जहानदार शाह के बयाबान गुरेज़ का एक सरदार है। इस मेंमार क़ुदरत और कौकब के बीच तो फिर भी एक दूरी है परन्तु शकील तो मलका माहरूख़ का बेटा है। यह शकील अपनी माँ से दैनिक वार्तालाप नहीं कर सकता। वह भी जब एक सरदार के रूप में बादशाह के सामने आता है। तो यह भूल जाता है कि राजगद्दी पर बैठा हुआ कोई अजनबी नहीं, बल्कि उसकी माँ है।

> "शहज़ादे शकील जादू ने तुरन्त जादुई तख़्त को चूमा और कहा, ऐ राजा, मैदान की आज्ञा दीजिए। मेरे हक़ में प्रार्थना कीजिए। इच्छा है, या तो अपना शीश काट कर चरणों मे अर्पण करूँ या इस निर्लज्ज घमण्डी के दोनों हाथों को बाँध कर सामने हुज़ूर के लाऊँ...।"

वास्तव में यह अन्दाज़ लखनऊ का है। यह रख-रखाव उस मंज़िल तक चला जाता है जहाँ शब्दों तक के स्थानों का चुनाव हो जाता है।

> "मुंशियों को बुलाया। उसने कहा कि ख़त तिलिस्म के बादशाहों को और परवाने आलिमों को तक़सीम करो।"[2] (148)

और जब यह शाही ख़त कहीं पहुँचते हैं तो उनका आदर किया जाता है। जहाँदार शाह अफ़रासियाब का ख़त पाता है तो आदर से उठ खड़ा होता है क्योंकि वह बराबर का बादशाह है। किन्तु सनत जादूगर होने के बावजूद भी सेवक है इसलिए :—

> "सनत ने खड़े हो कर पत्र को ताज़ीम दी।"[4] (353)

यह आदर भी प्रथम चरण है। यह नहीं हो सकता कि पत्र आया और उसे पढ़ लिया गया। जी नहीं। पत्र तो मीर मुंशी सुनाएगा और वह भी मेम्बर से।

"आफ़्ताब जादू ने पत्र दिया। शहजादे ईरज ने तुरन्त आज्ञा दी। सोने का मेम्बर (लड़की का ज़ीना, जिस पर बैठ कर व्याख्यान दिया जाता है) लगाया गया। मीर मुंशी ने ऊँची आवाज़ में पढ़ा।"[5] (334)

हाँ, जब किसी को अपमानित करना होता है तो अलबत्ता इन शिष्टाचारों की अनदेखी कर दी जाती है। इसीलिए जब अमरो अफरासयाब को पत्र लिखता है तो हमें उस खत का ढंग बहुत बदला हुआ मिलता है।

"मलका स्वयं तिलिस्म की बादशाह है। तुम्हारी त्रुटियों को साहबे कराँ से माफ़ करवा देगी। तुम्हारी इस लिखावट से इनकार करने पर अगर तुम्हारी नाक

कटवा कर गधे पर मुँह काला करके न चढ़ाया और हर जगह न फिराया तो मेरा नाम अमरो नहीं।"[1] (104)

यहाँ एक बात और ध्यान देने योग्य है। यदि अमरो अरबी नस्ल से होता तो गधे पर मुँह काला करके चढ़ाने की बात न करता क्योंकि अरब में गधा बुरी दृष्टि नहीं देखा जाता जैसे कि यहाँ देखा जाता है। इसलिए यह पत्र महत्त्वपूर्ण है। तिलिस्म के दरबार का वातावरण ही भारतीय है। हद तो यह है कि शाही दस्तरख़ान (भोजन) चलता है तो अवधी रीति-रिवाज के अनुसार आगे-आगे रोशन चौकी बजती हुई चलती है। यह रौशन अकेला प्रमाण नहीं है। लखनऊ दरबार का यह दस्तूर भी था कि प्रतिदिन सरकार से खाना आया जाया करता था। पहले भेजने का रिवाज भी लखनऊ में था और यह तिलिस्म में भी दिखाई देता है। इन बातों से यह निष्कर्ष निकाला जा सकता है कि तिलिस्म का दरबार हिन्दुस्तानी है और इस पर अवध का रंग गहरा है। हमने तिलिस्म' के राजाओं के सिर पर चित्र का साया देखा है। यह चित्र कभी चित्रशाही कहा गया है और कभी चित्र ज़र्रीन। हमने इनके तख़्त देखे हैं। तख़्त-ए-शाही, तख़्त-ए-सुलेमानी, तख़्त-ए-मुरस्सा, तख्ते जवाहर कार, तख्ते ताऊस और एक ऐसे तख्त का वर्णन मिलता है जिसके पाए भैंस के सिर की तरह हैं। हमने उन राजाओं के सिर पर ताज देखे हैं। यह ताज, लाल और याक़ूत के हैं या ऐसे ताज हैं जो कंगूरों के हैं और जिनकी क़लग़ी में जोड़ी गौहर की लगी है लेकिन इन ताज़ों (मुकुट) के बारे में इतना कह देना आवश्यक मालूम होता है कि यह ताज ईरानी हैं। भारत में सोने के ताजों का चलन नहीं था। ईरानी बादशाह भी सोने के ताज लगाया करते थे। बहरहाल यह ताज जैसे भी हों, लेकिन यह मौजूद हैं। नक़्क़ार खाना है, दरबार है और जिस दरबार में जाइए, वहाँ ताजदार के पीछे कोई खड़ा मक्खियाँ झल रहा है। क्या यह केवल संयोग है? हिन्दू सियासत बादशाहों के लिए इन्हीं वस्तुओं को आवश्यक समझती है।

यदि हम बस्तियों, बाज़ारों और मेलों-ठेलों, नदियों से निकल कर रणभूमि में आ जाएँ तो वहाँ हमें भारत का खालिस रंग दिखाई नहीं पड़ता। इसमें सन्देह नहीं कि अधिकतर युद्ध के बाजे और हथियार भारतीय हैं। इसमें भी सन्देह नहीं कि युद्ध का मुख्य रंग भी हिन्दुस्तानी है। फिर भी मिलावट का अनुभव होता है और शाहनामा फ़िरदौस का प्रभाव दृष्टिगोचर होता है। किन्तु यह दास्तान जादूगरों की जादूगरी की है। इसलिए पहले यह देख लें कि दास्तान कहने वालों ने जादू की लड़ाइयों का अनुभव कहाँ से प्राप्त किया। यहाँ हमें यह देखकर आश्चर्य नहीं करना चाहिए कि कहानी लिखने वालों ने जादू की जिन लड़ाइयों

का उल्लेख किया है वह तुलसीदास की 'रामचरित मानस' के जादुई युद्ध पर अतिश्योक्ति है। लिखने वाला यह दावा नहीं करता कि जाह और क़मर के सामने 'रामचरित मानस' थी लेकिन 'रामचरितमानस' अवध की कहानी है और इसलिए इन लोगों का परिचित होना आश्चर्यजनक नहीं है।

जिस प्रकार 'तिलिस्म' में जादूगर चेहरे बदल कर लड़ते हैं कि यह शेर बन गया तो वह हाथी बन कर प्रकट हुआ तो किसी ने जंगली सूअर का रूप धर लिया। यह हृदय को बदलने का क़िस्सा नहीं है। यह स्वयं अपने शरीर की बनावट बदलने की बात है। तुलसीदास ने मेघनाद को लक्ष्मण से ऐसे ही लड़वाया है परन्तु रूप बदल कर लड़ने वाले यह जादूगर जब मारे जाते हैं तो मरने के बाद अपने वास्तविक रूपों में वापस आ जाते हैं। रामायण में भी जब हनुमान ने कालपनी को मारा था तो मरने के बादवह अपने वास्तविक रूप में वापस आ गया था। यदि मुक़ाबला बराबर का होता और अगर दूसरा कोई ऐसा वार करता है कि उसे रोकना सम्भव न हो तो लड़ने वाला अदृश्य हो जाता है। अफरासियाब और कोकब जैसे जादूगरों को भी कभी-कभी ऐसे ही ग़ायब हो जाने पर मजबूर होना पड़ता है। रामायण में भी जब मेघनाद ने देखा कि लक्ष्मण के तीर को खाली कर देना सम्भव नहीं तो वह भी ग़ायब हो गया।

अब यदि लड़ाई जादू की हो रही है तो धरती क्या और आसमान क्या? लड़ाई धरती पर भी होती है और हवाओं में भी। तुलसीदास के मेघनाद ने भी आसमान से लड़ाई लड़ी थी। इन बातों के अतिरिक्त एक और प्रकार यह भी है कि जादू पलट दिया जाता है। तिलिस्म में हज़ारों बार ऐसा होता है कि विरोधी जादू को लौटा देता है और यह लौटा हुआ जादू स्वयं जादूगर को मार डालता है। अमीर हमज़ा को मलका आसमान परी से मरहम सुलेमानी का एक नुस्खा मिला था। इस मरहम की विशेषता यह थी कि घाव को शीघ्र सुखा देता है। यह नुस्खा वास्तव में महाभारत का है। भीष्म ने ये मरहम दुर्योधन को दिया था। इस मरहम को अपने अनगिनत घावों पर लगाते ही दुर्योधन भला-चंगा हो गया था। रोचक बात यह है कि यह नुस्खा अमीर हमज़ा के पास भी है और अफरासियाब के पास भी। अन्तर केवल इतना है कि अमीर हमज़ा के यहाँ इसका नाम मरहम सुलेमानी है और अफरासियाब के यहाँ मरहम तिलिस्मी। अफरासियाब ने जब तिलिस्म नूरअफ़्शाँ पर चढ़ाई की और कौकब मुकाबले पर आया तो होता यह था कि अफरासियाब प्रत्येक रात को युद्धभूमि से वापस आकर कुन्दन को बुलाता। वह मरहम तिलिस्मी का डिब्बा लाती और उस मरहम के लगते ही अफरासियाब के घाव भर जाते किन्तु कौकब के पास ऐसा कोई मरहम नहीं था। इसलिए उसके घाव ज्यों के त्यों मौजूद रहते।

निष्कर्ष यह निकाला जा सकता है कि जादू की इस लड़ाई में, स्रोत की तलाश में, भारत से बाहर जाने की कोई आवश्यकता नहीं है। यह सभी लड़ाइयाँ भारतीय कथाओं में उपलब्ध हैं। अब रहा प्रश्न तीर और तलवार का। अमीर हमज़ा के नारे की आवाज़ से गर्भपात हो जाते हैं। नारे की आवाज़ रावण की है। 'तिलिस्म' में इस्लामी फौज के सरदार विद्रोहियों को सवारियों सहित हाथों पर उठा लेते हैं। आलम शाह ने लन्धोर को हाथी सहित उठा लिया था। नुरुद्दहर ने लक़ा को घोड़े के साथ उठा लिया था। यह परम्परा 'शाहनामा फ़िरदौस' की भी है और महाभारत की भी। 'शाहनामा' के एक युद्ध का वर्णन अफरासियाब इस प्रकार सुनाता है–

"साम की नस्ल का एक सवार रुस्तम नाम के वृद्ध का पुत्र निकला। उसने मुझे मेरे घोड़े की रकाब से इस प्रकार झपट लिया जैसे मेरा कोई वज़न ही न हो ...मेरे सवार आ गए और उन्होंने मुझे बचा लिया..." 2(16)

यह दृश्य जैसे का तैसा अनेक स्थानों पर 'तिलिस्म' में दिखाई देता है। अब रही हाथी घोड़ों को उठाने की बात। यह बात महाभारत से आई है। चौदहवें दिन की लड़ाई में जब भीम ने दुर्योधन के सत्रह-अठारह भाइयों को मार लिया और कर्ण को भी बहुत घायल कर लिया तो एक ऐसा समय आया कि भीम के पास लड़ने के लिए कोई हथियार नहीं रह गया। भीम कर्ण के रथ के सामने कूद पड़ा और एक मुर्दा हाथी को ढाल बना कर उसने अपने आपको कर्ण के तीरों से बचाया और इस प्रकार युद्ध जारी रखा। (महाभारत–296)

'तिलिस्म' में सूर्य डूबने के बाद साधारणतया लड़ाई बन्द कर दी जाती है परन्तु कभी-कभी बन्द नहीं भी होती। रात को जारी रहने वाली लड़ाई का एक दृश्य महाभारत में भी मौजूद है। चौदहवें दिन के अन्त के बाद लड़ाई बन्द नहीं हुई बल्कि मशालों की रौशनी में जारी रही (महाभारत–304)

'तिलिस्म' में लड़ाई का अन्दाज़ यह है कि पहले एक सिपाही निकलता है। अपनी शक्ति का वर्णन करता है। उसके बाद विपरीत दिशा से उसका सामना करने के लिए एक ही सिपाही निकलता है। युद्ध तो आमतौर पर नाजुक पलों में आप ही छिड़ जाता है वरना तिलिस्म' में एक से एक लड़ाई का क़ानून जारी है। यह 'शाहनामा' का प्रभाव है कि जब बूढ़ा क़बाद मारा जाता है तब बादशाह मजबूरी में युद्ध की आज्ञा देता है।

'तिलिस्म' के युद्धस्थलों में जो कुश्तियाँ होती हैं वह भी 'शाहनामा' से ली गई हैं। 'रुस्तम' और सोहराब' की कुश्ती की कहानी किसे नहीं मालूम।

"...वह दोनों दो शेरों के समान गुँथ गए। यहाँ तक कि उनके शरीर पसीने और खून से लथपथ हो गए। वह सूर्य निकलने से सूर्य डूबने तक लड़ते रहे...।" (शाहनामा–170)

यह भी कोई कुश्ती हुई कि सूर्य अस्त होने के बाद बन्द हो जाए? कुश्तियाँ तो 'तिलिस्म' में होती हैं। सूर्य अस्त हो जाता है तो रौशनी की जाती है। दोनों ओर के सैनिक बैठ जाते हैं–और यह कुश्तियाँ लगातार कई सप्ताह तक जारी रहती हैं और हार-जीत का परिणाम निकाले बिना कुश्ती समाप्त नहीं होती। इसलिए तिलिस्म की कुश्तियों को रुस्तम और सोहराब की कुश्तियों से मिलाना ठीक नहीं है। यह कुश्ती रामायण की है। यह वह कुश्ती है जो बाली सुग्रीव से लड़ा था और जो कई दिन तक चलती रही थी। यह महाभारत की वह कुश्ती है जो भीम और जरसोधा में तेरह दिनों तक होती रही थी–

"यह मुकाबला इतना बराबर का था कि यह दोनों बिना दम लिए और बिना कुछ खाए-पिए तेरह दिन और तेरह रातों तक लड़ते रहे...चौदहवें दिन जरासंध पर थकान का प्रभाव दिखाई देने लगा...भीम ने उसे उठा लिया और चक्कर देकर धरती पर दे मारा और उसके पैर को पकड़ कर उसे चीर डाला।" (महाभारत–73)

लेकिन जरसंघ का शरीर अपने आप फिर एक हो गया। वह जी उठा और उसने फिर भीम पर आक्रमण किया।

यहाँ से साहिबे क़राँ के सरदारों की एक अदा का भेद भी मिलता है। वह भी शत्रु को चीरकर फेंक दिया करते थे। वास्तव में दास्तान कहने वाले इस भेद को नहीं जानते थे कि भीम ने जरासंध को कैसे चीर डाला। जरासंध दो टुकड़ों में ही पैदा हुआ था इसलिए उसके शरीर में जोड़ था। भीम ने इस जोड़ को फाड़ डाला। इसके अतिरिक्त जरसंध को मारने की (युक्ति) तरकीब भी रोचक है। उसके दोबारा जीवित हो जाने पर कृष्ण ने एक तिनका उठाया, उसे बीच से तोड़ा, फिर दोनों टुकड़ों को दूर फेंक दिया। भीम ने इशारा समझ लिया। अतः भीम ने जरासंध के शरीर के दोनों टुकड़ों को दो तरफ फेंक दिया। 'तिलिस्म' की बलाएँ जरासंध से बहुत मिलती-जुलती हैं। वह भी मर कर जी उठती हैं। जब लौह तिलिस्म उन्हें मारने का उपाय बताती है और जिस प्रकार जरासंध की मृत्यु के उपरान्त अर्जुन ने बन्दी राजकुमारों को स्वतन्त्र कर दिया था उसी प्रकार 'तिलिस्म' में भी इन बालाओं की मौत के बाद बन्दी शहज़ादे रिहा कर दिये जाते हैं। अब इस जरासंध को 'तिलिस्म' में देखिए–

"शहज़ादे ने पैंतरा बदल कर वार ख़ाली कर दिया और एक हाथ तलवार का मारा कि वह देव दो टुकड़े हो गया। परन्तु जब वह दो टुकड़े होकर धरती

पर गिरा उसके शरीर के टुकड़े तड़प कर नहर में जा गिरे और एक पल के बाद वही देव फिर ज़िन्दा होकर निकला और बदीउज़्ज़मा पर आक्रमण कर दिया। बदीउज़्ज़मा ने उसके आक्रमण को रोक कर फिर तलवार से उसे दो टुकड़े कर दिया।"1(25) इस प्रकार हम देखते हैं कि शाहनामा की परम्परा भी भारतीय कथाओं के साए में आती है। अगर ऐसा न होता तो भारतीय श्रोताओं के लिए दास्तान बेमज़ा हो जाती। निःसन्देह एक से एक की लड़ाई का यह अन्दाज़ 'शाहनामा' से लिया गया है। रुस्तम और सोहराब की विश्वविख्यात लड़ाई 'तिलिस्म' में स्थान-स्थान पर दिखाई देती है। वही नेज़ा बाज़ी, वही तलवार बाज़ी और वही कुश्ती। परन्तु स्वयं भारतीय युद्ध के नियम भी एक से कई के मुक़ाबले को अच्छा नहीं समझते। अभिमन्यु को जब कई लोगों ने घेर कर मार लिया था तो चारों ओर से धिक्कार की आवाजें आने लगी थीं।

"लड़ाई का आरम्भ विरोधी सरदारों के आपसी मुकाबले से हुआ जो बराबर अस्त्र-शस्त्र से लैस थे।" 221

अर्थात युद्ध तो एक से एक का हो रहा है। अन्तर इतना है कि सभी सरदार एक समय में लड़ रहे हैं। 'तिलिस्म' में यह नहीं होता, वहाँ ईरानी रीति के अनुसार एक ही सरदार निकलता है, ललकारता है। विपरीत दिशा से एक ही आदमी निकलता है और उनमें से जब कोई मारा जाता है या गिरफ्तार हो जाता है तब कोई और निकलता है। इसलिए 'तिलिस्म' के अकेले मुक़ाबले को ईरानी कहा जा सकता है लेकिन यह समानता यहीं समाप्त हो जाती है। 'तिलिस्म' के सरदार युद्ध का जो वर्णन करते है वह रावण के स्वर में होता है।

'तिलिस्म' के युद्ध के नियमों पर भी हिन्दू युद्ध के नियमों का अधिक प्रभाव है। जैसे महाभाारत के समय में यह एक बेलिखा क़ानून था कि अगर कोई मुक़ाबले को ललकारे तो मुक़ाबला करना आवश्यक है। इस मुक़ाबले की शर्त यह भी है कि मुक़ाबला उसी प्रकार होगा जिस प्रकार शत्रु चाहेगा। अर्थात अगर वह हथियार से लड़ना चाहे तो लड़ाई हथियार से होगी और अगर वह बिना हथियार के लड़ना चाहे तो फिर हथियार प्रयुक्त नहीं हो सकते। ऐसी कुश्तियों का अन्त भी शत्रु में से किसी एक की मृत्यु पर हुआ करता था। अमीर हमज़ा की फौज में भी यह क़ानून इसी तरह लागू है।

मुक़ाबला करने वालों का एक समान होना भी हिन्दू युद्ध के नियम की एक परम्परा है। जब भीम को यह ज्ञात हुआ कि कर्ण एक रथवान का पुत्र है तो उसने कहा :–

"तू बहरहाल एक रथवान का पुत्र है। घोड़ों का हाँकने का चाबुक सँभाल कि यही तेरी पारिवारिक परिस्थितियों की माँग है। तू इस योग्य नहीं कि तुझे अर्जुन के हाथों मरने का अवसर मिले।" 35-36

'तिलिस्म' में भी यह बात दिखाई देती है। छोटे लोगों से मुकाबले को अच्छी निगाहों से नहीं देखा जाता। किसी सरदार के मुक़ाबले में किसी गुलाम को उस समय भेजा जाता है जिस समय सरदार को तिरस्कृत करना उद्देश्य होता है। इसलिए ब्राह्मण मलका तारीक शक्ल कश के कई गुलामों को कत्ल चुका तो उसे लज्जा आई और उसने तारीक को ललकारा कि गुलामों को भेजती है? यह बात 'शाहनामा' में नहीं है।

सोहराब उस आदमी से लड़ गया जो अपने आप को रुस्तम का गुलाम बता रहा था। परन्तु हिन्दु युद्ध के नियमानुसार तो अरबों की तरह शत्रु के पारिवारिक गोत्र से पूर्णरूपेण ज्ञान के बिना लड़ने की आज्ञा ही नहीं है। युद्ध के प्रकाण्ड पण्डित और अर्जुन के गुरु कृपाचार्य ने कर्ण से इसी बात की तो माँग की थी–

"यह राजकुमार जो तुमसे लड़ने को तैयार है, यह प्रथा और पाण्डव का पुत्र है। इसलिए ये अस्त्र-शस्त्र से लैस नवयुवक अपने कुटुम्ब का परिचय दें। तेरे वंशजों को जाने बिना यह तुझसे युद्ध नहीं कर सकता क्योंकि उच्चवंश के लोग गुमनाम लोगों से अकेले की लड़ाई नहीं लड़ सकते।"

यह बात रोचक है कि 'तिलिस्म होशरुबा' में इस्लाम की सेना हिन्दू युद्ध सभ्यता की अधिक पाबन्द दिखाई देती है जबकि कुफ्र की सेना बहुत कम। साहबे कराँ वाले पनाह माँगने वालों और भागने वालों पर हमला नहीं करते।

"शहज़ादे कर्ब ने कहा, ऐ ईरज बस। भागते का पीछा करना हमज़ा खानदान का तरीक़ा नहीं...शहज़ादा यह सुनकर वापस हुआ।"

और जो लोग भागने वालों का पीछा न करते हों, वह भला घायलों पर वार कैसे कर सकते हैं? हिन्दू युद्ध सभ्यता में भी है कि गिरे हुए शत्रु पर हमला नहीं करना चाहिए।

ज्ञानचन्द्र जैन को यह शिकायत है कि जादूगरों की वेशभूषा भी हिन्दुवानी नहीं है। जबकि वास्तविकता यह है कि तिलिस्म में मुसलमान शहज़ादों की आत्मा तक हिन्दू है। यह लोग युद्ध में किसी को धोखे से मारने को बुरा समझते हैं। इस सिलसिले में स्वयं 'तिलिस्म होशरुबा' को जीतने वाले असद बिन कर्ब ग़ाजी का बयान मौजूद है–

"जुनून से युद्ध में सहायता लेना नामर्दी है। यही क्या कम है कि जादूगर जादू करते हैं और हम उनको अय्यार से मरवा देते हैं। जादू का बदला मक्कारी करके लेते हैं। युद्ध में धोखा देना ख़ुदा और रसूल ने मना किया है।"

यह बात तो नहीं है कि हिन्दू लड़ाइयों में धोखे से काम ही न लिया गया हो। अभिमन्यु को निहत्था करके मार लिया गया था। राजा सिन्धु की हत्या के विषय में स्वयं कृष्ण ने सूर्यास्त करवाया था जब कि सूर्य अस्त नहीं हुआ था।

भीष्म पितामह को मारने के लिए शिखण्डी को सामने कर दिया गया था। द्रोणाचार्य को मारने के लिए यह ख़बर उड़ाई गयी थी कि उनका पुत्र अश्वत्थामा मारा गया। परन्तु इन बातों के बावजूद हिन्दु युद्ध सभ्यता मक्कारी धोखे को अनुचित विचार करती है। 'तिलिस्म' में अय्यार मक्कारी और धोखे से काम लेते हैं। परन्तु इनसे भी :–

> "साहिबे कराँ ने यह क़सम ले ली है कि किसी को धोखे से गिलिम ओढ़ कर या मंढ़ी खड़ी करके कत्ल मत करना। मनुष्य को यह शोभा नहीं देता कि किसी को मजबूर करके कत्ल करें।"

इसके अतिरिक्त लश्करे हमज़ा में सिर्फ एक कानून ऐसा चलता है जिसका सुराग़ न मिल सका। हमज़ा के लश्कर में शत्रु पर हमला करने में पहल नहीं की जाती। मुसलमान कभी युद्ध के नगाड़े नहीं बजवाते। ये लोग जब युद्ध भूमि में जाते हैं तो आक्रमण करने का अधिकार शत्रु को देते हैं। 'तिलिस्म' के दास्तान कहने वालों ने युद्ध भूमि को मुशायरा भूमि बना दिया है। दोनों ओर की सेनाएँ वाह-वाह करने में व्यस्त हैं और जीतने वाले झुक-झुक कर सलाम करते नज़र आते हैं–

"फौलाद मुश्त ज़न धरती पर गिर कर चलने लगा।.......इसलामी फौज से तारीफ़ और मुबारकबाद की आवाज़ें आने लगीं। मलका माहरुख ने भी कहा कि माशाअल्लाह, ख़ुदा बुरी नज़र से बचाए........शकील जादू सलाम करने के लिए झुका।"

यह तो ख़ैर जादू की लड़ाई है। हथियारों की लड़ाई में तो दोनों ओर से तारीफ़ का वह शोर उठता है कि कान पड़ी आवाज़ सुनाई न दे। यह अतिश्योक्ति अवश्य है किन्तु शत्रु की तलवारबाज़ी की प्रशंसा करने की परम्परा बहुत प्राचीन है। कुरुक्षेत्र के मैदान में अभिमन्यु की प्रशंसा करने वाले कौरवों की ओर भी थे।

बहादुरों में वैमनस्य तो होगा ही। 'तिलिस्म' में इस मनमुटाव से बड़ी रोचकता उत्पन्न हो गई है। विशेष रूप से क़ासिम और बदीउज़्ज़मा के बीच प्रतिस्पर्धा से

बड़े-बड़े काम हो गए हैं। यह लोग बात-बात में एक दूसरे पर तलवार निकाल लेते हैं। नील नदी की भयंकर लड़ाई लड़ते-लड़ते भी यह दोनों एक-दूसरे से लड़ ही पड़े। वह तो असद बीच में आ गया वरना ख़ुदा जाने क्या हो जाता। यह दृश्य महाभारत में भी देखा जा सकता है। जब भीष्म और कर्ण में लड़ाई हो जाती है तो दुर्योधन उसी तरह कर्ण का हमदर्द है जिस तरह असद बदीउज़्ज़मा के हमदर्द थे, भीष्म से कहता है :

"गंगा के बेटे! मुझे आप दोनों की सहायता की आवश्यकता है।"

किन्तु शिष्टाचार और युद्ध के तौर-तरीक़ों के इस विस्तृत वर्णन के बावजूद 'तिलिस्म' में युद्ध की विस्तृत ज़ानकारी उपलब्ध नहीं है—और यह कोई आश्चर्य की बात भी नहीं है। हाँ, अगर लखनऊ की अस्करी सभ्यता से बाहर की किसी दास्तान में यह विस्तृत जानकारी मिलती तो आश्चर्य होता।

देखने में तो यह दास्तान मूल रूप से एक युद्ध की दास्तान प्रतीत होती है किन्तु वास्तव में दास्तान कहने वालों ने लड़ाइयों को 'कच्चे माल' की तरह प्रयोग किया है और इनसे इश्क़-मुहब्बत और हवस की कहानियाँ तैयार की हैं।

अच्छा होगा अगर हम युद्ध के अध्ययन से पूर्व फौज़ों और उनके क्रिया-कलापों का अध्ययन कर लें।

सर्वप्रथम जो बात हमें आश्चर्यचकित करती वह है इन दोनों फौज़ों में स्त्रियों की उच्च स्थिति है। बरान, नाहिद, मवाज, हिलाल, बर्क़, महरूख़, बहार, नाफ़रमान, लाल सुख़नदान, मख़मूर, अख़्तर, मुश्तरी, आफ़ात चहारदस्त, माहबान, ज़मर्रुद पोश, तारीक शक्ल कश, याक़ूतसुखन दान, हैरत, सनतसहरसाज़......इस तरह असद और अफरासियाब की सेनाओं में प्रसिद्ध शहज़ादियों की कोई कमी नहीं है। यह शहज़ादियाँ मर्दों से कन्धे से कन्धा मिलाकर ही नहीं लड़तीं, अपितु उनसे भी दो क़दम आगे बढ़कर लड़ती हुई दिखाई देती हैं। हुजरा-ए-बला दूसरा और पाँचवा भी दो औरतों के दम से है। अतः प्रश्न यह है कि यह औरतें कहाँ से आयीं। यह वेश्याएँ तो हो नहीं सकतीं। किन्तु इनकी रचना में केवल किसी हज़रत महल या लक्ष्मी बाई या रज़िया सुलतान या चाँदबीबी ही का ख़मीर प्रयोग नहीं किया गया है बल्कि इनकी रचना में उन अनगिनत राजपूतानियों की दास्तानों के तत्व भी मिलते हैं जिनके वर्णन से भारत का इतिहास भरा पड़ा है।

"हिन्दुस्तानी राजकुमारियों, और अमीरज़ादियाँ और विशेष रूप से राजपूतानियाँ जिन्हें सैन्य शिक्षा दी जाती थी अत्यधिक हिम्मत और जोश दिखाती थीं।...दुर्गावती को हिन्दुस्तान की 'जॉन आफ आर्क' कहा जा सकता है उसने

बाज़ बहादुर के मुकाबले में कई लड़ाइयाँ लड़ी और जीतीं। एक मुसलमान शहजादी चाँद बीबी ने स्वयं अकबर की ताकत के मुकाबले में अहमद नगर को बचाया। नूरजहाँ ने महावत खान के मुकाबले में एक हमले की मार्गदर्शक बन कर अपनी योग्यता का परिचय दिया। इस प्रकार के अनगिनत उदाहरण और प्रस्तुत किये जा सकते हैं।"

(फरिश्ता-2-218) (जवेदा 126)

और इसका अर्थ यह है कि असद और अफ़रासियाब की फौजों में लड़ने वाली शहज़ादियाँ अपने इसी हिन्दुस्तान की रहनेवालियाँ हैं। अमीर हमज़ा की फौज में यद्यपि औरतें लड़ाई में हिस्सा नहीं लेतीं मगर अमीर की लड़की परिस्तान की मलका और बहुत बड़ी जनरल है लेकिन वह अमीर के साथ नहीं रहती। वैसे साहबे क़राँ की फौज के साथ औरतों का एक बड़ा समूह रहता है। इन औरतों के अस्तित्व के औचित्य की तलाश में भी हिन्दुस्तान से बाहर जाने की आवश्यकता नहीं है। कालीदास ने इन औरतों की चर्चा की है। (कालीदास का हिन्दुस्तान 169) मुग़ल फौजों के साथ भी औरतें चला करती थीं। (आईन-ए-अकबरी 49) अरब की इस्लामी फौज भी अपनी औरतों के साथ यात्रा किया करती थी। अगर हिन्दुस्तानी फौजें अपनी औरतों के साथ सफ़र किया करती थीं तो 'तिलिस्म' की फौजों के साथ चलने वाली औरतों को अरब के रेगिस्तानों में तलाश करने का कोई कारण नहीं मालूम होता। फौजी डेरे में प्रवेश करने से पहले एक चीज़ और देखते चलें तो अच्छा होगा। ये जो हर तिलिस्म के लिए एक तिलिस्म कुशा (तिलिस्म तोड़ने वाला) है। यह क्या है और कहाँ से आया है? पता यह चलता है कि यह 'तिलिस्म' तोड़ने वाला भी दास्तान कहने वालों की उपज नहीं है। यह भी हिन्दू देवमाला की देन है। अगर द्रोणाचार्य के लिए धृतराष्ट्र थे, रावण के लिए राम थे तो इस बात का क्या महत्त्व रह जाता है कि फिरऔन के लिए मूसा और नमरूद के लिए इब्राहीम थे।

साधारण तिलिस्मों के लिए तो एक तिलिस्म तोड़ने वाला और एक लौह-ए-तिलिस्म (वह तख्ती जिस पर तिलिस्म तोड़ने का मन्त्र लिखा होता है) से काम चल जाता है। परन्तु 'तिलिस्म होशरुबा' कोई साधारण तिलिस्म नहीं है और अफ़रासियाब कोई ऐसा वैसा जादूगर नहीं है। इसलिए उसके लिए सर्वप्रथम तो असद बिन कर्ब गाज़ी का होना आवश्यक है और असद के पास 'लौह-ए-तिलिस्म' और 'मोहरे' का होना आवश्यक है किन्तु इस पर भी अन्त नहीं है। असद के हाथों को एक तलवार नूर अफ़्शानी की भी आवश्यकता है। अगर ये सभी शर्तें पूरी न हों तो अफ़रासियाब का क़त्ल असम्भव है। यूँ तो कौकब के कत्ल के

लिए भी लोहे-ए-तिलिस्म नूर अफ़्शां पर्याप्त नहीं है। तिलिस्म तोड़ने वाले के पास कौकब के जीवन का फूल भी होना चाहिए।

अब 'तिलिस्म' तोड़ने वाले को पहचान लेने के बाद हम फौजी डेरों की ओर चल सकते हैं। एक फौज जा रही है :—

> "अचानक सामने से हाथी प्रकट हुए। मस्तक पर उनके शीशे लगे थे। झूलें ज़रबफ्त की पड़ी थीं। झण्डे वाले अपने झण्डों को सजाये थे। परचम पर इन्ना फतहना का मतलब लिखा हुआ था।.......बराबर उनके हज़ारों आदमी पैदल लड़ने को तैयार गिरोह बाँधे, गिनती में पाँच हज़ार, सिर पर पगड़ी बाँधे एक तरफ़ जा रहे थे।..."[1](54)

यह लश्कर तिलिस्म कुशा असद बिन क़र्बगाजी का है और तिलिस्म होशरुबा की ओर जा रहा है। इन लश्करों में कप्तान और कमीदान, अलमदार, रिसालादार, किलेदार और सेंध लगाने वाले हैं, नक्कारची हैं, चोबदार हैं, महलदार हैं और कोतवाल हैं, कहार हैं, दरोग़ा हैं, खज़ानची हैं, खिदमतगार हैं, जमादार है और ब्रिगेडियर भी हैं। अगर लश्कर के बाज़ारों को अनदेखा भी कर दें तो भी एक दुनिया बसी हुई दिखाई देती है। ख़्वाजासराओं की आवश्यकता महलों ही को नहीं है, बल्कि फौजों को भी है। महलों में ख़्वाजासराओं की आवश्यकता तो 'सकवान्ती' में भी महसूस की गयी थी। (कालीदास का हिन्दुस्तान, पृ. 141) अर्थात यह केवल लखनऊ की विशेषता नहीं है। किन्तु फौजों में ख्वाजासराओं की आवश्यकता कदाचित लखनऊ ही ने अनुभव की। रुस्वा ने लिखा है :—

"शाही अमलदारी में (राजसी कार्यों में) जाहिल, अनपढ़ जो अलिफ के नाम लट्ठा नहीं जानते थे, बड़े-बड़े पदों पर नौकर थे........और मोटे ख्वाजासराओं के पास पलटन और रिसाले थे।" (उमराव जान अदा, पृ. 323)

'तिलिस्म होशरुबा' में ख़्वाजासराओं के दो स्थान दिखाई देते हैं।... नवाब नाज़िर ने आ कर कहा कि हुज़ूर के दोस्त खुश और दुश्मन पदाक्रान्त रहें। शहज़ादे बादिउज़्ज़मा की माँ ने कहा है...कि हुज़ूर आज यहीं खाना खायें...ख्वाजासरा से यह हाल सुनकर अमीर उठे और महल की तरफ़ चले...।" और अब ख्वाजासराओं के एक रिसाले का हाल सुनिये :—

> "एक ओर मिर्जा पट्टू साहब का रिसाला। सुन्दर-सुन्दर जवान। खजूरी चोटियाँ गुँधी हुई पीठ पर पड़ी हैं। रंगीन दुपट्टे गलों में। मेंहदी हाथों में। सोने-चाँदी के छल्ले पोर-पोर में। दो-दो थान के पायजामे, पैरों में जूतियाँ, छोटी-छोटी टोपियाँ सर

पर, आँखों में नोकदार सुरमा। दुल्हन बने हुए। उई! कह कर हाथ मारते हैं।"[2](234)

ये फौजें पलटनों और रिसालों में बँटी हैं। ब्रिगेडियर का अस्तित्व यह बताता है कि ब्रिगेड भी होते हैं। फौज में काम करने वाले वर्दियाँ पहनते हैं।–"मलका हैरत के कहार वर्दियाँ चमकदार पहने, मछलियाँ और तमग़े पीठ और कन्धों आदि पर लगाये, जवाहर का हवादार (एक प्रकार की सवारी) कन्धों पर उठाये प्रकट हुए।" 1(546)

रोचक बात यह है कि इस्लामी फौज के कहार भी यही मछलियाँ लगाये देखे जा सकते हैं। इससे यह प्रमाणित होता है कि यह दो संसार नहीं हैं। कहार एक ही हैं जो हैरत का हवादार भी उठाये हैं और महजबीं का भी और इस्लामी लश्कर के बादशाह साद बिन क़बाद बिन साहिबे क़राँ का भी। अगर कहारों की वर्दियाँ और निशान एक हैं तो ये दो हुकूमतें कैसे कही जा सकती हैं?
अगर ये दो हुकूमतें नहीं हैं तो फिर इस युद्ध का क्या अर्थ है? अर्थात केवल कहारों की इन मछलियों की गवाही इस ख़्याल को रद्द कर देती है कि ये दो सैन्य शक्तियों के टकराव या कुफ्र और इस्लाम के टकराव की दास्तान है और इस तरह पाठक टकराव का कोई दूसरा रूप तलाश करने पर मजबूर हो जाता है। लेकिन इस प्रश्न पर ताक़त की दुनिया में पहुँचने के बाद ध्यान देंगे। इस समय तो हमारे सामने वर्दियों की समस्या है और हम यह देखते हैं कि यह वर्दियाँ केवल कहारों और सेवकों तक सीमित नहीं हैं। फौज के सिपाही भी वर्दियाँ पहनते हैं। सिपाहियों की यह वर्दियाँ हमें अंग्रेज़ों के युग में खींच लाती हैं क्योंकि हिन्दुस्तानी फौजों ने अंग्रेज़ी सरकार से पहले किसी युग में वर्दियाँ नहीं पहनीं। 'तिलिस्म' में नीली वर्दी ही का वर्णन नहीं मिलता बल्कि अंग्रेजी सैनिकों की लाल वर्दी का ज़िक्र भी मिलता है। "वर्दी फौज की नीली थी।"[3](65)

"हर एक शज़र लाल कुर्ती की पलटन का तलंगा बना।"[4](33)

अमीर हमज़ा की फौज में तो अंग्रेजों का एक दस्ता बाक़ायदा तौर पर शामिल ही है।

"पलटने गोरों की सजी हुई खड़ी है। जैसे ही रुस्तम प्रकट हुए, अंग्रेजी बाजा बजा। अंग्रेजों ने तोपें उतार कर सलाम किया।"(पृष्ठ 189)
यह फौजें सरकारी खज़ाने से बाकायदा पगार पाती हैं।

"अमरो ने कहा, आपके गाज़ी बतौर ताज़ी थान पर हिनहिनाते रहते हैं। बस्तों पर अकड़ा करते हैं। बेकारों को भर रखा है। एक महीने की पगार न लेंगे तो क्या होगा।"6(868) बड़े अफ़सरों की पगार तो मालूम नहीं किन्तु साधारण

सिपाही तीन रुपये महीने पर रखे जाते हैं। साहब 'दरबारे अकबरी' ने भी प्यादों की यही तनख़्वाह बतायी है। इन फौजों में 'आब दारखाना' का विशेष प्रबन्ध होता थ। 'आईन-ए-अकबरी' का कहना है कि मुग़ल फौजों में एक आबदारखाना हुआ करता था। फराश हैं तो फ़राशखाना भी होगा, हिन्दुस्तानी भी इस विभाग से परिचित थे। ये है 'तिलिस्म' की फौज का कारखाना। सामने से धूल उड़ रही है। सम्भवतः कोई फौज आ रही है।

"सामने से धूल उड़ी और नगाड़ों के बजने की आवाज़ आई...आगे-आगे नक़्क़ारची...दमामें शुतरी और फीली बजाते.....पैदा हुए। और सवारियाँ जादूगरों की प्रकट हुईं... ।[1](98)

"फौज के निशान (झण्डे) हाथियों पर प्रकट हुए। उनके बाद साठ हज़ार सवार, ...फिर उनके पीछे सत्तर हज़ार प्यादे कमाने पीठ पर। तरकश...पहलू के बराबर।"[1](29)

"धूल का आसमान फटा देखा। आगे शुतुर सवार प्रबन्ध करते हुए निकल गये। उनके बाद सात झण्डे सात लाख फौज के दिखाई दिये।"[3](73)

"...देखा, आगे हाथी पर फ़ौज का निशान सजा हुआ था। झण्डा उसका लहराता हुआ सामने आया।"[1](586)

अब ज़रा इन झण्डों को भी देख लें। एक अलम में झण्डा लाल बँधा था और सितारे उसमें चमक रहे थे। पंजे में एक चाँद लगा था। "अचानक बिजली चमकी और हाथी पर एक चाँद निकला। देखा कि वह अलम का एक पंजा था।" "झण्डों के पंजे सलामी के लिए लचकने लगे।"[1](109)

हमें तो यह कामदानी के झण्डे और लचकते हुए पंजे मोहर्रम के मालूम होते हैं। बहरहाल पहले धूल उड़ी, फिर फौज का निशान नज़र आया और फिर फ़ौज के ख़ेमे लग गये। पड़ाव का नक्शा दास्तान कहने वालों ने बहुत मज़ा ले कर सुनाया है और इसमें सन्देह नहीं कि उन्होंने हर पड़ाव पर एक लखनऊ बसा दिया है।

"एक राजभवन इस जंगल में खड़ा देखा कि कलस उसके आसमान से बातें करते हैं। याक़ूत की कलसियाँ उसके चारों ओर जड़ी हैं और हर कलसी पर एक मोर बैठा है...। बीच में राजभवन पर एक बहुत बड़ा कलस चढ़ा है। इस पर सूरजमुखी लगी है।"[3](229)

"अन्दर राज भवन के बारह हजार दंगल, अट्ठारह हज़ार कुर्सीयाँ बिछीं है और एक तख़्त पर बीच में जवाहर और अलमास से एक जगह सजी हैं।"

राजभवन बहत भव्य है, इसमें तहख़ानों का प्रबन्ध भी है। "अमीर ने उनकी प्रार्थना स्वीकार की और सुलेमानी राजभवन में आज की रात इबादत करना तय किया।" बारगाहों (राजभवनों,) के बारे में 'आईन-ए-अकबरी' का यह बयान है कि बड़े राजभवन इतने बड़े हुआ करते थे कि उनमें दस हज़ार से अधिक आदमी बैठ सकते थे। इन फौजी ख़ेमों को एक हज़ार फ़राश एक हफ्ते में खड़ा किया करते थे और वह भी मशीनों की सहायता से।

अब जहाँ ख़ेमे (डेरे) लगे हों वहाँ की आबादी का क्या कहना—"बारगाहें, पाले, छोलदारियाँ, नमगीरे खड़े हुए। सरदारों के लिए बारगाहें, सवारों के लिए तम्बू खड़े थे। फौज जब उतर चुकी उस समय बाज़ारी, व्यापारी, कुंजड़े, कसाई, नानबाई हर जगह ले जा कर आबाद करने लगे। बाज़ार के लिए हर जगह पर कोतवाल, अहलकार, सुरक्षाकर्मी हुए।"

"सवार व प्यादे बिस्तर जमाये। लेन पड़ी है। कोतवाल चबूतरे के बीच में है। हर तरह का प्रबन्ध हो रहा है।"[3](165)

लेकिन पड़ाव इतनी आसानी से नहीं पड़ जाता—

"बेलदार निकले और जंगल की झाड़ियाँ घास-फूस काटकर मैदान साफ करने लगे। जंगल की ज़मीन को साफ-सुथरा करके आईना बना दिया। ख़ेमे लगाने वाले खेमे गाड़ने लगे। रन गढ़ बसने लगा। कहीं सेंध लगाई, कहीं मोर्चा फैलाया, कहीं सुरंग लगाई और कहीं मोर्चा पतला किया। युद्ध का सामान ठीक हो गया। बीच लश्कर में पानी की नहर के पास पलक फरसा ख़ेमा लगाया गया। मुण्डेरों पर झण्डे गाड़े गये। चौपड़ का बाज़ार सजाया गया। दुकानों के निशान डाले गये। शाही खेमें के साथ-साथ महली बनाई गयीं, लश्कर उतरा, महल के ज़नाने ख़ेमे भी लगाये गये। सरदारों और बादशाह के जुलूस के लिए बीच लश्कर में जगह बनायी गयी। फिर तख़्ते ताऊस केन्द्र में सजाया गगा। चारों तरफ दंगल कुर्सियाँ बिछ गयीं। आराम का सामान ठीक किया गया। किसी तरफ रसोई घर बना, कहीं पीने के पानी की जगह बनाई गई। एक ओर शराबख़ाना सजाया गया। बाज़ार खुल गये कटोरे खनकने लगे।"[1](99)

"बाज़ार हर सरदार के ख़ेमे के आगे लगा है और उर्दुए-मोअल्ला का नक्शा है। एक ओर सोने का बाज़ार है, दूसरी ओर जवाहर का अम्बार है। कहीं चीनी का बाजार ख़ाक़ानचीन का खुला हैं। कहीं फिरंगिस्तान की बाज़ार लगी है।... एक ओर सुलेमानी ख़ेमा देखा...दोनों ओर सड़कें, किनारे-किनारे बाज़ार सजे हुए, भिश्ती बादले की रंगीन लुँगियाँ बाँधे-चाँदी-सोने के कटोरे कमर में रखे छिड़काव कर रहे हैं।"[2](174)

"लन्धोर के लश्कर में हिन्दी वेशभूषा के जवान और शरीफ बाँके-तिरछे लड़े-भिड़े...सुबह का समय है। वर्दी (वह बाजा जो फौजियों को रात में सोने औरे प्रातः चार बजे जगाने के लिए बजाया जाता है,) बज रहा है। नौजवान तमाशा देखने वाले रण्डियों के ख़ेमे, से निकले हैं। झील में जा कर गोता मारा। नमाज़ का वक़्त जाता था। शीघ्र आ कर चन्द पंक्तियों में नमाज़ अदा की। चूँकि नशाबाज़ हैं, डेढ़ बस्ती बग़ल में दबाये

दुकान पर भँगेड़ियों की पहुँचे। चवन्नी-अठन्नी फेंकी और दम मारा। उधर से कमीदान आये, इधर से रिसालेदार पहुँचे, एक ने खँखारा-दूसरे ने मूछों पर ताव दिया। कमीदान ने कहा मियाँ क्या मूछों पर ताव फेरा करते हो। आओ दो-दो हाँथ लड़ लो। तलवारें खिंच गयीं। एक के वार पर दूसरा प्रशंसा करता है। भई वाह! जवान क्या साखे का हाथ मारा है......"(5–(179)

ये सेनाएँ लाखों लाख आदमियों की हैं। महाभारत में कौरव सेना लगभग तीस लाख थी और पाण्डवों की सेना इक्कीस लाख थी। यह वास्तव में वही सैनिक हैं जो एक और लड़ाई लड़ रहे हैं। इसीलिए सदियों बाद रात को फिर जंगी नगाड़ा बजा। लश्करों में तैयारियाँ शुरू हो गयीं। तलवारों पर धारें रखी गयीं। और तीन ज़हर में बुझाए गये। ये ज़हर से बुझे तीर भी हिन्दुस्तानी ही हैं–। इस प्रबन्ध में रात कट गयी। सुबह की सफेदी दिखाई दी। सेना मैदान की ओर चल पड़ी।

"शाही तख़्त दिल के काले हिस्से के समान कायम हुआ। साहिबे क़राँ चालीस कदम आगे बढ़ कर साहिबे क़रानी के पद के योग्य झण्डा जिस पर अजदहा बना (अजगर) था, ले कर प्रकट हुए।"6(795)

"मलका माहरुख ने देखा कि सब शहज़ादियाँ अपने-अपने पदों के अनुसार उपस्थित हैं।"5(15)

"मक़हूर बिन क़बाद ने जंग का नगाड़ा बजवाया। चारों ओर पहलवानों को आदेश दिया। चालीस सफ़ें एक-एक लाख सवार और पैदल की तैयार हो रहीं हैं। एक-एक सफ़ पर एक लाख सवार, एक लाख पैदल और पाँच-पाँच पहलवान रहेंगे।"7(392)

यह तरीक़ा अरब फौजों का नहीं था। वहाँ तो फौजें कबीलों के अनुसार खड़ी हुआ करती थीं। 'तिलिस्म' की फौजें क़बीले के अनुसार नहीं हैं।

यह सेनाएँ एक सेना प्रमुख के झंड के नीचे खड़ी होती हैं—"सवारों के आगे प्यादे.......सवार सेना में नदी की मौज की तरह थे। घोड़े बराबर थूथनी से थूथनी पट्ठे से पट्ठा, दुम से दुम और खुरसे खुर मिलाए थे। अगर कोई आगे बढ़ आता था तो उसे पीछे से हटाते थे।"1(44)

नकीबों ने अपना काम शुरू किया—"...........गवइयों के लड़के माह तमसाल खुर्शीद जमाल.........सोने की लम्बी टोपी सर पर........कान में एक-एक बाली ......भैरवी के सुरों में सरोद बजाते, लश्कर के सैनिक झूमने लगते।"5(15-16) नकीबों का काम वास्तव में आवाज़ देना होता था जैसे—

"नकीब अब नकाबत की सदा देने आगे आगे, अमरो पीछे पीछे।"

किन्तु दस्तान कहने वालों ने कभी-कभी इनसे कड़कीत का काम लिया है। इसलिए मैदान में कड़कीतों की आवाज़ें गूँज रही हैं—

"ऐ बहादुरो—यह दिन किस्मत से नसीब हुआ है।...आज कौन-सा माई का लाल महाबली लड़ाई में जूझ मरता है, खेत रहता है। और कौन अपनी माँ का लाल सुर्खरू हो कर पाला जीत लेता है। बड़े बाप का वही बेटा जो (दौड़ा कर) दुश्मन को मारे, वही पूत कपूत जो लड़ मरनें से जी हारें।"1(652)

इधर से कोई मुकाबला करने निकला, उधर से अमीर हमज़ा साहिबे कराँ निकले। मैदान रोका गया—

"मैदान क़ुर्क हुआ कि और कोई सरदार अमीर के अतिरिक्त लड़ने के लिए न निकले। सब सरदार, सिपहसालार पैदल हुए और फौज के आगे आये।"

साहिबे क़राँ मैंदान में आये। ओझड़ हुई। सात कदम घोड़ा दुश्मन का पीछे हटा और तीन कदम अमीर का। फिर तलवारबाज़ी शुरू हुई। अगर कोई हाथ अच्छा पड़ गया तो प्रशंसा का शोर उठा और लड़ने वाला वहीं से झुक-झुक के यूँ सलाम करने लगा जैसे लड़ने वाला लड़ न रहा हो बल्कि किसी मुशायरे में अपना कलाम सुना रहा हो। चाहे यूँ झुक-झुक कर सलाम करने का उदाहरण कहीं और न मिले लेकिन निःसन्देह युद्ध के मैदान में प्रशंसा की जाती थी। महाभारत की लड़ाई में जब द्रोणाचार्य ने कई बहादुर सरदारों से एक साथ लड़ते देखा तो उन्हें एकदम कहना पड़ा :

"क्या इस बच्चे जैसा लड़ाका कहीं और भी पैदा हुआ था?"

(महाभारत—369)

तलवारबाज़ी से कोई परिणाम न निकला तो कुश्ती की नौबत आयी—

> “हाशिम कुश्ती का ठाठ बदल कर सामने आया। हाँथ से हाँथ मिला। दाहिना हाथ घसीट कर बायाँ हाथ गर्दन पर रखा... कभी यह नीचे खींच लाता था, कभी वह खींचता था...”

कुश्ती के बारे में शरर का कहना है कि ये विशेषतया आर्यों का आविष्कार है—

“ये कला विशेष आर्यों की थी। हिन्दुस्तान में भी, ईरान में भी। अरब और तुर्क इससे बिलकुल अनजान थे।” (मज़ामीन-ए शरर, 133)

हम शरर के बयान का विरोध क्यों करें। इसलिए यह कुश्ती लड़ने वाले अरबी शहजादे आर्य निकले।

> “गोरों की पलटनें क़वायद से परिचित। जमी हुई। सिपाही वर्दियाँ पहने लड़ रहे हैं।...”

इस हंगामे में शाम हो गई, नगाड़ा बजा, फौजें वापस हुई, नाच रंग शुरू हो गया। लाल शराब का दौर चलने लगा।

“ग़ाज़िउद्दीन हैदर बादशाह के जमाने में लड़ाने के अलावा भैंसे, गैण्डे इस ख़ूबी से सधाये गये कि गाड़ी में जोते जाते और हाथी की तरह उनकी पीठ पर हौदा कस कर सवारी की जाती।” (मज़ामीनेशरर)

अब बचे हथियार—इस्लामी सेना सवारों और पैदल में बँटी होती थी। पैदल फौजें तो सपर, नेज़ा, तलवार से काम चलाती थीं। कुछ तो केवल तीर-कमान वाले भी होते थे। सवारों का विशेष हथियार दस गज़ लम्बा नेज़ा हुआ करता था।

लेकिन ‘तिलिस्म’ में हथियारों की दुनिया बहुत बड़ी है। यह सूची लट्ठ से शुरू होती है। फिर हमें बाना मिलता है, बन्दूक़ मिलती है, बुग़दा मिलता है और बरछी मिलती है। कहीं पट्टे के हाथ दिखाये जा रहे हैं, कहीं तलवार के जौहर आज़माये जाये रहे हैं, कहीं तेग़ा है। कहीं छोटे-छोटे तेग़े हैं। कहीं तेग़ हिलाली है, कहीं तेग़ हिन्दी और कहीं ऐसी तेग़ जो दोनों हाथों से थामी जाती है। कहीं-कहीं ज़ुल्फिक़ार भी नज़र आती हैं। तोपें हैं, शुतुरनाल हैं, शमशीर आबदार है, नेज़े हैं, तीर चल रहे हैं। खदंग बरस रहें हैं।

‘तिलिस्म’ में अमीर हमज़ा के पास तेगें फिरंगी, सुलेमानी तलवार है। ‘तिलिस्म’ की लड़ाइयों में नेज़े के हाथ दिखाये जाते हैं। आमतौर पर नेज़े द्वारा किसी दुश्मन को मारने की कोशिश नहीं की जाती है। कारण यह हो सकता है कि नेज़ें हिन्दुस्तानी युद्ध स्थल से मेल नहीं खाते हैं। तिलिस्म’ में तो लड़ाइयों का फैसला तलवार से होता है और हिन्दुस्तान की तलवार मशहूर है।

‘तिलिस्म’ में तरकशों की दुनिया बहुत बड़ी है। स्पष्ट है कि जब आक्रमण का यह रूप होगा तो क़िले वाले भी तैयारी करेंगे इसलिए—

> "तोपें चढ़ा दी गईं। गोले बिजली के, पत्थर के और अलग-अलग तरह से फेंके जाने लगे।"4(765)

इधर से फौज ने धावा बोला, उधर से गोलाबारी आरम्भ हो गई। सेना रुकी, सेनापति अकेले आगे बढ़ा। खन्दक़ भरा गया। सेनापति ने क़िले का द्वार तोड़ा और सेना क़िले के अन्दर प्रवेश कर गई। अब क़िले के अन्दर लड़ाई आरम्भ हुई। दुश्मन ने सफेद चादर हिलाई और मेल की बात कही—

"फौज तैयार हुई। हाथ में रूमाल बाँध कर 'अलअफ़ू-अलअफ़ू, कहते हुए सभी सरदार आगे चले...." चलिए, लड़ाई खत्म हो गयी।

'नक़्क़ारखाने' की इतनी चर्चा हुई है कि शायद बताने की आवश्यकता नहीं कि सेनाओं के साथ एक नक़्क़ारखाना भी हुआ करता था। नक़्क़ारखाने में कई बाजे प्रयोग किए जाते थे। अट्ठारह जोड़ियाँ दमामे की, बीस जोड़ियाँ नक़्क़ारे की, चार दहल, कम-से-कम चार क़रनाइन जो सोने, चाँदी या काँसे आदि की हुआ करती थी। हिन्दुस्तानी और ईरानी सोना। हिन्दुस्तानी, ईरानी और योरोपियन प्रकार की शहनाईयाँ। सबंग और तीन जोड़ियाँ संज की—यह हुआ नक़्क़ारखाना। 'तिलिस्म' के नक़्क़ार खाने में दमामा, दमामये शुतरी, दमामये फीली, दहल, तबल, क़रना, नक्कारा, शहनाई के अलावा तरम, नौसंघे, तरशी बिगुल का वर्णन मिलता है।

फौजी सवारियों में हाथी और घोड़ों के अतिरिक्त गैण्डे की चर्चा भी मिलती है। गैण्डे की यह सवारी वास्तव में लखनऊ की देन है। "हिन्दुस्तानी सिपाहियों को बहुत जमाने से शराब का चस्का है। पहरा होने लगा......."खेमे के चारों ओर कड़ा पहरा लगा था। गोरों की फौज उतरी हुई थी...ब्रिगेडियर कुर्सी पर बैठा था, कोट हथियारों का बँधा था।"

> "ख़ेमे के अन्दर गोरों का पहरा था। बराबर नहर के, गारद उतरा हुआ था। सन्तरी टहलता था......उसने आगे बढ़कर पास (Pass) दिखाया। गोरे ने रास्ता दिया।"

ये सुरक्षा अत्यन्त आवश्यक है ताकि दुश्मन रात में हमला न करे। अँधेरे में दोस्त और दुश्मन में अन्तर करना सम्भव न होगा।

"सरदार और लाखों सैनिक.......चोर मशालें सुलगा कर और धारदार तलवार खींच कर चार समूहों में बँटे और अलग-अलग हो कर साहिरों की फौज पर आक्रमण किया एक समूह जो बाक़ी रहा, वह लक़ा की फौज पर आ पड़ा...... ख़ेमों की डोरियाँ काट दीं और ख़ेमों में आग लगा दी"(1—(731)

यह रात के आक्रमण कोई नई चीज नहीं है। महाभारत में अश्वत्थामा ने मरते हुए दुर्योधन के सामने यह कसम खायी थी कि वह पाण्डव को खत्म कर देगा। सूर्यास्त हो चुका था। अश्वत्थामा और कृपाचार्य आदि बहुत थके हुए थे। कृपाचार्य सो गये किन्तु अश्वत्थामा जागता रहा। उसने जब यह देखा कि एक उल्लू कौओं का शिकार कर रहा है और अँधेरे के कारण कौए देख नहीं पाते तो उसने सोचा कि क्यों न इसी तरह पाण्डवों पर हमला किया जाए। (महाभारत–(321) लेकिन अगर दुश्मन किले में बन्द हो जाए तो लड़ाई का अन्दाज़ बदल जाता है।

"सरदार ने आदेश दिया 'चारों ओर से किले को घेर लो। खाना और पानी क़िले वालों पर बन्द कर दो। रसद न पहुँचने पाए।"(4–(765)

हज़ार-हज़ार तीरों के तरकश मौजूद हैं। कमर में विलायतियाँ घुडसी हुई है, खंजर लगे हुए हैं। कहीं हिलाल आसा खंजर है और कहीं 'खंजर हिन्दवान' मूल्यवान चमक रहे हैं। गदाएँ भी हैं और चक्र भी हैं। चक्र जादूगरों के हाथों में भी है और दूसरों के भी–

"मख़मूर ने जादू पढ़कर एक चक्र मारा कि वह बर्क अन्दाज़ के हाथ पर आ पड़ा ओर उसका हाँथ तलवार के साथ कट कर दूर जा गिरा।"1(552)

> "ज़रग़ाम ने अबकी चक्र ऐसा ताक कर मारा कि तीर और
> कमान, दोनों कट गये।"2(291)

इस चक्र का हिन्दू देव माला से कोई सम्बन्ध नहीं है। यह प्राचीन भारत का एक हथियार है। मुग़लों के समय तक सम्भवतः इसका प्रयोग बन्द हो चुका था लेकिन 'आईन-ए-अकबरी' में इसकी चर्चा है।

इस चक्र के अतिरिक्त 'तिलिस्म' में खाण्डे, तीर और तोपों का वर्णन भी है। इन हथियारों के अतिरिक्त 'तिलिस्म' में त्रिशूल और पंचशूल का प्रयोग भी मिलता है। यह पंचशूल कोई हथियार नहीं होता। त्रिशूल में दो फलों की बढ़ोत्तरी करके दास्तान कहने वालों ने एक नया हथियार तैयार कर लिया है। किन्तु रामायण में पाँच फलों वाले एक तीर की चर्चा की गयी है। सम्भव है, दास्तान कहने वालों ने इस तीर को पंचशूल बना दिया हो।

उपर्युक्त हथियारों में से त्रिशूल, गदा, भाला और खाण्ड का प्रयोग कालीदास के यहाँ मिलता है। (कालीदास का हिन्दुस्तान 159) 'पद्मावत्' में खड्ग (सीधी तलवार), बाँक, नेज़ा, बाम, साँग, तलवार, गुर्ज़, तीर-कमान, गोफन और तोप की चर्चा मिलती है। 'आईन-ए-अकबरी' ने तलवार, खाँड, खंजर, बाँक, कटार, नेज़ा बरछा, गुर्ज़ तीर, गोफन का वर्णन हे। ये गोफन 'तिलिस्म' के अय्यारों का

विशेष हथियार है। सुरक्षा सामग्री में ज़िरा, बक्तर, जार आइना, तोप, दबलग़ा, दस्ताने, मोज़े कमरबन्द, अक़चीन, जोशन, झेलम हैं। इन वस्तुओं को हथियार के बक्से में रखा जाता है। तीर-तलवार की लड़ाई ढ़ाल के बग़ैर नहीं हो सकती। इसलिये लोहे की ढालें मौजूद हैं जिन पर मोतियों की झालर पड़ी रहती है या फूल जड़े होते हैं–

"ढालों पर फूल जड़े थे या काली कलकत्ते वाली के मन्दिर में पुजारी एकत्रित थे।"(3–(17)

कालीदास के यहाँ ज़िरा, खूद और दस्तानों की चर्चा मिलती है। पद्मावत में तोप, झेलम, (लोहे की जालदार नकाब, जो लड़ाकू सिपाही लड़ते समय मुँह पर डाल लेते हैं) मोज़ों की चर्चा की गयी हैं और 'आईन' में ढ़ाल, ज़िरा, बक्तर, जोशन, चारआइने, दस्तानों और मोज़ों के प्रमाण मिलते हैं। इस अध्ययन से यह बात स्पष्ट हो जाती है कि 'तिलिस्म' में हिन्दुस्तानी हथियारों की बहुतायत है। अधिकतर हथियार ऐसे हैं जो हिन्दुस्तानी हो चुके हैं और कई तो केवल हिन्दुस्तानी हैं।

अब तक हमने केवल फौजी ख़ेमों और युद्ध स्थलों को देखा है। सेनाओं में एक विभाग गुप्तचरों का भी होता है। अमीर हमज़ा और असद की सेनाओं में भी अय्यार और हरकारे हैं और अफ़रासियाब की सेना में भी। ये अय्यार ख़बरें लाते हैं, बड़े दुश्मनों का अपहरण करते है या उन्हें चुपचाप कत्ल कर देते हैं। जासूस भारत में प्राचीन काल से प्रयोग किये जा रहे हैं। पाण्डवों को यह ख़बर जासूसों ने ही पहुँचायी थी कि द्रोणाचार्य ने दुर्योधन से यह वादा किया है कि वह युधिष्ठिर को बन्दी बनाएँगें।" (महाभारत 256)

तिलिस्म' में भी दोनों ओर जासूसों का जाल बिछा है "यह सब समाचार इस्लामी सेना के जासूसों ने साहबे क़राँ की सेवा में सुनाए"।

> "जादू के पक्षी समाचार ले कर मलका माहरूख के दरबार में आये।"

"कुफ्कार की सेना में रूप बदल कर जासूस उपस्थित थे। उन्होंने यह ख़बर जा कर सुलेमान को दी कि वो आपकी बेटी नहीं थी, एक चालाक (धूर्त) अय्यार था और सारी घटना सुनायी।"1(50)

इन अय्यारों के पास एक ऐसा लबादा होता है जिसमें विभिन्न प्रकार के वस्त्र और रंग व रोग़न आदि होते हैं और ये अय्यार खंजर के अलावा गोफन को भी हथियार की तरह प्रयोग करते हैं। यह एक तोबड़ा (थैला) भी रखते हैं। इस तोबड़े में तराशे हुए पत्थर रखे जाते हैं जो गोफनों के द्वारा दुश्मनों पर फेंके जाते हैं–

"अमरू ने जो ये बात देखी, ग्लीम उतार कर प्रकट हुआ और गोफन में साढ़े पाँच सेर का तराशा हुआ पत्थर रखकर मारा।"1(97)

इस गोफन की चर्चा 'आईन' से बहुत पहले कालीदास ने की है। गोफन के अतिरिक्त अय्यार गुलेल भी प्रयोग करते हैं और आतिशबाज़ी के बिना तो उनका काम ही नहीं चलता। इस आतिशबाज़ी का धुआँ सारे 'तिलिस्म' में फैला हुआ दिखाई देता है। इनके पास विशेष प्रकार की गेंदें भी होती हैं। ये गेंदें बन्दियों के हलक़ में ठूँस दी जाती हैं ताकि वे बोल न सकें। मलका तारीक शक्ल कश के नाश्ते के लिए अमरू प्रति दिन जो दस आदमी पहुँचाया करता था उनके गलों में ये गेंदें ठुँसी हुई होती थी ताकि वह ये न बता सकें कि वह अफ़रासियाब के आदमी हैं। अय्यार विभिन्न उपायों से दुश्मनों को बेहोश भी करते रहते हैं। कहीं बेहोशी की धूल उड़ती है और कहीं बेहोश करने वाली शराब से काम चलाया जाता हैं। खाने-पीने में बेहोशी मिलाने का यह तरीक़ा भी पुराना है–

"खेल कूद के बाद वह थककर अपने ख़ेमों में सो गये। भीम ने अपने को ज्यादा थका लिया था। क्योंकि उसके खाने में भी ज़हर मिला था इसलिये वह ऊँघने लगा और वहीं नदी के किनारे लेट गया।" (महाभारत 32)

इस विस्तृत अध्ययन से यह परिणाम निकाला जा सकता है कि 'तिलिस्म' की राजनीति हिन्दुस्तानी राजनीति है। यदि इस पर बाहर का कुछ असर है भी, जितना मुग़लों और पठानों के साथ आकर यहाँ हो गया था और जिसे हिन्दुस्तान के बाहर का कहना ठीक नहीं है। 'तिलिस्म' की लड़ाइयों में कभी कभी ऐसा भी होता है कि 'तिलिस्म' को तोड़ने वाला एक को मारता है तो वह दो बन जाता है और इस प्रकार उनकी गिनती बढ़ती चली जाती है। इसके लिए भी बहुत दूर जाने की आवश्यकता नहीं है। औरंगज़ेब के समय में चलने वाली सतनामियों के आन्दोलन पर एक दृष्टि डाल लेना बहुत होगा। उनका विश्वास ही यह था कि उनका एक आदमी मरेगा तो सत्तर बन जायेगा। परिणाम यह निकला कि शाही फौजें मुकाबले से कतराने लगीं। ये प्रसिद्ध हो गया कि न वो काटे कटते हैं, न मारे मरते हैं। ये बात इतनी फैली को औरंगज़ेब के प्रसिद्ध जनरलों कि भी उनके मुक़बले में हिचकिचाहट महसूस होने लगी और सतनामी दिल्ली के बहुत निकट आ गये और तब सतनामियों की काट के लिए औरंगज़ेब को एक तावीज़ लिखना पड़ा जो हाथियों और झण्डों के सरों और झड़ों से बाँधा गया। तब जाकर शाही फौज ने सतनामियों का मुकाबला किया और इस प्रकार एक भ्रान्ति ने दूसरी भ्रान्ति को परास्त किया (तारीखे औरगंज़ेब, पृ. 341)

यह सम्पूर्ण वातावरण और इस वातावरण में गूँजने वाली हथियारों की आवाज़ और नारों की गूँज, धूल, इसमें साँस लेने वाले सिपाही और उनके ख़ेमें, युद्ध स्थल, उनका शासन और बादशाह और नौकरशाही–कोई वस्तु भी तो अपरिचित दिखायी नहीं देती। यह हिन्दुस्तानी दास्तान, हिन्दुस्तानी शासकों, हिन्दुस्तानी सेनाओं हिन्दुस्तानी लड़ाइयों के वातावरण में है और इसके देशी होने पर शक करना उचित नहीं है।

सामाजिक जीवन

- **सुबह और शाम**
- **वस्त्र**
- **आभूषण**
- **रीति-रिवाज**
- **खान-पान**
- **शादी-ब्याह**
- **पारिवारिक जीवन**
- **मृत्यु**

सभी काल्पनिक रचनाएँ उस वास्तविक दुनिया का प्रतिबिम्ब हैं जिनमें उनका रचनाकार रहता है। वह वास्तविक दुनिया में पायी जाने वाली वस्तुओं से रचनाकार के प्रेम या घृणा का परिणाम हैं.......दुनिया के रंग, रूप, दौलत, सूरत शक्ल, हवा और जीवन की महक, शारीरिक सुन्दरता और कुरूपता और इंसानों के कार्य–कलाप उनकी सोच और सपने– यह सब कला के लिए कच्चे माल का स्थान रखते हैं। (राल्फ फॉक्स : नावेल और जनता)

साहित्य भी कला का एक रूप है इसलिए ज्ञानचन्द्र का यह कथन सत्य प्रतीत नहीं होता कि 'तिलिस्म' के जादूगरों की आत्मा हिन्दुस्तानी नहीं है–

"जादूगरों के जादू के तरीक़े हिन्दुस्तानी हैं। डमरू बजता है। पुतिलयों को मोहनभोग दिया जाता है। वीरों को शराब चढ़ाई जाती है– इन सब बातों के बावजूद जादूगरों की आत्मा हिन्दुस्तानी नहीं। उनकी बातचीत, उनके मकान की सजावट, रहन सहन, सोचने का ढंग.....सब कुछ इस्लामी है। बड़े जादूगरों की तो वेशभूषा भी हिन्दुआना नहीं है। जादूगरनियाँ हिन्दुस्तान की मुसलमान बेगमों की तरह हैं।"(ज्ञानचन्द्र : उर्दू की नसरी दास्तानें–302)

इस कथन से ऐसा पता चलता है कि ज्ञानचन्द्र हिन्दुस्तानी मुसलमानों को हिन्दुस्तानी नहीं मानते इसलिए 'तिलिस्म' के जादूगरों को लखनऊ के अमीरों

के भेष में देख कर यह अर्थ निकाल लेते हैं कि ये लोग हिन्दुस्तानी नहीं हैं जैसे हिन्दुस्तानी होने का सम्बन्ध राष्ट्र से नहीं, बल्कि मज़हब से है। सम्भवतः यह कहना ग़लत न होगा कि ज्ञानचन्द्र के सोचने का यह तरीका सही नहीं है। सभ्यता और संस्कृति को धर्म से जोड़ कर देखना ठीक नहीं है। एक घर के विभिन्न लोग विभिन्न मतों के मानने वाले हो सकते हैं। फिर भी उनकी संस्कृति मिली-जुली होगी। ज्ञानचन्द्र के उपर्युक्त कथन का स्तर और स्पष्ट हो जाता है। जब उनकी इस किताब में थोड़ा पहले ही 'तिलिस्म होशरुबा' को यह उपाधि मिल चुकी है कि इस दास्तान में लखनऊ समाज को नमूने प्रस्तुत किये गए हैं–

"दास्तान अमीर हमज़ा का लखनवी अनुवाद तो लखनऊ की सभ्यता का एक समुन्दर है...दास्तान अमीर हमज़ा से जादूगरी और अय्यारी निकाल लीजिए। बाक़ी जो रह गया वह लख़नऊ की सभ्यता है।" (ज्ञानचन्द्र जैन : उर्दू की नसरी दास्ताने–240)

अब प्रश्न यह है कि जिस बात को ज्ञानचन्द्र 'लखनवी सभ्यता' और 'उन्नीसवीं सदी के लखनऊ का समाज' कहते हैं, क्या वह मुसलमान हैं? हसन असकरी और अज़ीज़ अहमद भी इस बात को स्वीकार करते है कि 'तिलिस्म' होशरुबा, में लखनऊ के समाज को प्रस्तुत किया गया है। अज़ीज़ अहमद का कहना है :–

"यह 'तिलिस्म होशरुबा' की बहुत बड़ी विशेषता है इसमें पुराने लखनऊ का जीवन और उसकी भाषा लहरें ले रही है।" (इंतखाब-ए-तिलिस्म होशरुबा' –16) "अगर शरर लखनऊ के सम्बन्ध में अपनी किताब न भी लिखते तब भी 'तिलिस्म होशरुबा' की सहायता से पुराना लखनऊ और फ़ैज़ाबाद बना देता है:–

"शहर में प्रवेश किया जो अजब चहल-पहल दिखायी दी। रंगीनियाँ थीं और दिलचस्पियाँ। जिधर, देखता हूँ नाच हो रहा है। मदारी तमाशा कर रहे हैं और लोग तरह-तरह के सैर तमाशों में लगे हैं। मैं रौनक और शोर हंगामा देख कर भौंचक्का रह गया....छोटे-बड़े सबकी जेबें रुपयों और अशर्फियों से भरी हुई थीं।

(मज़ामीने शरर–8–10)

वास्तव में यही वह बस्ती है जो भेष बदल-बदल कर 'तिलिस्म' में अपना जलवा दिखलाती रहती है। 'तिलिस्म' के शहरों को दास्तान कहने वाले लखनऊ बनाना ही चाहते हैं क्योंकि अगर ऐसा न होता तो शोहदों (बदमाश, गुण्डा) के ग़ोल के ग़ोल नज़र न आते :–

"एक सौ बीस आदमी शोहदों के समान साथ-साथ जिनके बदन पर ठीक से कपड़ा भी नहीं, कच्छा, बनियान और लाल गाढ़े की चादरें ओढ़े आ रहे हैं।(4–758)

अब कहाँ तो ये लखनऊ और लखनऊ की ये रौनक़ें कि खाना चले तो रौशन चौकी साथ-साथ बजती चले। "मियाँ बर्क शराबख़ाने में गये। शराब को ख़राब किया कि रौशन चौकी की आवाज़ कान में आई। बर्क़ ने पूछा, ये रौशन चौकी कैसी बजती है? नौकरों ने बताया कि हैरत ने ख़्वान खाने के भेजे हैं।" और जब खाना लगे तो खाने की अधिकता देख कर पेट भर जाए, और कहाँ सहराये हस्ती के एक गाँव में अफ़रासियाब की खातिरदारी का ये प्रबन्ध :—"अफ़रासियाब ने शर्बत की सूरत देखी। वहाँ के समाज के जीवित चित्र बनाये जा सकते हैं।"

(हसन अस्करी : इन्तख़ाबे तिलिस्म होशरुबा, पृ. 25)

इसमें सन्देह नहीं कि लखनऊ की यह तस्वीर एक रूमानी तस्वीर है। फिर भी इसमें उस सभ्यता के निशान देखे जा सकते हैं और उस समाज को पहचाना जा सकता है जिसे हम लखनवी सभ्यता और लखनवी समाज कहते हैं। ये रहन सहन का ढंग, समाज का यह रूप वाजिदअली शाह के पहले भी था, उनके बाद भी रहा और आज भी है। चौधरी ख़लीकुज्ज़मा का वतन छोड़ना सभ्यता छोड़ने के समान नहीं हो सकता। लखनऊ वास्तव में रामचन्द्र का इलाक़ा है। यह इलाक़ा हिन्दुस्तान में मुसलमानों के प्रवेश से पहले भी था और हसन अस्करी के जाने के बाद भी मौजूद है।

समाज का मूल आधार धर्म नहीं होता बल्कि क्षेत्रीय आवश्यकताएँ होती हैं। ज्ञानचन्द्र ने इस पर ध्यान नहीं दिया तो उन्हें 'तिलिस्म' के जादूगर भी हिन्दू नज़र नहीं आये। उन्हें शिकायत है कि बड़े जादूगरों की तो वेशभूषा भी हिन्दुआना नहीं है। इसका अर्थ तो यही निकाला जा सकता है कि जो वस्तु "हिन्दुआना तौर की न हो वह हिन्दुस्तानी नहीं है क्योंकि रहन-सहन और इस प्रकार की सभी दूसरी वस्तुओं को लखनवी मान लेने के बाद उन्होंने यह कहा है कि "बावजूद इन सभी बातों के, जादूगरों की आत्मा हिन्दुस्तानी नहीं है।" जबकि लखनऊ कि विशेषता ही यह है कि उसने धर्म के अन्तर को अनदेखा किया है। अकबर के ज़माने में दिल्ली में हिन्दू राष्ट्र की नींव पड़ने लगी थी जिसका केन्द्र मज़हब नहीं था बल्कि राज्य था। लखनऊ अकबर के उस ख़्वाब की ताबीर था। लखनऊ ने सभ्यता को मज़हब की ज़ंजीरों से स्वतन्त्र कर दिया। मुईरम का त्योहार इसका सबसे बड़ा उदाहरण है। सोज़ ख्वानी और नौहाख़्वानी को बड़े से बड़ा शिया धर्म को मानने वाला नाजायज़ नहीं कह सकता जबकि उनका ठाठ हिन्दुस्तानी संगीत के ठाठ पर बाँधा जाता है। दिल्ली दरबार ने तानसेन को अवश्य पैदा किया, सूफ़ियों ने संगीत के पक्ष में बग़ावत भी की किन्तु संगीत धर्म

के क़िले में दाख़िल न हो सका। हाँ! जब लखनऊ में परम्पराओं का लेन-देन स्वतन्त्रतापूर्वक होने लगा तो विश्वास की दीवार में दरार पड़ गयी। और केवल यही नहीं हुआ कि सूरजकुण्ड के मन्दिर को गिराने वाला बालनाथ बन गया बल्कि हिन्दुस्तानी संगीत सोज़ख्वानी और नौहाख़्वानी का भेष बदल कर धर्म के अन्दर प्रवेश कर गया।

ज्ञानचन्द्र और हसन असकरी ने समाज को धर्म के पैमाने से नापा जबकि जीविका के पैमाने पर नापना चाहिए। अवध का समाज एक देहाती समाज था। लखनऊ और फैज़ाबाद के आसपास दूर-दूर तक देहात पाये जाते हैं। 'तिलिस्म' में भी 'सामने वाले गाँव' की चर्चा बहुत है किन्तु यह गाँव देखने योग्य नहीं है इसलिए दास्तान कहने वाले हमें एक दो बार के अतिरिक्त कभी देहातों की ओर नहीं ले जाते। हमारे दास्तान कहने वालों जो 'गंगा जमुनी शहर' बसाने और मूल्यवान वस्त्रों की बात करने फूल-से बच्चों और चाँद-सी औरतों के बारे में सोचने में लिप्त थे। भला इन गाँव में क्या रुचि लेते जिनमें नंगे बुच्चे लड़कों और बढ़े पेट वाली औरतों के अतिरिक्त कुछ था ही नहीं। इनका वर्णन रंग में भंग डाल देता। उनके लिए उनका लखनऊ काफी था।

"शहज़ादा.........जब अन्दर शहर के आया, मुल्क को आबाद पाया। गली कूचे साफ....प्रेमी के दिल की तरह......चारों ओर नागरिक अपने कारोबार में लगे.....किसी ओर हलवाई........कहीं नानबाई.......किसी तरफ कुन्जड़े कसाई। कहीं बिसातखानों की सजावट। कहीं फूल बेचने वालों की सजावट, कहीं साक़िनों की बनावट है। रण्डियाँ तरहदार। चकला चौक में आबाद। देखने वाले खुश। जवान औरतें ज़रबफ़्त के लँहगे धोती के अन्दाज़ पर कसे। साड़ियाँ आधी ओढ़े, आधी बाँधे, किसी के दुपट्टे में लचका टका किरन लगी, किसी की चोली सूरज से ज्यादा जगमगाती। गोखरू की अंगिया......हाथों में हीरे-जवाहरात जड़े सोने के कड़े। पाँव में तीन-तीन सोने के छड़े....आशिकों को लुभाती थीं।"(1-58-59)

चौक में रण्डियों की ये भरमार क्यों न होती जब कि शुजाउद्दौला का स्वभाव ही इस ओर था। शुजाउद्दौला के समय में तो लखनऊ का कोई गली-कूचा बाज़ारी औरतों और नाचने वाली वेश्याओं से खाली न था। शरर मुंशी फैज़बख़्श का जो कथन सुनाते हैं वह भी 'तिलिस्म' के शहरों को लखनऊ और फैज़ाबाद बना देते हैं। अफरासियाब ने सूरत शरबत की देखी गाढ़ा-गाढ़ा काला। अफ़रासियाब ने हैरान हो कर कहा ऐ ख़ैरख़्वाह-दौलत, ये क्या है? कहा—हुजूर राब का शर्बत बड़ा ठण्डा होता है दो लुटियाँ पीजिए। आप धूप में आये हैं, बड़ी राहत मिलेगी।

अफ़रासियाब नें उल्टा हाथ मारा.........बताया, ख़ासा हाज़िर है। अफ़रासियाब ने कहा, लाओं। साहिर हस्ती ने सामने अफ़रासियाब के छोटी ज्वार की मोटी-मोटी रोटियाँ।......एक प्लेट में मीठे चावल, वो भी गुड़ के......चटनी भी प्याज़ की लाया। हरी मिर्चें कतरी हुई। घर का बना काला सिरका..........।"(6-6-18)

इस दस्तरख़्वान पर दास्तान कहने वाले क्या टिकते, लेकिन जगह-जगह पर गाँव की चर्चा यह प्रमाणित करती है कि 'तिलिस्म' का समाज देहाती समाज है। और जातियों में आपसी टकराव के दिखायी न देने के बावजूद कौमों की चर्चा यह प्रमाणित करती हैं कि ये हिन्दुस्तानी क्षेत्र है, ज़ात बिरादरी में बटा हुआ है। तिलिस्म में अहीर, नाई, पासी, डोम, धोबी, मेहतर, तेली, ठाकुर, कुम्हार, कलवार, ढ़ाडी और जुलाहे बसे हैं। ये जुलाहे मोमिन भी कहे जाते हैं। ब्राह्मणों की तो कोई कमी ही नहीं है। यह सभी जातियाँ अवध में आम हैं। इनके अतिरिक्त बहेलिये, तम्बोली, हलवाई, कुँजड़े, कसाई, नट, भटियारे और राजपूत भी हैं। 'तिलिस्म' की जादूगरी पर यदि एक दृष्टि डाली जाए तो लखनऊ की रूप रेखा स्पष्ट दिखायी देने लगती है। फ्रेज़र ने जादू के दो प्रकार बताये हैं लेकिन जादू के एक बड़े भाग को उसने अनदेखा कर दिया है उसने समाज की महत्ता का पूरा आकलन नहीं किया। 'तिलिस्म होशरुबा' में एक जादू ऐसा भी चलता है जिसे 'ग़ज़ल का जादू" कहा जा सकता है। इस पर ग़ज़ल की गहरी छाप है। जैसे उर्दू-फारसी गज़ल में नर्गिस का फूल अन्धा होता है इसलिए दास्तान कहने वाले जब एक शहज़ादी का नाम नर्गिस रखते हैं तो उससे सम्बधित शब्द, अर्थ और सामान शब्दों का जादू करवाते हैं :–

"नर्गिस ने बढ़ कर जादू किया, सैकड़ों को नाबीना (अन्धा) कर दिया। जिस पर दृष्टि डाली, वही हाय करके गिरा टटोलता फिरता है।"(6-190)

जुल्फ़ की ज़ंजीरों के कैदियों की कहानियाँ भी हमारी ग़ज़ल को खूब याद हैं 'तिलिस्म' में जुल्फ़ें पूरी तरह से जंजीरें बन जाती हैं और सामने वाले को बाँध लेती हैं "खज़ल ने जो उसको आते देखा, वह ज़ंजीर बन कर उसके हाथों ओर पैरों में लिपट गये।" 1(595)

"बहार ज़मीन पर गिरी और अपने सर के बाल तोड़कर उस तस्वीर पर मारे कि वह कमन्द बन कर तस्वीर के लिपट गये।" (3-584)

"मलका हिना ने यह हाल देख कर ऐसा जादू पढ़ा कि बेइख़्तियार हँसी आयी और मुँह के खुलते ही एक बिजली चमकी।" 1(596)

अर्थात कमन्द ज़ुल्फ भी है और बरक़े तबस्सुम भी, लेकिन यहाँ तक तो फिर भी ठीक है। 'तिलिस्म' की जादूगरनियाँ तो इश्क़ का जादू करती हैं और युद्ध का मैदान प्रेमी की गली बन जाती है। बहार का तो जादू यही है कि वह विरोधी को उसकी सेना सहित अपने ऊपर आशिक़ करवा लेती है और फिर उनसे आत्म हत्या करवाती है। किन्तु मख़्मूर भी केवल कण्ठे याकूत अहमर के नहीं मारती बल्कि :–

> "मलका मख़्मूर सुर्ख चश्म ने जिस पर मदभरी दृष्टि डाल दी, वह मस्त होकर प्रेम की कविता पढ़ने लगा।"(5-217)

मलका सुर्ख़ मुए-काकुल केवल बालों से जादू करती है। हैरत का मशहूर जादू भी यही है कि वह अपनी जुल्फें फैलाती है और चारों ओर अँधेरा फैल जाता है और अँधेरे में वह दुश्मन को मार लेती है।

'तिलिस्म' की जादूगरनियाँ ग़ज़ल के हथियारों से लैस हैं। निगाह, नाज़, ज़ुल्फ़, हिना (मेंहदी) लगी उँगलियाँ, अबरू, तबस्सुम, तिरछी निगाह.....अर्थात् ग़ज़ल का हथियार, ख़ाने का हर हथियार 'तिलिस्म' के युद्ध स्थलों में उपस्थित है।

समाजी जिन्दगी के अध्ययन में इन वस्तुओं को अनदेखा नहीं किया जा सकता। इन जादुओं को देखकर लखनऊ के प्राचीन शायरों केशेर याद आने लगते हैं क्योंकि 'किताबे अरूज़' के यह तमाम जादू वहीं से लाये गये हैं। किन्तु किताबे अरूज़ का यह प्रमाण अकेला नहीं है। दास्तान कहने वाले जब मस्ती में आते हैं तो शौक़ की मस्नवियाँ भी पीछे नजर आने लगती हैं। यह दास्तान गद्य में लखनऊ की ग़ज़ल है और इस पर आश्चर्य भी नहीं करना चाहिए क्योंकि दास्तान कहने वाले अपने समाज की अनदेखी नहीं कर सकते। दास्तान कहने वाले आख़िर रंगों और हवा की सरगोशियों और इन्सानी आवाज़ों की तलाश में कहाँ जाते? लखनऊ उनकी दुनिया था। लखनऊ ने उन्हें बनाया था। इसलिए उन्होंने भी लखनऊ को अपने रचना संसार का केन्द्र बना लिया क्योंकि:–"हमारी हर दास्तान चाहे वह चीन की हो, अरब की हो या किसी दूसरे देश की–उसके हीरो अमीर हमज़ा हों या कोई छोटा दरवेश– अपने समय के समाज का एक आईना भी है।" (मुक़दमा बाग़ोबहार 66)

इसीलिए 'तिलिस्म' होशरुबा, भी एक दर्पण है।–

> "अपने आप कुछ परीज़ादियाँ प्रकट हो कर पिचकारियाँ लिये रंग खेलतीं तथा होलियाँ गाती थीं।"(1–148)

"सभी सैनिक ढ़ोलक, बीन, पखावज ले कर होलियाँ गाने लगे।"(1–151)

"महरखून ने ऊँचे स्वरों में लहककर जो फाग गया तो नाहीद फलक को दीवाना बनाया।"(1--576)

विरहा की तानें भी उड़ती हैं और सुहाग के बोल भी गूँजते हैं। ये लोक गीत मध्य और पूर्वी यू.पी. के हैं और ये जो जादूगरों की दुनिया है, गले में जनेऊ डाले हुए है।

"नूरूल दहर बराबर पहुँच चुके थे। जनेऊ में कुंजी पड़ी थी। नुरूल दहर ने हाथ बढ़ाकर कहा, कुंजी ले लूँ? उसने उल्टा हाँथ मारा।"(6–686)

यह आदमी क़िले के दरवाज़े का रक्षक है किन्तु यह जनेऊ केवल उच्च्वर्ग के गले में ही नहीं है, बल्कि 'तिलिस्म' के मालियों के गले में भी नज़र आता है। सम्भवतः ज्ञानचन्द्र जैन इन जनेऊ पहनने वालों को हिन्दुस्तानी मानने से इनकार नहीं कर सकेंगे। ये जनेऊ भी अकेला प्रमाण नहीं है। औरतों के एक ग़ोल को देखिये–

"कमसिन जादूगरनियाँ मूल्यवान साड़ियाँ पहने कि जिससे उनका नाज़ुक बदन नज़र आता.......पीतल की थालियों में दीपक जलाये, मोहनभोग और फूल रखे, सर से पैर तक जड़ाऊ गहने पहने छम-छम करती झील के किनारे आयीं और कपड़ों के साथ नहाती हैं।" 3(918)

ये मूल्यवान साड़ियों में लिपटी हुई और जड़ाऊ गहनों से लदी औरतों का देश कहाँ है जो पीतल की थालियों में दीप जलाये, मोहनभोग और फल रखे, झील में कपड़े पहनकर नहा रही हैं? लिखने वाला तो उन्हें अरबी या ईरानी मानने को तैयार नहीं और फिर कोई यह भी बताये कि ये मन्दिर दुनिया के किस देश में नजर आ सकता है........

"नूरूद दहर ने कहा– ऐ अंजुम, हमें भी पहाड़ के ऊपर ले चलो। तस्वीर का बातें करना सुनें। अंजुम ने कहा– हुज़ूर, वह तस्वीर पत्थर की है और हर छोटे-बड़े को पहचान लेती है। दूसरे धर्म का आदमी उस पहाड़ पर नहीं जाता। अगर जाता है तो तस्वीर बता देती है। उसे गिरफ्तार करके कत्ल कर देते हैं।"(7-253)

इस बोलती हुई तस्वीर को हटा कर देखा जाए तो यह मन्दिर पहचाना जा सकता है। अभी कुछ दिनों पहले तक हिन्दुस्तान के मन्दिरों में दूसरे धर्म वाला तो दूर रहा, अछूत हिन्दू भी नहीं जा सकता था। इस मन्दिर के अलावा मज़ार भी दिखाई देता है और उसके बारे में भी राय बनानी होगी :–

"फकीर बोरिया पर बैठा..........वेषभूषा फक़ीरों की, दिल में पैदा करने वाले की याद...........इस जगह पर कुछ लड़के कुछ मुरीद रहते थे।

> एक गुम्बद बना था। तुलसी का पेड़ हरा-भरा लगा था। मज़ार किसी बुजुर्ग का था, उस पर हरी चादर उढ़ाई थी।"4(539)

इस मज़ार को देश निकाला देना आसान नहीं है। इस मज़ार में दो चीज़ें खास हैं। तुलसी का पेड़ हिन्दू है और सब्ज़ चादर मुसलमान है लेकिन अगर इस मज़ार और मज़ार के फ़कीर को ज्ञानचन्द्र के आदेश सें देश से बाहर कर भी दिया जाए तो इन महादेव जी को क्या कहा जाए? इन्हें तो ईरान या तूरान भेजने का प्रश्न ही नहीं उत्पन्न होता :–

> "कहीं वृक्ष के नीचे लटकन पर घड़ा रखा था। पेंदे में छेद किया है। नीचे श्री महादेव जी की मूरत रखी है। उस पर बूँद-बूँद पानी टपकता है...माला हाथ में लिये राम-नाम जप रहे हैं।... कुछ गाय की मूरत हाथ में लिये चन्द्रमा को पानी देते है। पीपल के पेड़ पर खाली की झण्डी बँधी है।"(1–875)

विनाश के देवता ताण्डव करने वाले महादेव की चर्चा मरघट के बिना अपूर्ण है। क्योंकि उनके शरीर पर तो प्रतिदिन श्मशान का भभूत लगाया जाता है :–

> "चेले बताने लगे, इधर से घूम कर यूँ सामने जाओ। मरघट मिलेगा। उसके आगे बबूल का जंगल है।"(1–823)

ये सभी दृश्य उस गंगा-जमुना के क्षेत्र के हैं और उनकी रूह हिन्दुस्तानी है। यहाँ के रहने वालों की आत्मा भी हिन्दुस्तानी है चाहे उनके नाम अरबी या ईरानी क्यों न हों। मगर अब भी तस्वीर पूरी न हुई हो तो आगे चले। एक धोबी जा रहा है –"एक धोबी बैल पर लादी लादे, कन्धे पर मैले कपड़ों का गट्ठर लादे, जामदानी का अंगरखा पहने, हाथों में चाँदी के कड़े पड़े थे। धोबी का छैला आधा उजला आधा मैला बना हुआ बिरहा गाता आता है और पीछे उसके बहुत से धोबी बैलों पर कपड़े लादे आ रहे है। बैलों के गले में घण्टियाँ पड़ी हैं। किसी बैल पर धोबिन टाँग फैलाये सवार है। बैल की नकेल हाथ में लिये घुमा-घुमा कर बैल को मारती जाती है। किसी बैल पर पाटा और तनाव के बाँस लदे हैं। उसके पीछे धोबी पतीला चढ़ाने का और नाँद सौदन करने का कन्धे पर औंधाये लड़के का हाँथ पकड़े 'भय्या रे भय्या रे' कहता चला आ रहा है।"(1–526)

अब प्रश्न यह है कि धोबियों का यह गिरोह किस देश में किस देश की ओर जा रहा है और अगर इन धोबियों के देश में सन्देह हो तो इस पर विचार करना चाहिए कि ये फ़कीर कहाँ का है :–

> "ऐसा प्रतीत होता था कि मढ़ई किसी फ़कीर की है। मढ़ई के दरवाज़े पर माला, तागे ठनके-मनके से तैयार हो कर, तहमत बाँध कर, माथे पर नाक तक सीधा तिलक देकर बैठा, एक ठिकुड़ी आगे रख ली... ।"(1–88)

और यह कुआँ किस क्षेत्र में है जिसकी जगत पर यह ब्राह्मण बैठा हुआ है?

"बर्क़ ने अपने मन से कहा—में बर्क़, ये कुआँ ऐसी जगह बना है कि 'तिलिस्म' में रहने वाले यात्री आदि इधर से गुज़रते होंगे और पानी पीते होंगे। ऐसा सोच कर स्वयं ब्राह्मण का रूप धारण कर डोरी गले में डाली, माथे पर तिलक लगाया, धोती घुटने तक की बाँध कर, डोल और रस्सी ले कर कुएँ की जगत पर बैठा।"(1—101—102)

और इस ब्राह्मण के बारे में भी निर्णय करना पड़ेगा कि यह किस देश का रहने वाला है—

"ब्राह्मण ने उसको देख कर आशीष दी कि भगवान भला करे, परमेश्वर बनाये रखे, नारायण करे। बच्चा आनन्दित हो....... अब तो आपकी नवीं बृहस्पत है। चन्द्रमा बली, चोला सुखी है। भगवान की दया से मोरे महाराज की बढ़ती के दिन है मंगल पाँचवाँ, सूरज को बेहतरी है। सब काम सिद्ध होंगे........अहलील घोड़े से उतर कर ब्राह्मण के पास आया और पाँच रुपये पोथी खुलवायी के सामने रखे। ब्राह्मण ने पोथी खोली। मेघ, वृष, सिंह, तुला, वृश्चिक, कर्क इत्यादि का उँगलियों पर विचार करके कहा

इस पोथी में जो लाल कुण्डली खिंची है, उस पर उँगली रखिये।"(1—711)

क्या इस ब्राह्मण और इस अहलील जादू की आत्मा हिन्दुस्तानी नहीं है? क्या ये भगवान, ये परमेश्वर और ये नारायण विशेष रूप से हिन्दुस्तानी नहीं हैं? ये सभी हिन्दुस्तानी हैं। और ये बुढ़िया भी यहीं की है जो पान की पिटारी के बिना यात्रा नहीं कर सकती —

"तीसरी भटियारन ने आते ही बुढ़िया के हाथ से गठरी और पिटारी पान की ली और कहा, मैं तुम्हें अच्छी जगह दूँगी।" 2(67)

ये सभी लोग लखनवी, और इनकी आत्मा लखनवी है। ज्ञानचन्द्र जैन यह नहीं कह सकते कि हिन्दुस्तान में लखनऊ नाम की कोई बस्ती ही नहीं है।

लखनऊ में आज भी नात और मनक़बत कहने वाले कई हिन्दू शायर मौजूद हैं। यह लखनऊ की परम्परा है। लखनऊ ने लखनवी और गैर लखनवी के स्तर बनाये थे। लखनऊ को इसमें कोई रुचि नहीं थी कि कौन हिन्दू और कौन मुसलमान है। अगर ऐसा न होता तो क़ैसर बाग़ में जो रास लीला हुआ करती थी और जिसमें वाजिद अली शाह उर्फ जाने आलम पिया कृष्ण मुरारी बना करते थे। इस पर शिया विद्वानों ने हंगामा खड़ा कर दिया होता। शिया विद्वानों की खामोशी

मिली-जुली संस्कृति का प्रमाण है—अतः यह कहा जा सकता है कि शरारा की यह सेविका, ये सबारफ़्तार, ये बख़्तियारक और ये अफ़्रासियाब —ये सभी लोग लखनऊ के निवासी हैं। ये लोग मुसलमान ही नहीं, शिया मुसलमान मालूम होते हैं और ये बात आश्चर्यजनक नहीं है क्योंकि जाह व कमर का लखनऊ शिया लखनऊ था। इसलिए अगर दास्तान के 'कुफ़्फार' शियों की भाषा में बात करते मिलें तो इन्हें विदेशी कह देना ठीक नहीं है क्योंकि अगर यह लोग मुसलमान भी हैं। तो लखनऊ के मुसलमान हैं। इसलिए हिन्दुस्तानी हैं। और यदि यह लखनवी नहीं हैं तो फिर यह बताया जाए कि इस प्रकार मसनवियाँ लिखने वाले आशिक़ कहाँ पैदा होते हैं :—

> "मख़्मूर सुर्ख़ चश्म मे कहा क्यों बुआ समनरुख, क्या तुम भी इस जाल में फसी हो, किसी पे मरती हो? समनरूख ने ठण्डी साँस खींची, भाड़ में जाए। मुझे तो इससे कोई मतलब नहीं, मगर मैं अपने चाचा के बेटे से मँगी हूँ। उन्होंने अपना प्रेम मुझसे प्रकट किया। एक मसनवी भी कही। मुझ बदसूरत का उसमें नख-शिख वर्णन है, कुछ बेहूदा बका है।"(5-225)

मलका मारान जमीनकुन की नानी और 'तिलस्म होशरूबा' की राज़दार मलका इसरार जादू को तो लखनऊ की महफिलें याद रहती हैं:

> "असरार जादू ने कहा......मेरी अस्सी वर्ष की आयु है। किस-किस की आखें देखीं, शायरों की महफिल में शामिल हुई। श्री शेख़ इमाम बख़्श नासिख़ कैसा बड़ा शायर हुआ है। उर्दू जुबान में बड़ी शायरी की। उसके साथी ख़्वाजा हैदर अली आतिश ने क्या बोल-चाल की ज़बान पायी थी। बीबी, इन लोगों को बोलचाल की ज़बान बहुत पसन्द है।"(5—435)

यह केवल एक बात नहीं है। यह तो साहित्य पर एक राय है। असरार जादू के उपर्युक्त कथन के बाद तो यह सन्देह ही नहीं रह जाता कि हम लखनऊ में हैं। असरार तो ख़ैर बूढ़ी है। उसने तो शायरों की महफ़िलें देखीं हैं। उसको तो आतिश और नासिख़ के झगड़ों के किस्से याद नहीं। किन्तु कौकब रौशन ज़मीर तो जवान हैं और उसने शायरों की वह महफ़िलें नहीं देखीं हैं। फिर भी उसे नासिख के बहुत से शे'र याद हैं:

"कौकब ने कहा उस्ताद, कैसी शराब, कैसा शबाब, होश उड़े हैं। जान का डर है, हज़रत नासिख के अनुसार—

पीता हूँ खूने दिल, नहीं ख़्वाहिश शराब की।
दिल भुन रहा है, किसको हवस है कबाब की। 6(182)

यह दास्तान कहने वाले एक पल के लिए भी हमें लखनऊ से बाहर निकलने नहीं देते। हर कदम पर पाँव में एक ज़ंजीर पड़ जाती है। :—

"कई कोस का एक बाग़ सुलतान की सैर के लिए था। उसससे लगा हुआ नक़ल गुम्बद सामरी है।" 1(664)

यह 'नक़ल गुम्बद सामरी' हमें फिर शिया लखनऊ में ले जाता है। ये 'नकल गुम्बद सामरी' दरअसल लखनऊ का 'शाह नजफ' हुसैनाबाद है—या ये वो स्थानीय 'करबला' है जो हर बस्ती में बनी होती हैं और जहाँ मुर्हरम में ताज़िये ठण्डे किये जाते हैं और ये जो कई कोस का बाग़ सुलतान की सैर के लिए बना है। यह लखनऊ का 'सिकन्दर बाग़' है जो "शाह नजफ़" के पास ही है।

उपर्युक्त प्रमाणों के आधार पर हम कह सकते हैं कि तिलिस्म' का समाज हिन्दुस्तानी समाज के चौखटे में उन्नीसवीं शताब्दी के अवध का समाज है। अमीर हमज़ा की सेना में ऊँचे खानदान का वह एहसास भी मौजूद है जो अवनति की निशानी है और इसका अर्थ है कि अमीर हमज़ा शाहिबे कराँ किसी सभ्यता के डूबते हुए सूरज का प्रतीक है। अफ़रासियाब की तरफ़ भी यह एहसास मौजूद है जो मज़हब से ज़्यादा शक्तिशाली है—

"असद ने कहा ऐ मलका, अगर लक़ा सच्चा होता तो मेरे नाना अमीर हमज़ा साहिबे क़राँ से भागता न फिरता। मलका ने जब अमीर का नाम सुना, समझी कि यह व्यक्ति अच्छे ख़ानदान वाला है। बहुत ख़ुश हुई और असद के समझाने से लक़ा की पूजा छोड़ दी।"(1—66)

सर्वप्रथम तो असद की बात अजीब है और फिर शहज़ादी की समझ में यह भी नहीं आता कि भागने या न भागने का सम्बन्ध सच्चाई से नहीं होता अपितु शक्ति से होता है। उसे इस बात पर सोचने का अवसर ही न मिला। वह तो असद के जादू में गिरफ़्तार हो कर मुसलमान हो गयी। रही अमीर हमज़ा की दुनियाँ, तो वहाँ यह हाल है कि हमज़ा चूँकि पैगम्बरे इस्लाम के कुटुम्ब के एक सदस्य हैं इसलिए उनके परिवार का तो कहना ही क्या? परिणाम यह निकला कि तिलिस्म' तोड़ने के लिए अमीर हमज़ा का परिवार ही रह गया। और कोई इस योग्य कहाँ कि किसी 'तिलिस्म' को हाथ लगा सके? किन्तु दास्तान कहने वालों के सामने इस परिवार का एक व्यक्ति जाने आलम पिया भी था। इसलिए उन्होंने वंश के साथ ताकत की भी शर्त लगायी :—

"यह भी 'तिलिस्म' को जीतने के लिए शर्त है कि वह व्यक्ति पैगम्बर की नस्ल से हो और अपने समय का साहिबेकराँ हो और हर विद्या से परिचित

हो और रुस्तम व असफन्द यार की तरह हज़ारों पहलवानों का जोर अपने शरीर में रखता हो।"(2—219)

रिश्ते का यह अहसास उस पतोन्मुख समय की एक वास्तविकता था। इसीलिए मसनवी 'सहरूल बयान' में फीरोज़शाह ने माहरुख़ परी को डाँटा था कि उसने परीज़ाद हो कर आदमजाद से प्रेम करने का पाप किया था —

"तेरे बाप को गर, लिखूँ तेरा हाल।
तो क्या हाल हो तेरा, फिर ऐ छिनाल
तेरा रंग ग़ैरत से उड़ता नहीं
तुझे क्या परीजाद जुड़ता नहीं।"
(मीर हसनः सहरूल बयान—103)।

रोचक बात यह है कि माहरूख़ पर यह इल्ज़ाम लगाने वाला स्वयं यह पाप कर चुका है। वह नसीमुन्निसाँ वजीरज़ादी पर मोहित हैं और बाद में इस आदम ज़ादी से उसकी शादी भी हो जाती है। अतः यहीं पर एक भेद और भी खुल जाता हे कि पुरुष अपनी यौन इच्छाओं की पूर्ति के लिए वंश की दीवारें फलाँग सकता है किन्तु स्त्री ऐसा नहीं कर सकती। तिलिस्म' में इस बात की सख़्ती से पाबन्दी की गयी है वह कुफ्र का संसार हो या इस्लाम का, कोई शहज़ादी किसी साधारण आदमी पर मोहित नहीं हो सकती। साधारण लोग शहज़ादियों पर मोहित होने पर मारे जाते हैं। इस बात को अनदेखा नहीं किया जा सकता जबकि 'तिलिस्म' में औरतों ही का बोलबाला दिखाई देता है। कौकब के लश्कर में बरान अच्छे-बुरे की मालिक है, अफ़रासियाब की फौज की बादशाह हैरत है और असद की बादशाह महजबीं और जब महजबीं असद के साथ क़ैद हो जाती है तो उसका पद किसी पुरुष को नहीं मिलता बल्कि मलका माहरुख़ को मिलता है। इन बातों से यही प्रतीत होता है कि वास्तव में शक्ति औरत के पास है किन्तु यह सत्य नहीं है। 'तिलिस्म नूरअफ़्शाँ' में शक्ति कौकब के पास है, 'होशरुबा' में अफ़रासियाब के पास और असद की फौज में असद के पास। अर्थात औरतों की अधिकता होने पर भी शक्ति मर्द ही के हाथ में है। "तिलिस्म होशरुबा" में परिवार और उसके तत्वों के बारे में कोई इशारा नहीं मिलता। पति, पत्नी और बच्चों के वर्णन.में दास्तान कहने वालों की कोई रुचि नहीं है। उन्हें तो इश्क़ और हवस की कहानियाँ सुनानी हैं और इस उद्देश्य के लिए उन्हें कुँआरी शहज़ादियों की आवश्यकता है। ये केवल संयोग नहीं है कि दूसरी सभी दास्तानों की तरह इस दास्तान में शादियाँ दास्तान समाप्त करनें के लिए होती हैं। दास्तान कहने वाला

शादी करवाने के बाद हमें स्वतन्त्र छोड़ देता है कि हम स्वयं सोच लें कि शादियाँ हुईं और फिर चाँद-से सुन्दर बच्चे हुए और जिस प्रकार उनके दिन फिरे, वैसे ही हम सबके फिरें। वैवाहिक जीवन और उसकी ज़िम्मेदारियों की चर्चा और बच्चों की चें-पें दास्तान के मूल स्वर को हानि पहुँचाती है। एक बात यह भी है कि सुनने वालों की इसमें क्या रुचि हो सकती है? वह तो वो बातें सुनना चाहते थे जो लखनऊ की ज़िन्दगी का एक महत्त्वपूर्ण भाग थीं।

"जिसनें न पी गाँजे की कली,
उस लड़के से लड़की भली।

इसलिए ये बताना तो सम्भव नहीं कि 'तिलिस्म' में औरत का क्या स्थान है और मर्द का क्या है? किन्तु इतना अवश्य कहा जा सकता है कि पुरुष को स्त्री पर बरतरी मिली है। हमज़ा परिवार की औरतें उच्च वंश की होने के कारण किसी से प्रेम नहीं कर सकतीं। तिलिस्म' में इस घराने की किसी लड़की ने प्रेम नहीं किया। दूसरी शहज़ादियाँ इश्क़ करती हैं लेकिन या तो बराबर वालों से या हमज़ा परिवार के किसी व्यक्ति से, क्योंकि वह उच्च परिवार से हैं। स्त्री एक ही बार प्रेम कर सकती है मगर अमीर हमज़ा हों या उनके परमाती गज़न्फर बिन असद–उन्हें कदम-कदम पर इश्क करना पड़ता है। एक बात तो यह ज्ञात हुई कि चाहे उच्च वर्ग हों या निम्न वर्ग, दोनों ही वर्गों में पत्नियाँ पति के हाथों से मार खाती हैं। स्पष्ट है कि पति का पलड़ा भारी नज़र आता है–

> "बदशक़्ल मर्द मोटा, तन्दरूस्त सोंटा हाथ में लिये एक ओर से आ पहुँचा और ललकारा। क्यों मालज़ादी, तू सदैव कहा करती थी कि मुझे किसी के साथ पकड़ो तो मैं जानूँ। आज मैंने तुझे तेरे यार के साथ पकड़ा। आज तेरी नाक काटूँगा।...........वह औरत तो डर गयी मगर उसका प्रेमी भाग गया.......पति ने आ कर बाल सर के पकड़े और उस औरत को मारने लगा। औरत भी......पति को दोहत्थड़ मारती थी और कहती थी तुझ से क्या मतलब? जो मेरा मन चाहेगा, वह करूँगी। और तेरे मुँह में पोछूँगी भड़वे। आज तुझे बड़ी शर्म आयी और कल उसने दस रुपये का कपड़ा ला दिया तो वह चुपके-से ले
> लिया। ये न पूछा कि किस रिश्ते से देता है। आज आया है अपना अधिकार जताने........औरत मर्द को गाली देती है और काट खाती है और मर्द सोटे मारता है।"(1–741–742)

इन पंक्तियों में समाज का जो चित्र है उससे इस समय मतलब नहीं किन्तु ये

पति-पत्नी के झगड़ों का प्रमाण है। यह तो निम्न वर्ग है और इस वर्ग में मारपीट आज भी आम है किन्तु जब दास्तान कहने वाले इस मारपीट को उच्च वर्ग के घरों में पहुँचा देते हैं तो आश्चर्य होता है। ये बात सम्भवत : ठीक नहीं है और शायद यह बातें दास्तान कहने वालों ने उपहास की दृश्टि से की हैं। दास्तान कहने वालों के मन में जो भी हों, दिखायी यह देता है कि मलका सूरतनिगार अपने पति और खुदावन्दज़ाते मुसव्विवर जादू के हाथ से मार खा रही है:–

> "मुसव्विर ने सूरत निगार को एक थप्पड़ मारा। चोटी पकड़ कर कहा, दूर हो मैंने तुझको तलाक़ दी।"(7–384)

ये मुसव्विर जो तलाक दे रहा है, मुसलमान नहीं है इसलिए यह निष्कर्ष निकालना चाहिए कि 'तिलिस्म' के लोग हिन्दू-मुसलमान नहीं हैं बल्कि लखनवी हैं।

इस मारपीट और लड़ाई झगड़े के अतिरिक्त जादूगरों की दुनिया में स्त्री की दशा बेहतर है। वह न जाने कितने क़िलों की मालिक हैं। योग्य जनरल हैं। कई तिलिस्मों की मालिक हैं। हुजराहाय हफ़्त बला में जो दो अत्यधिक कठिन हुजरे हैं उनकी मालिक भी औरतें ही हैं। दूसरे की मालिक मलिका तारीक शक्ल कश है और पाँचवें की मलिका याकूत सुख़ानदान। असद की सेना में इन नौ मुस्लिम शहज़ादियों की हालत अमीर के हरम में रहने वाली स्त्रियों से अच्छी है। अमीर की औरतें तो नज़र ही नहीं आतीं। हाँ, जब इस्लामी सेना पर कोई बुरा समय पड़ता है तो उनके विलाप के स्वर सुनकर हम उनकी ओर देखने पर मजबूर हो जाते हैं। परदा बहुत सख़्त है। इतना कि युद्ध स्थल में भी इसका ध्यान रखा जाता है। इसलिए जब लन्धोर ने लड़ते-लड़ते अपनी प्रेमिका क़ासिम को उठा कर हाथी पर रखना चाहा तो वह चिल्लाने लगी कि नामहरम उसे हाथ न लगाये। लन्धोर ने कहा कि उन्होंने क़ासिम को गोदियों में पाला है। इस बात से यह स्पष्ट होता है कि घर के पुराने जानकारों से भी परदा किया जाता था। यही कारण है कि अमीर के हरम की स्त्रियाँ अपने ख़ेमों से बाहर नहीं आतीं।

अब प्रश्न यह है कि क्या इस कठोर पर्दे को इस्लामी या अरबी परदा कहा जा सकता है? यह परदा इस्लामी नहीं है। इस्लाम तो केवल शरीर छिपाने का मश्वरा देता है। यह परदा हिन्दुस्तानी है और यह कहना भी ठीक नहीं है कि अरबों, पठानों, मुग़लों के आने से पहले हिन्दुस्तान परदे से अनजान था। इसका प्रमाण यह मिलता है कि प्राचीन भारत भी परदे से परिचित था। राजा के महल की औरतों को बाहर निकलने की अनुमति नहीं दी जाती थी और न किसी बाह्य

पुरुष को प्रवेश का अधिकार था। (पवित्र कानून में औरत का स्थान (अंग्रेज़ी) 64-65) प्राचीन साहित्य में 'अवरूद्ध' कठोर परदे के अर्थ में ही प्रयोग किया गया है। वात्सेन ने अवश्य इस शब्द का प्रयोग नहीं किया है किन्तु इसमें सन्देह नहीं कि ये शब्द ईसा पूर्व में प्रयोग किया जा रहा है। अशोक की लाट नम्बर चार के सन्देश में इस शब्द का प्रयोग है। अतः यह निष्कर्ष निकाला जा सकता है कि भारत में कम-से-कम मौर्यकाल के लोग तो परदे को मानते थे। 'अर्थशास्त्र' में भी यह शब्द मौजूद है किन्तु परदे का सम्भवतः वर्णन पाणिनी के यहाँ मिलता है। पाणिनी का समय ईसा से पाँच सौ वर्ष पूर्व कहा जाता है और यदि वह इस परदे की चर्चा करता है तो इसका अर्थ है ये प्रथा उसके पहले से चली आ रही थी। "तिलिस्म होशरुबा" के परदे के बारे में कलीमुद्दीन की राय उचित प्रतीत होती है। तिलिस्म' की औरतें इस्लामी पर्दा नहीं करतीं, बल्कि हिन्दुस्तानी पर्दा करती हैं। और यह पर्दा तिलिस्म' में दोनों तरफ मौजूद हैं। अमीर हमज़ा के यहाँ इतना कठोर पर्दा है कि सूरज भी इन शहज़ादियों को नहीं देख पाता। क्या मजाल कि इन शहजादियों की एक झलक नज़र आ जाए? दास्तान कहने वाले एक-दो बार शायद भूल कर हमें इन स्थानों पर ले जाते हैं और ये अवसर भी अधिकतर विपत्ति के हैं। रोना-पीटना मचा हुआ है :—

"बादशाह आँखें खोलते थे तो नामूस को रोते-पीटते-विलाप करते, परेशान हाल देख कर जोश में उठने का प्रयत्न करते थे कि जा कर दुश्मन से मुक़ाबला करें किन्तु ज़ख़्म खुल जाते थे और ख़ून बहने लगता था। फिर गिर पड़ते थे।" बेहोश हो जाते थे। शहजादियाँ और हर एक की पत्नियाँ अपने-अपने पतियों से लिपट जाती थीं और बिलबिला कर रोती थीं :—

"यह किस तरह की आफत आयी है अब
हमारी तुम्हारी जुदाई है अब
छूटेगें जो हम तुमसे ऐ रश्के हूर
मरेंगे गला काट कर अब ज़रूर
ख़ताएँ मेरी ऐ सख़ी बख़्श दो
मेरे जुर्म को बख़ुशी बख़्श दो
उठीं नाज़ से फिर वह माहे तमाम
किये ज़हर के सबने तैयार जाम
लगीं कहने वो गुलबदन भर के आह
कनीजे कहाँ अब फिरेंगी तबाह

जियेंगे न रंजो बला के लिए
पिला दो ये ज़हर अब खुदा के लिए
बलायें वो ले-ले के रोने लगीं
ग़मो दर्द से जान खोने लगीं। (1-726)

हम महल में हैं। ये औरतें हमारे सामने रो रही हैं। फिर भी ये औरतें हमारे सामने नहीं हैं। हमें नहीं मालूम कि इनका रूप कैसा है और वस्त्र कैसे हैं। हमें यह भी नहीं मालूम कि इनके शरीर पर कौन-कौन से आभूषण हैं?

उपर्युक्त पंक्तियों में एक और महत्त्वपूर्ण बात है ये शहज़ादियाँ आत्महत्या करने को तैयार हैं। इसे सती होना तो नहीं कहा जा सकता लेकिन यह अन्दाज़ हिन्दू औरतों का है। अमरू की उस प्रसिद्ध यारी का विवरण भी दिया जा सकता है जिसमें वह बागबान की पत्नी के रूप में सती होने का ढोंग रचाकर बागबान की लाश प्राप्त करने में सफल हो गये थे। अमरों ने इस अय्यारी को सातवें भाग में दोहराया। जब कौकब लड़ते-लड़ते मारा गया तो अमरू कौकब की पत्नी मलका हिना गुलगूँपोश बन कर आये। इसका अर्थ है कि जादूगरों की दुनियाँ में सती होने की प्रथा जीवित है। किन्तु मुसलमान औरतों के हाथों में ज़हर का जाम देखकर आश्चर्य होता है। पत्नी की वफ़ा की इस कल्पना पर हिन्दू समाज की गहरी छाप है। लखनवी संस्कृति में रँगी इन औरतों को विदेशी नहीं कहा जा सकता। तिलिस्म' में माँ, बहन, बेटी, पत्नी, प्रेमिका रण्डियों की शक्ल में औरतें दिखायी देती हैं। हसन अस्करी आदि से त्रुटि यह हुई कि औरत के तमाम रूपों को छोड़कर केवल रण्डी के रूपों को महत्त्व दिया है। इस महजबीं को कोई तवायफ कैसे मान ले?

"अफ़रासियाब क़ैदखाने में गया और अपनी बेटी मलका महजबी अलमास पोश से कहा कि तू असद गाज़ी से इश्क और मुहब्बत छोड़ दे मैं तुझकों रिहा कर दूँगा। और तुझे वही साम्राज्य और शासन दे दूँगा। लड़की ने उत्तर दिया....कि मेरा उस शेर दिल का साथ है। उस शहरयार का दामन मेरे हाथ है। उसके साथ ही तड़प-तड़प कर मर जाऊँगी, यही जीवन का सुख है। अफ़रासियाब इन बातों को सुनकर झल्लाता है। मजबूर हो कर क़ैद खाने से चला आता है।" (5-171)

इस लालानख़ूनक़बा को कोई बाज़ारी औरत कैसे मान ले—

"लालानखूनक़बा ने सर पीट लिया साहिबों मैं यहाँ से न जाऊँगी मेरे वारिसनामदार ने जिस स्थान पर बिठा दिया है वहीं पर जान दे दूँगी ताकि वारिस इसी स्थान पर आकर लाश पाये और उसने वहीं पर जान दे दी।"(6-19)

महजबीं अट्ठारह सौ देशों के बादशाह की इकलौती बेटी है और लालान खून क़बा भी खुदावन्द दाऊद की इकलौती बेटी है। एक ने असद बिन कर्ब गाज़ी के लिए हुकूमत को लात मार दी और दूसरी ने खुदाई को ठुकरा दिया और वहाँ पर जान देने बैठ गयी जहाँ पर उसे उसका वारिस बिठा गया था। जागीरदाराना समाज बिदाई के समय बेटी को यहीं बातें कहता था कि जिस घर जा रही हो तो वहाँ से निकले तो लाश ही निकले। वफ़ा का ये एहसास किसी महज़बीं या लालानखून क़बा ही तक सीमित नहीं है। मवाज कतराज़न ने असद के लिए नीलम पहाड़ का राज्य छोड़ दिया। मलका लाल सुख़नदान ने पंचम हुजरे की हुकूमत छोड़ी है। मख़्मूर और बहार ने अफ़रासियाब जैसे शक्तिशाली व्यक्ति के प्रेम को अनदेखा किया है– "तिलिस्म होशरुबा" की औरतों को अपने प्रेम पर इतना भरोसा हैं कि वे उसके लिए बड़ी से बड़ी कुर्बानियाँ देती दिखायी देती हैं। इनकी कुर्बानियाँ इतनी बड़ी हैं कि लखनऊ का चौक मुहल्ला इन कुर्बानियों के किसी एक पल का बोझ नहीं उठा सकता। हसन अस्करी और अज़ीज अहमद ने इन शहजादियों की निडरता से धोखा खाया। किन्तु यह निडरता दास्तान कहने वालों के समाज का भूत है और इसके साये से बचने की कोई आवश्यकता नहीं। वाजिदअली शाह के रनिवास की कहानियाँ किसे नहीं मालूम हैं। लखनऊ की औरतों के बारे में शौक़ की मसनबी 'फरेबे इश्क' का ये प्रमाण बहुत है–

"रण्डियाँ गो कि सारी आफत हैं
बेगमें और भी क़यामत हैं।
खुलता हर एक पे उनका राज़ नहीं
कौन इनमें है जो छिलाल नहीं
ढूँढती फिरती खुद हसीन हैं ये
हमसे बढ़ कर तमाशबीन हैं ये।"

(अताउल्ला मालवीः तज़किराए शौक़, पृ. 290)

अब अगर एक ऐसी दुनिया में 'जहाँ औरतें हमसे बढ़ कर तमाशबीन' हों दास्तान कहने वालों ने वफ़ादार और इज़्ज़तदार शहज़ादियों की रूप रेखा तैयार की तो ये उनका कमाल है। इस पर उनकी प्रशंसा करनी चाहिए। लोग उन्हें बुरा कह रहे हैं। यहाँ एक संकेत और आवश्यक है जो कलीमुद्दीन के इस दावे को मज़बूत करता है कि 'तिलिस्म होशरुबा' एक आदर्श जीवन की तलाश का प्रतीक है। दास्तान कहनेवालों ने उस समय स्त्री शिक्षा की बात की जब उच्चवर्ग की बेटियाँ तो दूर, बेटों तक को शिक्षा देना बुरा समझा जाता था :–

"यह बात मलका हुशंग जादू को अच्छी लगी। चेहरे की बलाएँ लीं और सुन्दरता व लम्बी आयु की दुआएँ दीं, कहा, बीबी क्या उचित बात कही है। सच, यह मेरे विचार में नहीं था। नाम ख़ुदा पढ़ी-लिखी हो.....यह कह कर सेविकाओं की ओर मुड़ीं और कहा तुम सबने हमारी बेटी की बुद्धिमत्ता को देखा। निःसन्देह पढ़ने-लिखने से चार आँखें हो जाती हैं।"(5-262)

ये है तिलिस्म' की स्त्री, जो एक ही समय में आदर योग्य भी है और घृणा योग्य भी। यही स्त्री दिलों की रानी और घरों की मालकिन है। यहीं से पारिवारिक जीवन शुरू होता है। सुबह का समय है :–

"हुई बुतखाने से नाकूस (शंख) कर पैदा आवाज़। चले जमुना को ब्रहमन कोई ले के मूरत।"(4-498)

अमीर अभी मस्जिद में है और वज़ीफा पढ़ रहे हैं और दूसरी ओर –

"सीसाम अपने छपरखट से उठा, पूजा-पाठ का सामान किया। कुएँ पर जा कर दो लुटियों से स्नान किया। धोती भी अच्छी तरह न भीगी। दूसरी धोती मँगवाकर बाँधी पीतल की लुटिया हाथ में, सामरी जमशेद की तस्वीरें सामने रखीं, कुछ मन्तर जन्तर पढ़ने लगा।"(5-42) और ज़रग़ाम जाँसोज़ परामर्श करके शत्रु के सेना स्थल पर पहुँचे तो उन्होंने देखा कि :–

"सेना में जादूगर जादू तैयार कर रहें हैं।
कुछ कुएँ पर नहा रहे हैं चन्द्रमा को पानी दे रहे हैं।" 4(1133)

और एक स्थान पर –

"मूरत ठाकुरजी की रखी हुई है। उसकी ऊँचाई पर एक घड़ा पानी, एक छोटा सा छेद। न बहुत छोटा, न बहुत बड़ा। सर पर ठाकुर जी के एक-एक बूँद पानी गिर रहा है।"(5-168)

सुबह हो गयी और सुबह के काम प्रारम्भ हुए –

"जनी चौकी पर बैठी मुँह धो रही हैं। सेविकाएँ लोटा और थाल लिये खड़ी है। किसी के हाथ में बेसन दानी है, कोई जीभी लिये खड़ी है। जनी ने मुँह पर साबुन लगाया है और होठों पर से लाली की पपड़ियाँ और दाँतों से मिस्सी के निशान छुड़वा रही हैं।" 2(366)

"सेविकाओं ने स्नान गृह गर्म किया। वज़ीर और उसकी पत्नी ने नहा कर सुन्दर लिबास धारण किये।" 3(822)

यह बताने की आवश्यकता नहीं कि उबटन के बिना तो हिन्दुस्तानी स्नान की कल्पना कठिन है। 1(772)

स्नान समाप्त हुआ तो शृंगार शुरू हुआ। होंठों से लाली और दाँतों से मिस्सी छुड़ाई जा चुकी है इसलिए शृंगार दान खुला। अमीरों के यहाँ सोनें के सिंगारदान खुले। आईना सामने रखा गया। शीशे बड़े भी थे और छोटे भी।

आईनों के प्रयोग से हिन्दुस्तान लम्बे समय से परिचित है। कालीदास के नाटकों में शृंगार के लिए आईना प्रयोग हो चुका है। आईने के सामने सींग और हाथीदाँत की कंघियों से बाल संवारे गये। सर में ज़री का फीता डाला गया और बड़ा ऊँचा सर गूँथा। ये न हुआ तो बाल-बाल में मोती पिरोए गयेः—

"माशूक़ गुलज़ार ने बाल-बाल में मोती पिरोए हैं
नहीं-नहीं फिरंग ने बालों में पाउडर छिड़का था।" 2(337)

पाउडर के इस प्रयोग पर हैरत करने की आवश्यकता नहीं। इन्शा के एक क़सीदे का शे'र हैः—

"कोई शबनम से छिड़क बालों में अपने पौडर
बैठ कर जलवे की कुर्सी पर दिखावेगा फबन।"

अमरो अय्यार ने मलका ख़ुमार का सर दो बार इसलिए मूड लिया कि वो बालों में मोती पिरोए रहती थी किन्तु अगर बाल-बाल मोती न भी पिरोए गये तो मोतियों से माँग ही भर ली गयीः

"मलका के हुस्न की बहार!
हाँथ पाँव में मेंहदी लगी
माँग मोतियों से भरी। अजब बहार दिखाती थी।" 1(34)

फिर तिरछे जूड़े बाँधे गये। किन्तु जूड़ा बाँधना आवश्यक नहीं है। खजूरी चोटियाँ भी दिखाई देती हैं। और उनमें लाल नारा डाला जाता है। बालों का यह शृंगार शत प्रतिशत हिन्दुस्तानी है। बाल सँवर चुके तो माँग में सिन्दूर भरा गया। माथे पर सिन्दूर का टीका लगाया गया। या अफ़्शा की कहकशाँ बनायी गयी। फिर आँखों में काजल या सुरमा लगाया गया। अक़ीक़ की सुरमेदानियाँ खुलीं। दाँतों में मिस्सी भरी गयी और आइने के सामने बालों की इन पंक्तियों पर एक आलोचनात्मक दृष्टि डाली गयी। चेहरे से फुरसत मिली तो हाथ और पाँव की देखभाल आरम्भ हुई। पोर-पोर मेंहदी रचाई गयीं महावर इस्तेमाल की गयीं और अमरों ने गुलरंग को सलाह दी :—

"बी गुलरंग, तुमको अपनी सूरत की बिलकुल क़दर नहीं है। अपने को बिगाड़े रहती हो। सुबह को उठ कर दो उँगलियाँ मिस्सी की लगा लिया करो। उबटन मुँह पर मला करो। चार दिन में रंगत खिल जाएगी।" (441)

इतरदान खुले। यह इतरदान भी बहुत पुराना है। कालीदास के समय में भी इसका भेद मिलता है। इन इतरदानों में विभिन्न प्रकार के इत्र हैं। ये इत्र भी पुराने हैं। अर्थशास्त्र में इनका पूरा विवरण मिलता है। 'आईन-ए-अकबरी' में भी इनकी विस्तृत चर्चा है। अकबर के समय में तो इनके लिए एक पूरा विभाग था। जिसका नाम ही खुशबू ख़ाना था। किन्तु दास्तान कहने वाले केवल हिना, सुहागा और मोतिये के इत्र की चर्चा करते हैं। इत्र लग चुका तो वस्त्रों का चुनाव शुरू हुआ। पहले महरम पहना गया :–

"महरम की भी वह गज़ब कसावट
सीने से किये हुए लगावट।(1-36)

वह शबनम की अँगिया बनी तंगो चुस्त
किनारों पर मैना बुनत की दुरुस्त।(1-93)

गिरह भर की वह चोली चश्मेबद्दूर
बनी थी मोतियों की बेल उस पर
टँके हीरे भी थे अपनी जगह पर(2-535)

इसके बाद चुस्त महरम पर फसी कुर्ती पहनी गयी। कुर्तियों पर ज़र भी है और जाली मुक़्कैश की भी। आस्तीनोदार कुर्तियाँ भी दिखायी दे जाती हैं। ऊँची चोली और कामदानी की अँगिया पर भारी कुर्तियों की बहार देखने लायक़ है। ये कुर्तियाँ विभिन्न प्रकार की हैं। सब्ज़ बादले की कुर्तियाँ हैं जो नाभी से ऊँची हैं। मलमल और आबेरवाँ के साथ-साथ गाढ़े की कुर्तियाँ भी हैं जिन पर टूल की गोट लगी। पेशवाज़ निकाली गयीं। पेश्वाज़ का विवरण 'आईन-ए-अकबरी' में भी मिलता है। पेश्वाज़ की आवश्यकता न हुई तो चूड़ीदार पायजामे पहने गये या पाँयचे निकाले गये। ये कलीदार हैं, सात पाट वाले हैं। ये पाँयचे इतने बड़े हैं कि या तो कलाइयों पर पड़ेंगे या इन्हें सम्भालने के लिए कनीज़ों की ज़रूरत होगी। जहाँ पाँयचे न पहने गये, वहाँ लँहगे निकले। दुपट्टों की तो एक दुनिया आबाद है। किसी में लचका लगा है, किसी में किरन। शबनम का दुपट्टा भी है और घास की ओढ़नी भी। बनारसी दुपट्टे भी हैं और बादला के दुपट्टे भी ओढ़े जाते हैं। कामदानी का सादा दुपट्टा भी ओढ़ा जाता है। चुने हुए दुपट्टे भी ओढ़े जाते हैं। वस्त्रों की इस दुनिया में चुनरी भी है और साड़ी भी।

वस्त्रों का सिलसिला समाप्त हुआ तो आभूषणों के सन्दूक़चे खुले। जवाहर का टीका, चाँद टीकी, मीने का शीशफूल, झूमर, जवाहर के मकड़े, तौक़, झुमके, याकूत के झुमके, चम्पाकली, धुधकी जवाहर की दिल के पास धड़की, जुगनू, तोड़ा गले का, मारवारीद के माले, कण्ठा, नौलखा गले में पहना गया। नाक में नथ, मोती की नथें, बुलाक़े, कलियाँ भी हैं। नाक का आभूषण पुराना हो या न हो, किन्तु जिस समय की हम बातें कर रहे हैं उस समय में नाक का आभूषण शृंगार का एक आवश्यक भाग बन चुका था। नथ सुहाग की निशानी थी। नाक ख़ाली रखना बुरा समझा जाता है। लेकिन एक बात समझ में नहीं आती कि दास्तान कहने वालों ने अय्यार बच्चों को क्यों नथ पहनायी है। क्योंकि नथ या तो सुहाग की निशानी है या वेश्याओं के कुआँरेपन की। ये अय्यार बच्चियाँ जो नाक में एक मोती का नथ पहन कर घूमती हैं। न तो सुहागनें हैं और न वेश्याओं की लड़कियाँ। ये तो कुँआरी शहज़ादियाँ हैं।

ये कहना कठिन है कि इन अय्यार बच्चियों की नाक में जो नथ है उसका क्या कारण है? नाक के बाद कानों की बिजली, चाँदी की बिजली, पत्तों से भरी बालियाँ, चाँदी की पात बालियाँ, अलमास और जस्त की बालियाँ, बाले, पत्तों, तुर्कियों, झालों, झुमकों, जालों, कुण्डलों, कर्णफूलों, मुन्दरियों और ऊदराजों से सजाया गया। बाजुओं पर इक्के ज़मररूत के और नौरतन बाँधे गये, जवाहर के बाजूबन्द, पहुँचियाँ, भुजबन्द और जौशन पहने गये। हाथों के लिए ढोलना, चाँदी सोने के कड़े, धानपेड़, शेर मुख और जवाहर निगार कड़े, कंगन, दस्तबन्द, सलसलियों, चूड़ियों, चाँदी की चूड़ियाँ पहनीं गयीं। फिर पोर-पोर में छल्ले पहने गये, हीरे की अँगूठियाँ पहनी गयीं, अँगूठे में आरसी पहनी गयीं।

कमर में सोने की करधनियाँ, सोने की ज़ंजीरें, पैरों में सोने की पाज़ेब, जड़ाऊ पाज़ेब, छड़े, हीरे के छड़े, झाँझर, घुंघरू की छागल, सोने के छड़े, ख़लख़ाल, तोड़े, बिछुए और सोने के कड़े हैं। भारी आभूषणों से जी उकता जाए तो फूलों के आभूषण मौजूद हैं। बेले की जहाँगीरी, मोतिये के तौक़ और चमेली के हार। आभूषणों के बाद जूतों का चुनाव किया गया। आराम पाई, मोरपाँव, कामदार जूता, पापोश ज़रदोज़ी, ताबनाफ़ और ज़रदोज़ी की ज़ेरपाइयाँ मौजूद हैं।

औरतें सिंगार कर चुकीं इसलिए अब उन्हें देखा जा सकता है :

"ताऊस सहर पर सजी हुई बहार सवार थी। सर से पैर तक जमर्रूद के आभूषण पहने। झाले कान से बढ़ कर कमर तक मोती के थे। माँग मोती से भरी। आँचल पल्लू का दुपट्टा सर पर। पायजामा बूटेदार अतलस का। पाँयचे कलाई पर डाले कूद कर सामने दुश्मन के आई।"(1-653)

"वह औरत बारह, पन्द्रह वर्ष की उम्र। अलमास के आभूषण पहने। आँखों में सुरमा लगा हुआ। होठों पर पान का लाखा जमा हुआ। गले में मोतियों के माले। माथे पर अफ़्शाँ चुनी हुई। हाथों में मेंहदी लगी हुई। पोर-पोर में छल्ले।.....हाथ में दस्तबन्द, बाजुओं में नवरत्न। कान में बाला चाँद की तरह पड़ा हुआ। पाँव में घुँघरू की छागल........चली आती है।"(4-988)

अभी तक हमने महलों की दुनिया देखी है। शहजादियों और सेविकाओं के अलावा भी तिलिस्म में औरतें बसती है इसलिए उनके बिना चित्र अधूरा रह जाएगा। यह एक अय्यार है और कलवारिन बना हुआ है। :–

"हाँथ पाँव महावर से रँगे। पोर-पोर छल्ले पहने ....लहँगा घेरदार, चुनरी लाल रंग की ओढ़े। सिन्दूर माँग में भरा/पटियाँ पार कर काजल आँखों में लगाया। बिन्दिया और टीका माथे पर लगाया। झुमके और तुर्कियाँ कानों में पहनी। हाथों में पहुँचियाँ और पाँव में कड़े/पैर की दसों उँगलियों में बिछुए पहनकर/हाथ में शराब की बोतल ली।"(1-86)

इन औरतों को लखनऊ से बाहर ले जाना सम्भव ही नहीं। 'उमराव जान अदा' में रुस्वा ने हमें जिन औरतों से मिलाया है वह उसी बस्ती की हैं जिस बस्ती की ये रहने वालियाँ हैं। :–

"महीन बसन्ती दुपट्टा..........केचुली का शलूका फँसा-फँसा लाल रंग का पायजामा, कानों में केवल याकूत के आवेज़े, नाक में हीरे की कील, गले में सोने के सादा, तौक़, हाथ में सोने की समरनें/बाजुओं में नवरतन, पाँव में सोने की बेड़ियाँ।" (उमरावजान अदा 217)

खुर्शीद जान का ठाट भी देखने क़ाबिल है :–

"गोरा रंग, मलमल के धानी दुपट्टे से फूटा निकलता है। बड़े-बड़े पाँयचों का पायजामा सम्हाले नहीं सम्भलता। फँसी-फँसी कुर्ती.......हाथ-गले में हल्का-हल्का ज़ेवर, नाक में हीरे की कील/कान में सोने की अन्तियाँ/हाथ में कड़े/गले में मोतियों का कण्ठा।"

(उमराव जान अदा 160)

इन दोनों उद्धरणों से नाक की कील का महत्त्व साबित हो जाता है। तिलिस्म' की औरतों की नाक में ये कील देखी जा सकती है। ये कील लखनऊ का अविष्कार है।

लखनऊ की स्त्रियों ने नथ को उड़ा ही दिया और उसके स्थान पर सोने की कील पहनने लगीं जो बहुत ही सुन्दर आभूषण साबित हुई।

मीर हसन की बदरमुनीर और रुस्वा की इन औरतों को अगर तिलिस्म' की औरतों की भीड़ में बिठा दिया जाए तो ये उनमें इतनी मिल जाएँगी कि पहचानना मुश्किल हो जायेगा। किन्तु जो लोग 'हिन्दू वेशभूषा' और 'मुसलमान अन्दाज़' की तलाश में लगे हुए हों उनकी दृष्टि इस वास्तविकता पर नहीं पड़ सकती। इसलिए पहला गिरोह इन्हें मुसलमान कह कर हिन्दुस्तान से निकाल देगा और दूसरा इन्हें मुसलमान समझ कर अपने साथ पाकिस्तान ले जाने पर ज़ोर देगा। और ये कष्ट कोई उठाने को तैयार नहीं कि इन किरदारों से पूछते कि वो कहाँ के रहने वाले हैं। तिलिस्म' का हर बूढ़ा जवान, और बच्चा हिन्दुस्तानी है और पुराने लखनऊ का रहने वाला है। अब ज्ञानचन्द्र जैन और हसन अस्करी बतायें कि इस जादू के संसार को कोई कहाँ ले जाए। रुस्वा की गवाही इसलिए महत्त्वपूर्ण है कि उन्होंने उसी काल को चुना जो समय हमारे इन दास्तान कहने वालों का था। रुस्वा एक यथार्थवादी थे। इसलिए रुस्वा की औरतों को 'तिलिस्म होशरुबा, की औरत बनाने के लिए थोड़ी अतिरंजना करनी पड़ेगी। किन्तु यह निष्कर्ष निकालना कठिन नहीं है कि यह औरत लखनऊ की है और लखनऊ हिन्दुस्तान के एक शहर का नाम है।

शृंगार समाप्त हुआ। अब यदि मौसम गर्म हुआ तो फूलों की या जवाहर जड़ी पंखियाँ उठा ली गयीं।

पुरुषों की तैयारी में अधिक समय नहीं लगता। नौकरी करने या मेहनत मज़दूरी करने वाले लोग तो रोज़ के वस्त्र पहन कर निकल जाते हैं। बड़े लोगों को तैयार होनें में कुछ समय अवश्य लग जाता है क्योंकि उन्हें वस्त्रों का चुनाव करना पड़ता है। पुरुषों के वस्त्रों में लुंगी, तहमद और धोती पर अधिक ध्यान देने की आवश्यकता नहीं है। यद्यपि तिलिस्म' में केवल खाखे की लुंगियाँ ही नहीं हैं। बादला निगार और ज़रतार लुंगियाँ भी हैं। नयनसुख और मारकीन की धोतियों के अतिरिक्त तमामी की धोतियाँ, बादलानिगार और बर्ज़र भी हैं। ये गँवारों, भिश्तियों और महाजनों का पहनावा है। शरीफ लोग तो पायजामा पहनते हैं। गुलबदन, अतलस, नयनसुख और मशरू के पायजामे ये पयजामे शरई भी हैं, चूड़ीदार भी और बड़े पाँयचे के भी। पायजामों पर कुर्ते पहनें गये। कुर्ते साधारणतया आबे रवाँ के हैं। निम्न वर्ग में कमर तक का मोटे कपड़े का कुर्ता भी दिखाई दे जाता है। अब अंगरखों का चुनाव होता है। अंगरखे बहुत चुस्त हैं।

ये जामदानी, लचैक, धूनर, मलमल या नैनू के हैं। अंगरखों के अतिरिक्त चपकनें भी प्रयोग की जाती हैं। ये चपकन विशेष तौर पर लखनऊ का पहनावा है। ये चपकनें कमख़ाब की होती हैं। चुनी हुई और खरिया की होती हैं। किन्तु तिलिस्म' में चपकनें उच्च वर्ग के लोग पहने दिखाई नहीं देते। चोबदार और सेवक आदि ही चपकनों में नज़र आते हैं। तिलिस्म' में जामा भी पहना जाता है। लाल अतलस के बूटेदार जामे भी दिखायी देते हैं और बख़्तियारक तो एक सौ एक कली का जामा पहनता है। कहीं-कहीं काँधो पर कबाएँ भी नज़र आती हैं। क़बाएँ ज़बरफ़्त की हैं। कबाओं के अतिरिक्त अबा का दामन भी लहराता है। कमर के लिए पटका है। सर के लिए टोपी गोटे की है। गोटे की चंदवेदार, निगहदार, चौगोशा और शोला है। ये शोला भी लखनऊ का ही मालूम होता है। क्योंकि शरर का कहना है :–

"नवाब सादत अली खाँ के सर पर एक नये प्रकार की पगड़ी दिखायी देती है जिसे लखनऊ वासी अपनी भाषा में शोला कहते हैं।"

(मज़ामीने शरर–240)

तिलिस्म' में इन शोलों के अतिरिक्त रफ़ीदे, मुन्देल, लटपटी दस्तार, कुलाह, गोटा लगी कुलाह, अमामा, पगड़ियाँ कई तरह की गोल, चक्करदार, गोलेदार, तुर्रा लगी हैं। वस्त्रों के बाद जूतों का प्रश्न उठता है। तिलिस्म' में जूतों की भी कई क़िस्में दिखायी देती हैं। खरोंद के जूते, बड़ी नोक वाले, गठीले और कामदार जूते, चमड़े के जूते, बूट मीनाई, टाट बाफ़ी के जूते और चमरौधे भी हैं जो तेल पिलाये हुए हैं। भारी काम के ज़रदोज़ी जूते भी दिखायी दे जाते हैं।

देहाती मर्दों के काँधो पर चादरें या गाढ़े की चादरें नज़र आती हैं। शोहदों के कन्धों पर गाढ़े की लाल चादरें हैं। ठाकुरों के शरीर पर बण्डी भी नज़र आती है। ये बण्डियाँ गाढ़े की हैं। अमीरों की कमर में दोशाले हैं और कन्धों पर शाली रूमाल। बफ़ फ़िरंगी तो अंग्रेज है इसलिए तो वह कोट, पतलून और जैकेट पहनता है। पुरुषों के आभूषण में लड़ी, लटकन, कुल्फी, बाजूबन्द,सोने की करधनी का विवरण मिलता हैं। लोग तैयार हो चुके तो पानदान खुले। ये पानदान सोने के भी हैं और सोने पर काम वाले भी हैं। हुस्नदान भी हैं और पान की पिटारियाँ भी। देहातियों के यहाँ बिल्लौरे प्रयोग होते हैं। पानदान, हुस्नदान और पिटारियाँ खुलीं, बीड़े बनने लगे। कटाव के बीड़े बनाये गये और उन पर गंगा-जमनी पत्तर लगाये गये। फिर उन्हें शगूफों में सजा कर खासदानों में क़रीने से रखा गया। ये ख़ासदान नक़्क़ाशी के हैं और ज़मर्रूद के भी। दरअसल पान के बिना जीवन की

कल्पना करना कठिन है क्योंकि इस समय हम जिस दुनिया में हैं वहाँ के लोगों को बचपन से ही पान पर पान खाने की आदत पड़ी हुई है :–

> "महलदार ने सलाम किया और कहा....ये गिलौरियाँ हुजूर ने शहज़ादी के लिए भेजी हैं और फरमाया है कि समझाकर उन्हें खिलाना कि बचपन से मलका को पान पर पान खाने की आदत है। ऐसा न हो कि आदत छोड़ने से बीमार हो जाए।"(1–615)

चाहे कयामत आ जाए लेकिन गिलौरी खाना और खिलाना ज़रूरी है। और ये गिलौरिया साधारण गिलौरियाँ नहीं है। ये केवड़े और गुलाब में बसायी जाती हैं। गिलौरियाँ केवल खुदाबन्द लक़ा के दरबार में ही नहीं चलतीं। खाने के बाद पान खाने की रस्म सदियों से चली आ रही है। राजा जनक ने राम के बारातियों को खुद पान पेश किया था। गिलौरियाँ रोज़मर्रा की जिन्दगी का एक आवश्यक भाग बन चुकी थीं। इनके बिना दिन तो ख़ैर कटता ही नहीं था, रातें भी पहाड़ हो जाती थीं। बस इधर आँख खुली और उधर गिलौरी मुँह में रखी गयी। पान की आदत इस मंजिल पर है कि थोड़ी देर पान न मिले तो जम्हाइयाँ आने लगती हैं। लखनऊ की औरतें तो पानदान के बग़ैर घर से निकलती ही नहीं थीं। तीन चौथाई डोली में एक बड़ा-सा पानदान और एक चौथाई में खुद बेगम। पानदान और उगालदान का चोली-दामन का साथ है। हुक़्के की हैसियत भी कुछ पानदान से कम नहीं। "तिलिस्म" में हमें मेलो-ठेलों, शहरों और देहातों में कदम-कदम पर विभिन्न प्रकार के हुक़्के दिखायी देते हैं। हुक्के लखनऊ की तहज़ीबी जिन्दगी के आवश्यक अंग हैं। शरर का यह बयान देखिये :–

> "सबसे महत्त्वपूर्ण वस्तुएँ हुक़्क़ा, खासदान लोटा और उगालदान है। ये इतनी आवश्यक वस्तुएँ हैं कि अमीरो के साथ रहने वाले नौकरों के पास सदैव मौजूद रहा करती थीं।" (मज़ामीने शरर-326)

सवारियों में हवादार, तख़्ते खाँ, मुहाफा, पालकी, नालकी, सखहाल, फ़ीनस, चौपहला, डोली, मझोली और खड़खड़ा अर्थात भाँति-भाँति की सवारियाँ थीं। बहुत शानदार किस्म की बहेलियाँ भी दिखायी देती थीं।

घरों में कनीज़ें, जलीसे, ख़वासे, मुग़लानियाँ, मामायें, असीलें, ख़िदमतगार, बुआ, बारीदार और कोका हैं। जिन मकानों में यह दुनिया आबाद है उनका अध्ययन भी अत्यन्त रोचक है। अमीरों के मकानों के साथ लगा हुआ बाग़ हमेशा दिखाई देता है। यह एक ईरानी और हिन्दुस्तानी परम्परा है। हिन्दुस्तान और ईरान

में मकान और महल को बहुत दिनों से बाग़ कहा जा रहा है। लखनऊ का क़ैसर बाग इसका एक प्रमाण है। बाग के अन्दर बने मकान बड़े शानदार हैं। तिलिस्म' के निर्माण में बारहदरियों का बड़ा महत्त्व है। जहाँ देखिये, वहाँ एक बारादरी है। इसका कारण यह है कि क़ैसर बाग़ की बारहदरी दास्तान कहने वालों के समय में बनी थी। उस काल में यह बहुत प्रसिद्ध हुई थी। इसलिये दास्तान कहने वालों ने हर महल में एक बारहदरी का निर्माण किया जिससे इन काल्पनिक महलों में "क़ैसरबाग" की छवि देखी जा सके।

मध्य वर्ग के मकान इन मकानों से भिन्न हैं। वर्ग के आधार पर और नीचे जाया जाए तो मकानों का रूप बदला हुआ मिलता है स्पष्ट है कि इन घरों के वह ठाट-बाट भी नहीं हैं –

> "अमरो ने भिश्तन का रूप धर कर दरवाजा बन्द किया गिरस्तन की तरह गठरी-मठरी खोल तागा बट कर सीने लगे। किसी में पैबन्द लगाया, किसी पायजाम को उधेंड़ा। कलियाँ निकाल डालीं। नये पाँयचे चढ़ाए।"(6-493)

यह औरत जो तागा बट कर सिलाई कर रही है, उत्तर प्रदेश के साधारण घरों में अब से कुछ दिनों पहले तक देखी जा सकती थी। ये यथार्थवादिता की मंजिल है और जब भिश्ती आता है तो "बीबी" उसके हाथ से चाँदी के कड़े उतरवाकर चूल्हे के नीचे गाड़ देती है। इन घरों में पाखाने की चौकियाँ नहीं होती, संडास होते हैं। यह सभी मकान लखनऊ के हैं। बयान को बढ़ा-चढ़ा कर कहने को अनदेखा कर दें तो इन मकानों में रुस्वा के मकानों की झलक देखी जा सकती है–

> "लखनऊ से दो कोस की दूरी पर सड़क से करीब जो लोहे के पुल से नवाबगंज को जाती है, एक बाग़ की छोटी सी चहारदीवारी दिखाई देती है...इस बाग़ के बीच में एक छोटी-सी कोठी है। बहुत सुन्दर बनी हुई। कोठी के सामने थोड़ी दूर पर एक पक्का गोल चबूतरा है उसके चारों ओर बाग़ है। बाग़ के उत्तर की ओर के कोने में एक जालीदार अहाता है।...इसके बीच में संगमरमर का पानी से भरा हौज़ है। चारों ओर नालियाँ बहती हैं।" (रुसवा...उमरावजान अदा)

ये रुस्वा के मकान का नक्शा है। तमकीन काज़मी ने अपनी किताब के अन्त में उमरावजान अदा के "जुनूने इन्तज़ार यानी फसानये-ए मिर्जा रुस्वा" के प्रसंग से ये मकान हमें दिखाया है। 'ये जुनूने इन्तज़ार' वर्मा ब्रदर्स के द्वारा राय साहब, गुलाब सिंह प्रेस में एक चौथाई साइज़ के चौबीस पृष्ठों पर सन् 1889 में छपा था।

अर्थात इस किताब का प्रकाशन "तिलिस्म होशरुबा" की पहली कृति के प्रकाशन के कुछ वर्षों बाद हुआ था। रूस्वा के मकान के वर्णन में दो स्थानों पर "वस्त" (मध्य) का शब्द प्रयोग किया गया है। "तिलिस्म" में भी इस "वस्त" पर बहुत ज़ोर है। बंगला सदैव बाग़ के "वस्त" में होता है। बारादरी भी बीच में होती है। रुस्वा का यह गोल चबूतरा भी तिलिस्म' की सैर में हमें स्थान-स्थान पर दिखायी देता है। ये हौज़ भी तिलिस्म' के लिए अपरिचित नहीं है और हौज़ के चारों ओर बहती हुई यह नहरें भी। अन्तर केवल इतना है कि दास्तान कहने वालों की वर्णन शक्ति और उनकी कल्पना ने इन मकानों और बागों को स्वर्ग के जवाहरों से सजे मकानों का स्थान दे दिया है। रुस्वा खाते-पीते आदमी थे। कोठी में रहते थे किन्तु उमरावजान का बाप एक साधारण आदमी था। इसलिए उसका मकान वही कोठरियों वाला था। स्वयं उमराव जान का कथन है—"मेरे मकान में आमने सामने दो दालान थे। सामने के दालान के आगे खपरैल पड़ी हुई दो कोठियाँ थीं। दालान के एक ओर रसोई थी दूसरी और कोठे का ज़ीना। कोठे पर एक खपरैल, दो कोठरियाँ।" (उमराव जान अदा, पृ. 37-38)

इन दोनों उदाहरणों से यह स्पष्ट होता है कि दास्तान कहने वालों ने जिन मकानों का बढ़ा-चढ़ा कर वर्णन किया है वह मकान फ़ैज़ाबाद और लखनऊ के ही हैं और इनमें जो सभ्यता साँस ले रही है वह भी लखनऊ ही की है। जैसे मेहतरानी आयी—

"टोकरा जोगी ख़ाने में रख कर आ बैठी कहा, सामरी सलामत रखे, ज़रा सी तम्बाकू खिला दीजिये। एक सेविका ने पान लगा कर दिया। दुपट्टे से पकड़ लिया, झुक कर सलाम किया" 1(656)

दुपट्टे से पान पकड़ने के बाद झुक कर सलाम करने वाली मेहतरानियाँ पुराने लखनऊ में आज भी देखी जा सकती हैं। यद्यपि अज़ीज़ अहमद का ख्याल यह है कि लखनवी संस्कृति चौधरी खलीक़ुज़्ज़मा के साथ पाकिस्तान चली गयी। दोपहर में खाना खा कर क़ैलुले आराम करने की तैयारियाँ शुरू हुई :—

"दोपहर आ चुकी थी। हैरत आराम करने जाती थी। उसने पूछा, ए मलका, तुमने कल ख़त भेजा था? हैरत ने कहा.....जो कुछ पूछना हो शाम को पूछियेगा। यह कह कर सोने चली गयी और मुसव्विर भी महल में आया। दोपहर थी। यह भी सो रहा, शाम को उठा।"

आराम की इच्छा और आलस का यह हाल है कि—

"मुसव्विर जो वापस हो कर गया उसने सवाद सहर को जंगल की ओर नहीं जाने दिया कि मुझे हर समय लड़ाई में जादू पढ़ कर तुमको बुलाने की परेशानी होती है।" 2(19)

अवध को चुपचाप हार जाने वाले वाजिदअली शाह के लखनऊ के ये दास्तान कहने वाले यदि युद्ध क्षेत्र में उसी आराम तलबी और आलस को प्रस्तुत करते दिखाई दें तो कैसी हैरत!! लड़ाई हारी जा सकती है किन्तु आराम के समय में परिवर्तन नहीं किया जा सकता। अतः कैलूले का समय है, चारों ओर सन्नाटा है। इस कारण मकानों की सजावट देखने के लिए यह समय बहुत उपयुक्त है।

दालान के दरों में सुन्दर चिलमनें पड़ी हैं। छतों पर सुन्दर कारीगरी है। मोतियों की झालरें लगी हुई हैं। चाँदनी बिछी है। कहीं सुन्दर फर्श है, कहीं ज़रबफ़्त, मुशज्जर, तमामी, दीबा या क़ाक़ुम व संजाब के फर्श लगे हुए हैं। फर्श के चुनाव में मौसम का हाथ भी हैं :–

महीना जो सरमा की आमद का था
मुशज्जर का फर्श उसमें था जाबजा।(4-664)

गरज़ कि सुकून का सब सामान उपस्थित था :–

"माहरुख अय्यारों से मिली और बहुत खुश हुई और बादशाह के महल के निकट बड़े-बड़े ख़ेमे लगवाये। पलंग, फर्श, मेज़ कुर्सी, दंगल और आराम का पूरा सामान उनमें एकत्र किया।"(1-101)

अतः कुर्सियाँ बिछी हुई हैं। ये कुर्सियाँ जवाहर जड़ित और याक़ूत जड़ित भी हैं। दरवाज़े पर मोढ़े पड़े हैं। आँगन में चौके लगे हैं। चौकों पर फर्श हैं। कमरो में पलंगगड़ी चाँदी के निवाड़ से बिनी रखी है। कहीं पलंगड़ियाँ जवाहर के पायों की हैं। कहीं सजे हुए पलंग हैं। कहीं मसहरियाँ सजी हुई हैं, छपरखट जवाहर से जड़ा हुआ है। अलमारियाँ खड़ी हैं, मेज़ें लगी हुई हैं। मसनदे सजी हैं। पलंगों पर तकिये और गुल तकिये लगे हैं। मसनदों पर गाव तकिये रखे हैं। पलंग पर तोशक है, तोशक पर सोज़नी है और पैरों की तरफ लहाफ लगा हुआ है। लहाफ़ का मौसम न हो तो दुलाइयाँ मौजूद हैं। ये दुलाइयाँ नैनू या जामदानी की हैं जिनमें अतलस की गोट लगी हुई है। :

"शरर ने सुसभ्य लोगों के मकानों का जो नक्शा खींचा है वह तिलिस्म के मकानों के नक्शे से भिन्न नहीं है –

"...छत पर उजली सफेद छत गीरी खिंची हुई है जिसके चारों तरफ चुन्नट दी हुई झालर लटक रही है। दालान, कमरा या सहन में तख़्तों

का चौका है उन पर दरी है। और दरी पर सफेद बुर्राक़ चाँदनी... चारों कोनों पर संगमरमर के गुम्बदनुमा फर्श, फर्श के कोनों को दबाये हुए हैं।....इस चौके के एक ओर निवाड़ का सुन्दर पलंग बिछा हुआ है। पलंग के ऊपर गर्मियों में दरी और जाड़ों में तोशक बिछी हुई और उसके ऊपर एक उजली चादर बिछी रहती..... चारों पायों पर बिछौने के चारों कोने रेशम की रंगीन डोरियों से बाँध दिये जाते....पैरों की ओर दुलाई, रज़ाई या लिहाफ मौसम के अनुसार लगा दिये जाते... ।"267

कौन कह सकता है कि शरर हमें जिस मकान की सैर करा रहे हैं वह मकान "तिलिस्म होशरुबा" का नहीं है। तिलिस्म' के मकानों की सजावट बिलकुल ऐसी ही है। अन्तर केवल इतना है कि दास्तान कहने वालों ने जवाहरात और सोने-चाँदी का प्रयोग जी खोल कर किया है। किन्त अभी हमने जो सामन देखे हैं तिलिस्म' के मकानों की सजावट इन्हीं पर ख़त्म नहीं हो जाती। अभी कुछ और चीज़ें शेष हैं–

"ख़्वासों ने मसनद पर ज़र बिछायी। पलंगड़ी जवाहर की सजाई। रंग बिरंगे फूलों की डालियाँ लगाईं। कश्ती शराब की क़ाबे गज़क और कबाब की रख दी.........इतरदान चंगेर, चौघड़े, पान दान इकट्ठा करके सब बाहरी महल में चली आयीं।" 1(160)

"नौकरों ने आ कर हुक्म दिया कि फर्श, पलंग, नमगीरा आदि कोठे पर ले चलो। कोठे पर फर्श बिछाया, नमगीरा लगाया। एक ओर जवाहरों से जड़ा छपरखट लगाया। उसके नीचे मसनद बिछायी एक ओर शराबख़ाना सजाया और दूसरी ओर पानी का प्रबन्ध किया।" 1(34)

"अमरो ने देखा कि मकान का सहन बहुत सुन्दर है। सामने चौका तख्तों का बिछा है उस पर फर्श दरी और चाँदनी का बहुत साफ और सुन्दर है। गावतकिया लगा है। दीवार में तस्वीरें और आइने लगे हैं। ताक़ बराबर-बराबर बने हैं। उनमें गुलदस्ते रखे हैं। दूसरी ओर दालान में रसोई घर है। अनाज की कोठरी में ताला लगा है। चौकी बिछी हुई है। तरह-तरह के बरतन उस पर चुने हैं।" 1(679)

ये जो रसोईघर है, इसे हम उमरावजान के घर में भी देख चुके हैं और ये जो ताक़ों में गुलदस्ते नज़र आ रहे हैं इनके बारे में शरर का कथन है कि–

"कमरों और दालानों के अन्दर सजावट के लिए कागज़ के गुलदस्ते रख दिये जाते।"270

अब इन मकानों के साथ अगर हम मीर हसन के बनाये मकान को भी देख लें तो सन्देह की आशंका दूर हो जाए–

ख़वासों ने घर को दिया इंतज़ाम
तमामी के परदे लगाये तमाम
बिछा फर्श और कर छपरखट को साफ
मुरस्सा का उस पर उढ़ा कर ग़िलाफ
धरे लक़लक़े के ख़ास ऐवान में
हवा हो गयी इत्र दालान में
धरीं किश्तियाँ एक तरफ़ बेशुमार
चुनी एक तरफ़ डालियों की क़तार
अचार और मुरब्बे धरे ख़ुशनुमा
वो बाहर के दालान में जा बजा
छपरखट के पास एक मसनद बिछा
और उस पर तमामी के परदे लगा
चंगीरे बना और रख पानदान
करीने से उसमें रखे हारियान
कई इत्रदान मुरस्सा धारे
अनोखी गढ़त के कई चौघड़े
बिछी एक चौकी पड़ा तोरा पोश
करे देख कर ग़श जिसे बादानोश
सुराही व साग़र शराब व कबाब
धरा उस पे साक़ी ने कर इन्तख़ाब

(मीर हसन : सहरूल बयान 67-68)

मीर हसन ने मकान को इस प्रकार सजाया है और हमारे दास्तान कहने वालों ने भी मीर हसन की ही पैरवी की है। अतः शरर, रुस्वा और हसन के यहाँ मिलने वाले इन प्रमाणों के आधार पर यह कहा जा सकता है कि 'तिलिस्म' में मकानों की सजावट का अन्दाज़ अवधी है। तिलिस्म' के मकानों में हमें तिपाइयाँ भी दिखाई देती हैं। ये तिपाई अंग्रेज़ों के साथ आई थीं। और तिलिस्म' के मकानों में इसकी उपस्थिति तिलिस्म' के रचना काल पर प्रकाश डालती है।

इन घरों की चाबियाँ बीबियों के नाड़ों (इजारबन्द) में बँधी होती थी :–

"मलका शगूफ़ा ने....नाड़े से कुंजी खोल कर शमशाद को दी। शमशाद ने जा कर ताला खोला।" 5(268)

किन्तु ये तमाम ठाठ बड़े घरों के हैं। साधारण घरों में न परदे हैं, न छपरखट। न चौघड़े हैं, न चंगीरें। न आबदार खाने, न शराबखाने। साधारण घरों का हाल भिन्न हैं–

"सुबह को उठ कर गृहस्तिनों की तरह झाड़ू दी। चौके पर फर्श लगाया, खिचड़ी निकाली, चूल्हे पर चढ़ाई। जब खिचड़ी तैयार हुई, प्लेट में निकाल कर दस्तरख़ान में लपेटी। दस्तरखान तख़्त पर रखा। चटनी पीस कर रख दी। जिस बर्तन में घी था, उसे भी तख्त पर रखा। पानी के लोटे पर कटोरा रखा। सब सामान विधिवत रखा। मुँह-हाथ धोया। पलंग पर आ कर बैठ रही।" 6(916)

इस खिचड़ी से धोखा नहीं खाना चाहिए। तिलिस्म' में खानों की सूची बहुत बड़ी है। देहाती तो बहुरी और ज्वार की रोटी आदि से काम चला लेते हैं। जादूगर हस्ती ने अपने गाँव में अफ़रासियाब की जो दावत की थी उसे भुला देना सम्भव नहीं है :

"अफ़रासियाब ने शर्बत की शक़्ल देखी गाढ़ा-गाढ़ा काला/अफ़रासियाब ने आश्चर्यचकित हो कर कहा ये क्या है?........हुज़ूर, राब का शर्बत बड़ा ठण्डा होता है। दो लुटियाँ पीजिये। आप धूप में आये हैं.....अफ़रासियाब ने उल्टा हाथ मारा......जादूगर हस्ती अफ़रासियाब के लिए छोटी ज्वार की मोटी-मोटी रोटियाँ, प्याले में सगपयता एक रकाबी में मीठे चावल। वह भी गुड़ के लाया....प्याज़ की चटनी भी लाया। हरी मिर्चे कतरी हुई, घर का बना काला सिरका.......।" 6(618)

देहाती सत्तू भी खा लेते हैं –

"ब्राह्मण ने पानी पिलाया और कहा, मेरे पास सत्तू भी है....जादूगरों ने कहा, कितने सेर है? ब्राह्मण ने कहा, चार पैसे। उन सबने लालच में आकर ख़रीदा और अपनी थालियाँ निकाल कर नमक से घोल कर खाया। खाते ही सब बेहोश हुए।" 1(102)

किन्तु तिलिस्म' में देहात और देहातियों का कोई स्थान नहीं है। तिलिस्म' की दुनिया तो दरबारों की दुनिया है जहाँ खाना चलता है तो आगे-आगे रौशन चौकी बजती हुई चलती है। यही कारण है कि दास्तान कहने वाले शहर के मध्य और

निम्न वर्ग में भी रुचि नहीं लेते। क्योंकि उनके जीवन में भी "बयान" के अवसर नहीं के बराबर हैं। इसलिए यह उन्हें भी टाल जाते हैं। तिलिस्म' के बावर्ची खानों में खानों का एक पूरा अजायबखाना मौजूद है। अतः रोटी तो मिलती ही है किन्तु पावरोटी भी मौजूद है। ख़ुशकी दिखायी देती है, फिर पेड़े बनते हैं और तब चपातियाँ या फुलके तैयार होते हैं। शीरमाल, नान, बाक़रखानी, हवाई कुलचे, पुलाव, मुर्ग पुलाव, कोरमा, मुर्ग का क़ोरमा, क़लिया, कबाब, सीख़कबाब, कलेजी, मछली के कबाब, तीतर, बटेर, मुर्ग, और कबूतर के कबाब है। यख़नी, हरीरा और नहारी है। इस गोश्त ख़ोरी को 'मुसलमान' कहना ठीक नहीं है क्योंकि अर्थशास्त्र गोश्तखोरी को न केवल ये कि बुरा नहीं कहता बल्कि उसे स्वीकार करता है और कट्टीघरों की प्रबन्ध के लिए क़ानून बनाता है। तिलिस्म' में मीठे का भी विशेष महत्त्व है अतः मुतंजन, मुजाफ़र, बालाई के पराठे और ज़र्दे का विवरण भी मिलता है। शीर बिरंज भी है। ये शीर बिरंज प्यालों में भी है और डिब्बों में भी। ख़ीर भी पकायी जाती है। देवताओं के लिए मोहनभोग भी तैयार किया जाता है। दालों में चने और उर्द की दाल पकती है। सगपयता, खिचड़ी, गुड़ के चावल और ख़ुश्का भी दिखायी देता है। पूरी-कचौरी का विवरण भी है। अचार-चटनी का शौक़ भी लोगों में दिखायी देता है। मिठाइयों की दुनिया भी बहुत आबाद है। शुरुआत गुलगुलों से होती है और फिर हलवा सोहन, हब्शी हलवा, जलेबियाँ, शकर पारे, खस्ते, खजले, इमरती, बर्फी नानख़ताई, गुलाबी हलवा सोहन, मोतीचूर और सोठ के लड्डू, पेड़ा, रबड़ी, ख़ुर्मा, नुकतियाँ और समोसे हैं। 'तिलिस्म' में पुलाव की किस्मों का विवरण नहीं है। दास्तान कहने वालों ने इसकी आवश्यकता भी नहीं समझी क्योंकि उनके सामने लखनऊ का उच्च वर्ग था जिन्हें इसकी विस्तृत जानकारी थी। तिलिस्म' में पुलाव के विवरण की उपेक्षा नहीं करना चाहिए क्योंकि पुलाव के बारे में भी लखनऊ वालों ने नये कारनामे किये हैं :–

> "पुलाव यहाँ कहने को तो सात प्रकार के प्रसिद्ध हैं। इनमें से भी केवल गुलज़ार पुलाव, नूर पुलाव, कोको पुलाव, मोती पुलाव, चमेली पुलाव के नाम ही इस समय याद हैं....मिर्ज़ा अज़ीमुश्शान ने....दावत की थी जिसमें स्वयं वाजिदअली शाह भी सम्मिलित थे। इस दावत में नमकीन और मीठे कुल मिला कर सत्तर प्रकार के चावल थे।"

(मज़ामीने शरर– 213-214)

उमरावजान अदा भी जब ठण्ढ़ी साँस ले कर लखनऊ के खानों को याद करती है तो प्रतिदिन के खानों की एक रोचक सूची सामने आ जाती हैं। :–

"दस्तख़ान पर कई प्रकार के खाने, पुलाव यूरानी, मुज़फ़र मुतंजन, सफेदा, शीर बिरंज, बाक़रख़ानियाँ, कई प्रकार के सालन, कबाब, अचार, मुरब्बे, मिठाइयाँ, दही बालाई"

सोने की तश्तरियाँ, काब, सोने की क़ाबें, सोने-चाँदी के कामों से सजी क़ाबें, सोने की लगन, सीनी, मर्तबान, प्याले, लोटे, लुटिया, हाथ धोने के लिए जवाहर लगे आफ़ताबे, तश्त और सिलफ्ची हैं। एक स्थान पर मिट्टी की कोरी बँधनी और मटका भी दिखायी देता है। पानी के लिए ठिलिया, सुराही, शीशे की सुराही, सुनहरे रुपहले घड़े भी हैं। घड़े घड़ौचियों पर है। पानी पीने के लिए गिलास हैं। ये गिलास याकूत जड़े हैं। इसके अतिरिक्त कटोरे हैं। ये कटोरे सोने-चाँदी के भी हैं और चीनी व शीशे के भी। जवाहर के कलसे हैं गिलासों के लिए थाली जोड़ भी हैं। तिलिस्म' में पानी के स्थान का बहुत अच्छा प्रबन्ध है। ये आबदारखाना तो अमरों की ज़म्बील तक में मौजूद है। अतः एक बार जब वह अफ़रासियाब के तिलिस्म' में फँसा तो उसे बहुत प्यास लगी। सादे पानी से जब उसकी प्यास नहीं बुझी तो उन्होंने ज़म्बील से :–

"बर्फ में झली हुई सुराही पानी की निकाली।"

बावर्चीख़ाने और आबदारख़ाने को हम देख चुके। अब एक सरदार के यहाँ से दूसरे सरदार के यहाँ खाना चला। इस आने-जाने में अय्यार-अय्यारियाँ अर्थात हर प्रकार की न्यामत मौजूद थी। लखनऊ से निकलने के बाद आज खाने का मजा आया।" (उमराव जान अदा 223)

ये लखनऊ के लोग ज़िन्दगी के मामलात में बहुत शौक़ीन साबित हुए हैं। जिस काम में लग गये, उसे एक Art बना दिया। अतः ख़ाना पकाना भी एक आर्ट बन गया और इस आर्ट के भी बड़े-बड़े गुरू पैदा हुए–

"अमरो ने...अपनी सूरत एक अच्छे रसोइये की बनाई...और हाथ पर थाल रखा...थाल में समोसे और मिठाई के जानवर बने हुए लगाये। एक-एक समोसे में सौ-सौ परतें इस तरह बनायीं कि एक परत उठाओ तो सौ परत अलग-अलग हो जाएँ और फिर मिल जाएँ। ख़ूबी यह कि एक परत सलोनी, दूसरी चाश्नीदार, तीसरी मीठी, चौथी बिलकुल तीखी.... और खजले ऐसे एक सौ एक परत के बनाये कि हर परत में शीरा अंगूर का भरा.....।" 4(32)

तिलिस्म' में हमें खानों के महत्त्व के अनुसार ही बर्तन भी दिखायी देते हैं। ये बर्तन सोने, चाँदी और चीनी के भी हैं। चमचा, प्लेट, अचारी, पतीली, कढ़ाइयाँ, कढ़ाव हैं। खाने का इस प्रकार एक दरबार से दूसरे दरबार में जाना

ये दास्तान कहने वालों का आविष्कार नहीं है। यह लखनऊ दरबार की परम्परा है। शुजाउद्दौला के यहाँ छह स्थानों से खाना आया करता था। शुजाउद्दौला के बाद भी यह परम्परा बनी रही।

खाना जाने के लिए ख़्वान तैयार किये जाने लगे शरर का कहना है –

"ख़्वानों की शान आम सोसाइटी में यह थी कि लकड़ी के ख़्वान, उन पर रंगीन तीलियों का गुम्बद के आकार का झाबा। उस पर एक सफेद कपड़े का कसना, जो चोटी के ऊपर बाँध दिया जाता है और शाही बावर्चीख़ाने में ये तरीक़ा था कि इस बँधन पर लाख लगा कर मोहर लगा दी जाती जिससे रास्ते में कोई इसे प्रयोग न कर सके। फिर इस कसने पर बहुत सुन्दर रेशमी ख़ानपोश डाल दिया जाता है। यह ख़ान पोश बड़ी सरकारों में अतलस, कमख़ाब या ज़रबफ्त के होते और कभी केवल लचका टाँक दिया जाता था कारचोब का काम होता।" 219

तिलिस्म' में भी खाना जाने का अन्दाज़ बिलकुल यही है :–

"कसना कस कर ख़्वान पोश झालर दार
ज़रदोज़ी के काम का उस पर डालकर
जमर्रूद और याकूत के प्रसंग किया।
कि जादुओं के बादशाह के पास ले जाओ।" (497)

ये शाही ख़्वान बड़ी शान से जाते हैं। इनके आगे-आगे रौशन चौकी बजती है और भिश्ती पानी का छिड़काव करते हैं। यह बजती हुई रौशन चौकी ईरानी नहीं, हिन्दुस्तानी है :–

"रौशन चौकी में कम-से-कम दो शहनाई बजाने वाले होते हैं और एक तबलची की कमर में दो छोटे-छोटे तबले बँधे होते हैं।......
रौशन चौकी हिन्दुस्तान का विशेष दरबारी बाजा था जो बादशाहों और अमीरों के खासे के समय बजा करता थी।

इस तरह रौशन चौकी के साथ खाना आ गया :–

"अमरो ने बकावल को आदेश दिया। उसने आ कर दस्तरख्वान बिछाया, खाना सामने रखा। ख़्वाजा अमरो ने सब शहज़ादियों को दस्तरख़्वान पर बुलाया। सिलिफ्ची, लोटा सामने आया। हर एक ने हाथ धोये, ख़्वाजा और मलका बरान के साथ खाना-खाना शुरू किया।"4(367)

खाने के पसन्द न आने का तो प्रश्न ही नहीं उठता। खाने वालों ने खाने

की ऐसे प्रशंसा की जैसे किसी मुशायरे में अच्छे शे'र की प्रशंसा की जाती है। ये बावर्ची भी शायर हैं जो खाने की ज़बान में शे'र लिखते हैं :–

"चारों ओर से बावर्ची के लिए प्रशंसा का शोर होने लगा और बावर्ची झुक-झुक कर सलाम करने लगा।" 1(541)

"तिलिस्म होशरुबा" में दिन के खाने का तो पता नहीं चलता किन्तु रात के खाने के बारे में दो प्रमाण मिलते हैं। एक के अनुसार रात का खाना शीघ्र ही खा लिया जाता है और दूसरे के अनुसार देर रात में:–

"सरेशाम कुछ जादूगरों ने महल की एक सहनची में दस्तरख़ान बिछाया! फिर रौशन चौकी बजती हुई, बड़े सुन्दर ढंग से खाना आया।"3(23)

"रात ज़्यादा हो गयी। अफ़रासियाब ने खाना मँगवाया।"

सोने का प्रबन्ध शाम से ही होने लगा है –

"चार घड़ी दिन रहे आदेश दिया कि पलंग हमारा छत के ऊपर बिछाओ चाँदनी देखेंगे और वहीं आराम करेंगे। आदेशानुसार पलंग कोठे पर सजाया गया। फूलों की दीवारें खड़ी की गयीं। गुलाब, केवड़े और इत्र की शीशियों के मुँह खोल कर रख दिये गये। इधर-उधर गुलदस्ते सजा दिये गये.....कनीज़ों ने कहा, सोने की जगह तैयार है।" 7(232)

ये लोग तिलिस्म' के निवासी हैं किन्तु इन्हें नींद भी आती है और यह सोते भी हैं। "तिलिस्म होशरुबा" क्योंकि युद्ध की एक दास्तान है इसलिए होना तो यह चाहिए था कि लोगों का अधिकतर समय लड़ाई में बीते किन्तु ऐसा होता नहीं। इनका अधिकतर समय औरतों में, वेश्याओं में या शराब पीने और तमाशा देखने में व्यतीत होता है। गाने-बजाने की महफ़िलें होती रहतीं हैं। शिकार का शौक भी कम नहीं है। शब-ए-बारात तो शहजादे, शहज़ादियाँ तक शिकार की शौक़ीन हैं। कई इश्क़ों का आरम्भ शिकारगाहों में हुआ है। इन लोगों के दिन ईद हों या न हो किन्तु इनकी रातें "शबरात" अवश्य होती हैं। हर रात हज़ार दीवालियों से ज्यादा रौशन है। स्थान-स्थान पर रौशनी का प्रबन्ध है। रातों में कैसी-कैसी महफ़िलें हैं। "तिलिस्म होशरुबा" में जंग से ज्यादा ज़ोर जश्न पर है। ये बात आश्चर्यजनक नहीं है क्योंकि यह दास्तान जिन दिनों लिखी जा रही थी उन दिनों का लखनऊ ही नहीं, बल्कि हिन्दुस्तान जश्न के लिए तरस रहा था :–

"शहज़ादे ने दुनिया को फ़ानी समझ कर यह तय किया कि आज की रात खूब ऐशो निशात में बसर की जाए।"

यह केवल एक रात विलासिता की नहीं, यह एक सभ्यता की शाम भी है।

यह वास्तव में लखनऊ का दुख है। सल्तनत ख़त्म होने के एहसास ही ने तो ईरान के एक जवान मर्द सय्यद की अवलाद को वाजिदअली शाह और रंगीले पिया बना दिया था। यह जश्न बागों में मनाये जाते हैं। ये बाग भी अजीबोंगरीब हैं। हर तरफ़ नहरें जारी हैं। संगमरमर की चौपड़ की नहरों में अनगिनत फव्वारे छूट रहे हैं। फ़व्वारों के ख़जानों में बादला कतर कर डाल दिया गया है। बाग़ के बीच में संगमरमर का एक चबूतरा है। ये चबूतरे आम तौर पर चौकोर होते हैं। अगर चबूतरा नहीं है तो बीच बाग़ में बारहदरी बनी है जिसके खम्भों पर चित्रकारी बनी है। पूरी इमारत में हीरे-जवाहरात जड़े हैं। शामियाने लगे हैं। नीलम के मोर कलसों पर बैठे हैं। गौहर की झालर हर तरफ लटकी है :–

> "चारों ओर पेड़ों में जवाहरात की क़न्दीलें और फानूस लगाये गये। बाग की इमारत के अन्दर शीशे के झाड़ रौशन हुए...पूरे बाग में तरह तरह के बाजे बजने लगे शराब का दौर शुरू हुआ अबीर गुलाल उड़ने लगा... आदेश हुआ, आतिशबाज़ी छूटे...चर्खियों में आग लगाई गयी... ।"1(498)

ये उत्सव कुफ्फार की दुनिया का था किन्तु इस्लामी दुनिया भी इससे भिन्न नहीं हैं –

> "अमीर ने उत्सव का आदेश दिया। विलासिता का समान इखट्टा किया गया। शराब पिलाने वालियाँ शराब के जाम लेकर उपस्थित हुईं। लाल रंग की शराब के जाम चलने लगे...अमीर ने सबके साथ शराब पी। सामने नाच होने लगा।" 1(49)

ये उत्सव क्योंकि एक 'प्यास' का प्रतीक हैं इस कारण दास्तान कहने वालों ने बड़ी तैयारियाँ की हैं। जलसों का यह सारा ठाठ लखनवी है। तिलिस्म' में इन्हीं जश्नों को बढ़ा-चढ़ा कर दिखाया गया है। तिलिस्म' के उत्सव में तीन विषयों को विशेष महत्त्व मिला है। शराब, नृत्य और संगीत।

आतिशबाज़ी को कोई विशेष महत्त्व नहीं मिला है फिर भी दास्तान कहने वालों ने आतिशबाज़ी की एक दुनिया आबाद कर दी है। तिलिस्म' में अनार छोड़े, जाते हैं और हथफूल महकते है और पटाख़े दाग़े जाते है। हवाई छूटती है और फुलझड़ी से फूल झड़ते हैं। आतिशबाज़ी की दो चर्खियाँ और मोर नाचते हैं। घनचक्कर, छछूँदर और गुब्बारे हैं। आग के फूलों में भी बला का हुस्न है किन्तु नृत्य और संगीत की दुनिया ज्यादा आबाद है।

"तिलिस्म होशरुबा" में जो साज़ और बाजे प्रयोग किये गये हैं। उन्हें यदि एकत्र किया जाय तो एक बड़ा आर्केस्ट्रा तैयार हो सकता है। यहाँ डुगडुगी से

सिलसिला शुरू होता है डफली, चंग, दायरा, खंजरी, ताशा, ढोल, मृदंग, तबला, पखावाज, चकोर, डफ, झांझ, खड़ताल, नफीर, बीन, तम्बूरा, एकतारा, सितार, सारंगी, बेले, सरोद, शहनाई, रबाब, जलाजल, जलतरंग, बिगुल, आर्गन, आदि वाद्य मौजूद हैं। ऑर्गन खुद एक चलता-फिरता आर्केस्ट्रा होता है। खुशी के अवसर पर नौबत बजती है। नौबत हिन्दुस्तानी नहीं है क्योंकि शहनाई इसका एक ज़रूरी भाग है। और शहनाई ख़ुद विदेशी है। किन्तु उन्नीसवीं सदी में ये हिन्दुस्तानी हो चुकी थी। यू.पी. के ज़मीदारों के मकानों और इमामबाड़ों के सदर दरवाजों पर हमें नौबतख़ाने दिखाई देते हैं।"

अभी हमने जिन साज़ों और बाजों की झलक देखी है उनमें अधिकतर हिन्दुस्तानी हैं। बात यहीं खत्म नहीं हो जाती है। तिलिस्म' के गाने वाले हिन्दुस्तानी राग अलापते हैं। जैसे तिलिस्म' के कलावन्त, नायक, गायक हमें भोपाली कांगड़ा और कामोद, भाग, दीपक, मलहार, जोगिया, ललित भैरवी; दादरा, ठुमरी, गज़ल, तराना, जंगला, मालकौंस, धनासरी, पेलू और खट गाते दिखाई देते हैं। खयाल की गायकी भी है और ध्रुपद की भी। इन गानों में जो सुर लगे हैं वह भी हिन्दुस्तानी हैं। ये लोग नाचते हैं तो तोड़ा लेते है, ठोकर लेते हैं और गत नाचते हैं। ये विरह गाते हैं। तरूवट, ताल, सम की ज़बान में बाते करतें हैं। ये बजाते हैं तो लहरा बजाते हैं, तबले पर टुकड़े बाँधते हैं। ठेका देते हैं और ठेके में अद्धा बजाते हैं। गाने-नाचने का शौक़ आम है। लोग सावन, होली और बिरहे गाते हैं और कहरवा भी गाते हैं। बैजू और तानसेन की बातें करतें हैं हर ताल पर तान सेन कुर्बान।

नृत्य और संगीत के इस वातावरण में राजा इन्द्र के अखाड़े की चर्चा न हो तो बात पूरी न हो। अतः वह भी मौजूद हैं :—

> "अमरो ने कहा हुजूर मैं बत्ती ऐसी रौशन करता हूँ कि उसकी रौशनी में परियाँ नाचती हुई दिखाई देती हैं और राजा इन्द्र के अखाड़े की सैर कराती हैं।" 2(40)

इस प्रकार तिलिस्म' में नृत्य और संगीत का घर आबाद है और इसमें कोई शंका नहीं रह जाती कि ये घर हिन्दुस्तानीयों से आबाद है। हिन्दुस्तान में संगीत की परम्परा बहुत पुरानी है। यहाँ संगीत धर्म का एक भाग है। यहाँ सदियों से आवाज़ के उतार-चढ़ाव पर सुर खड़े होते चले आये हैं। गाने की आवाज़ में प्रकृति के शोर में मिल कर मन में उस पवित्र सन्नाटे की रचना की जो दर्शन और दृष्टिकोणों के आविष्कार के लिए आवश्यक है। इसी कारण हिन्दुस्तान में संगीत का सम्बन्ध दरबारों से कम और मन्दिरों से अधिक रहा है। कृष्ण को जब बंसी बजानी हुई तो उन्हें राजभवन से दूर गोकुल नाम की एक बस्ती में एक

नटखट मक्खन चोर नीलमणि बन कर रहना पड़ा और तब मधुबन में गुनगुनाने वाली हवा उनकी बाँसुरी में उतर आयी।

तिलिस्म' में यह संगीत तो नहीं है। तिलिस्म' का संगीत आत्मा को नहीं छूता क्योंकि यहाँ तो संगीत भी अय्याशी का एक ज़रिया है। किन्तु इसमे सन्देह नहीं कि यह संगीत है उसी पुराने ख़ानदान का। साज़ पर संगत करने का काम मर्दों के साथ-साथ औरतें भी करतीं हैं। तिलिस्म' में गाने, नाचने वालों और वालियों की बड़ी भीड़ है। हर दरबार में गाना हो रहा है और घुँघरू खनक रहे हैं। हर महल और बाग़ के घर में डोमनियाँ नाच रही हैं। हर बाज़ार में रण्डियों के कमरों में तबले के टुकड़ों के साथ घुघरू बजने की आवाज़ें आ रही हैं। इस्लामी फौज़ के सभी अय्यार नाचने में अपना जवाब नहीं रखते और गाने में बेमिसाल हैं। ख़्वाजा अमरो बिन उमैय्या ज़मीरी का गाने में तो ख़ैर कोई मुक़ाबिल ही नहीं, किन्तु नाचने में भी वह अपना जवाब है :—

> "अमरो ने.....गत नाचना शुरू किया इस तरह कि जब चाहा एक घुँघरू बजा और जब चाहा सब बजे। और जब चाहा एक भी न बजा। हर ताल और गत में मुँह से मोती निकाल कर तार में पिरोते जाते थे....।"

ज्ञानचन्द्र अमरो के इस नृत्य की ओर संकेत करते हैं :—

> "अमरो का नृत्य जहाँ-जहाँ है वह प्राचीन भारत का नृत्य है। जैसा कि कहानी माधव नल, और काम कुन्दला में है।" (उर्दू की नसरी दास्तानें 304)

हो सकता है कि ज्ञानचन्द्र का विचार सही हो किन्तु ख़्वाजा का नाच लखनऊ के एक कत्थक उस्ताद बिन्दादीन का नाँच मालूम होता है जिनके बारे में शरर का कहना है कि :—

> "घुँघरू बजाने में ऐसी प्रवीणता कि जिस घुँघरू को चाहे बजाये..... बिन्दादीन बजाता और कालका पास खड़े हो कर उसकी व्याख्या करता जाता। उसकी व्याख्या से ही लोगों को पता चलता कि बिन्दादीन कैसा कमाल दिखा रहा है। नाच में उसके पाँव बड़ी नज़ाकत से जमीन पर पड़ते हैं। प्रसिद्ध है कि वह तलवार की धार पर नाचा और क्या मजाल जो तलबे में चरका आया हो।" (मज़मीने शरर 179)

अमरो का नाच भी इसी प्रकार का है :—

> "मोती का एक फंका फांक के एक तारमहीन पीतल का पैर के अँगूठे में बाँध के सिरा उसका मुँह में दाबकर खड़ा हुआ। शराब की बोतल बग़ल

में दाबी, जाम को हाथ में लिया और लबों से धुन बजाता, पाँव को ताल देता, मुँह के मोती उस तार में पिरोता मलका के निकट आया।"4(684)

और ख़्वाजा इस पर बस नहीं करेंगे बल्कि मलका जब जाम के लिए हाथ बढ़ायेगी तो ये जाम को उछाल कर सर पर रख लेंगे और गत नाचने लगेंगे। क्या मजाल जो शराब की एक बूँद ज़मीन पर गिर जाए। गत नाचने के बाद ख़्वाजा मलका से कहेंगे कि सरदार को सर से शराब पिलानी चाहिए और महफ़िल आश्चर्य चकित रह जायेगी। और यदि किसी महफ़िल में अफ़रासियाब भी उपस्थित होगा तो जाँघ पर हाथ मार कर कहेगा, ख़्वाजा तुम तो हाथ का तावीज़ बनाने के लायक़ हो।

पुरुषों के नृत्य की परम्परा भी एक प्राचीन हिन्दुस्तानी परम्परा मालूम होती हैं क्योंकि भगवान शिव केवल त्रिशूल और साँपों वाले नहीं हैं। वह डमरू वाले नटराज भी हैं। और जब वह ताण्डव नृत्य करते हैं तो चारों ओर हाहाकार मच जाता है। किन्तु अगर पुरुष नृत्य को देवमाला से अलग करके देखा जाए तो मालूम होता है कि लखनऊ ने इसको आगे बढ़ाया है। लखनऊ में कत्थक का आविष्कार हुआ और बड़े-बड़े कथक नाचने वाले पैदा हुए। लच्छू महाराज आज भी मौजूद हैं और पूरे हिन्दुस्तान की नृत्य की दुनिया में जो महत्त्व उदय शंकर और गोपी कृष्ण को मिला है वह सम्भवतः इन्द्रानी रहमान को भी नहीं है। तिलिस्म' के अय्यार जो औरतों के भेष में नाचते हैं वह लखनऊ की ही देन हैं। कश्मीरी भाण्डों के गिरोह में जो नर्तक होता था वह बाल बढ़ा कर औरतों का-सा जूड़ा बाँधता था। अब भी यू. पी. की नाच मण्डलियों में ऐसे लड़के देखे जा सकते हैं।

तिलिस्म' के नर्तक और नर्तकियों को नाचने के लिए पखावाज़ और घुघरू की आवश्यकता पड़ती है। तिलिस्म' में संगीत और नृत्य की एक दुनिया आबाद है और शराब का एक दौर चल रहा है। 'तिलिस्म' में शर्बत क़न्दोबिनात भी प्रयोग होता है जिसमें गुलाब जल और केवड़ा मिलाते है लेकिन वास्तव में शासन शराब का चलता है। नीचे से ऊपर तक समाज पर शराब का अधिकार है। शराब की उन दुकानों को हम देख सकते हैं जहाँ ठर्रे से लेकर पुर्तगाली शराब तक बिकती है। 'तिलिस्म' में शराब की इस अधिकता पर आश्चर्य करने की आवश्यकता नहीं क्योंकि इसमें तो कुफ्र और इस्लाम, दोनों ही शराब के नशे में धुत्त हैं और शासन लड़खड़ा रहा है। अह्वाल मरी नशीं जैसे महत्त्वपूर्ण सियासी क़ैदी के पासबानों की बेचैनी देखिए :–

"सब प्रहरी पुकार रहे हैं। किसी ने कहा, मियाँ शोहदे साहब ज़रा पैसे के सींक कबाब लाओ। दूसरे ने कहा, हमारे लिए काबुली मटर लेते आओ। किसी ने दालमोठ की फरमाईश की।"(6-519)

मंसूर जादू को एक औरत मिली तो वह दीवाना हो गया :–

> "फूला जाता है। शराबख़ाने की ओर दौड़ा। भट्टी से जाकर एक आने का ठर्रा ख़रीदा। एक पैसे के आलू के कचालू, थोड़े काबुली मटर, दो-तीन हरी मिर्चे, नमक की ढेलियाँ लेकर दौड़ा हुआ आया।"6(791)

इन बातों के अतिरिक्त शराब के महत्त्व का अन्दाज़ा "साक़न" की शान में दास्तान कहने वालों को तारीक़ों से भी लगाया जा सकता है। :–

भट्टी तेरी, होटल तेरा
कुर्सी-मोढ़ा दंगल तेरा
मेंमों पर है साया तेरा
ताड़ से ऊँचा साया तेरा 6(62-63)

ये वो दास्तान गो है जो एक "जिहाद" और एक "मुजाहिद राहे खुदा" की दास्तान सुना रहे हैं और उनके "लश्करे खुदा" का हाल भी इनसे भिन्न नहीं है। :–

> "दोनों जगह के दिलावर जा कर बादशाह के दरबार में आराम करने बैठे। साक़ी व मय हाज़िर हुए। जामे इश्रत गर्दिश में आया।"
>
> "अमरो बिन ज़मीरी बरान के पास है– कभी 'तिलिस्मात' की सैर में समय बिताते हैं। कभी नाच देखते है और शराब पीते हैं। दिन ईद रात शब-ए-बारात है। हर समय मज़े रहते हैं।" ये नाच देखने और शराब पीने वाला
>
> व्यक्ति हफ़्त पैगम्बरान है। खुद इस दास्तान के हीरो का भी यही हाल है जो चारों ओर इस्लाम का परचम लहराना चाहता है। तिलिस्म' में शराब धड़ल्ले से पी जाती है। हमज़ा परिवार के लोगों को केवल एक अवसर पर अपने मुसलमान होने का विचार आता है। जब ये किसी पर मुग्ध होते हैं और पहली मुलाक़ात की महफिल में शराब आती है तो ये कहते हैं :–
>
> "हम दूसरे धर्म के लोगों के यहाँ शराब तक नहीं पीते।"1(816)

मगर अमीर के हरम की औरतें शराब नहीं पीतीं, हो सकता है पीती हों, क्या पता? दास्तान कहने वाले उन्हें निकट से देखने का अवसर ही नहीं देते। ये बात अवश्य है कि तिलिस्म' में उनके शराब पीने की किसी घटना का विवरण नहीं मिलता।

अमीर का घराना लखनऊ के उच्च वर्ग का घराना है। पुरुष सब कुछ कर सकता है किन्तु स्त्री "पर्दे की बूबू" बनने के अतिरिक्त कुछ नहीं कर सकती। पुरुष रखैल रख सकता है और स्त्री प्रेम तक नहीं कर सकती। शराब पीना वास्तव में मुग़ल काल में ही आम हो चुका था। स्वयं मुग़ल बादशाह भी शराब के शौक़ीन थे। औरंगज़ेब को छोड़ कर सभी मुग़ल बादशाह दिन में कई-कई बार शराब पिया करते थे किन्तु तिलिस्म' के शराबी बड़े कोमल स्वभाव हैं ग़ालिब तो शराब को गुलाब जल के साथ पीते थे किन्तु ये लोग शराब को फूलों में बसा कर पीते हैं। यदि चाँदनी रात हो तो नदी की सैर से भी दिल बहलाया जाता है। दुनिया चाहे जादू की ही क्यों न हो, किन्तु दुनिया के दूसरे कामों से छुटकारा नहीं मिलता इसलिए तिलिस्म' में भी सुबह होती है और हर सुबह युद्ध स्थल में नहीं हो सकती। अतः बस्तियों और शहरों में भी समय बिताया जाता है।

तिलिस्म' में औरतों के समूह झूल-झुलय्याँ खेलते नज़र आते हैं। कहीं पेड़ों पर झूले पड़े हुए हैं। कुछ औरतें झूल रही है, और कुछ पेंग दे कर झुला रही है, कहीं पर औरतें "दस घरा" खेलने में लगी हैं। शतरंज भी खेला जाता है। कहीं चौसर हो रहा है और "तीन काने, छै छक्के और पौ बारह" की आवाज़ें आ रही हैं। कहीं पच्चीसी और गन्जफ़ा हो रहा है। कहीं हिण्डोले लगे हुए हैं और कहीं "आँख मिचौला चादर छेबला" का शोर है। कहीं पर स्वांग के तख़्त आ रहे हैं। किसी ओर नट अपना खेल दिखा रहे हैं। कहीं साँप का खेल हो रहा है। कहीं रीछ वाले और बन्दर वाले डुगडुगी बजा रहे हैं और कहीं दंगल हो रहा है। तिलिस्म' में थियेटर भी होता है :—

> "एक ओर जो आ के देखा, अजब शोर है। एक जवान घंटी बजा
> कर पुकार रहा है कि एक पैसा टिकट। नक़ल की असल दिखा दें।
> ठेठर का कोई जमाये है रंग। बजता है कहीं रबाब व मृदंग। (5-743)

किन्तु इन छोटे-मोटे सैर-सपाटों के अतिरिक्त तिलिस्म' के लोगों का सबसे बड़ा शौक़ शिकार है। शिकारगाहों में केवल शहज़ादे ही नहीं, शहज़ादियाँ भी दिखाई देती हैं। इन शिकारी औरतों पर आश्चर्य करने का कोई कारण नहीं है। नूरजहाँ के शिकार के शौक को अनदेखा कर दें। यह राजपूतानियों की भी परम्परा है। इन राजपूतानियों को युद्ध की कला सिखायी जाती थी और अधिकतर यह शिकार खेलने निकल जाया करती थीं।" "तिलिस्म" में शिकार बड़ी तैयारी से खेला जाता है :—

> "क़रावल लाती लगाने की फ़िक्र में फिरने लगे..... शेरों के लिए हकवा करने की तैयारी हुई। बाजे और आतिशबाज़ी के टोकरे भेजे गये।"106

कुत्तों के बिना तो 'तिलिस्म' में शिकार की कल्पना करना भी असम्भव है। दास्तान कहने वालों ने बार-बार क़ाफिलों की तैयारी और उनके चलने का वर्णन किया है। इससे शिकार के महत्त्व का अनुमान लगाया जा सकता है। यह लोग पशु, पक्षी और जंगली जानवर, हर प्रकार का शिकार करते हैं और शिकारगाह में केवल एक क़ानून चलता है कि शिकार को जो घायल कर ले, शिकार उसका है। इस बात पर बार-बार तलवारें चल जाती हैं। शिकारगाह का यह क़ानून प्राचीनकाल से हिन्दुस्तान में है। इसी तरह जब शिव ने भी उसी सूअर पर तीर मारा जिसे अर्जुन ने मारा था तो अर्जुन ने शिव को ललकारा। वह भगवान को पहचान न सका। अर्जुन ने कहा :–

> "तुम हो कौन...तुमने मेरे शिकार पर निशाना लगाने की हिम्मत कैसे की... ।"(महाभारत–128)

क़िस्सा इसी ललकार पर समाप्त नहीं हो गया था बल्कि अर्जुन और शिव में तलवारें चल गयी थीं।

तिलिस्म' में मनोरंजन का साधन वेश्याएँ हैं। तिलिस्म' में वेश्याओं की भरमार है। कोई ऐसी बस्ती नहीं जिसमें "चौक के कमरे" न हों और कोई ऐसी सेना नहीं जिसमें वेश्याओं के डेरे न हों। लड़ाई हो या महफ़िल, ये रण्डियाँ वहाँ की जान हैं। ये तवायफें भी हिन्दुस्तान में बहुत दिनों से आबाद हैं। रियासत इन वेश्याओं की देखभाल किया करती थी और इनके अधिकारों की रक्षा भी।

एक "दरोग़ा अरबाबे निशात" की नियुक्ति की सिफ़ारिश करता है। जो दरबारी गाने और नाचनेवालियों की देखभाल के अतिरिक्त चकलों का निरीक्षण भी करता रहे और हर वेश्या से दो दिन की आमदनी वसूल करके सरकारी ख़जानों में डालता रहे। "उस्ताद" लोगों को सरकार से बढ़ावा मिला करता था किन्तु इसमें सन्देह नहीं कि लखनऊ ने वेश्याओं को जो स्थान दिया, उससे पहले हिन्दुस्तानी वेश्या को कभी नहीं मिला था। लखनऊ में वेश्या ने सामाजिक जीवन में अपना एक स्थान बना लिया। ये रण्डियाँ जो 'बाईजी' भी कहलाती है, बड़ी तड़ाक-पड़ाक हैं और दिल लेने का चलन उन्हें ख़ूब आता है। इसीलिए तो ये हर महफ़िल की जान हैं। जहाँ देखिये, वहीं उनका मुजरा हो रहा है। ये दास्तान जिन लोगों को सुनाई जा रही थी, वह लोग इसी प्रकार की बातें सुनना चाहते थे। क्योंकि अगर ऐसा न होता तो दास्तान कहने वाले नख-शिख वर्णन में

हदों को पार न कर जाते। नख-शिख वर्णन में ये बेक़ाबू हो जाते हैं और अपनी शहज़ादियों को नंगा करके देखने और दिखलाने लगते हैं अपने सुनने वालों की तसल्ली के लिए दास्तान कहने वालों को औरत के वर्णन में बहुत नीचे तक उतरना पड़ता है। अज़ीज़ अहमद और हसन अस्करी को सम्भवतः इस भ्रम में डाल दिया कि 'तिलिस्म' की शहज़ादियाँ तवायफें हैं। किन्तु 'तिलिस्म होशरुबा' की शहज़ादियाँ तो लखनऊ की शरीफ़ज़ादियाँ हैं। उन्हे वेश्या समझ लेना ठीक नहीं हैं। वह तो लखनऊ की बेगमें हैं जो यौन शोषण का शिकार हैं और इस तरह दास्तान कहने वालों ने लखनऊ की एक दुखती हुई रग पर उँगली रख दी है।

मिस्बा को एक पहलवान से मुक़ाबले पर आना हुआ। अपनी जवान बेटी को अपने क़िले में छोड़ आया। संयोगवश नूरूद्धहर उस ओर जा निकलते हैं। दोनों एक-दूसरे पर मोहित हो जाते हैं। यह बात जब मिस्बा को मालूम होती है तो वह बहुत क्रोधित होता है। और :—

> "बख़्तियारक नाचने लगा। पुकार कर आवाज़ दी, मियाँ मिस्बा, सुबहान अल्ला। जवान बेटी को घर में छोड़ आये। तुम तो चार-चार रण्डियाँ नौकर रखते हो। वो बिचारी कहाँ तक सन्तोष करे।"(6-78)

बुराई की जड़ यही है कि "वह बेचारी कहाँ तक सब्र करे।" "तिलिस्म की लगभग सभी शहज़ादियों के सामने यही प्रश्न है कि वह आखिर कहाँ तक सन्तोष करें। किन्तु तिलिस्म' में वह सब कुछ नहीं होता जिस पर वर्षों से हमारे समाज के ठेकेदार नाराज़ होते हैं। और वह सब कुछ "सम्भवतः इसलिए नहीं होता कि समाज की गन्दगी के बावजूद इन दास्तान कहने वालों के मन में पवित्रता की एक कमज़ोर-सी कल्पना थी। इसीलिए उन्होंने तिलिस्म' की सभी महत्त्वपूर्ण स्त्रियों को बुराइयों से बचा लिया। लेकिन इसके अतिरिक्त उन्होंने वह सब मंजिलें तय करवा दीं जो शौक़ की मस्नवियों में बेगमें तय करती हैं। यहाँ भी पहले नौकरानियाँ मिलायी जाती हैं।

> "यहाँ से निकट एक शानदार पहाड़ है। वहाँ की मालिक बाँराँ जादू नाम की एक जादूगरनी है। जो अत्यन्त सुन्दर है। बहुत से जादूगर उस पर मोहित हैं। बर्क़महशर का पुत्र शदजादू भी उस पर आशिक़ है...शदजादू अपनी सुन्दर प्रेमिका को देखने चला और जब उसके मकान पर पहुँचा तो उसकी एक सेविका को बुलाकर उसको हीरे-जवाहरात दिये और इस बात पर तैयार किया कि वह बाँराँ जादू को छत पर बुला लाये.... वह सेविका किसी बहाने से बाँराँ जादू को कोठे पर ले कर आयी।

शद उसके सुन्दर चेहरे को देखने में खो गया। उसी समय बाराँ के दूसरे आशिक़ आ गये। वह शद को वहाँ देख कर जल उठे और ऐसा जादू किया कि वह बेहोश हो गया.....।"(1-248)

ये जो छत के नीचे प्रेमियों की भीड़ है इससे यह सन्देह हो सकता है कि शायद ये बाराँ जादू कोई वेश्या है। किन्तु यदि यह वेश्या होती तो शद नौकरानी को रिश्वत क्यों देता और उसे छत पर क्यों बुलाता? वह खुद छत पर मौजूद होती और राद बेझिझक कमरे पर जा सकता था। इन बातों से यह निष्कर्ष निकलता है कि ये बाँराँ जादू वेश्या नहीं है अपितु बहारे इश्क और फरेबे इश्क की हीरोइन है।

"तिलिस्म नूर अफ़शाँ" में तो बादशाह नूर अफशाँ के महल के सामने आशिकों की मज़ारें हैं। उनकी बेटियों पर जो लोग आशिक हो कर आते हैं और दीवार के पास मर जाते हैं, वह वहीं दफ़न किये जाते हैं और उनकी कब्रों पर चिराग़ जलाये जाते हैं–किन्तु दूसरी ओर इन शहजादियों का यह हाल है कि लड़ते-लड़ते एकाएक आसमान की ओर चली जाती हैं और वहाँ अपना लिबास ठीक करती हैं कि लड़ाई में शरीर का कोई हिस्सा खुल न गया हो। अब ऐसी शहजादियों को वेश्या कहना नाइंसाफ़ी है किन्तु तमाशबीन के तिलिस्म' में फँसी हुई ये बेचारियाँ और करती भी क्या? वह जिस दुनिया में हैं वहाँ का हाल तो यह है कि बारह-चौदह साल के लड़के बाकायदा इश्क़ के शेर पढ़ते हैं। अमीर की सेना के शहजादों को तो दास्तान कहने वाले "जवान शौक़ीन" कहते हैं :–

"शहज़ादा नूरूद्दहर बिन बदीउज़्ज़मा जवान, शौकीन आशिक मिज़ाज, हसीनों के सर का ताज, गाने पर दिल लगाये हैं।"6(683)

ये सभी जवान शौकीन सफ़ल प्रेमी हैं क्योंकि इनके पुतले वाजिद अली शाह के ख़मीर से बनाये गये हैं–

"वह (वाजिदअली शाह) कहारिनों, रण्डियों, नौकरानियों, महल में आने जाने वाली औरतों गरज़ की सैकड़ों औरतों पर आशिक़ हुए और चूँकि शासन के उत्तराधिकारी थे, अपने इश्क़ में खूब सफल हुए।" (मज़ामीने शरर–55)

शरर के उपर्युक्त कथन की रोशनी में अमीर हमज़ा से ले कर गज़नफर बिन असद तक को पहचाना जा सकता है। अर्थात अरबी नामों से धोखा खा कर इनकी तलाश में अरब के रेगिस्तानों की ख़ाक छानने की आवश्यकता नहीं है। ये लोग तो कई पीढ़ियों से हिन्दुस्तान में बसे हुए हैं। स्वयं अफ़्रासियाब भी आशिक़ मिज़ाजी में इन लोगों से दो हाथ आगे हैं। वो तो तिलिस्म' की हर ख़ूबसूरत

शहज़ादी और हर ख़ूबसूरत नौकरानी पर आशिक़ हो जाता है और क्योंकि वह बादशाह है इसलिए सफ़ल होता है। बस बहार, मख़मूर और खुमार उसके हाथ नहीं आतीं। शायद वह इन तीनों को भी पाने में सफल हो जाता मगर ये लोग हैरत का ख़याल कर जाती हैं –

> "अफ़रासियाब हज़ार जान से उस पर फ़िदा है और सैकड़ों बार मिलने के लिए कह चुका है। मगर बहार ने हैरत, अपनी बहन के कारण इनकार कर दिया है।" "स्पष्ट हो कि खुमार और मख़मूर बहार की तरह अफ़रासियाब की प्रेमिकाएँ हैं किन्तु इन दोनों ने भी मलका हैरत के डर से मिलन स्वीकार नहीं किया।"1(251)

बस यही तीन शहज़ादियाँ ऐसी हैं जो अफ़रासियाब को टाल गयीं मगर 'तिलिस्म' में सुन्दर औरतों की कोई कमी तो है नहीं। अफ़रासियाब के दिल बहलने का सामान हो जाता है किन्तु यह राय नहीं बना लेनी चाहिए कि अफ़रासियाब बेशर्म है और अमीर हमज़ा और साहिबे कराँ के लोग बड़े शर्मीले हैं। ये सब लोग एक जैसे हैं। इनमें नाम और मत के अतिरिक्त कोई अन्तर नहीं है। तिलिस्म' में औरत को क्रियाशील दिखाया है। मख़मूर, नूरूददहर को अपने पीछे लगा कर पहाड़ की खोह में ले जाती है। अपना दुशाला नीचे फेंकती हैं गले में बाँहें डालती है, लिपट कर मनाती है। मख़मूर की आयु तो चौदह वर्ष की है, किन्तु उसे नाज़ोअदा के तमाम गुर मालूम हैं। "तिलिस्म में मर्द के मन में झाँक कर औरत की कल्पना को देखने का अवसर मिलता है।" तिलिस्म' की दुनिया हवस नाकी की दुनिया है। यह सभी लोग अपना प्रेम प्रकट करने में बड़े बेबाक हैं। इसलिए इनके प्रेम कहने में झिझक होती है और मनोरंजन का साधन कहने में आसानी होती है। इन लोगों को जहाँ कोई सुन्दर औरत नज़र आयी नहीं, इन्होंने अपनी बात उससे कही नहीं–

> "बबरान ने जो तनहाई में ऐसी हसीन औरत को पाया, उस पर आशिक हो कर चाहा कि सम्भोग की बात करो। गाल पर हाथ रख कर कहा ऐ मलका, इतना क्रोध न करो। अच्छा हम मूर्ख सही, लो शराब पियों। ज़मर्ररूद जादू उसका इरादा समझ गयी और गरदन नीची करके शरमा कर कहा, तुम मुझसे ऐसी बात न करो नहीं तो मैं तुम्हारी खाला से कह दूँगी।"6(238)

जब एक औरत ने महताब जादू को बताया शादी की रात ही उसका पति कत्ल कर दिया गया और माँ-बाप मारे गए। यह सुन कर महताब जादू हमदर्दी नहीं करता बल्कि फौरन अपनी तमन्ना का इज़हार करता है। यह औरतें और

मर्द–अर्थात यह पूरी दुनिया तेज प्यास में लिप्त है। आदमी वाकई हैरान रह जाए कि ये औरतें कैसी हैं–ये पेशेवर नहीं हैं। भूखी-प्यासी भी नहीं हैं ज़ेवरों से लदी-फँदी हैं–फिर आखिर नदियों की तरह क्यों बही जा रही है? फिर हमें इनसे घिन आने लगती है। किन्तु ये लखनऊ की औरतें हैं। ये मर्द भी लखनऊ ही के हैं जो अपनी इच्छा दिखाने में इतने बेबाक हैं। शौक़ की मसनवी में इन्हें पहचाना जा सकता है।

अफ़रासियाब को तो यों भी अनदेखा किया जा सकता हैं कि वो 'काफिर' है किन्तु लश्करे इस्लाम (इस्लामी फौज) में भी अनेकों बुराइयाँ हैं। किन्तु कुफ्फार की फौज में ये अधिक दिखायी देती हैं। वहाँ बहन की बेटी से ले कर, पालक और बेटी से भी यौन सम्बन्ध स्थापित करने की कोशिश का प्रयत्न दिखाई देता है। अफ़रासियाब अपनी भाँजी अरमान पर फिदा है। महरान जादू अपनी पाली हुई लड़की पर मोहित है और हयात जादू ने तो हद कर दी। वह अपनी बेटी मलका हैरत "जो अफ़रासियाब की पत्नी है" पर ही फिसल गयें शहनशाह तोसन भी अपनी बेटी नाहीद पर मोहित हो गया था और दीवानगी की हालत में नाहिद से चरका खा गया। और "तिलिस्मी" कैदखाने का रास्ता खुल गया जिसमें से असद, अमरू, लाचीन, बदीउज़्ज़मा अर्थात महत्त्वपूर्ण बन्दी आज़ाद हो गये।

बेटी और सौतेली माँ से यौन सम्बन्धों के प्रमाण बौद्ध साहित्य में भी मिलते हैं। बाप अपनी बेटी से यौन सम्बन्ध रखता है। सौतेली माएँ अपने सौतेले बेटों को पाप करने पर राजी करती हैं। किन्तु बौद्ध साहित्य के इन उदाहरणों और "तिलिस्म होशरुबा" की घटनाओं में एक अन्तर है। बौद्ध समाज औरतों को बेवफा ही समझता था और उस समाज में औरत का कोई स्थान नहीं था। किन्तु इसके विपरीत "तिलिस्म होशरुबा" की औरत्तें वफ़ादार हैं। इसलिए इन औरतों की बुराइयाँ अपने युग की यौन त्रासदी के उदाहरणों का स्थान रखती हैं। यौन बुराइयों की दास्तान कम उम्र लड़कों से प्रेम के बिना अधूरी रह जाएगी। इसलिये कराँ ने एक अय्यारी की। एक घसियारे को मलका बहार बना दिया और अफ़रासियाब ने:

> "शीघ्र शलवार बन्द कर हाथ डाला। घसियारे को भी मज़ा आया। वो भी लिपट गया। शाह ने मस्ती में कुछ खयाल न किया और उसको नंगा किया। अजीब तमाशा बादशाह ने देखा कि आँखें खुल गयीं, सारी मस्ती जाती रही घबरा गया और एक लात मारी कि घसियारा लुढ़ककर अलग गिर....वह बड़ी कठिनाई से ऐश को पहचाना था और

बादशाह ने महबूब भी बना दिया था।....एक लात से कब बाज़ आता, गिर कर सम्भला और दौड़ कर बादशाह से लिपट गया कि जानी मैं तुझे कब छोड़ता हूँ यह कह कर बादशाह को गिराया और दाब कर बैठा..... ।(2–538)

अफ़रासियाब तो ख़ैर बहार के धोखे में था किन्तु घसियारा तो उसे मर्द समझता था। यदि घसियारे को अनदेखा भी कर दिया जाए तो गड़रिये के उस लड़के को छिपाना मुश्किल होगा जिस पर अफ़रासियाब आशिक़ है और जिसके शरीर में प्रवेश करके पहले हुजरे के मालिक मशल जादू की सेना को मारता है। उन बेशुमार कम आयु के बच्चों की लाशें भी मौजूद हैं जो मशल जादू के विलास भवन में मरे और जंगल में फेंक दिये गये। देहातियों की वह भीड़ भी है जो बाँस की मेख़ें ले कर मशल पर चढ़ आई है-तिलिस्म' में नौजवान लड़कों से प्रेम से इनकार नहीं किया जा सकता। तिलिस्म' में प्रेम भी इसी विलासिता और यौन तृप्ति के तलाश की एक कड़ी है। इसीलिये रण्डीबाज़ी की तरह प्रेम के भी नियम हैं–

"स्पष्ट हो कि जब कोई किसी पर मोहित होता है तो दलाला भी अवश्य नियुक्त करता है।"4(51)

यह वाक्य दास्तान का भार नहीं है। यह दास्तान कहने वाले का एक कथन है और सम्भवतः इन दास्तान कहने वालों की दृष्टि से वात्सायन की 'कामसूत्र' नहीं गुज़री थी। इसलिए यह कथन महत्त्वपूर्ण हैं क्योंकि इससे लखनवी समाज पर प्रकाश पड़ता है। किन्तु ऐसा नहीं है कि दास्तान की बुनावट में इन नियमों को देखा न जा सके। एक स्थान पर ख़ुदावन्द लक़ा हसीना जादू को सीख देता हुआ दिखाई देता है। हसीना जादू साहब कराँ के बेटे पर मोहित है। वह कहता है :–

"ऐ हसीना, तुम खिंची और रुकी रहो। ये न हो कि जवान और खूबसूरत देख कर मिलने पर तैयार हो जाओ....... ।"1(226)

इस प्रकार चारों ओर हवस का एक बाज़ार गर्म है। हाली जैसे सज्जनों के लिए तो आँख उठा कर रास्ता देखना भी कठिन होगा। हाल यह है कि यदि औरत इस प्रकार राज़ी नहीं होती तो मोहनी से काम निकाला जाता है। एक जादूगर ने जमशेद की कब्र की मिट्टी उड़ा कर मख़मूर को पकड़ लिया। सम्भोग का इच्छुक हुआ मगर मख़मूर नूरूद्दहर पर मोहित है। तैयार नहीं हुई तो :–

"उस बदमाश ने पुकार कर कहा ऐ मख़मूर, अब मेरे कब्ज़े से निकलना कठिन है। यह गुलाम आप का आशिक है......बड़ा जादूगर हूँ। एक मोहनी ऐसी पढूँगा कि तुम स्वयं मुझ पर आशिक़ हो जाओगी।"5(385)

तिलिस्म' में हर औरत बारह वर्ष की बनना चाहती है और हर पुरुष की यह इच्छा है कि उसकी उम्र हज़ार बरस की हो जाए। और इस हज़ार बरस की उम्र में वह हर रात सौ स्त्रियों से भोग कर ले और थके न। ये है मूल्यों की दशा। और तो और, दास्तान कहने वाले अरहर के खेत में भी झाँक आते हैं :–

"ऐक लौण्ड ने कहा फिर अब रास्ता किसका देखते हो इसको उठा कर गोद में वो जो अरहर का खेत है वहाँ ले चलो और अपना मज़ा करो।"

सच तो यही है कि अरहर के खेत के बिना उत्तर प्रदेश में विलासिता का वातावरण पूर्ण नहीं हो सकता। परिणाम यह निकला कि सब के सब तमाशबीन हैं :–

"अमरो ने कहा, अब जवानों के नशा-पानी का समय है। भट्टी पर जायेंगे। टके का ठर्रा पी कर चौक की सैर करेंगे।"5(411)

क्या यह भी बताने की आवश्यकता है कि चौक लखनऊ के एक विशेष बाज़ार का नाम है, किन्तु मनोरंजन के ये साधन फिर भी व्यैक्तिक हैं। सामूहिक साधनों में तो त्योहार और मेलों-ठेलों का विवरण किया जा सकता है। त्योहरों के सम्बन्ध में दास्तान कहने वालों के सामने एक कठिनाई थी। चूँकि यह दास्तान बहुत पहले की है इसलिए मुसलमानों के त्योहारों का वर्णन नहीं किया जा सकता। यद्यपि तिलिस्म' में अगर लोग क़ुरान पढ़ सकते हैं और "जिगर से नारा अल्ला-हो-अकबर खींच कर" काफिरों पर हमला कर सकते हैं और मन्दिरों को गिरवा कर उनकी जगह पर मस्जिदें बनवा सकते हैं और नमाजें पढ़ सकते हैं तो समझ में नहीं आता कि वो ईद, बक़रीद, शुबरात और मुर्हरम जैसे त्योहार क्यों नहीं मना सकते? इसी प्रकार अगर कृष्ण कन्हैय्या, भगवान, शिव, दुर्गा और भवानी की चर्चा की जा सकती है तो होली, दीवाली दशहरा मनाने में क्या बुराई है? 'तिलिस्म' में लोग होली गाते हैं, होली खेलते हैं किन्तु होली मनाते नहीं–इसीलिये तिलिस्म' में त्योहारों की विस्तृत जानकारी नहीं मिलती। बस ईद और दीवाली की चर्चा मिल जाती है। मेलों-ठेलों के वर्णन में दास्तान कहने वालों ने कंजूसी से काम नहीं लिया है। तिलिस्म' में कई बहुत बड़े मेले लगे हैं। :–

"शहजादा शहर से जब बाहर निकल कर आया। लोगों की बहुत बड़ी भीड़ पाई। अड़ोस-पड़ोस से सौदागर आये थे.....फीनस में शहर के

महाजनों के लड़के गोटे लगी टोपियाँ, लचके के अंगरखे पहने फीनस को कहार उठाये-उठाये फिर रहे हैं। शहर के रईस ऊँचाई पर फर्श बिछाये बैठे मेले का तमाशा देख रहे थे/ख़ूब मेला जमा था। चित्र ऐसा था— पोंडे की गडेरिया वह नायाब/डालियाँ मिस्त्री की जिनसे वे आब/वो टोकरों में हरे-हरे बूट/जों सब्ज़ये खुल्द से लड़े झूठ/खुश रंग अजब मटर की फलियाँ/फूलों की चमन में जैसे कलियाँ/होता था वो साँप का तमाशा/ज़हाक का दिल था जिस पर शैदा/बाजार में किस्सा गो भी आकर/दिल से कोई दास्तान बनाकर करता दिल अहले दिल की तस्ख़ीर/जादू की हर एक सुखन में तासीर।(4—546)

महाजनों के ये लड़के जो गोटे-पट्टे की टोपियाँ और लचके के अंगरखे पहने हुए फीनस पर सवार मेले की सैर कर रहे हैं, विशेषकर लखनऊ के जौहरी बाजार के रहने वाले हैं। पौंडे की ये गंडेरियाँ भी लखनऊ के बाज़ारों के अतिरिक्त और कहाँ—और इन दास्तान कहने वालों को भी लखनऊ में ही ढूँढ़ना होगा। एक और मेला देखिये :—

"कोई कदारा बजाता है, कोई मल्हार गाता है। किसी को पेलू और जोगिया पसन्द है। तमाशाइयों की भीड़ लगी है। वाह-वाह की आवाजें तेज़ हैं।....जब और आगे चला, पालें साक़िनों की तनी देखीं.....साकिनें हज़ारों बनाव किये, दुलाई सफेद ऊदी गोट की ओढ़े....तख़्त पर अन्दाज़ से बैठी हैं।......कोई कहता है साक़न की दुम की ख़ैर, आज पेडू पर की हमें पिलाओ। साक़न कहती, बेटा, अब तू अँगिया के अन्दर की पिओ। बहुत उम्दा है।...उसने आगे बढ़ कर नशे वालों की दुकान नज़र आई उसके सामने एक और भाँग बेचने वाला....यहाँ से जो आगे बढ़े, शराबियों की भीड़ दिखायी पड़ी। दुकान कलवार की सजी हुई....देखा कुछ बाँके बिगड़ गये हैं। तलवारें खिंची हैं....अचानक धोतू, तुरही बजी। कोतवाल दौड़ा....हर देश और ज़ात का आदमी मेले में आया था। कहीं हिन्दू थे, कहीं जमशेद परस्त, कहीं आतिश परस्त, मुसलमान भी कुछ-कुछ......मेला देखने आये थे।......बने हुए कहीं राधा जी और कन्हैया जी। पीतम्बर ओढ़े हुए, सर पे रखे मोरमुकुट। वही थी कुंज गली, और वही था वृन्दाबन सुहानी धुन मुरली की और बन्सी बट। कहीं जो देखा तो था मारवाड़ का आलम। वही किनार, वही टुकड़ियाँ' वही घट-पट वही आदमी। रात के सौ उनके देस के गानें 'हमारा सावरों मतवारो ले गयो ऊँट।'

मेले का कहाँ तक वर्णन किया जाए....महाजन नीचे जामे पहने, लड़कों को साथ लिये सैर कराते फिरते हैं। हिन्दुनिया अपना-अपना बनाव किये फिर रही हैं।... कहीं वेश्या बनाव किये आश्नाओं को साथ लिये बैठी है....कहीं एक रण्डी पर दो आशिक़ हैं, इस पर झगड़ा हुआ है। कहीं लौंडे पर झगड़ा हुआ है। तलवार चली है, पुलिस गयी है....नट तमाशा कर रहे हैं। नटनियाँ नाच रही हैं....पेड़ों के नीचे दरियाँ बिछीं हैं, शरीफ लोग बैठे हैं। एक ओर अफ़ीम बेचने वाले बैठे हैं, अफ़ीम घुल रही है। गन्ने छिलते हैं। हुक्के तवे के भीगे रखे हैं। एक अमरूद छिला है। उसके टुकड़े करके आपस में बाँट लिया है...तालाब पर इधर-उधर लोग नहा रहे हैं। हिन्दू चंदन घिस रहे हैं तिलक लगा रहे हैं।...कहीं पेड़ के नीचे लटकन पर घड़ा रखा है। पेंदे में उसके महीन सूराख़ है। नीचे श्री महादेव जी की मूरत रखी है। उस पर बूँद-बूँद पानी टपकता है....पीपल के पेड़ पर खाखे की झण्डी बँधी है। शरीफ मिठाई खा रहे हैं। गँवार मूली, ज्वार, गुड़ खा रहे हैं। हिन्डोले गड़े हैं, स्वाँग के तख़्त आते हैं.... ।1(865-867)

ये मेला तो उत्तर भारत में कहीं भी लग सकता है किन्तु यह साक़िने लखनऊ की हैं। ये महाजन और ये बाँके भी लखनऊ के अतिरिक्त और कहीं मिलने वाले नहीं हैं। ये अफीमची भी लखनऊ के अतिरिक्त और कहाँ। ये मेले पाठक को एक पल के लिए भी लखनऊ के बाहर नहीं निकलने देते। यदि विश्वास न हो तो एक और मेला देखिये। ये मेला लखनऊ में लगा है और उमरावजान अदा इसका हाल सुना रही है :–

> "मेले में वह भीड़ें थीं कि अगर थाली फेंको तो सर-सर चली जाए इधर-उधर खिलौने और मिठाई वालों की दुकानें, खोंचावाले, मेवा बेचने वाले, हार वाले, तम्बोली, साक़िनें, अर्थात जो कुछ मेलों में होता है, सब कुछ था....एक साहब हैं। वह अपने तनज़ेब के अंगरखे और ऊदी सदरी, नोकदार टोपी, चुस्त चूड़ीदार पायजामे और मखमली झड़ोपन जूते पर इतराते हुए चले जाते हैं। कोई साहब हैं, संदली रँगा हुआ दुपट्टा सर से आड़ा बाँधे हुए रण्डियों को घूरते फिरते हैं। एक साहब आये तो हैं मेला देखने मगर बहुत ही नाराज़ और त्यौरी पर बल डाले हुए..... ।"(उमरावजान अदा–1-61)

रुस्वा ने कुछ पंक्तियों से काम चला लिया किन्तु 'दास्तान तिलिस्म होशरुबा' और 'उमरावजान अदा' के मेले एक ही हैं। एक जगह विस्तार से काम लिया गया है और दूसरी जगह संक्षेप में। नहीं तो वही खिलौने, मिठाई वाले, ख़ोमचे वाले,

वही तम्बोलिनें, वही पान वाले, वही साकिनें, वही शरीफ और वही रण्डियाँ अर्थात पूरी दुनिया वही है। अन्तर केवल यथार्थवादिता और अतिश्योक्ति का है। और बात को बढ़ा-चढ़ा कर क्यों न कहा जाए। लखनऊ समाज की तो पूरी इमारत ही अतिश्योक्ति और रखरखाव पर आधारित थी। लखनऊ का पूरा समाजी ढाँचा इतना नाजुक है कि यदि धीरे-से साँस न ली जाए तो पूरी इमारत गिर जायेगी। इसीलिये तो लखनऊ में उठने-बैठने खाने-पीने, मरने जीने, दोस्ती-दुश्मनी, मुहब्बत-नफरत के नियम बनाये गये और इन नियमों का कठोरता से पालन किया गया कि :–

"इस अहाते से जो बाहर है वह विदेशी है"।

लौण्डी हो या शहज़ादी, चलेगी तो पायचों को कलाइयों पर डाल कर। बहारे इश्क़ की बेगम के भी यही अन्दाज़ हैं :–

"सब हया से बदन चुराये हुए। पाँयचे नाज़ से उठाये हुए"

और घूँघट को तो देश निकाला देना सम्भव ही नहीं :–

> "थोड़ी देर में वह अपनी आवश्यकता पूरी करके आया और कहा, भाभी, आओ सवार हो। अमरो ने उसे देख कर बित्ते भर कर घूंघट निकाल लिया।" 1(678)

ये घूँघट मारवाड़ का नहीं क्योंकि वहाँ का घूँघट तो गज़ों में नापा जाता है। ये उत्तर प्रदेश के निम्न और मध्य वर्ग के हिन्दू घरानों का घूँघट है लेकिन तिलिस्म' में कहीं-कहीं लखनऊ के असली सोने में मग़रिब के खोट की मिलावट भी नज़र आ जाती है :–

> "बादशाह (अफ़रासियाब) ने मलका का हाथ अपने बग़ल में दाब लिया। मलका ने शाने से शाना और पहलू से पहलू अपना मिला दिया। दोनों साथ-साथ चले।"3(8)

ये अन्दाज़ पूरब का नहीं है। ये अफ़रासियाब नहीं, ये कोई नौजवान अंग्रेज़ अफ़सर है जो अपनी पत्नी या किसी दोस्त के साथ जा रहा है। भेंट के तरीक़ों पर भी पश्चिम के दो-चार छींटे पड़े हुए हैं जो बुरे लगते हैं। क्योंकि इनसे तिलिस्म' का वातावरण बिगड़ता है और उसका मूल स्वर टूट जाता है :–

> "अमरो भी हाथ फैला कर मिलनें को बढ़ा। असरार से कुछ न बन पड़ा। बेटी को छाती से लगाया और अमरो से हाथ मिलाया।"(124)
>
> "मख़मूर ने वहाँ पहुँच कर हाँथ उठाया दोनों शेर पयकर भी अपनी जगह से उठे और उससे हाथ मिलाया और कहा, आपने करम फरमाया। तशरीफ रखिये।"2(76)

इस हाथ मिलने को 'मुसाफा' नहीं कह सकते क्योंकि यदि ऐसा होता तो दास्तान कहने वाले ने 'मुसाफ़ा' ही कहा होता, हाथ मिलाने की बात न की होती। बर्क अय्यार चूँकि फिरंगी है। इसलिये उसका "पतलून जैकेट" नहीं खलता लेकिन "हाथ मिलाना" या मलका को "बग़ल में दाब कर" चलना दास्तान के हिन्दुस्तानी वातावरण को ख़राब करता है। किन्तु बस यही दो-चार स्थान ऐसे हैं जहाँ ये वातावरण ख़राब हुआ है। नहीं तो दास्तान कहने वालों ने लखनवी समाज का बेदाग़ चित्र बनाया है और हमें इस समाज की अच्छाइयों और बुराइयों से मतलब नहीं।

लखनऊ ने जीवन को कला बना दिया था। जीवन में दिखावा बहुत था। स्वागत, भेंट, विदाई के नियम बने हुए थे और उनमें कोई परिवर्तन नहीं हो सकता था। जब कोई सभ्यता बिखरने वाली होती है तो अपनी सुरक्षा के लिए इसी प्रकार दीवारें खड़ी करती है चारों ओर दिखावा ही दिखावा है। बराबर वालों के स्वागत के लिए द्वार तक जाना लखनवी समाज का हिस्सा था—

शहजादे ने आमद उनकी पायी कि तादर ख़ेमा पेशवाई

तिलिस्म' में भी यही रिवाज है :—

> "सुलेमान यहाँ का रहने वाला है समझ गया कि कोई जादूगर आया है। शीघ्र अपने अमीरों के साथ स्वागत के लिए चला। क़िले के द्वार पर जब पहुँचा, इजलाल को चालीस हज़ार जादूगरों के साथ आते देखा।"1(29)

यदि आने वाला प्रतिष्ठित व्यक्ति तो है किन्तु आयु में छोटा है तो घर का मालिक स्वयं स्वागत के लिए नहीं जाता बल्कि अमीरों को भेजा जाता है :—

> "प्रतिष्ठित जादूगर चले और मलका बहार का स्वागत किया। बहार ने दरबार में प्रवेश किया। सब उठ खड़े हुए। हैरत ने गले से लगा लिया। बलायें लीं और पास अपने बिठाया इसलिए कि बहार जादू, हैरत जादू की छोटी बहन है।"1(146)

बहार जादू तिलिस्म' की मलका की छोटी बहन है इसलिए उसके स्वागत को दूसरे लोग पहुँचे। किन्तु जब हसीना जादू ने तोरज के आने की ख़बर सुनी तो स्वयं दरबार तक पेशवाई के लिए गई क्योंकि तोरज छोटा नहीं था और शहज़ादा था। किन्तु यदि आने वाला बुजुर्ग हो और दरबार में हो तो स्वागत के नियमों में परिवर्तन हो जाता है। अपने को छोटा साबित करना भी लखनऊ की विशेषता है। वहाँ आने वाले को अपने से बड़ा बताया जाता है :

"शिष्टाचार का पहला नियम यह है कि मेल-जोल में दूसरे को अपने से ऊपर बताकर इज़्ज़त दी जाए और स्वयं को उसके पीछे उससे छोटा कहा जाए...सामने अदब से घुटने मोड़ कर बैठना.....ये बातें जिस तरह लखन के उच्च वर्ग में प्रचलित थीं, कहीं और न थीं।"(मज़ामीने शरर—274)

यदि ऐसा न होता तो बाग़बान माहरुख के पाँव न छूता क्योंकि वह भी छोटा नहीं था। तिलिस्म' का वज़ीर था। मुलाक़ात होने पर गले लगाने की रस्म भी है। छोटे बड़ों को तस्लीम करते है। छोटा चाहे उमर में छोटा हो या पद में, तस्लीम करना आवश्यक है। यह शिष्टाचार पग-पग पर दिखायी देता है :—

"बर्क़ ने कहा, मैं आदाब अर्ज़ करता हूँ और यह कह कर बहुत झुककर तस्लीम की।"2(7)

"उस सुन्दरी ने चाँद की तरह झुक कर सलाम किया।"

"उस जादूगर ने उतरकर अफ़्रासियाब को तस्लीम की"

हद तो यह है कि जादू की पुतलियाँ भी तस्लीम करती हैं—

"पुतली ने जा कर बहुत अदब के साथ तस्लीम करके कहा।"

अब आने वाला आ गया तो घर वाले की जान उस पर कुर्बान है। कुछ हो सकता है किन्तु अतिथि का बाल बाँका नहीं हो सकता है। अतिथि यदि दुश्मन भी हो तो कोई अन्तर नहीं पड़ता है। इफ़लाक, ईरज को घायल अवस्था में उठा लाया था और उसकी सेवा की। बाद में मालूम हुआ कि वह सुलेमान का दुश्मन है। वह परेशान है :—

"सुलेमान को ख़बर मिल गई तो वह बिरादरी में हुक़्क़ा-पानी बन्द करवा देगा। अब मैंने यह सोचा है कि जब यह स्वस्थ हो जायेगा तो कुछ लोगों के साथ इसकी सेना में पहुँचवा दूँगा।"6(681)

"तिलिस्म" में बिदाई के शिष्टाचार भी केवल हिन्दुआना है मगर उन पर लखनऊ के शियावर्ग की परछाइयाँ हैं —

"असद अपने नाना जान के पैरों को चूमकर पलटा और घोड़े पर सवार हुआ।"1(54)

"असद महल में आया और अपनी माँ के पैरों को चूम कर आँखों से लगाया...मलका ज़ुबैदा शेरगीर ने असद को गले से लगाया, माथे पर चूमा.....उस समय सब औरतों ने आ कर असद की बलायें लीं। अशरफियाँ बाज़ू पर बाँधी, दुआ पढ़—शहज़ादे पर फूँका और दुआ देकर विदा किया।"1(53)

अब ये जो पैरों को चूमा जा रहा है, इसका तो "हिन्दुस्तानी इस्लाम" से भी कोई सम्बन्ध नहीं है। ये ठेठ हिन्दू बिदाई के शिष्टाचार हैं जो शियों के आठवें इमाम की नज़र मानी जाती रही है। ये बिलकुल लखनऊ की ईजाद है। यहाँ भी उस कहानी को नहीं छेड़ना चाहिए कि बैते रसूल से पहले इस कहानी में इमामज़ामिन कहाँ से आ गये?

अर्थात इन लोगों के ख़मीर में लखनऊ की मिट्टी और राजपूतों का ख़ून शामिल है। जन्म और मृत्यु के बीच की दूरी में हर-हर क़दम पर लखनऊ के निशान नज़र आते हैं।

तिलिस्म' की शादियों पर भी हिन्दुस्तान और लखनऊ की गहरी छाप है। वही "हड्डी" की देखभाल, ख़ानदान, गोत्र का ख़याल, ख़ानदान के ऊँच-नीच के इस एहसास को बिलकुल इस्लामी कहना ठीक नहीं, यह हिन्दू विचारधारा है और हिन्दुओं में भी यह देखभाल दूसरी शताब्दी से पहले नहीं मिलती।

एक बार जब हड्डी की देख भाल हो चुकी, तो मँगनी की रस्म हुई। और फिर रिश्ते का ऐलान हो गया। शादी की तारीख तय हुई और लड़की वालों की ओर से माँझा भेजा गया। लड़के ने पीला जोड़ा पहना। कंगना हाथ में बाँधा। मुसलमानों में तो निकाह होता है किन्तु जादूगरों में "भवरी" फेरी जाती है। :–

> "मलका हैरत ने हँसी रोक कर कहा.......वह भी अपने देश की शहज़ादी है, कोई बाज़ारी औरत नहीं कि शीघ्र तुम्हारे पहलू में आ कर बैठ जाए....ब्राह्मणों को बुलाया है। इस बाग में तुम्हारा गठबन्धन होकर भौरी फिर जाएगी.....।"1(80)

> दूल्हा के साथ डोमनियाँ भी जायेंगी और लड़की वालों की डोमनियों से उनका मुकाबला भी होगा–किन्तु स्वयं दूल्हा मुँह पर रूमाल रखे चुप रहेगा–

"सेहरा देख कर अफ़रासियाब फूल गया... डोमनियों की आवाज़ें आनें लगीं। दूल्हा मियाँ रूमाल मुँह पर रखना। ससुराल में पटर-पटर बातें न करना। खाना सामने आये तो ज़िद करना। ससुर से एक देश माँगना, छोटे कौर खाना। अपना फूलापन दिखाना..........।"6(752)

बारात तैयार हुई। हर तरफ हंगामा, रुपया लुट रहा है :–

> "बारात तैयार हो गयी, बाजे बजने लगे। सेहरे गाये जाने लगे। शहज़ादा घोड़े पर सवार, भारी सेहरा बँधा हुआ। फूलों के सेहरे के ऊपर सुनहरा सेहरा पड़ा हुआ। हाथ-पाँवों में मेंहदी लगी हुई। हाथ में कँगना बँधा हुआ। रुपया लुटाया जा रहा है।"5(409)

उधर, दुल्हन को भी लाल कपड़े पहनाये गये किन्तु जहेज़ की बात के बग़ैर शादी की कहानी अधूरी रह जायेगी :–

> "अब जहेज़ का सामान निकलवाया। सन्दूक़, पिटारे, चाँदी सोने के छपरखट, मसहरी, पलँग, चाँदी सोने के बरतन, ताँबे की देगें, मटके, घर गिरस्ती का सामान.... ।"

"तिलिस्म में हिन्दू और मुसलमान शादियों में भौरी फिरने के अतिरिक्त कोई अन्तर नहीं। हिन्दुस्तान में इसके अलावा कोई और अन्तर है भी नहीं क्योंकि यही वह स्थान है जहाँ धर्म का दख़ल है। शेष रीति-रिवाज हैं जो हिन्दुओं और मुसलमानों में समान हैं।

उपर्युक्त सभी उदाहरण हमें एक पल के लिए भी उत्तर भारत—विशेष तौर पर यू.पी. के वातावरण से निकलने नहीं देता। शादी का सारा कारखाना अवध के रंग में रँगा हुआ है। लड़कियाँ गुड्डे की शादी कर रही हैं तो वो भी इस तरह जैसे इन्सानों की। 'तिलिस्म होशरूबा' में जो संसार बसा है वह हमारा जाना-पहचाना नहीं बल्कि वह हमारा अपना संसार है।

स्पष्ट है जिस दुनिया में इतने लोग रहते होगें, वहाँ लोग बीमार भी पड़ते होंगे। ज़ुकाम, बुखार, रतौंधी, उन्माद, बुद्धि विक्षेद, सन्निपात, पीलिया का विवरण मिलता है। लोग जुल्लाब लेते हैं और उससे काम न चला तो अस्पताल जाते हैं:–

> "सदफ जादू ने.....एक चार मंजिला मकान बना हुआ देखा। जो बहुत साफ-सुथरा था......एक हिस्से में तो लोहे के पलंग बिछे थे और उन पर बिस्तर लगा था। मरीज़ इस प्रकार के उन बिस्तरों पर लेटे थे। जिनके पाँव टूटे गये थे या बहुत ज़ख़्मी हुए थे। दूसरे हिस्से में दवाओं की बोतलें रखी थीं और जर्राद आदि दवा बनाने में व्यस्त थे.......एक हिस्से में जर्राही के औज़ार के सन्दूक़ चुने हुए थे। बहुत से औज़ार मेजों पर रखे थे और इस हिस्से में जो दरवाज़े लगे थे उनमें बहुत साफ शीशे जड़े थे...... ।"4(696)

यह पूरा अस्पताल पश्चिमी है और हिन्दुस्तान में यह अस्पताल अंग्रेजों के आने के बाद बना है। दास्तान कहने वालों ने ऐसे अस्पताल देखे होंगें। ऑपरेशन थियेटर की तस्वीर तो बहुत ही साफ़ है। किन्तु यह अस्पताल भी मौत का इलाज तो नहीं कर सकते इसलिए लोग मरते बहुत हैं। और फिर लाशें दफ़न होती हैं या जलाई जाती हैं :–

"अफ़रासियाब भी यह ख़बर सुन कर आया और अपने भाई के लिए ख़ूब रोया....और लाश को अपने तौर पर जला दिया।"1(89)

"अफ़रासियाब यह ख़बर सुनकर थर्राने लगा....और एक जादूगर अरमाक़ जादू से कहा कि जंगल में आज़र की लाश पड़ी है। तुम उठा कर दफ़न कर देना।"1(90)

जलवाना तो समझ में आता है किन्तु साधारण लोगों को दफ़न करने का रस्म हिन्दुओं में नहीं है। दास्तान कहने वाले आम तौर पर यह भूल जाते हैं कि कौन मुसलमान है और कौन मुसलमान नहीं है। उनके सामने धर्म का प्रश्न नहीं है। ये लखनऊ के है और लखनऊ के लोगों को लखनऊ की दास्तान सुना रहे हैं। वैसे दफ़न करने का रिवाज हडप्पा संस्कृति में है। क्योंकि ख़ुदाई में वहाँ एक कब्रिस्तान निकला है। जिसमें कम-से-कम सत्तावन कब्रें हैं। कुछ भी हो, मुर्दे जलाये या दफ़न किये जाते हों "राम-राम सत" की आवाज़ें ज़रूर आती हैं। :—

"उसी समय दूर से राम-राम सत की आवाज आई। सनत ने सर उठा कर देखा, किसी ग़रीब का मुर्दा दो लोग अर्थी पर लिये हुए। एक ब्राह्मण साथ में। हाथ में एक जला कण्डा एक हांडी मिट्टी की, उसमें बित्ता भर घी थोड़ा-सा मूंज। अर्थी के साथ-साथ और पीछे हाय भाई कह कर रोते हैं।"6(9)

कम-से-कम लिखने वाला यह मानने को तैयार नहीं कि यह अर्थी अरब या ईरान की है। ये पूरी तरह से यह एक हिन्दू मुर्दा है। और अब एक मुसलमान जनाज़ा भी देख लें :—

"अहवाल की लाश को बड़े धूम धाम से उठाया। असद व उमरो बर्क़ व क़राँ आदि ने कान्धा दिया....असद ने स्वयं कब्र में उतारा। शाना हिलाया। तलकीन पढ़ी। मगफिरत की दुआ की। दफन होने के बाद कब्र तैयार हुई। चादर फूलों की डाली.......।"6(613)

यह एक शिया मुसलमान की लाश दफ़न की जा रही है क्योंकि शाना हिला कर तलकीन पढ़ने का रिवाज आम मुसलमानों में नहीं है—चलिये, ये ख़ानदान अमीर हमज़ा साहिबे कराँ वाले शिया मुसलमान निकले!

विधवा का वस्त्र हिन्दुस्तानी रीति के अनुसार सफेद है। "हिलाल सहर अफ़गन ने अपने शौहर के ग़म में सफेद वस्त्र पहने।"6(746)

केवल यह सफेद वस्त्र ही विधवा की निशानी नहीं है, चूड़ियाँ भी बढ़ाई जाती हैं और नथ भी उतारी जाती है। मुहल्ले की औरतों ने सुना कि किसी घर में मौत हो गयी है तो डोलियाँ चल पड़ीं। उधर घर में मातम हो रहा है।

सब मुँह ढाँप कर रो रहे हैं। ये रोने वालियाँ भी हिन्दुस्तानी हैं। मर्दों में ग़म के वस्त्र का रंग काला है:—

"साहिर जादूगर...उसके पास पहुँचे और कहा ऐ मलका, आपके दोनों भाई मारे गये....नाजुक चश्म बहुत रोई.....दरबार के सभी लोगों ने काले कपड़े पहने।"

इसके अतिरिक्त वही तीजा, दसवाँ, बीसवाँ और चालीसवाँ हो रहा है। अर्थी निकल रही है, क्रिया-कर्म किया जा रहा है। और अगर कोई रीति-रिवाज के विरुद्ध जाता है तो लोग बुरा मानते हैं। तिलिस्म' के लोगों को हर अवसर पर पहचाना जा सकता है। ये लोग लखनऊ में पैदा होते और लखनऊ में ही मर जाते हैं। 'दूधो नहाये और पूतो फले' की दुआ दिये बिना तो कोई हिन्दुस्तानी वृद्धा रह नहीं सकती। इसलिये ये दुआ भी मौजूद है। इसके अतिरिक्त :—

"हैरत ने....उनको सलाम किया। उन्होंने दुआ दी— बच्ची माँग कोख से ठण्डी रहे, बूढ़ी सुहागन हो, वारिस जिये, सुहाग बना रहे, तेरी एड़ी देख कर तेरा पति किसी का मुँह न देखे।"3(254)

दुआओं के साथ-साथ बद्दुआएँ भी हैं :—

"साँवरी तुमको ग़ारत करे....तुम्हारी अर्थी निकले, तुमको भूखी भवानी खाये।"3(285)

गालियों की दुनिया शामत ज़दी, गारती, मूड़ी काटे, मुए, मुए मुस्टण्डे, हरामज़ादी, हरामज़ादे, हरामी, चिड़िया के, बेहया, मुरदार, चुड्ड, जवानी पीटे, छत्तीसी, छिनाल, बड़चोद, सुअर, लौंडो घेरी, शोख़दीदा, उल्लू के पट्ठे से बसी हुई है। यह सभी गालियाँ लखनऊ में सुनी जा सकती हैं।

ज्ञानचन्द्र का कहना तो यह है कि बड़े जादूगरों की रूह तो हिन्दुस्तानी नहीं है किन्तु "तिलिस्म होशरुबा" का अध्ययन यह प्रमाणित करता है कि जादूगर तो जादूगर, "तिलिस्म" के अरबी मुसलमानों तक की रुह हिन्दुस्तानी है क्योंकि यह हिन्दुस्तानी मुसलमानों को सामने रख कर बनाये गये हैं। तिलिस्म' में झाड़-फूँक भी होती है। टोनों-टोटकों से भी काम लिया जाता है :—

"एक सेविका ने कहा, दादी, मुझको एक टोटका याद है। दीवाली की कुल्हिया में चूल्हे की राख भर कर दीवार में गाड़ दीजिये, सब दुश्मनों का मुँह बन्द हो जायेगा। पीर दीदार का कूंडा मानिये, बी तुरत फिरत की पुड़िया, बी टेक की सुपारी, पीर, पलटू को जूतियाँ— ये सब टोटके आज़माये हुए हैं। मलका ने कहा...नजरें मानों...मेरा मालिक परवरदिगार है। मैं अपने वारिस को उसी से लूँगी। रतजगा करूँगी।"5(653)

ये विचित्र काफिर हैं। ये दुआ-तावीज़ को भी मानते है। इसीलिये जब अफ़रासियाब याकूत को लाया, हैरत का मुँह उतर गया।

एक कनीज़ ने कहा :–

> "मैं तो वारी कल से टोटके कर रही हूँ। अभी ढूँढ़ कर कुल्हिया लायी। उसमें राख भर कर दीवार में गाड़ दी जिससे दुश्मन का मुँह बन्द रहे। एक मुल्ला के पास भी गयी थी तावीज वहाँ से लायी। उसके दरवाज़े पर गाड़ आयी। बीमार तो अवश्य हो जायेगी। एक अधोरी सिफली अमल करता है, वह भी पीर भेजेगा। बी याकूत पर वह चढ़ेगा, बिना उगलवाये न छोड़ेगा।"6(820)

ये काफ़िर औरतें नज़रो-नेयाज को भी मानती हैं :–

> "बेटा, घर से यहाँ तक इस आलम....में ढूँढ़ती हुई आयी हूँ, कोई नज़र देने वाला नहीं मिलता....तुम ज़रा इस मिठाई पर साँमरी जमशेद की नज़र दे दो। जादूगरों ने मिठाई ले कर, आदर के साथ कुछ पढ़ कर और दण्डवत करके कहा, लो, नज़र हो चुकी। अमरो ने दो-दो मिठाई पाँचों को दी कि इतना प्रसाद तुम भी लेते जाओ।"1(357)

अगर ये नज़र देने वाला कोई मुल्ला होता तब कोई बात न होती क्योंकि ये दास्तान जिस क्षेत्र और जिस युग की है, उस युग और उस इलाक़े में हिन्दू न्याज़ दिलवाया करते थे। किन्तु बुढ़िया ने साहिरों से नज़र दिलवायी है इसलिए साँमरी जमशेद की नज़र से धोखा नहीं खाना चाहिए। यह काफ़िर भी मुसलमान हैं और यह जादूगर भी। "शहीद मर्द" तो तिलिस्म के रहने वालों का पीछा करते हैं :–

> "उसने पीछे मुड़कर देखा। डर के मारे थर-थर काँपने लगा और हाँथ बाँध कर पूछा, आप कौन हैं। उसने कहा जहाँ तुम जुमेरात को चिराग़ जलाया करते हो, हम वही हैं। उसनें कहा, मेरी ग़लती माफ कीजिए। मैंने अब की आप के यहाँ गुड़ का मलीदा चढ़ाया था।"1(624)

महत्त्वपूर्ण बात यह है कि मलीदा चढ़ाने और चिराग जलाने वाला मुसलमान नहीं है और जब शहीदों से तिलिस्म' आबाद है तो भूत क्यों न हो। इसी......उसका दोस्त यह सुनते ही डर कर भागा कि इधर-उधर "तिलिस्म" में हज़ारों आदमी रोज़ कत्ल होते हैं। आश्चर्य नहीं जो ये भुतना हों।" "तिलिस्म" में उर्स भी होते हैं, फकीर भी तरह-तरह के हैं। कही लम्बी टोपी वाले आज़ाद हैं, कहीं नानक शाही और कहीं गुसाईं। ये दरवेश बड़ी ताक़त और करामात वाले हैं। तिलिस्म' के बादशाहों के जादू इन पर नहीं चलते और यह हवा में उड़ते हुए आते हैं, और तिलिस्म में जो मुसलमान हैं, ये बहुत सख़्त किस्म के शिया हैं।

> "मलका ने कहा, उस बुर्ज तक किसी की हिम्मत है जो जा सके। कराँ से कहा कोई न जा सकेगा तो वह अवश्य जाएँगे। बहार ने कहा वो कौन? उसने कहा, मौला मुश्किल कुशा अली इमरान अलैहिस्सलाम और कौन? यह सुनते ही सब शहज़ादियों ने खड़े हो कर तस्लीम की और गालों पर उँगलियाँ चटर-चटर चटकायीं कि या मौला तुम्हारे नाम पे हम कुर्बान, हमारी मुश्किल खुदा के हुक्म से तुम आसान कर दो।"3(833)

अब तक हमने सामाजिक जीवन के जिन पहलुओं को देखा है उन पर अवध, विशेष रूप से लखनऊ की गहरी छाप है। लेकिन इस छाप के अतिरिक्त अधिकतर वस्तुएँ, वस्त्र और भोजन आदि लखनऊ के बाहर भी नज़र आते हैं क्योंकि यह तमाम चीज़ें सफ़र करती रहती हैं। क्षेत्र की पहचान में प्राकृतिक वातावरण के बाद सबसे अधिक सहायक बोलचाल की ज़बान होती है।

ज़बानें घूमती रहती हैं, साहित्य भी यात्रा करता है किन्तु बोलचाल की भाषा यात्रा नहीं करती। अब यदि तिलिस्म' की बोलचाल की भाषा अर्थात वह भाषा जिसमें उसके पात्र वार्तालाप करते हैं, मोहब्बत और नफ़रत को प्रदर्शित करते हैं तो तिलिस्म' के क्षेत्र की पहचान हो जायेगी क्योंकि ये लोग जिनके नाम जयकिरन, जोधा, कुन्दललाल, सुन्दर, जुम्मन, सलारू, मौला, बुद्धू, चम्पा, सुन्दरिया और कामनीजान हैं, दिल्ली से ले कर पटना तक कहीं के भी रहने वाले हो सकते हैं। भोला और मनकोरिया तो ख़ैर लुधियाने के हैं इसलिए भाषा का अध्ययन महत्त्वपूर्ण हो जाता है और भाषा इस दास्तान में लखनऊ के हक़ में सबसे महत्त्वपूर्ण प्रमाण है क्योंकि इस बोलचाल को लखनऊ से निकालना असम्भव है। ये बीबी और बुआ, बाजी और बाजी, अम्मा कह कर बातें करने वाली औरतें, ये नोज और निगोड़ी अवधी हैं। बात-बात में बिस्मिल्लाह और सुबहानअल्लाह कहने वाले "कुफ़्फ़ार" लखनऊ के हैं और यह बिलख-बिलख कर रोने वाली शहज़ादी भी लखनऊ की है?

> "मलका यह सुनकर रोने लगी। आपने मुझे खूब बदकार बनाया। मेरे जाने की जलन तो सबको थी। हर एक को यही ग़म था कि हाय मलका ऐसे बिराजती फिरती है। अन्त में दुश्मनों की मुराद पूरी हुई। अब तो वह घी के चराग़ जलायेंगे। ऐ सामरी, जो मेरा बुरा चाहते हो उनका दोनों लोकों में मुँह काला हो और जो मेरी लगाई-बुझाई करे वह अपनी जवानी से जाएँ। अपनी औलाद से पाए....मुए के पाँव में बेड़ियाँ पड़ें। जो मुझे बदनाम करे बदकार बनाये, उसका नामलेवा और

पानी देवा न रहे। इस तरह मलका ने दुपट्टा उठा कर गोद फैला कर कोसना शुरू किया।"(1–21)

ये दुआ देने वाली फक़ीरन भी लखनऊ की है :–

"सामरी, ये जोड़ी बनी रहे। राज सुहाग मेरी सुहागन का बना रहे। मियाँ पाँव मुरीद रहें। मेरी बेटी की ऐड़ी देख कर किसी का मुँह न देखे, ऐ मैं सदक़े तुम्हें हँसना-बोलना नसीब हो।"(1–459)

तिलिस्म' का हर पात्र लखनऊ की बोलचाल की भाषा बोलता है इसलिए बादशाहो, शहज़ादियों, नर्तकियों, रण्डियों, कलावन्तियों, रकाबदारें। बनियों, जमींदारों, नट-नटनियों और कलवारों-कलवारिनों, मेहतर और मेहतरानियों, कहार और कहारिनों आदि की तलाश में केवल लखनऊ के गली-कूचों की ख़ाक छाननी है। तिलिस्म' की यह बहुत बड़ी-सी दुनिया दरअस्ल लखनऊ की छोटी-सी दुनिया है।

मूल्यों का संसार

सच्चाई

– जादू

– धर्म

– आरोप

अच्छाई

– शिष्टाचार

सौन्दर्य

– ललित कलाएँ, निर्माण की कला, बागवानी।

हमने इस अध्ययन को 'धरती' से आरम्भ किया था। सीढ़ी दर सीढ़ी चलते हुए अब हम 'आकाश' तक आ गये हैं। मूल्यों का अध्ययन स्वाभाविक वातावरण अर्थव्यवस्था (जीविका) और समाज के अध्ययन के बिना निष्कर्षहीन है। क्योंकि केवल प्राकृतिक वातावरण जीविका और समाजी ज़िन्दगी की रचना न होने के बावजूद हमारे मूल्य उनसे प्रभावित होते हैं और उनकी आवश्यकताओं के आधार पर अपना रूप बदलते रहते हैं।

मूल्यों को तीन भागों में बाँटा जा सकता है। सच्चाई, अच्छाई और सौन्दर्य–किन्तु ये तीनों मूल अच्छाइयाँ भी सब कुछ नहीं हैं। अच्चाई क्या है और अच्छाई क्या नहीं है। सच्चाई क्या है और सच्चाई क्या नहीं है, सौन्दर्य क्या है और सौन्दर्य क्या नहीं है– इन प्रश्नों का कोई एक उत्तर देना सम्भव होता तो ये बात कब की तय हो चुकी होती। विचारों में तो कोई परिवर्तन नहीं हुआ। जैसे सच्चाई अच्छी चीज़ है किन्तु स्वयं सच्चाई क्या है। हर युग ने अपनी आवश्यकताओं के अनुसार इस प्रश्न का उत्तर देने का प्रयत्न किया है। आज भी एक विचारों का समूह ख़ान-पान वेश-भूषा और ललित कलाओं आदि को धर्म की ऐनक लगा कर देखता है। सोच का यह तरीक़ा ठीक नहीं है। स्वयं धर्म इन्हीं वस्तुओं की तरह, प्राकृतिक वातावरण और सामाजिक स्थितियों से प्रभावित होता है।

ये ऐसी समस्याएँ हैं जिन पर जोश में आ कर वार्तालाप नहीं करना चाहिए। इनके लिए तारों की छाँव की आवश्कता होती है। इस लेख का उद्देश्य धर्म की वास्तविकता को चुनौती देना नहीं है। किन्तु चूँकि इस समय हम उस 'तिलिस्म होशरुबा' के मूल्यों के संसार का अध्ययन कर रहे हैं जिसके बारे में साधारणतया यह कहा जाता है कि इसमें कुफ्र और इस्लाम की कशमकश को दिखाया गया है और इस कशमकश में इस्लाम की विजय दिखायी गयी है। इसलिय धर्म पर एक दृष्टि डालना आवश्यक हो गया है। वरना धर्म तो एक छोटा मूल्य है। धर्म स्वयं कोई बड़ी अच्छाई नहीं, किन्तु यह छोटा मूल्य भी इतना सुदृढ़ है कि मूल्यों पर असर अन्दाज़ होता है।

जादू और धर्म दोनों का अध्ययन सच्चाई के सिलसिले में होगा क्योंकि ये दोनों ही ब्रम्हाण्ड की सच्चाइयों की तलाश करते हैं। 'अच्छाई' में शिष्टाचार का अध्ययन होगा। और 'सौन्दर्य' के अन्तर्गत शारीरिक सौन्दर्य की कल्पना के अतिरिक्त ललित कलाओं का भी निरीक्षण किया जाएगा।

'तिलिस्म होशरुबा' वास्तव में देवमाला सृजन का एक प्रयत्न है। देवमाला की रचना से लेखक का यह तात्पर्य नहीं है कि ये कोई सोची-समझी कोशिश है। किन्तु इसमें देवमाला के रंग पहचाने जा सकते हैं। इसीलिये लेखक 'तिलिस्म होशरुबा' को लखनवी मुसलमानों की देवमाला कहता है।–लखनवी मुसलमान ही क्यों 'तिलिस्म होशरुबा' लखनऊ की देवमाला है। इसमें भी हमें वही बुद्धि से परे घटनाए और इनसान मिलते हैं जो देवमाला की सबसे बड़ी विशेषता है। देवमाला की रचना सदैव हमारी राजनैतिक और सामाजिक आवश्यकताओं के अनुसार होती है। देवताओं की उन्नति और अवनति में इन प्रभावों को सरलता से देखा जा सकता है।

उन्नीसवीं शताब्दी का अन्तिम भाग मुसलमानों के लिए बहुत कठिन था। इसलिए किसी ऐसी कहानी की आवश्यकता थी जिसका हीरो कठिनाइयों को झेल जाए और लोग उसके अनुभवों से शक्ति ले सकें। इसलिए हमारे दास्तान कहने वालों ने एक 'इसलामी देवमाला' की रचना की किन्तु ये काम सरल नहीं था। इस्लाम के पैग़म्बर या उनके साथियों और रिश्तेदारों को हीरो बनाने में विश्वास की कठिनाइयाँ थीं। किन्तु दूसरी ओर यह कठिनाई थी कि इनके अतिरिक्त किसी और को हीरो बनाने से काम नहीं बनता था। इसलिए हमज़ा का चुनाव किया गया। हमज़ा इस्लाम के पैग़म्बर के चाचा थे। किन्तु उनकी उन्नति को इस्लाम पूर्व का युग देख चुका था। इस दास्तान में समय का चुनाव बहुत महत्त्वपूर्ण है।

दास्तान कहने वालों नें बैत से पहले का समय अकारण नहीं चुना है वह किसी "मुसलमान" को दास्तान का हीरो नहीं बना सकते थे। उन्हें तो किसी हिन्दुस्तानी मुसलमान को इस दास्तान का हीरो बनाना था जिससे सुनने वाले या पढ़ने वाले उसे पहचान लें। इसलिए रागरंग की महफिलें होंगी और शराब के जाम चलेंगे। बैते रसूल से पहले के समय के चुनाव ने यह कठिनाई दूर कर दी राग रंग और शराब के लिए रास्ता खुल गया। नहीं तो अगर कोई शुरू का मुसलमान इस दास्तान का हीर हो गया होता तो उसे इन हिन्दुस्तानी मुसलमानों की दुनिया में कौन पहचानता जिनके यहाँ बच्चा पैदा होने में दाई का राज होता है और अभी तक बड़ी-बूढ़ियाँ लेड़ी डॉक्टर को अच्छा नहीं मानतीं। जच्चाख़ानों में आने वाली इस दाई का सम्बन्ध प्राचीन हिन्दू परम्परा से है। एक ठेठ अरबी हीरो की कद्र उन मुसलमानों में क्या होती जहाँ इतने हिन्दू हैं कि पीलिया के इलाज के लिए माली से गण्डा लेते हैं और जो चेचक से इस तरह डरते हैं जिस तरह उनका पड़ोसी हिन्दू। यही कारण है कि दास्तान कहने वालों ने नाम तो इस्लाम के पैगम्बर के परिवार से लिये किन्तु पात्र लखनऊ के रखे और नामों से होता भी क्या है? हिन्दुस्तानी मुसलमानों में अधिकता से अरबी नाम मिल जाते हैं। किन्तु हीरो के चुनाव ने समस्या को सुलझाया नहीं। प्रश्न यह था कि हीरो का युद्ध किससे हो? उस समय का हिन्दोस्तान यह सोच रहा था कि मुट्ठी भर अंग्रेज़ों ने 1857 की लड़ाई जीत कैसे ली? इस कारण मुकाबले के लिए जादूगरों की सेना तैयार की गयी। यह अलग बात है कि ये जादूगर हिन्दुओं के नक्शे पर बनाये गये किन्तु और कोई उपाय भी नहीं था। उन्हें मुसलमान बनाया नहीं जा सकता था। फिर हिन्दुओं के अतिरिक्त ऐसा कौन रह जाता था कि जिसकी ओर दास्तान कहने वाले देखते? अपने 'हिन्दूपन' के बावजूद इन जादूगरों को हिन्दू समझ लेना उचित नहीं है। इन्हें हिन्दू मान लिया जाता यदि 'तिलिस्म होशरुबा' की लड़ाई वास्तब में कुफ्र व इस्लाम की लड़ाई होती किन्तु तिलिस्म' की तो कहानी ही दूसरी है। हमज़ा की सेना ने तिलिस्म' पर आक्रमण न किया होता। अगर बदीउज़्ज़मा तिलिस्म' में गिरफ़्तार न हो गया होता और बदिउज़्ज़मा बिलकुल गिरफ्तार न होता यदि वह मलका तस्वीर पर आशिक़ न हो गया होता। अर्थात अस्ल मामला प्रेम का है। अब जब एक बार लड़ाई छिड़ गयी तो मन्दिरों को तुड़वाने और उनके स्थान पर मस्जिदें बना लेनें में क्या हानि है? इस दास्तान में इस्लाम के प्रचार की कोशिश बहुत कम हुई है। विशेष स्थान तो प्रेम को प्राप्त हुआ है। अर्थात वास्तविक वस्तु 'सच्चाई' या 'अच्छाई' नहीं है बल्कि वास्तविक वस्तु हुस्न है।

टकराव मतों का नहीं है बल्कि समस्या यह है कि अफ़रासियाब की एक प्रेमिका मलका बहार इस्लामी सेना के बादशाह पर जान देती है और दूसरी प्रेमिका मलका मख़मूर नूरूद्दर बिन बदीउज़्ज़मा बिन साहिबे क़राँ पर और अफ़रासियाब की बेटी मलका महज़बीं, खुदावन्द दाऊद की बेटी लालान खून क़बा, पाँचवें हुजरे की एक शहज़ादी मलका लाल सुखनदान, शहनशाह नीलम और शहनशाह तोसन की बेटियाँ मवाज क़तराजन और नाहीद अर्थात शहज़ादियों का एक पूरा समूह असद बिन कर्बगाज़ी पर मोहित है। तिलिस्म' में प्रेम को धर्म से ऊँचा दिखाया गया है। अगर ऐसा न होता तो ईरज और बरान के प्रेम की सूचना मिलते ही कौकब रौशन ज़मीर जैसा जान न्यौछावर करने वाला इस्लाम के विरुद्ध न हो जाता। इसलिए बाह्य महत्त्व मिलने के बावजूद "तिलिस्म होशरुबा" में दरअस्ल धर्म का टकराव नहीं है। अगर ऐसा होता तो अमीर की सेना की तरह असद की सेना में भी कोई जादूगर न होता। अर्थात प्रश्न इसका नहीं कि जादू हराम है। जादू के हराम होने का प्रश्न तो उस समय उठता अगर अमीर हमज़ा साहिबे क़राँ, सुलेमान, नौशेखाँ का दामाद, ज़लज़लये आफ़ात, मुजाहिद राहे खुदा के इस्लाम में कोई जान होती।

साहिबे कराँ जिस इस्लाम का प्रचार कर रहे हैं, वह इस्लाम ही बेजान है। इसीलिये ये ख़ुदा की राह पर जान देने वाले परले दरजे के तमाशबीन और विलासी हैं। रात भर भोग-विलास में लिप्त रहते हैं सुबह को रण्डियों के ख़ेमे से निकल कर वज़ू करते हैं और सुबह की नमाज़ अदा करते हैं। शराब पानी की तरह पीते हैं। कहानी तिलिस्म' के एक मरहले में जा कर जब बदीउज़्ज़मा बिन साहिबे क़राँ के रूप में असद गाज़ी को शराब देता है तो असद बिदक जाते हैं क्योंकि उनके परिवार का यह नियम नहीं कि बड़े छोटों के साक़ी बनें। शराब के बारे में इन लोगों की परहेज़गारी इससे आगे नहीं बढ़ती कि ये लोग कुफ़्फ़ार के हाथ से शराब नहीं पीते। स्वयं अमीर हमज़ा (जिनके पास पिछले पैग़म्बरों की दी हुई वस्तुएँ हैं और जिन्हें दास्तान कहने वाले ईश्वर का प्रेम बताते हैं।) का भी यही हाल है कि जब वह किसी किले में बन्दी हो कर आते हैं तो "कमरों से झाँकनें वालियों को देखकर फैल जाते हैं—इस्लाम का कोई भी मानने वाला उन्हें मुसलमान नहीं मान सकता। ये लोग मुसलमान हैं भी नहीं। इन्हें मज़हब की कसौटी पर कसना उचित नहीं है। ये तो लखनऊ के 'शरीफ' हैं। यही हाल जादूगरों का भी है। पग-पग पर महादेव जी और कृष्ण जी के दर्शन होने के बावजूद और भवानी पर चढ़ाये जाने वाले सुअरों का दृश्य देखने पर भी इन

जादूगरों को हिन्दू समझ लेना ठीक नहीं है। बड़े जादूगरों का सम्बन्ध भी लखनऊ के 'उच्च वर्ग' ही से है। अब यदि लड़ने वाले शक्तियों में न कोई हिन्दू है, न कोई मुसलमान तो दास्तान में धार्मिक युद्ध का प्रश्न ही नहीं उठता। मूलरूप से यह प्रश्न हमारे कार्य क्षेत्र से बाहर है कि "तिलिस्म होशरुबा" में कौन-कौन सी ताक़ते लड़ रही हैं। किन्तु इसका फैसला किये बगैर 'मूल्यों का संसार' का अध्ययन सम्भव नहीं है क्योंकि हम यह मालूम किये बिना वह स्तर नहीं बना सकते जिनके आधारों पर मूल्यों में अन्तर किया जा सके।

तिलिस्म' की लड़ाई को हिन्दू-मुसलमान जीवन-यापन के ढंग की लड़ाई भी नहीं कही जा सकती क्योंकि दोनों सेनाओं कें पुरुषों की जिन्दगी में कोई अन्तर नहीं है। स्त्रियों में अन्तर अवश्य दिखायी देता है। 'तिलिस्म' में तीन प्रकार की स्त्रियाँ हैं। साहिबे कराँ के हरम की स्त्रियाँ, शहजादियाँ, जो मुसलमान हो चुकी हैं किन्तु जिन्होंने 'कलमा' नहीं पढ़ा है। और वो शहज़ादियाँ जो काफ़िर हैं और काफ़िर ही रहने वाली हैं। दास्तान कहने वाले साहिबे कराँ के हरम की स्त्रियों को बाकी दोनों प्रकार की स्त्रियों से अधिक महत्त्व देते हैं। इस्लाम की सेना की जादूगरनियों में निर्लज्जता दिखायी देती है। दूसरी शहज़ादियाँ बड़ी हद तक विलासी हैं। इसके विपरीत साहिबे कराँ के हरम में बड़ी-बूढ़ियों का रख-रखाव है। जैसे ईरज की प्रेमिका मलका बराँ और ईरज की माँ मलका गीती अफ़रोज़ के व्यक्तित्व में बड़ा अन्तर है जबकि मलका गीती अफ़रोज भी खुदावन्द लक़ा की बेटी है। परिणाम यह निकला कि दास्तान में दो ही प्रकार की स्त्रियाँ मिलती हैं। दास्तान कहने वालों ने इनमें से एक को दूसरे से श्रेष्ठ बताया है। अर्थात इस दास्तान में टकराव वास्तव में शिष्टता और अशिष्टता का है। शिष्टता के नियम स्त्रियों के लिए ही हैं। इस कारण स्त्रियों के चित्र के दोनों रूप दिखाये गये हैं। और ये तस्वीर बनानें में इसका ध्यान नहीं रखा गया कि औरत हिन्दू है या मुसलमान। अर्थात हम धर्म की ऊँचाइयों से उतर कर समाज की कठोर धरती पर आ गये। अगर टकराने वाली शक्तियाँ सामाजिक जीवन में टकरा रही हैं तो मूल्यों के लिए समाज की ही कसौटी का प्रयोग करना होगा। धर्म के सांसारिक महत्त्व को अनदेखा करके उसके क्षेत्रीय स्तर को देखना पड़ेगा।

यहाँ यह प्रश्न उत्पन्न होगा कि फिर इस दास्तान में जादू का क्या स्थान है? किन्तु इस बहस में पड़ने से पहले ये देख लेना चाहिए कि जादू और उसका कार्यक्षेत्र क्या है और धर्म से उसका क्या सम्बन्ध है? ये दोनों परस्पर विरोधी हैं या धर्म जादू ही का एक प्रगतिशील रूप है? सभी प्रश्न महत्त्वपूर्ण हैं।

इन बातों को तय किये बिना ये कहना सम्भव ही नहीं कि शिष्टता और अशिष्टता की लड़ाई के लिए इस्लाम और जादू को प्रतीक बना कर क्यों प्रयोग किया गया।

जादू ब्रह्माण्ड को समझने और उस पर विजय प्राप्त करने का प्रारम्भिक प्रयत्न है। इसलिए फ्रीज़र ने इसे साइंस की अवैध बहन कहा है।(फ्रीज़र–65) इतिहास पूर्व के हिन्दुस्तान में मानव बड़ा मजबूर था। प्राकृतिक आपदाओं से बच पाना सरल नहीं था। जीवन प्रकृति की भारी जंजीरों में जकड़ा हुआ था। वह बीमार पड़ता था और मर जाता था। जंगल में आग लगती थी। वर्षा झोंपड़ियों को बहा ले जाती थी। हवाएँ जीवन के आधार को हिला दिया करती थीं। बिजली गिरती थी तो उसके रास्ते में पड़ने वाली हर वस्तु जल कर राख हो जाती थी। धूप ज़िन्दगी भी देती थी और मौत भी–यह सभी दृश्य बुद्धि से परे थे। इनमें से कुछ दोस्त थे और कुछ दुश्मन। मनुष्य दुश्मनों को जीतना चाहता था और दोस्तों से लाभ उठाना चाहता था। अतः जादूगरों का एक समूह पैदा हुआ और दो प्रकार के जादुओं का आविष्कार हुआ। एक होम्योपेथी और दूसरा कंटेजस। (फ्रीज़र–12) किन्तु यहाँ फिर एक कठिनाई हुई कि प्रकृति और मानव के मध्य रिश्ता कैसे पैदा किया जाए। अतः आत्मा पर डोरे डाले गये किन्तु आत्मा पर अधिकार पाना सरल नहीं था। इसलिए पूजा-पाठ और बलि देने का सिलसिला आरम्भ हुआ। फिर भी यह काम ख़तरे से खाली नहीं था। बलि देने में बड़ी सतर्कता बरती जाती क्योंकि ज़रा सी असावधानी तान्त्रिक की जान तक ले सकती थी। इसलिए आवश्यकता इस बात की हुई कि अपनी-जान को कहीं सुरक्षित स्थान पर रख दिया जाए और खतरे के टल जाने के बाद फिर अपने शरीर में वापस बुला लिया जाय। कोई बहुत ही सुरक्षित स्थान मिल जाए तो जान को स्थाई तौर पर वहीं रखा जा सकता है और जब तक जान सुरक्षित है मानव शरीर को कोई खतरा नहीं। कभी-कभी लोग अपनी जान पेड़ों पर भी छोड़ दिया करते थे। एक बंगाली कहानी में एक राजा जब लम्बी यात्रा पर चला तो जाने से पूर्व उसने एक पौधा लगाया और घरवालों से यह कह कर यात्रा पर चला गया कि ये पौधा उसकी जान है। यदि यह मुरझा जाए तो समझ लिया जाए कि वह बीमार है और यदि जल जाए या गिर जाय तो समझ लिया जाए कि वह मर गया है। (फ्रीज़र-776)

इन सभी सावधानियों के बावजूद प्रकृति पर नियन्त्रण न किया जा सका तो ख़ून की भेंट देने का रिवाज शुरू हुआ। कुमाऊँ में कोई तूफान आता है तो आज भी उस पर थूका जाता है। यह जादू का पहला प्रकार है कि पानी धूल

को बिठाता है किन्तु यदि इससे काम न बने तो किसी प्रसिद्ध ओझा का ख़ून छिड़का जाता है। यह मानव बलि के बचे हुए प्रभाव हैं। (क्रूक : जनता की कहानियाँ—79) हिन्दुओं में नारियल के चढ़ावे और उसकी पवित्रता का भेद भी यही है कि नारियल मानव के सर से मिलता-जुलता है। पंजाब में बाढ़ के प्रकोप को मुखिया के द्वारा एक नारियल और एक रुपये की भेंट दी जाती है।

प्रकृति को परास्त करने के इस प्रयास में जब और तीव्रता आयी तो जादू के संसार में विशेषज्ञ पैदा होने लगे। अब कोई केवल वर्षा का जादूगर है और कोई केवल वर्षा रोकने का।

हमारे दास्तान कहने वालों ने फ्रीज़र या क्रूक या पैरी की पुस्तकें नहीं पढ़ी थीं किन्तु जादू के वर्णन में उनसे कोई त्रुटि नहीं हुई। बात यह है कि मुसलमान होने के बावजूद जादू उनके सामाजिक जीवन में प्रवेश कर चुका था। इस्लाम ने जादू को बुरा कहा था किन्तु उनके अस्तित्व को स्वीकार किया था। अतः तिलिस्म' में जादू बुराई या अशिष्टता का प्रतीक बन गया। अब यहाँ यह प्रश्न उठता है कि यदि जादू बुराई का प्रतीक है तो फिर इस्लामी सेना में जादूगरों के अस्तित्व का क्या अर्थ है? यहाँ महत्त्वपूर्ण बात यह है कि अमीर की सेना में कोई जादूगर नहीं है। तिलिस्मी लड़ाइयों में जादूगरों के बिना काम नहीं चल सकता। यह बात कौन नहीं जानता कि हिन्दुस्तानी मुसलमान छुरियाँ फुकवाते हैं और उल्टी तस्बीह पढ़ना तो मुहावरा बन चुका है। और ये विचार भी सही नहीं है कि इस्लामी दुनिया में जादू का अस्तित्व ही नहीं है। मुसलमान भी दो प्रकार के जादुओं में विश्वास रखते हैं। एक रहमानी जादू है और एक शैतानी। रहमानी जादूगर आमिल है। वह अमल तोड़ता है मोवक्किलों को काबू में लाता है। उन्हें वश में करने के लिए वह इस्मेआज़म का प्रयोग करता है। ये इस्मेआज़म गिने-चुने लोगों को मालूम होता है। साधारण आमिल फरिश्तों, जिनों और कुरान की पंक्तियों सें काम चला लेते हैं। ये आमिल लोगों को जानवर बना सकते हैं, जान ले सकते हैं और भाँति-भाँति के कमाल दिखा सकते हैं। यह एक स्थान से दूसरे स्थान पलक झपकने में जा सकते हैं। ये बैठे-बैठे ग़ायब हो सकते हैं और यकायक प्रकट हो सकते हैं। अर्थात इन आलिमों की झोली में भी हर प्रकार की चीज़ मौजूद है। इस बात को अनदेखा नहीं करना चाहिए कि तिलिस्म' में अमीर हमजा, साहिबे कराँ, नकाबदार बादला पोश के अतिरिक्त इस्मे आज़म के भेद से कोई परिचित नहीं है। इनके अतिरिक्त कुछ दरवेश हैं। वह मोक्किलों से काम चलाते हैं या गृह नक्षत्रों को क़ाबू में करके अपनी शक्ति बढ़ाते हैं।

किन्तु मूल रूप से "तिलिस्म" में सिफ़्ली का ज़ोर है। सेना चाहे असद की हो या अफ़राशियाब की, जादूगर तो जादूगर है। दोनों ओर के जादूगर एक ही प्रकार की हरकतें करते हैं।

तिलिस्म' में भी दो प्रकार के जादू दिखाई देते हैं। ये जादूगर रूई के गाले से बादल बनाते हैं और फिर वह बादल टूट कर बरसते हैं। ये आग के गोले फेंक कर जादू की बारिश को समाप्त करते हैं। मिट्टी से पुतला बनाते हैं और उसके शरीर में अपने ख़ून की कुछ बूँदें डालते हैं तो वह पुतला जी उठता हैं। और इनसानी हरकतें करने लगता है। इनकी जानें भी विभिन्न वस्तुओं में रखी हुई हैं। जैसे अफ़रासियाब की जान नूरअफ़्शाँ की तलवार में हैं, कौकब की जान गुले हयात कौकब में, बरान की जान नेमचा (छोटी तलवार) में है। हयात जादू की जान एक खंजर में थी, एहतेक़ाक़ की जान तो अहवाल की जान में थी।

ये जादूगर भी किसी युद्ध पर जाते हैं तो अपनी जान के गुलदस्ते छोड़ जाते हैं और जब वह मारे जाते हैं तो गुलदस्तों में आग लग जाती है। सेब के बाग़ के एक पेड़ के कारण अफ़रासियाब को मालूम हुआ था कि नख़्ल जादू मारा गया और गुम्बदनूर पर मुसीबत आई। ख़ून की भेंट तिलिस्म' में भी दी जाती है। जब कोई जादूगर किसी जादू को तोड़ नहीं पाता तो अपना ख़ून प्रयोग करता है। आफ़ात चहार दस्त की पुतलियाँ विधिवत मानव लहू की भेंट लेती हैं। भेंट के समय पर न देने से काम बिगड़ जाता है। इसीलिए याक़ूत सुखन्दान पाँचवें हुजरे की मलका का। जादुई भूत काकुलकुशा के जिगर की भेंट पाकर बिगड़ ही गया और खुर्शीद रौशन ज़मीर के देव को बर्क ने मोहन भोग खिला कर स्वयं उसी की सेना पर दौड़ा दिया था। अब रहा नारियल, तो नारियल से तिलिस्म' में असंख्य जादू पैदा होते हैं। ये बात यहीं समाप्त नहीं होती। 'तिलिस्म' में भी विशेषज्ञ जादूगर मिलते हैं। जैसे —मेमारे कुदरत और जहानदार शाह वस्तुओं को बनाने का जादू करते हैं। मुसव्विर केवल तस्वीरों का जादू करता है। मवाज का जादू बाढ़ है। बहार केवल बहार के मौसम का जादू बनाती है। मख़्मूर नशे का जादू करती है इत्यादि। अर्थात जादू का चित्र पूरा है। आत्माओं को वश में करने का वही पुराना तरीका दिखाई देता है :–

> "आफ़त का एक बाग जंगल में है। वहाँ कासिम को लाई.....और स्वयं सूअर का बच्चा लेने गई कि उसका झटका करके क़ासिम को कत्ल करूँ और उसकी आत्मा को बन्दी बनाऊँ।"1(625)

जादू की तैयारियाँ ज़ोरों पर हो रही हैं :–

"खुमार नहा-धो कर, धोती बाँध कर उस चौकी पर बैठी और जादू करने का सामान सामने रखा अर्थात आग, धतूरे के फल, दोने, मोदे के पत्ते, गोकुल दीप, धूप चन्दन, राई सरसों के दाने, बिनौले, कलचिड़े, भुजंगे आदि को लेकर अगियारी करके शराब और सूअर की भेंट दे कर मंत्र पढ़ना शुरू किया।"(1–133)

"बंगाली बाजे बजा किये, पोनें तानी गयी और बीरों को भेंट दे कर काबू में किया गया। चौकियाँ बुलायी। मोहन भोग हर एक को लगाया। भोग दे कर वादा लिया। एक-दूसरे ने दुश्मनों के नाम पर मंत्र जपे....माल की गीली मिट्टी पर नारियल नारी के साग में लपेटकर दिया जलाया। काला भुजंगा, कलचड़ी और नील कण्ठ के खून से जोत उड़ाया गया, चिंराग की लव तेज़ की, श्मशान की मिट्टी, तेली के मुरदे की राख, मरघट के ठीकरे, मुर्दो की हड्डियाँ जमा करके मन्त्र पढ़ने की तैयारी की।....सामरी व जमशेद की बोल को अगियारी बढ़ाई। रात भर की धूनी रमा कर सो रहे।"1(168)

जादू तैयार हो चुके तो सुबह हुई :–

"किसी ने पान खा कर सामनें थूका, शीघ्र शत्रु ने ख़ून थूका।"

"तिलिस्म होशरुबा" में जादू का आधार चार वस्तुओं पर है। कुछ जादू प्रकृति से सम्बन्ध रखते हैं। जैसे :–आँधियाँ आती हैं, बिजली चमकती है, बारिश होती है। बर्फ गिरती है, पत्थर बरसते हैं, अजगर साँस खींचते हैं, हाथी चीर डालते हैं, शेर फाड़ डालते हैं इत्यादि। कुछ जादुओं का सम्बन्ध हथियारों से है। अर्थात गोले चलते हैं, तोपें दाग़ी जातीं है, तीर बरसते हैं, क़िले बनाये जाते हैं इत्यादि कुछ जादुओं का सम्बन्ध ललित कलाओं से है अर्थात चित्र बनाये जाते हैं। पुतलियाँ नृत्य करती हैं। जादू की औरतें गीत गा कर लुभाती हैं। तीसरे हुजरे का मालिक नक़्क़ारा बजाता है और चौथे का शहनाई। चौथी किस्म उस जादू की है जिसका आधार प्रेम और हवस पर है। नशीली निगाहें जादू करती हैं। मलका बहार का तो जादू ही ये है कि वो दुश्मन को अपने ऊपर आशिक़ करवा लेती है।

ये चारों प्रकार के जादू फ्रीजर के बँटवारे की सीमा से बाहर नहीं जाते। केवल मशल का जादू जरा भिन्न है। वह हिप्नाटिज़्म का विशेषज्ञ हैं। आँख मिला कर आत्मा को क़ाबू में कर लेता है......

"मशल भड़का.....आवाज़ दी ऐ नाफ़रमान! इधर देख। बरमन नगर, मनम शहनशाह, जादू, मुसाहिब सामरी व जमशेद। नाफ़रमान ने आँख

मिलाई मशल ने हाथ बढ़ाये जैसे कोई कुश्ती करता है, और इस तरह बढ़ाये और खींचे। पहली बार के बढ़ाने में मलका नाफरमान चुप हुई, दूसरी बार में थरथराने लगी, तीसरी बार में लहरा कर जमीन पर गिरी। सौ साल के मुर्दे समान थी।"6(108)

इस मशल के मन परिवर्तन करने का भेद पुरानी कहानियों में मिल जाता है। इस कारण इस पर अधिक ध्यान देने की आवश्यकता नहीं। मशल की मृत्यु की पूरी कहानी राजा विक्रम की पुरानी कहानी से उधार माँगी गई है। जिस प्रकार अमरो ने उस नीलकण्ठ को मार डाला जिसमें मशल छुपा हुआ था। राजा विक्रम के मन्त्री ने उस चिड़िया को मार डाला था जिसके शरीर में बढ़ई का लड़का उतरा हुआ था।(72)

तिलिस्म' में जो बातें करने वाली जादू की पुतलियाँ हैं ये 'सिंहासन बत्तीसी' की पुतलियों के परिवार की हैं। अर्थात "तिलिस्म होशरुबा" का जादू तो विश्व के जादुई खज़ाने से लिया गया है किन्तु तिलिस्म' के जादूगर ठेठ हिन्दुस्तानी हैं।

"कोई कहता, ऐ भवानी कलकत्ते वाली, दुश्मन पर जाइयो। अपना काम कर आइयो।"5(63)

"चल दूर कलुआ बीर लहू चाट, जान माँग दुश्मन का निकसे प्रान। तू खाये कलेजा लेवे जान। पढ़ो मंत्र दीवाली में। ईसू जो हमारा काम न करे, धुएँ के कुण्ड में पड़े।"(4–903)

यह एक मन्त्र है किन्तु इस मन्त्र की हिन्दुस्तानी आत्मा से कौन इनकार कर सकता है? तिलिस्म' में देव, ख़बीस और भूत– सभी हैं। किन्तु नारदन और कलुआ बीर, एक मुहम्मदा बीर भी है। ये नाम आश्चर्यजनक है और एक बार फिर तिलिस्म' के ज़ादूगरों के पूर्णरूप से हिन्दू होने में सन्देह उत्पन्न करता है लोना चमारी तो एक प्रसिद्ध नाम है। भैरव की चर्चा दास्तान कहने वालों ने लोना चमारी के साथ की है। भैरव शिवजी के एक सेवक का नाम था। बनारस में भैरव का एक वैभवशाली मन्दिर है यात्री भैरव के मन्दिर की घंटिया बजाये बिना शिवजी के मन्दिर में नहीं जाते। ये भैरव काशी का कोतवाल है।

एक ओर तो ये हिन्दुस्तानी नाम हैं। और दूसरी ओर मलका अख़ज़र गौहरपोश है जिसके हाथ में जमशेद का प्याला है। अन्तर केवल इतना है कि अख़ज़र के हाथ में आ कर यह जमशेद का प्याला शीशे की गेंद बन गया है जिसमें पूरी दुनिया का हाल मालूम होता है। दास्तान कहने वालों की कल्पना शक्ति बेलगाम हैं। वह अपने आप को हिन्दुस्तान के बाहर भी ले जाना चाहता है।

उसने "तिलिस्म" की तख़्ती को इसी कारण नील नदी में रखा है और इस तरह "तिलिस्म" में उसने जादू को विश्व की बुराइयों का प्रतीक बना दिया है। किन्तु 'तिलिस्म होशरुबा' के जादूगर पुराने जादूगरों से कुछ भिन्न हैं। उन्होंने पूरे ब्रह्माण्ड को अपना गुलाम बना लिया है। यह जब चाहते है धरती को आकाश और आकाश को धरती बना लेते हैं। किन्तु मुसलमान आमिल और फ़क़ीर भी बहुत शक्तिशाली हैं और अय्यार भी तोहफ़े रखते हैं जैसे :–

> "कराँ के पास एक दुआ है कि उसको पढ़ने से जिन उठा ले जाता है और ताज नूरूल अफ़्सार भी उनके पास है कि उसको पहन लेने से ग़ायब हो जाते हैं।"4(1172)

इन दोनों वस्तुओं का केवल एक स्थान के अतिरिक्त और कहीं विवरण नहीं दिया गया है किन्तु ख़्वाजा अमरो के तोहफों की चर्चा से दास्तान भरी पड़ी है। उनके पास एक 'ग्लीम' है। उसे ओढ़कर वह ग़ायब हो जाता है। एक ज़म्बील है। है तो छोटी सी थैली किन्तु उसमें सात शहर बसे हुए हैं, और इन शहरों में अमरो के नाम का सिक्का जारी है। इस थैली में वह दुनिया भर की वस्तुएँ डालता रहता है किन्तु थैली का भार नहीं बढ़ता और बड़ी से बड़ी वस्तु उसमें समा भी जाती है। जैसे–ज़म्बील न हुई, किसी लालची की दृष्टि हो गयी। अमरो के पास एक जाल इलयासी भी है। इस जाल की विशेषता यह है कि भारी से भारी वस्तु के भार को एक सेर कर देता है। इसीलिए ख़्वाजा की लूटमार में यह बहुत काम आता है। उनके पास एक दानियाली दरबार भी है। यह दरबार अमरो की मर्ज़ी से घटता-बढ़ता रहता है। कभी दरबार है और कभी केवल एक छतरी। इसकी एक विशेषता और भी है। उस पर अफ़रासियाब जैसे जादूगर का जादू भी असर नहीं करता। एक कमन्द भी है जिसे न कोई तोड़ सकता है और न कोई काट सकता है। ये सारी चीज़ें ख़्वाजा अमरो को पयम्बरों से मिली हैं। रोचक बात यह है कि जब अमरो गिरफ़्तार होते हैं तो ये सभी वस्तुएँ अपने आप ग़ायब हो जाती हैं और दुश्मन के हाथ नहीं लगतीं। ये तो तोहफ़े हैं, इनके बारे में कोई क्या कह सकता है। किन्तु तिलिस्म के आमिल भी ग़ज़ब के हैं। ये दरवेश तो अफ़रासियाब के काबू में भी नहीं आते। इस प्रकार हम देख़ते हैं कि जादू का ज़ोर दोनों ओर है। किन्तु प्रारम्भिक जादूगरों के सामने भी यह प्रश्न उत्पन्न हुआ था कि उनके सम्पूर्ण प्रयत्नों के बावजूद लोग बीमार पड़ते हैं और मर जाते हैं। वर्षा नहीं होती और फसल नष्ट हो जाती है। बाढ़ आती है और बस्तियाँ बह जाती हैं। इस कारण मानव के मन ने जादू पर सन्देह करना

आरम्भ किया होगा। यही सन्देह धर्म का आधार है। मूसा ने स्वयं जादू किया। ईसा ने कोढ़ियों को अच्छा किया और मुर्दों को जीवित किया। मोहम्मद ने जादू को हराम कहा किन्तु स्वयं जादूगर कहे गये—और फिर शताब्दियाँ बीत जाने के बाद मनुष्य ने महसूस करना प्रारम्भ किया कि दुआओं में असर नहीं है। लोग अब भी मरते हैं। फसलें अब भी ख़राब होती हैं और बाढ़ अब भी आती है। अतः उसने विज्ञान के द्वारा प्रकृति को समझने और उसे वश में करने का कठिन कार्य आरम्भ किया—स्पष्ट है कि दास्तान कहने वाले इस परिवर्तन को नहीं देख सकते थे। क्योंकि उनकी दुनिया अब भी बटेर की गर्दन चूस रही थी।

ये दोनों जादू तिलिस्म में कार्यशील हैं और क्योंकि ये एक-दूसरे का रूप धारण करते रहते हैं, इस कारण उनमें अन्तर कर पाना कठिन हो जाता है। :—

> "नागिन ने एक तावीज़ बख़तियारक को दिया कि जब मुझे बुलाना चाहो या जब मेरी आवश्यकता हो तो इस तावीज़ को आग से सेकना। मैं उसी समय आऊँगी।"1(203)

ये तावीज़ तो नया है किन्तु यह बात नई नहीं है। हमारी घरेलू कहानियों में ऐसी अनेकों देवनियाँ हैं जो शहज़ादों को अपने सर का बाल देती हैं। मुसीबत के समय शहज़ादा इस बाल को आग दिखाता है और वे आ जाती हैं। किन्तु इस उद्धरण में विशेष बात यह है कि बाल तावीज़ बन गया है। शब्द का यह परिवर्तन बहुत महत्त्वपूर्ण है क्योंकि तावीज़ नागिन को जादूगरनी से अधिक 'दरवेश' सिद्ध करता है।

दास्तान कहने वालों ने अपनी दुनिया बनाने में हिन्दू देव माला की कहानियों का बेझिझक प्रयोग किया हैं जैसे हमें तिलिस्म के तालाबों में जादू के अजगर और घड़ियाल दिखाई देते हैं। अमरो ने एक घड़ियाल बनकर जहानदार को उसकी सेना समेत बन्दी भी बनाया था। ये हिन्दू देव माला का प्रभाव है। जहाँ यमुना में एक साँप रहता है जिसे कृष्ण ने नाथा था। नेपाल का राजा साँप करतूता की एक झील में रहता था जिसका नाम नागसागर था। गढ़वाल में तो जोगीनारायण के मन्दिर में एक तालाब है जिसके बारे में प्रसिद्ध है कि वह पहले साँपों से भरा था। जो नागपंचमी की पूजा के समय बाहर आ जाते थे। मिर्जापुर की नदी करसा में तो जटारोहणी नामी एक देव रहता ही है। अधिकतर जादूगर हमें देवमालाई पात्रों के रूप में दिखायी देते हैं। विशेष रूप से भवानी, शिव और रावण की शक्ल में। कहीं-कहीं गणेश की शक्ल का कोई जादूगर भी नज़र आता है :—

> "हस्साम ने.....भभूत से सब बदन रँगा। तख़्त के एक कोने पर त्रिशूल गड़ा था।"3(14)

"एक जादूगर हंस पर सवार, माले पहने, बदन पर जवाहर जड़े, बदसूरत साँप लाल व काला सर पर लपेटे धरती पर उतरा।"1(748)

पहले उद्धरण का भभूत शिव जी के शरीर का है और त्रिशूल भी उन्हीं का है। और दूसरे उद्धरण के साँप शिव जी की गर्दन से उतार कर इस जादूगर को पहना दिये गये हैं :—अब भवानी को देखिये—

"अफरासियाब ने तीसरी सेविका को पुकारा कि ऐ खूँखार चहारदस्त जादू, आओ। एक जादूगरनी जिसके चार हाथ और ज़बान मुँह से बाहर निकली थी, उड़ती हुई सामने आकर उतरी।"1(294)

इस खुँखार चहारदस्त के रूप में भवानी को पहचान लेना कठिन नहीं है। दूसरे हुजरे की मालिक, मलका तारीक शक्ल कश तो बिलकुल ही भवानी का रूप है। उसे तो इंसान के खून का चस्का भी है।

गणेश भी मौजूद हैं :—

"अमरो ने जो ललकार सुनी, मुड़कर देखा। हाथी के सर वाले एक जादूगर को आते पाया कि चेहरा उसका बिलकुल हाथी जैसा था। नाक हाथी के सूँड जैसी लटकाये, दो दाँत नोकदार लम्बे, मुँह के बाहर।"2(123)

और रावण को देखिये :—

"अचानक फाटक खुला। एक देव को देखा कि जिसके शरीर पर सात सर हैं......सात हाथ.........ज़ोर-शोर से ललकार कर निकला....।"433

ये सातवें हुजरे का मालिक है। रोचक बात यह है कि रावण की यह वेषभूषा रामायण से नहीं ली गयी है। ये रावण रामलीला वाला रावण है और यह आकृति दास्तान कहने वालों को इतनी अधिक प्रिय है कि अय्यार इस रूप में अय्यारी भी करते हैं—

".....अमरो शीघ्र एक पुरुष का रूप धारण कर और सात हाथ, तीन पाँव ठीक किये....एक हाथ में त्रिशूल, दूसरे में पंचशूल, तीसरे में तलवार, चौथे में खंजर, पाँचवें में आग का गोला, छठे में मशाल, सातवें में पीतल की थाली।"1(729)

"अमरो ने....कई सर अपनी सूरत को छिपा कर, सर के ऊपर लगाये और कई हाथ बना कर लटकाये।"1(249)

अमरो कभी-कभी शैतानों को मारकर या ऐसे ही उनकी मूरत के पीछे से भगवान बनकर आवाज़ें देने लगता है। तिलिस्म खुर्शीदिया के एक स्तर पर तो उसने इस उपाय से खोई हुई तख़्ती तक हासिल कर ली थी किन्तु यह पूरा भाग हिन्दू देव माला का है।...

> "तोता बोला और नर्तकी में उसे भगवान की आवाज़ समझ ली। चम्पा रानी, तुम्हारी पूजा स्वीकार हुई। तुम अपनी सम्पूर्ण सम्पत्ति और सभी वस्तुएँ बेच डालो और धन दौलत ग़रीबों में बाँट दो....अपने मकान को तोड़ डालो और....तब मेरे पास आओ। तुम्हें एक नयी आत्मा प्रदान की जायेगी।"(आर्यों की देवमाला-70)

और इस प्रकार तोते ने चम्पा रानी से अपना बदला ले लिया। ये ठीक है कि मानव बलि की परम्परा हिन्दुस्तान में नहीं है किन्तु इस अफ़रासियाब को शाहनामे का अफ़रासियाब समझ लेना ठीक नहीं है जिसने :—

> "एक पैर पर खड़े हो कर जमशेद की पूजा की और पैर की बोटी काट कर उस मकान के गुम्बद पर चढ़ाई।"1(174)

और ये जो शराब और सूअर का चढ़ावा है ये तो हमें उत्तर भारत से निकलने ही नहीं देता। "अपवित्र देवताओं" को सूअर के गोश्त और शराब का चढ़ावा दिया जाता है जो ऊँची ज़ात के हिन्दुओं में मना है। मैदानी क्षेत्रों में तो इनके पुजारी भी आर्य नहीं होते हैं ये पुजारी या तो चमार होते हैं या निम्न जाति के। कभी-कभी तो जमादारों को भी ये पद मिल जाता है या फिर मुसलमान डफाली ये काम करते हैं। ये मुसलमान डफाली इस विचार को शक्ति पहुँचाते हैं कि हिन्दुस्तानी मुसलमानों को अरबी या ईरानी या कहीं और के मुसलमानों से मिला कर नहीं देखना चाहिए क्योंकि उन्होंने बिल्कुल प्राकृतिक तौर पर अपने धर्म परिवर्तन के बावजूद अपने भूतकाल से रिश्ता नहीं तोड़ा है।

इन जादूगरों के भगवानों के नाम से धोखा नहीं खाना चाहिए। सामरी का अस्तित्व तो आवश्यक है क्योंकि मुसलमान सामरी से क़ुरान द्वारा परिचित हुए हैं। गौशाला पूजा के भी दो कारण हैं। एक तो यह कि सामरी ने बछड़ा बनाया था। किन्तु एक कारण ये भी है कि हिन्दुस्तान में गाय की पूजा होती है। कृष्ण जी, महादेव, भवानी की चर्चा पर आश्चर्य करने का कोई कारण नहीं। किन्तु इन देवताओं में लात व मनात और जमशेद तथा ज़रतुश्त के नाम देखकर अवश्य आश्चर्य होता है। लात और मनात अरब के प्रसिद्ध बुत हैं। "तिलिस्म होशरुबा" में उनके लिए स्थान बनने का कोई कारण दिखाई नहीं देता। किन्तु यदि "बाग़ोबहार" के सवानद्वीप में लात का बुत दिख सकता है तो लखनऊ के मन्दिरों में क्यों नहीं दिखायी दे सकता? रहा जमशेद, तो वह सम्भवतः जमशेद के प्याले के चमत्कार के कारण ही जादूगरों के भगवानों में सम्मिलित कर दिया गया किन्तु बेचारे ज़रतुश्त ने क्या पाप किया था, यह मालूम नहीं होता।

सम्भवतः महादेव और कृष्ण जी के अतिरिक्त दूसरे भगवानों को अनदेखा करने में कोई हानि नहीं क्योंकि शेष लोग केवल शोभा के लिए हैं। कृष्ण भक्ति का बड़ा ज़ोर दिखाई देता है। अमरो ने कृष्ण के रूप में ही सोसनज़बानदराज़ और नैरंग व गेरंग को मारा था। अन्यथा सोसन ने तो एक क़िला आग का बना लिया था। नूरअफ्शां के एक तावीज़ ने इस आग को ठण्डा किया और अमरो ने कृष्ण जी के रूप में बाँसुरी बजाते इस आग के क़िले में प्रवेश किया :—

"सोसनज़बानदराज़ एक पेड़ की छाया में बैठी शराब पी रही थी। नैरंग व गेरंग उसके निकट।"

अचानक गाने की आवाज आयी। घबरा कर कहा, ये कौन बजा रहा है......इतिहास में देखा है, हमारे कन्हैया इस कला के गुरु थे।"6(157)

इस कारण लात और मनात, सामरी, जमशेद और ज़रतुश्त की उपस्थिति के बावजूद तिलिस्म' के जादूगरों का हिन्दू होना प्रमाणित होता है और साहिबे क़राँ की सेना का मुसलमान होना भी उतना ही प्रमाणित है। दास्तान गो लाख कहें कि यह कहानी इस्लाम से पहले की है किन्तु अलहम्दोलिल्लाह कहकर 'कलमा' पढ़ने वालों को मुसलमान कैसे न माना जाए :—

"शमशाद........ने सामने बुला कर पूछा कि तुम्हारा मकान कहाँ है और तुम्हारा धर्म क्या है। ग़ज़नफ़र ने कहा—अलहम्दोलिल्लाह, मैं मुसलमान हूँ, यह कह कर कलमा पढ़ा।" ये लोग या अली कह कर तलवार पर कब्ज़ा करते हैं। नादे अली पढ़ कर दम करते हैं। न केवल यह कि मुसलमान अपितु शिया मुसलमान मालूम होते हैं और ये शिया धर्म इतना आम है कि बख़्तियारक जो शैतान के दरबार का खुदावन्दे लक़ा है उसे भी शियों का 'दरूद' ज़बानी याद है। :—

"बख़्तियारक नें....पुकारा....सलातबर मुहम्मद व आले मुहम्मद।"1(276)

किन्तु इस पर आश्चर्य नहीं करना चाहिए क्योंकि लखनवी हुकूमत का धर्म यही था। इसलिए शिया धर्म की परछाईं पड़नी ही चाहिए थी। दास्तान कहने वाले इन्हें शिया साबित करना नहीं चाहते किन्तु चूँकि उनके आस-पास यही मज़हब था इसलिए वह इससे बच न सके।

क़ुरान के उदाहरणों से यह दास्तान भरी हुई है। क़ुरान बोलचाल में भी है और पात्रों में भी। क़ुरान के ये उदाहरण दास्तान कहने वालों के उस दावे को रद्द करनें के लिए बहुत हैं कि ये दास्तान रसूल से पहले की घटनाओं को बयान करती है। तिलिस्म' में क़ुरान इतना अधिक आम है कि कुफ़्फ़ार भी क़ुरान का उदाहरण देते हैं। :—

“जो लोग बुद्धिमान हैं वह ख़ुदा के डर से रोते थे और....अफ़सोस करते थे कि ख़ुदाये ताला किसी इज़्ज़तदार को बेइज़्ज़त न करे। “वतुइज़्ज़ो मन तशा वतुज़िल्लो मनतशा” उसका फ़रमान है, क़ुरान में ये बात आई है।”2(625)

ये अफ़रासियाब के सैनिक हैं। अब या तो यह माना जाए कि अफ़रासियाब की सेना में मुसलमान भी थे या फिर ये कहा जाए कि कुरान दिन चर्या में इतना प्रवेश कर गया था कि हिन्दुओं को भी उसकी पंक्तियाँ याद थीं। यहाँ तो फिर भी यह सन्देह है कि सम्भवतः अफ़रासियाब की सेना में मुसलमान रहें हों किन्तु जब ज़ेवर जादू इस्लाम स्वीकार करने से पहले क़ुरान पढ़ती दिखायी देती है तो ये मानना ही पड़ता है कि दास्तान कहने वाले जिन्हें काफ़िर बता रहे हैं वे लोग भी पूरी तरह से काफ़िर नहीं हैं। तिलिस्म’ में प्रातः काल की नमाज़ का वर्णन भी मिलता है किन्तु यहाँ एक बात महत्त्वपूर्ण है कि “तिलिस्म” में जमात के साथ नमाज़ पढ़ने की बात बहुत कम दिखाई देती है। :–

“सरदार नमाज़ का फ़रीज़ा अदा करने के लिए मस्जिद में आये। अमीर के साथ नमाज़ पढ़ कर सलामअलैक करके आसमानजाह ज़िल्ले सुबहानी के दरबार में जमा हुए।”4(151)

“शहज़ादा सुबह की नमाज़ पढ़ने के बाद सवार हुआ......अमीर मस्जिद में सरदारों के साथ नमाज़ पढ़ते थे। नमाज़ के बाद पूछा ये नगाड़े कैसे बजते हैं।”1(53)

अकेले नमाज़ पढ़ने के उदाहरण बहुत मिलते हैं:

“शहज़ादा असद जागा वज़ू करके रब्बुलइज़्ज़त की इबादत की।”

‘तिलिस्म’ में जादूगर हिन्दू हैं और इस्लामी सैनिक लगभग शिया, इसलिए इनमें यदि धार्मिक लड़ाई हो तो कोई आश्चर्य नहीं। किन्तु हम पहले भी कह चुके हैं कि “तिलिस्म होशरुबा” में धर्म का झगड़ा नहीं है। तिलिस्म’ में अच्छाई और बुराई की दो ताक़तें बनायी गयीं, फौज़ें तैयार की गयीं, लड़ाइयाँ लड़ी गयीं किन्तु लगभग सभी लड़ाइयों के पीछे कोई प्रेमी दिखायी दे जाता है और सच तो यह है कि विश्वास के इस अन्तर को भी दास्तान कहने वाले बरक़रार न रख सके। उनके खान-पान वस्त्र, शृंगार, उठने-बैठने के ढंग में कोई अन्तर नहीं है। उनके अन्धविश्वासों की दुनिया भी एक जैसी है और वहाँ यह निश्चित करना कठिन होता है कि इनमें कौन हिन्दू है और कौन मुसलमान। ये पूरा वातावरण मिली जुली संस्कृति और मिले-जुले विश्वास का है। इसलिए इस वातरवरण में पली हुई शहज़ादियों ने यदि “मौला मुश्किल कुशा” का नाम सुनते ही खड़े हो कर

तस्लीम की और गालों पर उँगलियाँ चटकाईं कि या मौला तुम्हारे नाम पर हम कुर्बान" तो इसमें आश्चर्य की कोई बात नहीं है।

यदि हम मिली-जुली संस्कृति को न मानें तो यह प्रश्न उत्पन्न होगा कि इन नौमुसलिम शहज़ादियों को अली इब्न अबूतालिब का नाम सुन कर तस्लीम करने और उँगलियाँ चटकाने की कला कैसे मालूम हो गयी। अतः इस बात में तो सन्देह नहीं कि जिस "तिलिस्म होशरुबा" में असद बिन कर्ब ग़ाज़ी इस्लाम फैलाने आये थे, वहाँ मुसलमान पहले से मौजूद थे और उन पर कोई अत्याचार भी नहीं हो रहा था। क्योंकि अगर ऐसा होता तो बग़ल में किताब दबाये मुल्ला नज़र न आते और इन मुल्ला को तो हम अभी देख चुके हैं जो तावीज़ भी बनाते हैं और साही का काँटा पढ़ कर देते हैं। 'तिलिस्म' के जादूगर इन्हें जानते हैं। अफ़रासियाब इनका आदर करता है। इसलिए अमीर हमज़ा के पास ये बहाना ही नहीं कि किसी राजा ने मुसलमानों के एक जहाज़ को लूट कर औरतों को कनीज़ बना लिया था। फिर आख़िर असद बिन कर्ब ग़ाज़ी के रूप में मोहम्मद बिन क़ासिम को भेजने की क्या आवश्यकता पड़ी।

"तिलिस्म होशरुबा" में विश्वास के टकराव या इस्लाम के प्रचार का कोई पहलू दिखायी नहीं देता। यदि अफ़रासियाब के स्थान पर कोई मुसलमान बादशाह होता और उसने बदीउज़्ज़मा और मलका तस्वीर को गिरफ़्तार कर लिया होता तो ये लोग उस पर भी इसी प्रकार आक्रमण करते बल्कि इन लोगों ने उस पर हमला भी किया। कौकब मुसलमान था किन्तु जब उसने अपनी बेटी ईरज की प्रेमिका को गिरफ़्तार कर लिया तो हमज़ा की सेना के बाँयें बाज़ू ने तिलिस्म नूर अफ्शां पर हमला कर ही दिया। यह बात तो दास्तान कहने वालों को बाद में सूझी कि मुसलमानों का आपस में लड़ना ठीक नहीं है।

1857 की क्रान्ति में मुसलमान शासकों की हार ने अवध के दास्तान कहने वालों को मजबूर किया कि वह अपनी दास्तान में इस्लाम की विजय दिखायें। इस दास्तान का इस्लाम से बस इतना ही सम्बन्ध है। कहानी के ताने-बाने में इस्लाम का सूत (धागा) प्रयोग नहीं किया गया।

जब एक बार धर्म का यह तिलिस्म टूट जाता है तो दास्तान के मार्ग स्पष्ट होने लगते हैं और हमें इसका टकराव दिखाई देने लगता है। जैसा कि हमने पहले देखा कि इसका एक रूप शिष्टाचार का टकराव है। शिष्टता और अशिष्टता की इस कशमकश के अतिरिक्त एक बात और है जो दास्तान कहने वालों को बुरी लग रही है, वह है वफ़ादारी—या बेवफाई किन्तु यह न तो प्रेमी

की वफ़ादारी है, न धर्म की। यह एक बिना शर्त वफादारी है। दास्तान कहने वाले यह चाहते हैं कि लोग अपने सरदारों से वफ़ा करें। यह एक इच्छा मात्र है और ये हिन्दुस्तान के इतिहास का एक बड़ा दुख है। उसने यहाँ बाहर वालों को बुलाया, उसने मीरक़ासिम, मीरजाफर और निज़ाम पैदा किये, उसने 1857 के मुकदमों में गवाहियाँ दीं और उसने एक व्यापारिक कम्पनी को कम्पनी बहादुर बनाया। इसलिए वफा की यह इच्छा हमारे दास्तान कहने वालों को बेचैन रखती है। अतः सरदार ने अपनी जगह बदली नहीं कि सारी सेना और सारी जनता की वफ़ादारियाँ भी एक ओर से दूसरी
ओर हो गयीं :–

> “सीसाम ने फौज के सभी अफ़सरों को बुलाया.......कहा, हम तो अफ़रासियाब की सेवा में जाते हैं। जिसको स्वीकार हो वह हमारे साथ चले, नहीं तो कौकब की सेवा में रहे। सब सरदारों ने कहा, हम तो आपके सेवक हैं।”5/1(37)

ये उदाहरण इसलिए दिया गया कि केवल एक ही उदाहरण ऐसा है जिसमें इस्लाम के सैनिक अपने सरदार के साथ कुफ्र की ओर चले जाते हैं। अन्यथा तिलिस्म' में ऐसे उदाहरण तो असंख्य हैं जहाँ कुफ्र वाले अपने सरदार के साथ इस्लाम की ओर चले जाते हैं। स्वयं हमज़ा की सेना में भी वफादारियों का यही हाल है। जब कोई सरदार हमज़ा की इच्छा के विरुद्ध रात को सेना से निकलता है तो उसके साथ उसके सारे सिपाही निकल जाते हैं। वफ़ादारी से मिलता-जुलता बहादुरी दिखाना है। ख़ुदावन्दलका के अतिरिक्त तिलिस्म होशरुबा में कायरों के लिए कोई स्थान नहीं है। दास्तान कहने वाले अफरासियाब के विरुद्ध हैं। किन्तु अफ़रासिाब अत्यधिक बहादुर है और सेब के बाग का अन्तिम युद्ध तो स्मरणीय है। अतः जब वह अपनी बेमिसाल बहादुरी का प्रदर्शन कर मारा जाता है और इस्लाम के लश्कर को परछाइयाँ घेर लेती हैं, झरनों का पानी खौल कर सूख जाता है तथा भवन गिरने लगते हैं तो पाठक समझता है कि वास्तव में कोई बड़ा आदमी मारा गया और हमें वह दुर्योधन याद आ जाता है जो घायल अवस्था में पड़ा कृष्ण को ललकार रहा है और कृष्ण देवता पाण्डव भाइयों की उपस्थिति में दुर्योधन पर फूलों की वर्षा कर रहे थे। अफ़रासियाब इतना बड़ा आदमी है कि उसके मरने के बाद “तिलिस्म होशरुबा” के कई सौ पृष्ठों तक वर्णन की जाने वाली दस्तान बेजान बन जाती है। अफ़रासियाब की जान नूरअफ़्शाँ की तलवार में थी किन्तु तिलिस्म होशरुबा की जान अमीर हमज़ा या असद बिन

कर्बग़ाज़ी या उनके इस्लाम में नहीं थी बल्कि तिलिस्म' के सबसे बड़े काफिर अफ़रासियाब में थी।

अफ़रासियाब तिलिस्म' का बादशाह था और उसके चरित्र की विशालता देख कर कलीमुद्दीन को कहना पड़ा कि अफ़रासियाब इमाम हुसैन के दुश्मनों की तरह नीच नहीं है। इस आधार पर उन्होंने इस दास्तान को अनीस के मरसियों से अधिक महत्त्वपूर्ण बताया। हम इस समय इस बहस में पड़ना नहीं चाहते किन्तु यह अवश्य कहना चाहते हैं कि अफ़रासियाब को तो बहादुर होना ही चाहिए था। उसकी बहादुरी फिर इस दावे को मज़बूत करती है कि तिलिस्म में विश्वास का टकराव नहीं है। क्योंकि यदि ऐसा होता तो इन दास्तान कहने वालों से भी वही गलती हो गयी होती जो लखनऊ के मरसिया कहने वालों से हुई। किन्तु ये बहादुरी केवल अफ़रासियाब की ही विशेषता नहीं है। तिलिस्म के कुफ़्फ़ार आम तौर पर बहादुर हैं। ये लोग इतने बहादुर हैं कि जब असद के साथ आते हैं तो अफ़रासियाब के सामने से भागने को बुरा समझते हैं। इस बहादुर को देखिये जो तारीक शक्लकश से लड़ने का हौसला कर रही है। ये तारीक दूसरे हुजरे की मालिक है। बहुत बड़ी जादूगरनी और आदमख़ोर है :—

> "बहार का फूल-सा चेहरा मुरझा गया था किन्तु आँखों में आँसू भरकर
> जवाब दिया......अगर वह आती है तो आने दो। तुम सब हट जाओ।
> मुझको बड़ी हवस है कि इस बला पर जादू करूँ...."6(380)

ये फूल-सी बहार उस जादूगरनी पर जादू करने का हौसला कर रही है जो प्रसिद्ध फ़ीलसर को खा गयी। जिसके सामने मलका अतलस, गुलगूँपोश जैसे बड़े जादूगर की न चली। सामरी के साथी नूरअफ़शाँ जिसके जादू का जवाब नहीं दे पाते। अब यदि कोई इस बहार को वेश्या कहे तो इसका क्या इलाज। अतः हम देखते हैं कि तिलिस्म' में विरोधी बातें ही नहीं हैं इसका एक अच्छा पहलू भी है और इस अच्छे पहलू पर भी दास्तान कहने वालों ने उतना ही ज़ोर दिया है जितना अशिष्टताओं को दिखाने में। परस्पर विरोधी बातों का यह ढंग फिर हमें लखनऊ में ले जाता हैं जहाँ एक ओर जुरत की गज़लों का ज़ोर था और दूसरी ओर मीर अनीस जीवन और शिष्टाचार की शिक्षा दे रहे थे किन्तु जिस तरह इस दास्तान में लखनऊ के ये दोनों पहलू एक साथ आ गये हैं उसी तरह लखनऊ की अक्कासी न अनीस के मरसियों में हो सकी और न जुरत की गज़लों में। लखनवी गज़लों ने तस्वीर का एक रुख़ पेश किया और मरसियों नें दूसरा, किन्तु इस दास्तान ने पूरे सच को उजागर किया और इस आधार पर इस

दास्तान का अनीस के मरसियों से अधिक महत्त्व है। किन्तु "अच्छाई" की चर्चा कुछ और बातों के वर्णन के बिना अधूरी है। दास्तान कहने वालों ने शिष्टता का जो ढाँचा तैयार किया है उसमें ये बात भी सम्मिलित है कि आश्रय माँगने वाले को आश्रय मिलना चाहिए। युद्ध में नागरिकों का क़त्ले आम नहीं होना चाहिए। भागने वालों का पीछा नहीं करना चाहिए और जंग के समाप्त होने का बाजा बजने के बाद युद्ध विराम हो जाना चाहिए। निहत्थों पर वार नहीं करना चाहिए और लड़ाई में पहल नहीं करनी चाहिए। इन बातों का विवरण इसलिए नहीं दिया जा रहा है कि तिलिस्म' की लगभग सभी लड़ाइयों में ये बातें देखी जा सकती हैं। लश्कर का सरदार कभी जंग का नगाड़ा नहीं बजवाता। एक बात और है कि इंसान को मूलरूप से सच्चा मान लेना चाहिए। अमीर हमज़ा और उनके साथी बार-बार धोखा खाते हैं और गिरफ़्तार होते हैं। किन्तु जब उनके अय्यार किसी की वफ़ा पर शक करते हैं तो अय्यार घुड़क दिये जाते हैं। भरोसा कर लेने की लगभग ऐसी ही घटना तुलसी की रामायण में भी मिलती है। जब रावण का भाई विभीषण राम के पास आया तो बन्दरों के राजा सुग्रीव ने कहा कि वह जासूसी करने आया है किन्तु राम ने कहा कि उन लोगों पर भरोसा नहीं किया जा सकता जो पनाह (आश्रय) माँगने वालों पर सन्देह करें। विभीषण राम को धोखा नहीं देता। किन्तु वह धोखा दे सकता था।

जो दास्तान अपने अन्दर इतने मूल्य रखती हो उसे किसी विशेष संस्कृति का प्रतीक कहना कहाँ तक ठीक है? और यह निष्कर्ष निकालना ग़लत न होगा कि लखनऊ वास्तव में उतना बुरा नहीं था जितना उसे समझ लिया गया। यह बात केवल अनीस के मर्सियों ही से साबित नहीं होती बल्कि दास्तान "तिलिस्म होशरुबा" से भी साबित होती है। किसी सभ्यता का निर्माण केवल बुराई पर नहीं हो सकता। अतः यह कहना ठीक नहीं है कि "बाग़ोबहार" क्योंकि दिल्ली में लिखी गयी इसलिए वह अच्छी है। "तिलिस्म होशरुबा" को लखनऊ के दास्तान कहने वालों ने बयान किया इसलिए उसमें कीड़े पड़े हुए हैं। निष्कर्ष निकालने का यह तरीक़ा आम तौर पर भटका देने वाला होता है और अब जब कि हम एक स्वतन्त्र देश के नागरिक है हमें अपनी विरासत में मिली संस्कृति का नये सिरे से अध्ययन करना होगा और व्यंग्य करने का काम बन्द करना होगा।

"तिलिस्म होशरुबा" एक तहज़ीबी दस्तावेज़ है इस कारण आदर के योग्य है। इसे केवल इस कारण उपेक्षित कर देना उपयुक्त नहीं है कि इसे लखनऊ के

अफ़ीमची दास्तान कहने वालों ने बयान किया है। इसके प्रत्येक शब्द में लखनऊ रचा-बसा है और लखनऊ हमारी हिन्दुस्तानी सभ्यता का एक हिस्सा है। लेखक हिन्दुस्तानी तहज़ीब कहना चाहता है किन्तु उसकी राय में मिली-जुली सभ्यता या हिन्दू मुस्लिम सभ्यता जैसे शब्द भटका देने वाले हैं और हिन्दुस्तानी सभ्यता के विकास के मार्ग में रुकावट बन रहे हैं। हिन्दुस्तान आर्यों के आने से पहले भी सभ्य था। आर्य अपने साथ कुछ परम्पराएँ लाए। उनकी जो परम्पराएँ हमारे लिये स्वीकार्य थीं उन्हें हमने ले लिया। हिन्दुस्तानी सभ्यता के रूप में बदलाव आया किन्तु हम इसे द्रविड़ आर्याई सभ्यता नहीं कहते। यूँ भी मुग़ल, तुर्क, अरब, ईरानी, यूनानी, फ्रांसीसी और अंग्रेज़ अपने साथ अपनी सभ्यता व संस्कृति लाये। उनकी जो परम्पराएँ हमारे लिये स्वीकार करने योग्य थीं उन्हें हमने अपना लिया। हिन्दुस्तानी सभ्यता व संस्कृति के दामन में और फैलाव आ गया किन्तु इसका नाम बदलना उचित नहीं है। हिन्दुस्तानी सभ्यता तो हिन्दुस्तानी सभ्यता है और सभ्यता के बारे में 'मिली-जुली' की विशेषता की बढ़ोत्तरी करना उचित नहीं है क्योंकि इससे सभ्यता के मूल रूप पर प्रश्न उठता हैं। मुसलमान कहने में एक और कठिनाई भी हैं। इस शब्द के प्रयोग से ये सन्देह उत्पन्न होता है कि ये लोग एक थे जब कि वास्तविकता ये नहीं हैं। ये लोग इत्तेफाक़ से मुसलमान थे। जैसे पश्चिम से आने वाले इत्तेफाक़ से ईसाई थे। यदि हमने उन्हें ईसाई नहीं कहा तो हमें इन लोगों को मुसलमान भी नहीं कहना चाहिए। यदि हम इन मुसलमानों को इनके क्षेत्रीय और राष्ट्रीय स्तर से देखने लगें तो हिन्दुस्तानी सभ्यता को समझने का कार्य सरल हो जाए। मान लीजिये कि यह लोग मुसलमान न होते तो क्या ये लोग किसी और वेशभूषा में, किसी और प्रकार का खाना खाते हुए, कोई और भाषा बोलते हुए आते? यदि ऐसा नहीं है तो फिर हम इन्हें मुसलमान क्यों कहें? यदि हम इन्हें अरब, ईरानी, तुर्की, मुगल कहना आरम्भ कर दें तो हम इनके साथ आने वाली परम्पराओं को छाँट कर अलग कर सकते हैं और तब मिली जुली सभ्यता की समस्याओं पर गम्भीरतापूर्वक ध्यान दे सकते हैं। मुसलमान कहने से हानि यह होती हैं कि हिन्दुस्तानी सिरा तो मिल जाता है किन्तु अरब, तुर्क, मुगल और ईरानी सिरे एक-दूसरे से उलझ जाते हैं। इस बारे में कुछ रोचक बातें भी हैं। हिन्दुस्तानी संगीत के विकास में इन "मुसलमानों" का बड़ा हाथ है। किन्तु हम इसे हिन्दुस्तानी क्लासिकी संगीत ही कहते हैं। हमने इसे "हिन्दू मुस्लिम" या 'मिले-जुले' संगीत का नाम नहीं दिया। चित्रकारी के बारे में "मुग़ल चित्रकला" की बातें करते हैं। हम मुग़ल और ईरानी खानों की बातें भी करते हैं।

भाषाओं की भिन्नता को तो हम मान भी चुके हैं, किन्तु सभ्यता को हम मिली-जुली सभ्यता कहने पर ज़ोर देते हैं ये बुद्धिमत्तापूर्ण निष्कर्ष नहीं है। यहाँ यह उदाहरण देना उचित नहीं हैं कि इस्लाम में संगीत हराम है और चित्रकारी नाजायज़। क्योंकि इस्लाम में संगीत के हराम होने का कोई स्पष्ट प्रमाण नहीं है। संगीत तो बनूउमय्या की ख़िलाफ़त के समय में इस्लाम के बुद्धजीवियों के आदेश से हराम हुआ। इस समय के अमीर अपने दरबारों में गाने वाली सुन्दर स्त्रियाँ रखा करते थे। इन रंगरलियों को रोकने के लिए बुद्धिजीवियों ने यह किया कि संगीत को नाजायज़ बता दिया। दसवीं और अट्ठारहवीं शताब्दी के बीच मुसलमानों की हुकूमत में संगीत में बहुत उन्नति हुई और मुसलमान गाने वालों ने संगीत के ख़जाने में महत्त्वपूर्ण बढ़ोत्तरी की। यह बात बहुत रोचक है कि मुसलमानों की दुनियाँ में संगीत ने उलमा के फतवों के बाद ज्यादा प्रगति हुई। इस्लाम के पैगम्बर के समय में संगीत के विरुद्ध कोई स्पष्ट आदेश नहीं मिलता। मक्के के रईस यूनानी और ईरानियों ईरानी गाने वालियों को ऊँचे दामों में ख़रीदा करते थे। अलकंदी ने 'लय' के नियम बनाये। संगीत के तत्व, यन्त्र या वाद्य और शायरी और संगीत के रिश्ते पर किताब लिखी। फाराबी जो पहला बड़ा इस्लामी दार्शनिक है, स्वयं संगीतकार था और उसकी किताब "अलमौसीक़ी" संगीत की एक महत्त्वपूर्ण किताब कहीं जाती है। इबनेसीना इसलिए "उस्ताद" नहीं कहे जा सके क्योंकि वह संगीतकार नहीं थे किन्तु संगीत के दृष्टिकोणों पर उनका लेख उतना ही महत्त्वपूर्ण है जितनी फाराबी की किताब। हारुन रशीद के दरबार में इब्राहीम और इस्हाक़ जैसे गाने वाले नज़र आते हैं। इतना ही नहीं, ख़िलाफ़त अब्बासिया के युग में गाने वाले 'मेकअप' किया करते थे। रंगीन कपड़े पहना करते थे और लम्बे बाल रखते थे। ख़लीफ़ा अर्ब्दुरहमान ने तो एक संगीत का मदरसा खोल रखा था और हारुन रशीद के भाई इब्राहीम अपने समय के बेहतरीन संगीतकारों में गिने जाते थे।

इन ऐतिहासिक प्रमाणों के प्रकाश में ये कहना कहाँ तक उचित है कि इस्लाम संगीत के खिलाफ़ है। अतः यदि "हिन्दू मुसलिम सभ्यता" की बात कही जा सकती है तो "हिन्दू मुस्लिम संगीत" कहने में भी कोई आपत्ति नहीं है। सभ्यता की समस्याओं को सदैव धर्म के मुद्दे से अलग करके देखना चाहिए। दो धर्मों के अनुयाई एक ही सभ्यता के दायरे में रह सकते हैं। इसलिए "तिलिस्म होशरुबा" में हमने देखा कि सभ्यता के आधार पर अफ़रासियाब और असदबिन क़र्ब ग़ाज़ी में कोई अन्तर नहीं है जब कि उनमें से एक हिन्दू है और दूसरा मुसलमान।

असद को संगीत का उतना ही शौक है जितना अफ़रासियाब को, अमरो का बाँसुरी बजाना तो एक अजूबे का स्थान रखता है और यह बाँसुरी कृष्ण की बाँसुरी से ली गयी है। किन्तु दास्तान कहने वालों का यह कहना है कि अमरो संगीत में जिबरील के शिष्य थे :-

> "जानना चाहिए कि अमरो को अमीर के साथ पहाड़ पर हज़रत जिबरील ने शागिर्द किया है और तीन दाने अंगूर के खिलाये हैं। एक दाने की विशेषता यह है कि अमरो की आवाज बहुत अच्छी है और लहन दाऊदी रखता है......"1(13)

आवाज़ दाऊद की हो गयी और बाँसुरी कृष्ण की। यही लखनऊ है और इसीलिये लखनऊ के दास्तान कहने वाले अमरो को कत्थक का गुरु बताने से भी नहीं झिझकते और जिबरील को उनका उस्ताद बना देते हैं। वह ऐसा क्यों न करते? लखनऊ के शिया माहौल में संगीत "सोज़ ख़्वानी" के भेष में प्रवेश करके धर्म का एक हिस्सा बन चुका था और रोचक बात यह है कि जिस सोज़ ख़्वानी की कला एक सुन्नी मुसलमान ख़्वाजा हसन मौदूदी का आविष्कार है। जिन्होंने संगीत की चुनिन्दा धुनें सोज़ों में कायम करके अपने शिष्यों को बतायीं और इस कला के स्वरूप की बुनियाद पड़ गयी। इन सोज़ख़्वानों के बारे में आगे चलकर शरर का कथन बहुत स्पष्ट है :-

> "मरसिया ख्वानों के बाद सोज़ख़्वान हैं। ये लोग नौहों और मरसियों को संगीत के नियमों के अनुसार गा कर सुनाते हैं। इनमें तीन आदमियों का समूह होता है। दो सुर देते हैं। जो 'बाजू' कहलाते हैं और तीसरा आदमी जो बीच में बैठता है, सोज़ सुनाता है। इन लोगों ने भी संगीत के नियमों का प्रयोग और रागों और धुनों के अदा करने में इतनी उन्नति की है कि गायकों को पीछे कर दिया है...जो उच्च स्थान मरसिया कहने वालों ने शायरी में प्राप्त किया, वही सोज़ख़्वानों ने संगीत में।" (मज़मीने शरर 322)

मीर मंजू का नाम किसे याद नहीं? ग़ाजीपुर में एक मध्य स्तर के सोज़ख़्वान बशारत खाँ साहब थे जो मुहर्रम से एक महीना पहले अपना हारमोनियम निकाला करते थे आ बाकायदा "रियाज़" किया करते थे। लेखक के गाँव की मजलिसों में मरसिये निर्धारित हैं कि कौन-सी तारीख को कौन-सी मजलिस में कौन-सा मरसिया पढ़ा जायेगा। अब जो लोग इन मरसियों को पढ़ते हैं वह गाना नहीं जानते किन्तु समय का तय होना इस बात का प्रमाण है कि इन मरसियों की

धुनों का ठाठ समय के राग पर बाँधा गया होगा। वह मरसिये अगर ग़लती से किसी और समय पढ़ दिये जाते हैं तो वो आनन्द नहीं आता और रिक़्क़त नहीं होती। सोज़ख़्वानी के इस धार्मिक वातावरण में "तिलिस्म होशरुबा" लिखी गई। जैसा कि हम पिछले अध्याय में देख चुके हैं कि तिलिस्म' में संगीत की दुनिया हिन्दुस्तानी क्लास्की संगीत में आबाद है और इसमें भी ठुमरी बार-बार दिखाई देती है जो फिर हमें लखनऊ में पहुँचा देती है।

सुन्दरता के वर्णन में शारीरिक सुन्दरता के विवरण को जान-बूझ कर उपेक्षित किया गया है क्योंकि "तिलिस्म होशरुबा" एक प्रेम कहानी है और प्रेम कहानियाँ शारीरिक सुन्दरता के बिना एक क़दम नहीं चल सकतीं। हमारी कहानियों के शहज़ादे तो शहज़ादियों की जूतियाँ देख कर आशिक़ हो जाया करते हैं इसलिए शारीरिक सुन्दरता घो उपेक्षित करके सुन्दरता के दूसरे दृश्यों का अध्ययन किया जा रहा है। शारीरिक सुन्दरता के बारे में इतना ही कह देना बहुत है कि तिलिस्म' में शारीरिक सुन्दरता तो ऐसी है कि शायद ही कहीं हो और सुन्दरता पूजा में स्त्रियाँ पुरुषों से किसी तरह कम नहीं हैं।

शारीरिक सुन्दरता के अतिरिक्त तिलिस्म' में संगीत, नृत्य, निर्माण कला और बाग़वानी की कला में भी सुन्दरता दृष्टिगोचर होती है। संगीत और नृत्य के बारे में हम पिछले अध्याय में चर्चा कर चुके हैं। निर्माण कला और बाग़वानी की कला पर भी पहले भाग में एक दृष्टि डाली जा चुकी है किन्तु इसका सम्पूर्ण स्थान क्या है, इसका अध्ययन अब होगा।

निर्माण कला के बारे में भी "इस्लामी" निर्माण कला का शब्द प्रयोग किया जाता है। इसमें सन्देह नहीं कि हर क़ौम अपने साथ अपनी निर्माण कला लाई और उसने हिन्दुस्तानी निर्माण कला पर अपना प्रभाव भी डाला किन्तु इसमें भी सन्देह नहीं कि हिन्दुस्तान की "मुस्लिम निर्माण कला" दूसरे देशों की "मुस्लिम निर्माण कला" से भिन्न है। ताज महल जो इस मुस्लिम निर्माण कला का सबसे बड़ा नमूना समझा जाता हैं, उसके बारे में हॉवेल की राय बड़ी रोचक है। उनका कहना है कि ताज महल बिलकुल वैसी ही इमारत है जैसी इमारत सत्रहवीं शताब्दी के हिन्दुस्तान में हिन्दू और बुद्ध निर्माण के प्रभाव से बन सकती थी।

जौनपुर की अटाला मस्जिद के बारे में शिवस्ती का कहना भी यही है कि इसके अन्दर के गलियारे और चौकोर खम्भे बिलकुल हिन्दू अन्दाज़ के हैं। फतेहपुर सीकरी की इमारतों के बारे में मक़बूल अहमद की राय भी यही है :—

"फतेहपुर की मस्जिद हो या शेख सलीम का मक़बरा, हिन्दू प्रभाव बिलकुल स्पष्ट है। शेख़ सलीम चिश्ती के बारे में स्मिथ अपने विचार प्रकट करते हुए लिखता है कि इतने बड़े मुसलमान फ़क़ीर के मक़बरे में हिन्दू प्रभाव देख कर आश्चर्य होता है। इमारत का पूरा ढाँचा हिन्दू शौक़ को प्रकट करता है। (अकबर : दि ग्रेट मुग़ल पृष्ठ 422-445)

इस प्रकार हॉवेल की राय में फतेहपुर सीकरी की मस्जिद, मस्जिद से ज्यादा विष्णु मन्दिर मालूम होती है।" (105)

दक्षिणी हिन्दुस्तान के मुसलमान बादशाहों के मकबरों की तो चर्चा ही व्यर्थ है क्योंकि शिया मुसलमानों पर हिन्दू प्रभाव वैसे भी अधिक है। उनके मक़बरे तो मूल रूप से हिन्दू हैं।

"तिलिस्म होशरुबा" में इसी निर्माण कला से काम लिया गया है। "तिलिस्म की इमारतें" बुर्जों से ढकी हुई हैं। किलों पर तो हज़ार-हज़ार गुम्बद हैं। छत और दीवारों पर भी रंगीन और चित्रित गुम्बद नज़र आते हैं। कोई-कोई गुम्बद तो षटकोण की भाँति हैं जो लाट की तरह खड़ा है। जिसमें आठ दरवाजे हैं और हर दरवाज़े पर एक गुम्बद बना हुआ है। गुम्बद और बारों का तो चोली-दामन का साथ है। कंगूरे निकले हुए हैं, महराबदार ताक़ बने हुए हैं। दरों की महराबी चाँद की तरह है। कमरों में कार्निसें नज़र आ रही हैं। गुम्बदों के निर्माण पर भी बड़ा ज़ोर है :–

"जंगल के बीच में एक गुम्बद गोल सुडौल बना है।" 4(554)

"इस गुम्बद का नाम बेनूर गुम्बद है और इसमें तीन श्रेणियाँ हैं।"

खम्भे भी बड़े खूबसूरत हैं। इन खम्भों पर जवाहर की पच्चीकारी हुई है और दीवारों का हाल ये है कि सोने के रंग में जवाहर को मिला कर फूल बनाये गये है। छतों पर भी चित्रकारी हुई हैं। इमारतें ऊँची और पक्की हैं। कहीं-कहीं पत्थर की इमारतें दिखाई देती हैं किन्तु आमतौर से इमारतों में पत्थर का प्रयोग नहीं होता। लखनऊ में पत्थर की इमारतें बन ही नहीं सकतीं। अब किसी आबादी की ओर चलें, शहर नापुरसान के चालीस दरवाज़े थे। दास्तान कहने वाले ने एक शून्य बढ़ा दिया है। लंका के क़िले में चार दरवाज़े थे।

"दरवाज़ा शहर का बहुत ऊँचा लोहे का, मस्त हाथी की तरह झूम रहा था। चारदीवारी शहर की रंगीन पत्थर की नक़्क़ाशीदार बनी थी। एक दरवाज़ा बहुत ऊँचा आसमान का हिस्सा नज़र आता था।"3(109)

ये लखनऊ का रूमी दरवाज़ा है–

> "शहर पनाह वास्तव में बहुत सुन्दर था। दीवारें शीशे की थीं.....
> शिकारगाहे बनीं हुई थीं। शाहान जहान के चित्र लगे थे।"3(40)

ये हिन्दू मकानों का असर है जिनकी दीवारों पर अब भी तस्वीरें देखी जा सकती हैं :

> "दीवारें किले की हवा के झोंके से लहरा कर झुक जाती थीं और सीधी
> हो जाती थीं। दूसरे क़िले भी यही ख़ासियत रखते थे।"3(420)

इन हिलती हुई दीवारों के निर्माण में अहमदाबाद की हिलती मीनारों का हाथ साफ देखा जा सकता है। क़िले के अन्दर का हाल ये है–

> "दुकानें महराबदार, रंगीन और सजी हुई हैं। हर इमारत के ऊपरी ख़ानों
> पर कंगूर बने हुए हैं।"3(523)

बंगलों की बहार का तो कहना ही क्या? मीनाकारी सोने-चाँदी के काम और मोतियों तक के तो बंगले मौजूद हैं। कहीं-कहीं खम्भे भी नज़र आ जाते हैं। बारहदरी पर बहुत ज़ोर है। तिलिस्म' में कोई बाग़ ऐसा नहीं जिसके बीच में एक बारहदरी न हो।

और इसका कारण यह है कि–

> "क़ैसर बाग़ का अन्दर का सहन जिसमें बाग़ लगाया गया था, जलूखाना
> कहलाता था। बीच में पत्थर वाली बारहदरी थी।"(मज़ामीने शरर)

ये क़ैसरबाग दास्तान कहने वालों के सामने बना था। क़ैसरबाग का निर्माण 1850 में पूरा हुआ अर्थात इस दास्तान के प्रकाशन से कोई 30-31 साल पहले। अतः लखनवी साहित्य में बारादरी के बिना कोई इमारत कैसे बन सकती थी? गुलजारे नसीम में दयाशंकर नसीम भी बरादरी बनवाने से बाज न आये।–

> "बारादरी वाँ जो सोने की थी सो ख्वाब गह बकावली थी। गोल उसके
> सुतून थे साद हूर चिलमने मिज़गाँ चश्मे मखमूर"

यह बात तो हम पहले भी कर आये हैं कि लखनऊ की चाँदी वाली बारादरी के अन्दर से तिलिस्म' में हीरे-जवाहरात की इमारतें खड़ी की गयी हैं। वैसे भी हिन्दुस्तानी साहित्य में हीरे-जवाहरात की इमारतें बनायी जा चुकी हैं। तुलसीदास ने राम की अयोध्या में ऐसी ही इमारतें बनायी हैं। रावण की सोने की लंका के बारे में किसने नहीं सुना? हनुमान ने जब पहाड़ पर चढ़कर देखा तो–

> इति अनंग जलंध चहु पासा कनक कोट कर परम प्रकासा

अब अगर तिलिस्म' में :

> "अफ़राबसियाब उड़ कर उस मकान के निकट पहुँचा। देखा, सारा
> मकान जवाहर का है।"1(174)

तो क्या आश्चर्य है हिन्दुओं की दुनिया अगर शिवालों से आबाद न होगी तो काहे से आबाद होगी? तिलिस्म' में दास्तान कहने वालों ने किसी मस्जिद की सैर तो नहीं करवायी किन्तु शिवाला उन्होंने अवश्य दिखला दिया है—

"इमारत शिवालय की बहुत बड़ी हर कोने पर पत्थर के जानवर बने हुए। सोने की तस्वीर.....तख़्त पर है।"7(481)

निर्माण का वर्णन समाप्त करने से पहले एक बात की ओर संकेत करना आवश्यक है। 'तिलिस्म होशरुबा' में अधिकतर शहज़ादियाँ शहर से दूर बाग़ों में रहती दिखाई देती हैं। इसलिए जब अमीर और उनके सरदारों में से किसी से उनका प्रेम चलता है तो बहुत दिनों तक किसी को ख़बर नहीं होती। ये बाग़ लखनऊ के चारों ओर हैं। उमरावजान अदा ने इस मकान और बाग़ की बेगम से प्रशंसा की कि "शहर में कोई घण्टाभर का रास्ता था" तो बेगम ने कहा—

"ऐ है। तुम्हें ये जंगल बहुत पसन्द आया? न आदमी, न आदमज़ात। ख़ुदा की ज़ात शहर से कोसों दूर....।"(220)

बेगम के इस मकान में तो चोर आये थे किन्तु तिलिस्म' के ऐसे मकानों में तो चितचोर आते हैं। वैसे भी शोर-शराबे से दूर आराम करने के लिए बाग़ बनवाना हिन्दुस्तान की पुरानी परम्परा है और संस्कृत साहित्य में इसके बहुत-से उदाहरण मिल सकते हैं। उमराव जान अदा के मकान ने हमें फिर लखनऊ में पहुँचा दिया।

लखनऊ वालों ने खाने, वेशभूषा और आभूषणों में कैसी-कैसी सुन्दरता दिखायी है इसे हम पिछले अध्याय में देख आये हैं। बाग़बानी का विवरण भी हो चुका है किन्तु यहाँ इतना कहना आवश्यक है कि जिस काल में यह दास्तान लिखी जा रही थी उस समय के लखनऊ में नहरें भी देखी थीं और लखनऊ में कई प्रसिद्ध शाही बाग भी थे। कैंसर बाग, दिलकुशा और सिकन्दर बाग़ अब भी मौजूद हैं और चहार बाग़ का केवल नाम रह गया है। हमारे दास्तान कहने वालों ने लखनऊ के इन्हीं बागों से प्रभावित हो कर अपने बाग़ लगाये हैं और उन्होंने इन लखनवी बागों में अपनी जन्नत की कल्पना सम्मिलित कर दी है।

ये सच है कि तिलिस्म' के बाग़ मुग़ल बाग हैं किन्तु मुग़ल बाग़ का अर्थ यह नहीं है कि उनकी आत्मा हिन्दुस्तानी नहीं है। हिन्दुस्तान में बाग़बानी की कला प्राचीन है। हिन्दुस्तानी बागबानी की कला भी किसी दूसरी कला की तरह इतिहास से जुड़ी है और बाग़ों की बनावट में बाग़ बनाने वालों के धार्मिक विश्वास का हाथ योरोप के बाग़ों से अधिक स्पष्ट दिखाई देता है। (स्टुवर्ड : महान मुग़लों के बाग़ात)

स्टुवर्ड ही आगे चल कर यह बताता है कि हिन्दुस्तान में अतिप्राचीन काल से बाग़बानी का रिवाज चला आ रहा है। प्राचीन बौद्ध और संस्कृत साहित्य बाग़ों के वर्णन से भरा पड़ा है। किन्तु हिन्दुस्तान के मौजूदा "तिलिस्मी" बाग़ात मध्य एशिया और ईरान से आये हैं। बाबर के युग में ईरान और तुर्की में बाग़ और बहते पानी की कला बहुत उन्नति कर चुकी थी। स्टुवर्ड का विचार है कि हिन्दुस्तानी बाग़ों में पानी, ईरानी और तुर्किस्तानी प्रभाव के द्वारा आया। किन्तु बेटम का कहना है कि हिन्दुस्तानी बाग़ों में पानी पहले भी था। हिन्दुस्तान की गर्म जलवायु ने जहाँ पानी अधिक भी हैं। अगर बाग़ों में पानी नहीं होगा तो वे जीवित कैसे रहेंगे? अतः हमें प्राचीन हिन्दुस्तान के बाग़ों में कृत्रिम झीलें और तालाब दिखाई देते हैं जिसमें कभी-कभी फव्वारे भी चढ़ जाते हैं। वह भी एक हौज़ ही था जिनमें महाभारत के दुर्योधन ने ग़ोता ख़ाया था। "तिलिस्म" में बाग़ को जो आवासीय स्थान मिला उसके प्रमाण भी कालीदास के युग में मिलते हैं। और बाग़ों में फूलदार और फलदार, दोनों प्रकार के पेड़ों का अस्तित्व भी प्राचीन हिन्दुस्तानी बाग की परम्परा है। किन्तु इसमें सन्देह नहीं कि मुग़लों ने हिन्दुस्तानी बाग़वानी में चार चाँद लगा दिये। बाबर फूलों का प्रेमी था। अतः यहाँ उसने उन्हें ईरानी अन्दाज़ पर लगाना शुरू किया और कृत्रिम झरनों का संगीत पक्षियों के कलरव में घुलने लगा। "तिलिस्म होशरुबा" के बाग़ हिन्दुस्तानी बाग हैं जिनका शृंगार मुगलों के फूल प्रेम ने किया है किन्तु हिन्दू प्रभाव से इनकार मुश्किल है। ताजमहल के बारे में स्टुवर्ड का कथन महत्त्वपूर्ण वह कहता है कि इसकी योजना सरल है। जन्नत की कल्पना पर हिन्दू स्वर्ग की कल्पना की छाप स्पष्ट है। "तिलिस्म" के बाग़ों को समझने के लिए हिन्दुस्तानी बाग़ों की थोड़ी सी जानकारी आवश्यक है। अब हम तिलिस्म' के बाग़ों की सैर कर सकते हैं—

> "दरवाज़ा बाग़ का कारीगरों ने चौखट बाज़ू के साथ पत्थर का बनाया है जो प्रेमी की तमन्ना की गोद की तरह खुला हुआ है।....चारों ओर फूल खिले थे, नहरें जारी थीं। फ़व्वारे छूट रहे थे...हरी-हरी घास ज़मर्रुद को शरमाती थी।"1(56)
>
> "एक बारादरी सवा सौ ख़ूबियों से भरी बाग़ के बीच में बनी थी।"
>
> "बनी संगमरमर की चौपड़ की नहर गई चार सम्त उसके पानी की लहर।"

इन बागों को हम आसानी से पहचान सकते है। अगर संगमरमर के चबूतरे और संगमरमर ही की चौपड़ की नहर नज़र न आती तो ये कहा जा सकता था

कि ये बाबर की कल्पना है किन्तु ये 'चाँदनी बाग़' तुर्किस्तान के 'आफ़ताबी बागों' से भिन्न हैं। मुग़ल चाँदनी बाग़ों से परिचित नहीं थे। 'चाँदनी बाग' तो उन्हें उस पहली राजपूत शहज़ादी से मिला जो पहली बार उनके हरम में दाख़िल हुई थी। सफ़ेद पत्थर का प्रयोग तिलिस्म' के बागों को चाँद जैसा सुन्दर बना देता है। हम यह कहना चाहते हैं कि तिलिस्म' के ये मुग़ल बाग दिल्ली से नहीं आये हैं बल्कि लखनऊ ही के हैं। "फरेबे इश्क़" में शौक़ ने जो बाग लगाया है उसके बीच में भी एक बंगला मौजूद है। मसनवी सहरूल बयान में हमें संगमरमर की चौपड़ी की नहर दिखायी देती है और वास्तव में यह बाग का वर्णन दास्तान में मसनवी का ही एक हिस्सा है। इन उदाहरणों से यही निष्कर्ष निकाला जा सकता है कि तिलिस्म' के बागों को देखने के लिए लखनऊ से बाहर निकलने की आवश्यकता नहीं है और इस तरह हमने यह देखा कि तिलिस्म' के मूल्यों का संसार भी लखनऊ ही के मूल्यों से आबाद है।

निष्कर्ष

जामा मस्जिद दिल्ली के :–

> "उत्तर दरवाज़े की ओर 39 सीढ़ियाँ हैं। यद्यपि इस ओर भी कबाबी बैठे हैं और सौदेवाले अपनी दुकानें लगाये हुए हैं किन्तु बड़ा तमाशा इस ओर मदारियों और क़िस्सा सुनाने वालों का होता हैं। तीसरे पहर एक क़िस्सा सुनाने वाला मोढ़ा बिछाये बैठता है और दास्तान अमीर हमज़ा कहता है, किसी तरफ़ हातिम ताई का क़िस्सा और कहीं बोस्ताने ख़्याल होती है और सैकड़ों आदमी उसको सुनने के लिए जमा होते हैं।....."(आसारूस सनादीद : सर सय्यद अहमद खाँ)

"क़िस्सा सुनाने की यह आदत दुनिया के हर देश और हर सभ्यता में पायी जाती है.....इनसान अपने मनोविज्ञान और भविष्य के सपनों को इन्हीं क़िस्सों के आईने में देखता है। चाहे वह क़िस्से देवी-देवता, जिन्न और परी के हों या फिर हमारे आपके ऐसे चलते-फिरते इंसानों के, यह सभी प्रकार, क़िस्सों के एक ही दृश्य के विभिन्न पहलू हैं कि जो वस्तुएँ हमें जीवन में नहीं मिलतीं उनको पाने की इच्छा अपने सपनों की दुनिया में करते हैं।..."

अर्थात क़िस्सा जागते रहने की भी एक चीज़ है। उसे केवल ख्वाब-व-ख़्याल की बात कह कर फैसला कर लेना ठीक नहीं है। इसलिए मुमताज़ हुसैन स्वयं कहते हैं :

> "क़िस्सा कहना जीवन से भागना नहीं है बल्कि जीवन से जूझते रहने का नाम है। हम जीवन में जिन शक्तियों से हार जाते हैं उन पर सपनों में या क़िस्सों में विजय पाने की इच्छा करते हैं। हम जिन चीज़ों की इच्छा पर मरते हैं उनको पाने का सपना इन्हीं क़िस्सों में देखते हैं। किन्तु इन कहानियों का यह एक पहलू है। इसका दूसरा पक्ष यह है कि ज़िन्दगी के सफ़र में जो उतार-चढ़ाव आते हैं उन्हें समझने-समझाने का काम और हौसला बढ़ाने का काम भी हम इन कहानियों के द्वारा

लेते आये हैं। जीवन की इस सेवा को........कैसे भोगने और विलासिता से जोड़ा जा सकता है?..........मनोरंजन तो उसका केवल एक भाग है जैसा कि किसी भी उद्देश्य को पूरा करने में पाया जाता है। उद्देश्य और उद्देश्य को पूरा करने का जुड़ाव ही किसी कार्य को रचनात्मक कार्य में परिवर्तित करता है। (मुमताज़ हुसैन : बाग़ो बहार पृष्ठ 4–5)"

यह एक अत्यन्त महत्त्वपूर्ण और मूल्यवान कथन है किन्तु मीर अम्मन दिल्ली वाले की प्रशंसा के विचार ने मुमताज़ हुसैन को मजबूर किया कि वह "बाग़ो बहार" से अधिक मूल्यवान और बड़ी दास्तानों को उपेक्षित करने की सूरत निकालें। अतः उन्हें लखनवी दास्तानों को "अफीम की रचना" कहने की गलती करनी पड़ी :

"इसकी (बाग़ो बहार की) प्रकृति उन्नीसवीं शताब्दी की उन दास्तानों से भिन्न है जो अफीम की चुस्की में कही गयी थी।" (मुमताज़ हुसैन : बाग़ो बहार–42)"

किन्तु यदि हम उनके इस कथन को हटा दें तो उन्होंने हमें एक ऐसा स्तर अवश्य दिया है जिस पर हम अपनी दास्तानों को जाँच कर उन्हें रद्द कर सकते हैं या स्वीकार कर सकते हैं। उनका स्तर ये है :

"आज भावनाओं को बुद्धि के प्रकाश में देखा और परखा जा रहा है किन्तु साहित्य का ये केवल एक पहलू है। इसका दूसरा पहलू भूत और भविष्य के सपने देखने और दिखलाने का भी है क्योंकि भविष्य अनदेखा और भूत देखा हुआ होता है इस कारण भविष्य का सपना सदैव भूत ही के आईने में दिखलाया गया है....भूत का ये सपना पीछे की ओर लौटने का नहीं बल्कि आगे बढ़ने का, एक वास्तविकता को समझने वाला बहाना था......" (मुमताज हुसैन : बाग़ो बहार, पृ. 19–12)

भाग्यवान हैं वह लोग जो भूतकाल के किस्से-कहानियों को केवल बकवास नहीं बल्कि मनुष्य के मनोविज्ञान और उसकी बुद्धि की एक दास्तान समझते हैं...।

"हीरो अपनी दुनिया के हानि-लाभ से निकलकर अजूबी दुनिया की सैर करता है। इस दुनिया में वह ऐसी शक्तियों का मुक़ाबला करता है जो बुद्धि से परे हैं और उन पर विजय पाता है। जैसे वह उन शक्तियों में उतर जाता है और इस प्रकार नई शक्तियों से लैस हो कर फिर अपनी इस लाभ-हानि की दुनिया में लौटता है ताकि इस नई शक्ति के ज्ञान और समझ को अपनी बिरादरी के सब इंसानों में बाँट सके।... कभी भी ऐसा नहीं होता कि वह अपने इस सुर से विजयी न लौटे।

> अतः आप देखेंगें कि दास्तान का अन्त कभी भी दुखान्त नहीं होता।... जीवन आशा पर निर्भर है निराशा पर नहीं। दास्तान कहने वाला इसी आशा और उम्मीद को निराशा और दुख से बाहर निकाल कर लाता है...। (मुमताज़ हुसैन : बाग़ो बहार, पृ. 10–12)

यह वो मंज़िल है जहाँ दूरियों का कोई महत्त्व नहीं रह जाता क्योंकि हीरो अब अकेला नहीं है। असद के साथी चालीस हज़ार डाकू अगर पहली मंजिल पर गिरफ़्तार हो गये और असदबिन कर्बग़ाज़ी अकेले रह गये तो क्या हुआ? उन्हें तो नई शक्तियों की समझ ले कर अपनी इस लाभ-हानि की दुनिया में वापस आना है। इसलिये वह वापस आते हैं। दुख इस बात का अवश्य है कि मुमताज़ हुसैन उन बेचारे दरवेशों के जीवन को तो देख सके किन्तु यहाँ "तिलिस्म होशरुबा" में जो हंगामा है उस पर उनकी नज़र न पड़ सकी। यही वह स्थान है जहाँ उन्होंने महत्त्वपूर्ण प्रमाणों को अनदेखा किया है। उन्होंने यह तो देख लिया कि "बाग़ोबहार" में मीर अम्मन ने बसरा की शहज़ादियों से गीत और दोहे पढ़वाये हैं और यह निष्कर्ष भी निकाल लिया कि :

> "उस समय के एतबार से यह कोई अनोखी बात नहीं थी। जहाँ मीर और सौदा के शेर दोहराये जाते हिन्दी के दोहे और गीत भी उर्दू के लोग अपनी बातचीत में लाते।"

मुमताज़ हुसैन के इस कथन पर किसी को आपत्ति नहीं हो सकती किन्तु जब वह ये कहते हैं कि :

> "लखनऊ वाले अंग्रेज़ी सिपाहियों की सुरक्षा में कल्चर के उस धारे से दूर हो चले थे अब उनमें न तो हिन्दुस्तानी की यह मिलावट थी और न उनके बयान में वह सादगी, नरमी और घुलावट थी जो मीर की शायरी में हो। वह आसान को कठिन बना कर प्रस्तुत करने में प्रवीण हो रहे थे और एक रंग के विषय को सौ रंगों से बाँधने की धुन में थे।" (मुमताज़ हुसैन : "बाग़ो बहार"–57)

तो हमें सोचना पड़ता है हाली ने लखनऊ के साथ जो बदसुलूकी की, क्या वो क़यामत तक की जाती रहेगी? हमें यह भी सोचना पड़ता है कि कहीं ऐसा तो नहीं कि मोमिन ओर ज़ौक लखनऊ के थे। सरल को कठिन बनाने का अभ्यास तो दोनों स्थानों पर जारी था और दोनों स्थानों के शायर एक रंग के विषय को सौ रंगों से बाँधने की धुन में थे इसका आख़िर क्या कारण है कि लखनऊ की बातें करते हुए हम नासिख़ और रजब अली बेग सुरूर के अतिरिक्त सबको

अनदेखा कर देते हैं? लखनऊ में केवल दयाशंकर नसीम ही ने अपनी मसनवी नहीं लिखी थी। लखनऊ में एक नवाब मिर्ज़ा शौक़ भी हुआ करते थे। लखनऊ में रजब अली बेग ही नहीं थे, जाह और क़मर भी थे जिन्होंने दास्तान "तिलिस्म होशरुबा" लिखी। इस दास्तान में भी गीत और दोहे प्रयोग हुए हैं और इसमें ऐसे हज़ारों शब्द प्रयोग किये गये हैं जो ठेठ हिन्दी या संस्कृत के हैं और जो आज हमारी बोली का भाग नहीं है। इसका अर्थ यह है कि मीर और सौदा के लखनऊ के न होने पर भी और लखनऊ में नासिख़ का सिक्का चलने के बावजूद उर्दू वाले हिन्दी के शब्द और गीत अपने वार्तालाप में प्रयोग करते थे। तिलिस्म' में इनका प्रयोग "बाग़ो बहार" से अधिक महत्त्वपूर्ण है क्योंकि "बागो बहार" रईसों, शहज़ादों और उच्चपदों पर आसीन लोगों को नहीं सुनायी जा रही थी। वह किताब लिखी गयी थी। "तिलिस्म होशरुबा" सुनाई गई थी। अतः इसमें जो शब्द है वह अपने साथ यह प्रमाण भी रखते हैं कि लखनऊ का उच्च वर्ग उन्हें समझता था और उनसे आनन्दित होने की योग्यता भी रखता था।

"तिलिस्म होशरुबा, के अध्ययन से पहला महत्त्वपूर्ण निष्कर्ष यह निकलता है कि नासिख़ के अनेक प्रयत्नों के बावजूद उर्दू ने—कम-से-कम उर्दू बौलचाल ने हिन्दुस्तानी से अपना सम्बन्ध नहीं तोड़ा था और उसके लिए ऐसा करना सम्भव भी नहीं था क्योंकि उर्दू ईरान और हिन्दुस्तान के मिश्रण से उत्पन्न होने वाली भाषा नहीं है बल्कि एक विदेशी भाषा को दरबार से निकालने की एक भरपूर कोशिश है। इस कारण कुछ शब्दों और कुछ प्रतीकों के आधार पर यह निर्णय कर लेना ग़लत और आधारहीन है कि उर्दू कोई क़लमी पौधा है।

इस दास्तान के अध्ययन से दूसरा महत्त्वपूर्ण निष्कर्ष यह निकलता है कि इस दास्तान में कुफ्र और इस्लाम की लड़ाई नहीं है। इस दास्तान में यह लड़ाई हो भी नहीं सकती थी। लखनऊ का इतिहास इस कशमकश से अनभिज्ञ है और यदि यह कुफ्र और इस्लाम की जंग है तो ख़ुदा के लिए कोई यह बताये कि ये दिखायी देने वाले सात पैगम्बर अर्थात अमरो बिन उमय्या ज़मीरी शंख फूँकते क्यों दिखायी देते हैं। दास्तान कहने वालों ने जिस वस्तु को सफेद मोहरा कहा है उसे लुग़ाद (शब्दकोश) में शंख बताते हैं। इस्लाम का प्रचारक शंख फूँक-फूँक कर इस्लाम का प्रचार करता नज़र आये तो कोई कैसे न यह निष्कर्ष निकाले कि मामला इस्लाम का नहीं है? इस बारे में दो मत नहीं हैं कि दास्तान कहने वाले पक्षपाती थे। वह अफ़रासियाब के विरुद्ध थे। असद के पक्ष में थे। उनका ये पक्षपात छिपा हुआ भी नहीं है। यह लड़ाई देखें :

"जमशेद ने दो-चार गोले अपनें हाथ से ऐसे मारे कि ज़मीन थर्रा गयी। कई सौ जादूगरनियाँ शगूफा की बेहोश होकर गिरीं....मख़मूर उठी, पत्थर के टुकड़े उठा कर मारे। कई सौ जादूगर जहन्नुम पहुँच गये।"5(293)

ये जमशेद एक 'तिलिस्म' का बादशाह है। गोले मारता है तो शगूफा की कई सौ जादूगरनियाँ बेहोश हो जाती हैं किन्तु मखमूर जो केवल एक सरदार है वह गोले नहीं मारती, पत्थर के टुकड़े मारती है और इन पत्थरों से कई सौ दुश्मन केवल बेहोश नहीं होते और न केवल मरते हैं–सीधे जहन्नुम पहुँच जाते हैं। किन्तु यह तो फिर भी ठीक है। बात कई सौ से आगे नहीं बढ़ती। दास्तान कहने वालों ने तो पक्षपात में औसत प्रतिशत का कोई ध्यान ही नहीं रखा है–जहानदार शाह की चालीस हज़ार तोपों से माहरुख़ के दस बारह हज़ार आदमी मारे गये किन्तु बुर्ज में मार से भी तोपों का ज़न्नाटा हुआ और निष्कर्ष में जब :

"तीन तोपों का जन्नाटा हुआ......कई हज़ार नामुराद जले......।"7(57)

यह जहानदारशाह गुलरेज़ नामक जंगल का मालिक है और मेंमार कुदरत उसका एक सरदार और शिष्य!

"फ़ौजियों की जानें गईं....अमीर ने लाशों को मैदान से उठवाया। तीन हज़ार आदमी अमीर के लश्कर से और तीन लाख दुश्मन की फौज से काम आये। अमीर के सिपाहियों की लाशें दफ़न हुईं। दुश्मन की फौज की लाशें तोपी गयीं।"1(47)

जी हाँ, तीन हज़ार इधर के और तीन लाख उधर के काम आये। इधर वाले दफ़न किये गये और उधर वाले तोपे गये। दास्तान कहने वालों के इस पक्षपात और इस्लामी फौज के लोगों को ग़ैर मुसलमानों के हाथ से शराब पीने से मना करता देख कर लोगों ने यह निष्कर्ष निकाल लिया कि इस दास्तान में कुफ्र और इस्लाम की जंग में इस्लाम की विजय दिखलाई गयी है। किन्तु हम इस निष्कर्ष पर पहुँचे हैं कि इसमें एक ओर तो शिष्टाचार के मूल्यों का टकराव है और दूसरी ओर एक सुदृढ़ शासन का सपना है क्योंकि अफ़रासियाब और असद, दोनों ही का सम्बन्ध अवध के दरबार ही से है।

तीसरा निष्कर्ष वास्तव में कोई निष्कर्ष नहीं है बल्कि एक ऐसी वास्तविकता की ओर इशारा है जिसकी तरफ़ से लोगों ने आँखें फेर रखी हैं और वह यह है कि इस दास्तान की धरती, धरती पर उगने वाली घास, इसके पहाड़ और नदियाँ, इसके जंगल और रेगिस्तान,

इसके खेत और बाग़—इसकी जलवायु और इस जलवायु और धरती पर रहने वाले लोग हिन्दुस्तानी हैं। इन लोगों का बाह्य जीवन ही हिन्दुस्तानी नहीं है, बल्कि इनकी अन्तर्तात्मा भी हिन्दुस्तानी है। इनके अन्धविश्वास का संसार मिले-जुले अन्धविश्वासों से बसा है। अतः इस बात से एक महत्त्वपूर्ण निष्कर्ष यह निकलता है कि नामों से लोग पहचाने जाते हैं। नामों से कौमों को पहचानना ठीक नहीं है। क्योंकि किसी का नाम अब्दुर्रहमान है इसलिए वह अरबी है। यह बात ठीक नहीं है। नाम अब्दुर्रहमान भी है और जमशेद भी, चम्पा भी और महजबी भी—किन्तु यह सभी नाम एक क़ौम के हैं। और इस क़ौम का नाम है हिन्दुस्तानी कौम। तिलिस्म' होशरुबा के मुस्लिम नामों से चौंकने की आवश्यकता नहीं है इनमें से अधिकतर नाम हिन्दुस्तानी मुसलमानों के हैं। दास्तान कहनें वाले इन्हें अरब या ईरान से नहीं लाये हैं बल्कि इन्हें अपने आस पास से चुन लिया है।

इस प्रकार हम इस विस्तृत अध्ययन के बाद विश्वास के साथ कह सकते हैं कि "तिलिस्म होशरुबा", में जो जीवन दर्शाया गया है वह हर दृष्टिकोण से हिन्दुस्तानी जीवन हैं।

अब केवल एक बात रह जाती है कि इस दास्तान का हीरो अपने सफ़र से लौटा तो अपनी क़ौम के लिए क्या उपहार लाया? ये बात हमारे विषय से बाहर है। इस कारण इस समय बस इतना कहना चाहता हूँ कि असद बिन क़र्बग़ाज़ी उपहार लाया। और ये उपहार है सुर और रंग का, प्रेम का, शान्ति का—क्योंकि इस दास्तान में यह संकेत मौजूद है कि इन शहज़ादियों के यहाँ सन्तानें होंगी और फिर किसी नये युद्ध का आरम्भ होगा। इस लगातार लड़ाई और स्वीकार अस्वीकार के कार्य का नाम जीवन है। इस लिये यह दास्तान अफ़रासियाब की मृत्यु के बाद या असद और महजबीं की शादी के बाद समाप्त नहीं होती। इस दास्तान का यह उद्देश्य ही नहीं है क्योंकि अफ़रासियाब सदैव मारा जायेगा और महजबीं की शादी हमेशा असद ही के साथ होगी। किन्तु अफ़रासियाब फिर ज़िन्दा होगा और महजबीं फिर नूर गुम्बद पर कैद होगी और किसी असद को फिर कूच करना होगा। हर युग में एक पहाड़ होता है और हर युग स्वयं अपना फरहाद पैदा करता है।

इस दास्तान में लाचीन प्रतीक है उन लोगों का, जो आने वाले समय की आहट सुन लेते हैं और उसी के अनुसार अपने आप को बदलना चाहते हैं। अफ़रासियाब प्रतीक है उन शक्तियों का, जो मरते हुए समय से लिपटे रहना चाहते हैं और असद प्रतीक है उस शक्ति का, जो लाचीन के सपने--अर्थात इस नये ज़माने की रचना करते हैं।

अतः यह बात बहुत महत्त्वपूर्ण है कि ये दास्तान कहने वाले लाचीन के साथ हैं। इस सकारात्मक दास्तान को केवल अफीमची की बड़ कह देना उचित नहीं है।

सन्दर्भ ग्रन्थ-सूची

मूल स्रोत

1. अहमद हुसैन क़मर — 'तिलिस्म होशरुबा'—पाँचवाँ ग्रन्थ, दोनों भाग (तृतीय संस्करण) नवलकिशोर, लखनऊ
2. अहमद हुसैन क़मर — 'तिलिस्म होशरुबा'—छठा ग्रन्थ (द्वितीय संस्करण) नवलकिशोर, लखनऊ
3. अहमद हुसैन क़मर — 'तिलिस्म होशरुबा'—सातवाँ ग्रन्थ (चतुर्थ संस्करण) नवलकिशोर, लखनऊ
4. मुहम्मद हुसैन जाह — 'तिलिस्म होशरुबा'—प्रथम ग्रन्थ (अष्टम संस्करण) नवलकिशोर, लखनऊ
5. मुहम्मद हुसैन जाह — 'तिलिस्म' होशरुबा'—द्वितीय ग्रन्थ (पंचम संस्करण) नवलकिशोर, लखनऊ
6. मुहम्मद हुसैन जाह — 'तिलिस्म होशरुबा'—तृतीय ग्रन्थ, अवध अखबार—लखनऊ 1889
7. मुहम्मद हुसैन जाह — 'तिलिस्म होशरुबा'-चतुर्थ ग्रन्थ (द्वितीय संस्करण) नवलकिशोर, लखनऊ

सहयोगी स्रोत

1. एहसानकमालउद्दीन (अनुवादक) — रौज़तुल क़मूमियाँ, मंज़िल नक़्श बंदिया, लाहौर
2. अख़्तर शीरानी (अनुवादक) — जवामय अलहिकायात द्वामय रिवायात अंजुमन तरक़्क़ी उर्दू हिन्द, दिल्ली, 1943

3.	अबुल फ़ज़ल मामूरी	तारीख़ औरंगज़ेब Rieu, III 1008 or 1671 : Aligarh Rotograph No. 45
4.	ईसरदास नागर	फुतूहात-ए-आलमगीरी Rieu, I 269A:ADD. 23884 : Aligarh Rotograph No. 42
5.	बालकृष्ण ब्राह्मण	ख़ुतूत Add. 16859
6.	हातिमख़ान	आलमगीर नामा Rieu : I–268. ब्रिटिश म्यूज़ियम Add. 26233
7.	ख़ाज़ ख़ान	मुनतख़बुलबाब–एशियाटिक सोसाइटी ऑफ़ बंगाल, कलकत्ता, 1874
8.	ख़ुर्शीदुल इस्लाम	तमक़ीदें–अंजुमन तरक़्क़ी उर्दू हिन्द अलीगढ़, 1957
9.	दाराशिकोह (अनुवादक) मुहम्मद अली लुत्फ़ी	सफ़ीनतुल औलिया नफीस अकादमी–कराची, 1959
10.	दयाशंकर नसीम	गुलज़ारे नसीम (छठा संस्करण), नामी प्रेस–लखनऊ
11.	रजबअली बेग सुरूर	फसाना-ए-अजायब
12.	साक़ी मुस्तइद ख़ान	मुआसिर आलमगीरी–एशियाटिक सोसाइटी ऑफ़ बंगाल, कलकत्ता, 1871
13.	सैयद सबाउद्दीन अब्दुर्रहमान	हिन्दुस्तान के मध्यकाल का सैन्य प्रबन्ध–मारिफ़ प्रेस, आज़मगढ़, 1960
14.	सैयद आबिद हुसैन	क़ौमी तहज़ीब का मसला–अंजुमन तरक़्क़ी उर्दू (हिन्दी) अलीगढ़, 1955
15.	अब्दुल हलीम शरर	मज़ामीन-ए-शरर–लाहौर एडिशन
16.	अब्दुल्ला यूसुफ अली	अंग्रेज़ी शासन में भारतीय संस्कृति का इतिहास, हिन्दुस्तानी अकादमी, इलाहाबाद, 1936
17.	अताउल्ला पालवी	तज़किरा-ए-शौक़ मकतबा जदीद, लाहौर, 1956
18.	कुर्रतुलऐन हैदर	आग का दरिया–तारिक़ पब्लिशर, लखनऊ
19.	कलीमुद्दीन अहमद	उर्दू ज़बान और फ़नेदास्तान गोई दायरा-ए-अदब, बांकीपुर, पटना
20.	ज्ञानचन्द	उर्दू की नसरी दास्ताने, अंजुमन तरक़्क़ी उर्दू (पाकिस्तान), कराची, 1954

21. गौरी शंकर हीराचन्द ओझा (अनुवादक) प्रेमचन्द — क़रुन-ए-वस्ता में हिन्दुस्तानी-तहज़ीब–हिन्दुस्तानी एकेडमी इलाहाबाद, 1931

22. मुहम्मद हसन असकरी — इन्तख़ाब-ए-तिलिस्म होशरुबा, मकतबा जदीद, लाहौर, 1953

23. मुहम्मद हुसैन आज़ाद — दरबार-ए-अकबरी–दारुल इशाअत, पंजाब, लाहौर, 1898

24. मुहम्मद शरीफ़ बिन मंसूर बिन सईद — आदाब-उल-हरब वलशुजाअत, ब्रिटिश म्यूज़ियम कैटलाग, दूसरा संस्करण P. 17803 : ADD. 16853

25. मजनू गोरखपुरी — अफ़साना और उसकी ग़ायत, ऐवान-ए-इशाअत, गोरखपुर

26. मिरज़ा मुहम्मद हादी रुस्वा — उमराव जान-ए-अदा, नया इदारा, लाहौर, 1956

27. मक़बूल अहमद — राजपूत और मुग़ल ज़न-ए-शू की मुआशरत, इलाहाबाद पब्लिशिंग हाउस, इलाहाबाद, 1947

28. मीर अम्मन–सम्पादन मुमताज़ हुसैन — बाग़ो बहार उर्दू ट्रस्ट, कराची, 1958

29. मीर हसन — सहरुल बयान एजूकेशनल पब्लिशर, अलीगढ़

30. बक़ार अज़ीम — हमारी दास्तानें इदारा-ए-फ़रोग़ उर्दू, लाहौर और माहनामा 'नयादौर' लखनऊ, जनवरी 1961

ENGLISH

Abul Fazl
Tr.
Blochman H.
Ed.
Phllot, D.S. : *Ain-i-Akbari :* Asiatic society of Bengal, Calcutta, 1927.

Ali Salim : *The Book of Indian Birds : (6th edition)* Natural History Society, Bombay.

Ali, S.A. : *The Sprit of Islam :* Christophers, London, 1946

Altekar, A.S. : *The Position of Women in Hindu Civilization* B.H. University, 1938

Atkins, A.G. : *The Ram Qayana of Tulsidasa :* Hindustan Times, New Delhi.

Aziz, Abdul : *The Imperial Treasury of the Indian Mughals :* Lahore, 1942

Badauni
Tr : *Muntakhabut t-Tawarikh :* Asiatic Society of
Irwin, W.H. Bengal, Calcutta, 1924

Basham, A.L. : *The Wonder that was India :* Sidgwick & Jackson, London, 1956

Baum : *Muhammadan Culture :* Henry Schuman, New York.

Bartold, V.V.
Tr.
Suharwardy,S. : *Musulman Culture :* University of Calcutta, 1934

Bele, T.W. : *An Oriental Biographical Dictionary :* Allen & Co., London.

Bhattacharyya : *The Cultural Heritage of India :* Ram Krishna
Haridas Mision, Calcutta.

Billinton M.F. : *Women in India :* Chapman & Hall. Ltd. London 1895

Brown P. : *Architecture in India and Cylone :* Taraporevalla & sons., Bombay, 1956

Chand, Tara : *Influence or Islam on Indian Culture :* The Inidan Press, Allahabad, 1954

Chopra, P.N. : *Society and Culture in Mughal Age :* Shiva lal Agarwal & Co., Ltd., Agra, 1955

Cox, G.W. : *Thy Mythology of Aryan Nations :* Kegan paul, Trench, Trubner & Co. Ltd., 1903

Chook, W. : *The Popular Religion and Folk-lore of Northern India. :* Archibald Constalde & co., Westminister, 1896

Crook, W. : *The Tribes and Caste of Narth West Provinces and Oudh. :* Colcutta, 1886

Daster, M.N. : *The Moral and Ethical Teahings of Zartushtra :* University of Bombay, 1928.

Donaldson., D.M. : *Studies in Muslim Ethics :* London, 1953

Dowson, J. : *A Classical Dictionary of Hindu Mythology* kegan Paul & Co. Ltd., London, 1891

Fast, H. : *Literature and Reality* P.P.H. Delhi, 1955

Fingan.J. : *The Archeology of World Religions :* Princton University Press, U.S.A., 1952

Fox, R. : *The Novel and the People :* Cobbett Press Ltd., London, 1948

Frazer, J.G. : *The Golden Bough :* Macmillan Company, New York, 1951

Garratt, G.T. : *The Legacy of India :* Oxford University Press, 1937

Govt. of India : *History and Practices of the Thugh :* Allen & Co., London, 1837

Hall, E.E. : *Bulfinch's Mythology.*

Hamley, E.B. : *Opretions of war (3rd ed.) :* Willian Blackwood & Sons., London.

Havell : *Indian Architecture :* John Murry, London, 1913

Hay,S. & Others : *Sources of Indian Traditions :* Colambia University Press, New York, 1958

Hydon : *Biography of Gods* : Macillian, New York, 1948

Hanswirth, Ferida : *The Status of Indian Women* : Kegan Paul, Trench, Trubner Co. Ltd., Londan, 1932 .

Hell, Joseph
Tr.
Bux, S.K. : *Arab Civilization (2nd ed.)* : Lahore.

Hughes : *Dictionary of Islam* : W.H. Allen, London, 1935.

II Musannif : *The Romantic Land of Hind* W.H. Allan, London, 1882.

Irwin, W. : *The Army of the Great Moghals* : Eurasia Publishing House, New Delhi, 1962

Jaffar, S.M. : *Some Cultural Aspects of Mughal Rule in India (2nd ed.)* : Peshawar, 1950

Jone, w. : *Music of India* : Susil Gupta, Calcutta, 1962

Kabir, Humayun : *The Indian Heritage* : Asia Publishing House, Bombay, 1960

Kapadia, K.M. : *Marriage and Family in India* : Oxford University Press, 1955

Kidwai, Shaikh,
M.H. : *Women Under Islam.*

Law, B.C. : *Historical Geography of India* : Societe Asialique De Paris

Leach, M. (ed.) : *Dictionary of Folklore Mythology and Legend* : Funk and Wagnalls Co., New York.

Lovell, V. : *The Nations of tody* : Hodder & Stoughton, London. 1923

Mackenzie, D.A. : *Myths of Babylonia and Assyria* : Gresham Publishing Company London.

Mackenzie, D.A. : *Egyptian Myths and Legends* : Gresham Publishing Company, London.

Manucci Tr.
Irwin, W. : *Storia Do Mogar* : R.A.S., 1907

Munshi, K.M. (ed.) : *Indian Inheritance (II Vol.)* Bharatiya Vidya Bhawan, Bombay, 1956

Mustafa Khursheed : *Travel in Moghal India* : M.L.Q.

Omen, Charis : *A History of the Art of War* Mathuen & Co. Ltd., London, 1924

Perry, W.J. : *The Origin of Magic* : *Religion* : Mathuen, London, 1923

Prabhavananda & Manchester, Fredrick : *The Upanishads* : New American Library, New Youk, 1957

Rajagopal charia, C. : *Mahabharata (3rd ed.)* : B.V.B. Bombay.

Sarkar, J.N. : *Military History of India* : Sarkar & Sons., Colcutta, 1960

Singh, B.K. : *Some Aspects of Society and Polity as Depicted in Jaysi* : Paper read in the Aligarh Session of Indian History Congress, 1960

Shastri, S.R. : *Women in the Sclred Laws* : B.V.B, Bombay, 1953

Shushtery, A.M.A. : *Outlines of Islammic Culture.*

Spate, O.H.K. : *India and Pakistan* : Mathuen, London, 1957

Spence, Lewis : *The Outlines of Mythology* : Watts & Co., London, 1949

Srivastava, A.L. : *The first two Nawabs of Awadh* : Shiva Lal Agarwal, Agra, 1954

Stuart, C.M.V : *Gardens of the Great Mughals* : Adam & Charles Black, London, 1913

Sykes, M.M. (Tr.): *The glory of the Shiva World* : Macmillan, London, 1910

Turner, R. : *The Great Cultural Tradition (II Vol.)* : Macgraw-Hill Book Company, London, 1914

Tylor, E.B. : *Anthropology (II Vol.)* : Watts, London, 1946

Upadhya, B.S. : *India in Kalidas* : Kitabistan, Allahabad, 1947

Venkateswara, S.V. : *Indian Culture Though the Ages* : Longmans, london, 1932

Wensink, A.J. : *A Hand Book of Early Mohammadan Traditions* : E.J. Brill, Leiden, 1927

Waner, A.G. (Trs.)

Warner, E. : *Shahnama of Firdausi* : Kegan Paul, London, 1905.

□□